प्रायश्चित
तथा
अन्य कहानियाँ

प्रायश्चित

तथा

अन्य कहानियाँ

प्रेमचंद

किताबवाला

दिल्ली - ११०००६

प्रायश्चित तथा अन्य कहानियाँ

ISBN - 978-81-933354-4-4

© : प्रकाशक
प्रथम संस्करण : 2018
प्रकाशक : **किताबवाला**
2356, हडसन लाईन,
गुरू तेग बहादुर नगर,
नई दिल्ली – 110009
ई–मेल : kitabwallah@gmail.com
फोन: 9811179864

लेज़र टाईपसैटिंग : सान्या कम्प्यूटर्स, दिल्ली

मुद्रक : बालाजी ऑफसेट, दिल्ली

विषय सूची

मंदिर

मातृ-प्रेम, तुझे धन्य है ! संसार में और जो कुछ है, मिथ्या है, निस्सार है। मातृ-प्रेम ही सत्य है, अक्षय है, अनश्वर है। तीन दिन से सुखिया के मुँह में न अन्न का एक दाना गया था, न पानी की एक बूँद। सामने पुआल पर माता का नन्हा-सा लाल पड़ा कराह रहा था। आज तीन दिन से उसने आँखें न खोली थीं। कभी उसे गोद में उठा लेती, कभी पुआल पर सुला देती। हँसते-खेलते बालक को अचानक क्या हो गया, यह कोई नहीं बताता। ऐसी दशा में माता को भूख और प्यास कहाँ ? एक बार पानी का एक घूँट मुँह में लिया था; पर कंठ के नीचे न ले जा सकी। इस दुखिया की विपत्ति का वारपार न था। साल भर के भीतर दो बालक गंगा जी की गोद में सौंप चुकी थी। पतिदेव पहले ही सिधार चुके थे। अब उस अभागिनी के जीवन का आधार, अवलम्ब, जो कुछ था, यही बालक था। हाय ! क्या ईश्वर इसे भी इसकी गोद से छीन लेना चाहते हैं ?–यह कल्पना करते ही माता की आँखों से झर-झर आँसू बहने लगते थे। इस बालक को वह क्षण भर के लिए भी अकेला न छोड़ती थी। उसे साथ लेकर घास छीलने जाती। घास बेचने बाजार जाती तो बालक गोद में होता। उसके लिए उसने नन्ही-सी खुरपी और नन्ही-सी खाँची बनवा दी थी। जियावन माता के साथ घास छीलता और गर्व से कहता–अम्माँ, हमें भी बड़ी-सी खुरपी बनवा दो, हम बहुत-सी घास छीलेंगे, तुम द्वारे माची पर बैठी रहना, अम्माँ; मैं घास बेच लाऊँगा। माँ पूछती–हमारे लिए क्या-क्या लाओगे, बेटा ? जियावन लाल-लाल साड़ियों का वादा करता। अपने लिए बहुत-सा गुड़ लाना चाहता था। वे ही भोली-भोली बातें इस समय याद आ-आकर माता के हृदय को शूल के समान बेध रही थीं। जो बालक को देखता, यही कहता कि किसी की डीठ है; पर किसकी डीठ है ? इस विधवा का भी संसार में कोई वैरी है ? अगर उसका नाम मालूम हो जाता, तो सुखिया जाकर उसके चरणों पर गिर पड़ती और बालक को उसकी गोद में रख देती। क्या उसका हृदय दया से न पिघल जाता ? पर नाम कोई नहीं बताता। हाय ! किससे पूछे, क्या करे ?

2

तीन पहर रात बीत चुकी थी। सुखिया का चिंता-व्यथित चंचल मन कोठे-कोठे दौड़ रहा था। किस देवी की शरण जाय, किस देवता की मनौती करे, इसी सोच में पड़े-पड़े उसे एक झपकी आ गयी। क्या देखती है कि उसका स्वामी आकर बालक के सिरहाने खड़ा हो जाता है और बालक के सिर पर हाथ फेर कर कहता है–रो मत, सुखिया ! तेरा बालक

अच्छा हो जायगा। कल ठाकुर जी की पूजा कर दे, वही तेरे सहायक होंगे। यह कहकर वह चला गया। सुखिया की आँख खुल गयी। अवश्य ही उसके पतिदेव आये थे। इसमें सुखिया को ज़रा भी संदेह न हुआ। उन्हें अब भी मेरी सुधि है, यह सोच कर उसका हृदय आशा से परिप्लावित हो उठा। पति के प्रति श्रद्धा और प्रेम से उसकी आँखें सजग हो गयीं। उसने बालक को गोद में उठा लिया और आकाश की ओर ताकती हुई बोली–भगवान ! मेरा बालक अच्छा हो जाय, तो मैं तुम्हारी पूजा करूँगी। अनाथ विधवा पर दया करो।

उसी समय जियावन की आँखें खुल गयीं। उसने पानी माँगा। माता ने दौड़ कर कटोरे में पानी लिया और बच्चे को पिला दिया।

जियावन ने पानी पीकर कहा–अम्माँ रात है कि दिन ?

सुखिया–अभी तो रात है बेटा, तुम्हारा जी कैसा है ?

जियावन–अच्छा है अम्माँ ! अब मैं अच्छा हो गया।

सुखिया–तुम्हारे मुँह में घी-शक्कर, बेटा, भगवान् करे तुम जल्द अच्छे हो जाओ ! कुछ खाने को जी चाहता है ?

जियावन–हाँ अम्माँ, थोड़ा-सा गुड़ दे दो।

सुखिया–गुड़ मत खाओ भैया, अवगुन करेगा। कहो तो खिचड़ी बना दूँ।

जियावन–नहीं मेरी अम्माँ, जरा-सा गुड़ दे दो, तेरे पैरों पड़ूँ।

माता इस आग्रह को न टाल सकी। उसने थोड़ा-सा गुड़ निकाल कर जियावन के हाथ में रख दिया और हाँड़ी का ढक्कन लगाने जा रही थी कि किसी ने बाहर से आवाज दी। हाँड़ी वहीं छोड़ कर वह किवाड़ खोलने चली गयी। जियावन ने गुड़ की दो पिंडियाँ निकाल लीं और जल्दी-जल्दी चट कर गया।

3

दिन भर जियावन की तबीयत अच्छी रही। उसने थोड़ी-सी खिचड़ी खायी, दो-एक बार धीरे-धीरे द्वार पर भी आया और हमजोलियों के साथ खेल न सकने पर भी उन्हें खेलते देखकर उसका जी बहल गया। सुखिया ने समझा, बच्चा अच्छा हो गया। दो-एक दिन में जब पैसे हाथ में आ जायेंगे, तो वह एक दिन ठाकुर जी की पूजा करने चली जायगी। जाड़े के दिन झाड़ू-बहारू, नहाने-धोने और खाने-पीने में कट गये; मगर जब संध्या समय फिर जियावन का जी भारी हो गया, तब सुखिया घबरा उठी। तुरंत मन में शंका उत्पन्न हुई कि पूजा में विलम्ब करने से ही बालक फिर मुरझा गया है। अभी थोड़ा-सा दिन बाकी था। बच्चे को लेटा कर वह पूजा का सामान तैयार करने लगी। फूल तो ज़मींदार के बगीचे में मिल गये। तुलसीदल द्वार ही पर था; पर ठाकुर जी के भोग के लिए कुछ मिष्ठान्न तो चाहिए; नहीं तो गाँव वालों को बाँटेगी क्या ! चढ़ावे के लिए कम से कम एक आना तो चाहिए। सारा गाँव छान आयी, कहीं पैसे उधार न मिले। अब वह हताश हो गयी। हाय रे अदिन ! कोई चार आने पैसे भी नहीं देता। आखिर उसने अपने हाथों के चाँदी के कड़े उतारे और दौड़ी हुई बनिये की दूकान पर गयी, कड़े गिरों रखे, बतासे लिये और

दौड़ी हुई घर आयी। पूजा का सामान तैयार हो गया, तो उसने बालक को गोद में उठाया और दूसरे हाथ में पूजा की थाली लिये मंदिर की ओर चली।

मन्दिर में आरती का घंटा बज रहा था। दस-पाँच भक्तजन खड़े स्तुति कर रहे थे। इतने में सुखिया जाकर मन्दिर के सामने खड़ी हो गयी।

पुजारी ने पूछा–क्या है रे ? क्या करने आयी है ?

सुखिया चबूतरे पर आकर बोली–ठाकुर जी की मनौती की थी महाराज, पूजा करने आयी हूँ।

पुजारी जी दिन भर ज़मीदार के असामियों की पूजा किया करते थे और शाम-सबेरे ठाकुर जी की। रात को मन्दिर ही में सोते थे, मन्दिर ही में आपका भोजन भी बनता था, जिससे ठाकुरद्वारे की सारी अस्तरकारी काली पड़ गयी थी। स्वभाव के बड़े दयालु थे, निष्ठावान ऐसे कि चाहे कितनी ही ठंड पड़े, कितनी ही ठंडी हवा चले, बिना स्नान किये मुँह में पानी तक न डालते थे। अगर इस पर भी उनके हाथों और पैरों में मैल की मोटी तह जमी हुई थी, तो इसमें उनका कोई दोष न था ! बोले–तो क्या भीतर चली आयेगी। हो तो चुकी पूजा। यहाँ आकर भरभष्ट करेगी।

एक भक्तजन ने कहा–ठाकुर जी को पवित्र करने आयी है ?

सुखिया ने बड़ी दीनता से कहा–ठाकुर जी के चरन छूने आयी हूँ, सरकार ! पूजा की सब सामग्री लायी हूँ।

पुजारी–कैसी बेसमझी की बात करती है रे, कुछ पगली तो नहीं हो गयी है। भला तू ठाकुर जी को कैसे छुएगी ?

सुखिया को अब तक कभी ठाकुरद्वारे में आने का अवसर न मिला था। आश्चर्य से बोली–सरकार, वह तो संसार के मालिक हैं। उनके दरसन से तो पापी भी तर जाता है, मेरे छूने से उन्हें कैसे छूत लग जायगी ?

पुजारी–अरे, तू चमारिन है कि नहीं रे ?

सुखिया–तो क्या भगवान् ने चमारों को नहीं सिरजा है ? चमारों का भगवान् कोई और है ? इस बच्चे की मनौती है, सरकार !

इस पर वही भक्त महोदय, जो अब स्तुति समाप्त कर चुके थे, डपटकर बोले–मार के भगा दो चुड़ैल को। भरभष्ट करने आयी है, फेंक दो थाली-वाली। संसार में तो आप ही आग लगी हुई है, चमार भी ठाकुर जी की पूजा करने लगेंगे, तो पिरथी रहेगी कि रसातल को चली जायगी ?

दूसरे भक्त महाशय बोले–अब बेचारे ठाकुर जी को भी चमारों के हाथ का भोजन करना पड़ेगा। अब परलय होने में कुछ कसर नहीं है।

ठंड पड़ रही थी; सुखिया खड़ी काँप रही थी और यहाँ धर्म के ठेकेदार लोग समय की गति पर आलोचनाएँ कर रहे थे। बच्चा मारे ठंड के उसकी छाती में घुसा जाता था; किन्तु सुखिया वहाँ से हटने का नाम न लेती थी। ऐसा मालूम होता था कि उसके दोनों पाँव भूमि में गड़ गये हैं। रह-रहकर उसके हृदय में ऐसा उद्गार उठता था कि जाकर ठाकुर

जी के चरणों पर गिर पड़े। ठाकुर जी क्या इन्हीं के हैं, हम गरीबों का उनसे कोई नाता नहीं है, ये लोग होते हैं कौन रोकनेवाले; पर यह भय होता था कि इन लोगों ने कहीं सचमुच थाली-वाली फेंक दी तो क्या करूँगी ? दिल में ऐंठ कर रह जाती थी। सहसा उसे एक बात सूझी। वह वहाँ से कुछ दूर जा कर एक वृक्ष के नीचे अँधेरे में छिप कर इन भक्तजनों के जाने की राह देखने लगी।

4

आरती और स्तुति के पश्चात् भक्तजन बड़ी देर तक श्रीमद्भागवत का पाठ करते रहे। उधर पुजारी जी ने चूल्हा जलाया और खाना पकाने लगे। चूल्हे के सामने बैठे हुए 'हूँ-हूँ' करते जाते थे और बीच-बीच में टिप्पणियाँ भी करते जाते थे। दस बजे रात तक कथा वार्ता होती रही और सुखिया वृक्ष के नीचे ध्यानावस्था में खड़ी रही।

सारे भक्त लोगों ने एक-एक करके घर की राह ली। पुजारी जी अकेले रह गये। अब सुखिया आकर मन्दिर के बरामदे के सामने खड़ी हो गयी; जहाँ पुजारी जी आसन जमाये बटलोई का क्षुधावर्द्धक मधुर संगीत सुनने में मग्न थे। पुजारी जी ने आहट पा कर गरदन उठायी, तो सुखिया को खड़ी देखा। चिढ़कर बोले—क्यों रे, तू अभी तक खड़ी है !

सुखिया ने थाली जमीन पर रख दी और एक हाथ फैला कर भिक्षा-प्रार्थना करती हुई बोली—महाराज जी, मैं अभागिनी हूँ। यही बालक मेरे जीवन का अलम है, मुझ पर दया करो। तीन दिन से इसने सिर नहीं उठाया। तुम्हें बड़ा जस होगा, महाराज जी !

यह कहते-कहते सुखिया रोने लगी। पुजारी जी दयालु तो थे, पर चमारिन को ठाकुर जी के समीप जाने देने का अश्रुतपूर्व घोर पातक वह कैसे कर सकते थे ? न जाने ठाकुर जी इसका क्या दंड दें। आखिर उनके भी बाल-बच्चे थे। कहीं ठाकुर जी कुपित हो कर गाँव का सर्वनाश कर दें, तो ? बोले—घर जा कर भगवान् का नाम ले, तेरा बालक अच्छा हो जायगा। मैं यह तुलसीदल देता हूँ, बच्चे को खिला दे, चरणामृत उसकी आँखों में लगा दे। भगवान् चाहेंगे तो सब अच्छा ही होगा।

सुखिया—ठाकुर जी के चरणों पर गिरने न दोगे महाराज जी ? बड़ी दुखिया हूँ, उधार काढ़ कर पूजा की सामग्री जुटायी है। मैंने कल सपना देखा था, महाराज जी कि ठाकुर जी की पूजा कर, तेरा बालक अच्छा हो जायगा। तभी दौड़ी आयी हूँ। मेरे पास एक रुपया है। वह मुझसे ले लो; पर मुझे एक छन भर ठाकुर जी के चरनों पर गिर लेने दो।

इस प्रलोभन ने पंडित जी को एक क्षण के लिए विचलित कर दिया; किंतु मूर्खता के कारण ईश्वर का भय उनके मन में कुछ-कुछ बाक़ी था। सँभाल कर बोले—अरी पगली, ठाकुर जी भक्तों के मन का भाव देखते हैं कि चरन पर गिरना देखते हैं। सुना नहीं है—'मन चंगा तो कठौती में गंगा।' मन में भक्ति न हो, तो लाख कोई भगवान् के चरणों पर गिरे, कुछ न होगा। मेरे पास एक जंतर है। दाम तो उसका बहुत है; पर तुझे एक ही रुपये में दे दूँगा। उसे बच्चे के गले में बाँध देना; बस, कल बच्चा खेलने लगेगा।

सुखिया—ठाकुर जी की पूजा न करने दोगे ?

पुजारी—तेरे लिए इतनी ही पूजा बहुत है। जो बात कभी नहीं हुई, वह आज मैं कर दूँ और गाँव पर कोई आफत-विपत आ पड़े तो क्या हो, इसे भी तो सोचो ! तू यह जंतर ले जा, भगवान् चाहेंगे तो रात ही भर में बच्चे का क्लेश कट जायगा। किसी की दीठ पड़ गयी है। है भी तो चोंचाल। मालूम होता है, छत्तरी बंस है।

सुखिया—जब से इसे ज्वर है, मेरे प्रान नहों में समाये हुए हैं।

पुजारी—बड़ा होनहार बालक है। भगवान् जिला दें तो तेरे सारे संकट हर लेगा। यहाँ तो बहुत खेलने आया करता था। इधर दो-तीन दिन से नहीं देखा था।

सुखिया—तो जंतर को कैसे बाँधूँगी, महाराज ?

पुजारी—मैं कपड़े में बाँध कर देता हूँ। बस, गले में पहना देना। अब तू इस बेला नवीन बस्तर कहाँ खोजने जायगी।

सुखिया ने दो रुपये पर कड़े गिरों रखे थे। एक पहले ही भँज चुका था। दूसरा पुजारी जी को भेंट किया और जंतर ले कर मन को समझाती हुई घर लौट आयी।

5

सुखिया ने घर पहुँचकर बालक के गले में जंतर बाँध दिया; पर ज्यों-ज्यों रात गुज़रती थी, उसका ज्वर भी बढ़ता जाता था, यहाँ तक कि तीन बजते-बजते उसके हाथ-पाँव शीतल होने लगे ! तब वह घबड़ा उठी और सोचने लगी—हाय ! मैं व्यर्थ ही संकोच में पड़ी रही और बिना ठाकुर जी के दर्शन किये चली आयी। अगर मैं अन्दर चली जाती और भगवान् के चरणों पर गिर पड़ती, तो कोई मेरा क्या कर लेता ? यही न होता कि लोग मुझे धक्के देकर निकाल देते, शायद मारते भी, पर मेरा मनोरथ तो पूरा हो जाता। यदि मैं ठाकुर जी के चरणों को अपने आँसुओं से भिगो देती और बच्चे को उनके चरणों में सुला देती, तो क्या उन्हें दया न आती ? वह तो दयामय भगवान् हैं, दीनों की रक्षा करते हैं, क्या मुझ पर दया न करते ? यह सोच कर सुखिया का मन अधीर हो उठा। नहीं, अब विलम्ब करने का समय न था। वह अवश्य जायगी और ठाकुर जी के चरणों पर गिर कर रोयेगी। उस अबला के आशंकित हृदय का अब इसके सिवा और कोई अवलम्ब, कोई आसरा न था। मंदिर के द्वार बंद होंगे, तो वह ताले तोड़ डालेगी। ठाकुर जी क्या किसी के हाथों बिक गये हैं कि कोई उन्हें बंद कर रखे।

रात के तीन बज गये थे। सुखिया ने बालक को कम्बल से ढाँप कर गोद में उठाया, एक हाथ में थाली उठायी और मंदिर की ओर चली। घर से बाहर निकलते ही शीतल वायु के झोंकों से उसका कलेजा काँपने लगा। शीत से पाँव शिथिल हुए जाते थे। उस पर चारों ओर अंधकार छाया हुआ था। रास्ता दो फरलाँग से कम न था। पगडंडी वृक्षों के नीचे-नीचे गयी थी। कुछ दूर दाहिनी ओर एक पोखरा था, कुछ दूर बाँस की कोठियाँ। पोखरे में एक धोबी मर गया था और बाँस की कोठियों में चुड़ैलों का अड्डा था। बायीं ओर हरे-भरे खेत थे। चारों ओर सन-सन हो रहा था, अंधकार

साँय-साँय कर रहा था। सहसा गीदड़ों ने कर्कश स्वर से हुआँ-हुआँ करना शुरू किया। हाय ! अगर कोई उसे एक लाख रुपया देता, तो भी इस समय वह यहाँ न आती; पर बालक की ममता सारी शंकाओं को दबाये हुए थी। 'हे भगवान् ! अब तुम्हारा ही आसरा है !' यह जपती वह मंदिर की ओर चली जा रही थी।

मंदिर के द्वार पर पहुँच कर सुखिया ने जंजीर टटोल कर देखी। ताला पड़ा हुआ था। पुजारी जी बरामदे से मिली हुई कोठरी में किवाड़ बंद किये सो रहे थे। चारों ओर अँधेरा छाया हुआ था। सुखिया चबूतरे के नीचे से एक ईंट उठा लायी और ज़ोर-ज़ोर से ताले पर पटकने लगी। उसके हाथों में न जाने इतनी शक्ति कहाँ से आ गयी थी। दो ही तीन चोटों में ताला और ईंट दोनों टूट कर चौखट पर गिर पड़े। सुखिया ने द्वार खोल दिया और अंदर जाना ही चाहती थी कि पुजारी किवाड़ खोल कर हड़बड़ाये हुए बाहर निकल आये और 'चोर, चोर !' का गुल मचाते गाँव की ओर दौड़े। जाड़ों में प्रायः पहर रात रहे ही लोगों की नींद खुल जाती है। यह शोर सुनते ही कई आदमी इधर-उधर से लालटेनें लिये हुए निकल पड़े और पूछने लगे–कहाँ है ? कहाँ है ? किधर गया ?

पुजारी–मंदिर का द्वार खुला पड़ा है। मैंने खट-खट की आवाज सुनी।

सहसा सुखिया बरामदे से निकल कर चबूतरे पर आयी और बोली–चोर नहीं है, मैं हूँ; ठाकुर जी की पूजा करने आयी थी। अभी तो अंदर गयी भी नहीं, मार हल्ला मचा दिया।

पुजारी ने कहा–अब अनर्थ हो गया ! सुखिया मंदिर में जा कर ठाकुर जी को भ्रष्ट कर आयी !

फिर क्या था, कई आदमी झल्लाये हुए लपके और सुखिया पर लातों और घूँसों की मार पड़ने लगी। सुखिया एक हाथ से बच्चे को पकड़े हुए थी और दूसरे हाथ से उसकी रक्षा कर रही थी। एकाएक बलिष्ठ ठाकुर ने उसे इतनी ज़ोर से धक्का दिया कि बालक उसके हाथ से छूट कर ज़मीन पर गिर पड़ा; मगर वह न रोया, न बोला, न साँस ली, सुखिया भी गिर पड़ी थी। सँभल कर बच्चे को उठाने लगी, तो उसके मुख पर नज़र पड़ी। ऐसा जान पड़ा मानो पानी में परछाईं हो। उसके मुँह से एक चीख निकल गयी। बच्चे का माथा छू कर देखा। सारी देह ठंडी हो गयी थी। एक लम्बी साँस खींच कर वह उठ खड़ी हुई। उसकी आँखों में आँसू न आये। उसका मुख क्रोध की ज्वाला से तमतमा उठा, आँखों से अंगारे बरसने लगे। दोनों मुट्ठियाँ बँध गयीं। दाँत पीसकर बोली–पापियो, मेरे बच्चे के प्राण ले कर दूर क्यों खड़े हो ? मुझे भी क्यों नहीं उसी के साथ मार डालते ? मेरे छू लेने से ठाकुर जी को छूत लग गयी ? पारस को छू कर लोहा सोना हो जाता है, पारस लोहा नहीं हो सकता। मेरे छूने से ठाकुर जी अपवित्र हो जायँगे ! मुझे बनाया, तो छूत नहीं लगी ? लो, अब कभी ठाकुर जी को छूने नहीं आऊँगी। ताले में बंद रखो, पहरा बैठा दो। हाय, तुम्हें दया छू भी नहीं गयी! तुम इतने कठोर हो ! बाल-बच्चेवाले हो कर भी तुम्हें एक अभागिन माता पर दया न आयी ! तिस पर धरम के ठेकेदार बनते हो ! तुम सब के सब हत्यारे हो, निपट हत्यारे हो। डरो मत, मैं थाना-पुलिस नहीं जाऊँगी।

मेरा न्याय भगवान् करेंगे, अब उन्हीं के दरबार में फरियाद करूँगी।

किसी ने चूँ न की, कोई मिनमिनाया तक नहीं। पाषाण-मूर्तियों की भाँति सब के सब सिर झुकाये खड़े रहे।

इतनी देर में सारा गाँव जमा हो गया था। सुखिया ने एक बार फिर बालक के मुँह की ओर देखा। मुँह से निकला–हाय मेरे लाल ! फिर वह मूर्च्छित होकर गिर पड़ी। प्राण निकल गये। बच्चे के लिए प्राण दे दिये।

माता, तू धन्य है। तुझ-जैसी निष्ठा, तुझ-जैसी श्रद्धा, तुझ जैसा विश्वास देवताओं को भी दुर्लभ है !

निमंत्रण

पंडित मोटेराम शास्त्री ने अंदर जा कर अपने विशाल उदर पर हाथ फेरते हुए यह पद पंचम स्वर में गाया–

अजगर करे न चाकरी, पंछी करे न काम,
दास मलूका कह गये, सबके दाता राम !

सोना ने प्रफुल्लित हो कर पूछा–कोई मीठी ताजी खबर है क्या ?

शास्त्री जी ने पैंतरे बदल कर कहा–मार लिया आज। ऐसा ताक कर मारा कि चारों खाने चित्त। सारे घर का नेवता ! सारे घर का। वह बढ़-बढ़कर हाथ मारूँगा कि देखने वाले दंग रह जायेंगे। उदर महाराज अभी से अधीर हो रहे हैं।

सोना–कहीं पहले की भाँति अब की भी धोखा न हो। पक्का-पोढ़ा कर लिया है न?

मोटेराम ने मूँछें ऐंठते हुए कहा–ऐसा असगुन मुँह से न निकालो। बड़े जप-तप के बाद यह शुभ दिन आया है। जो तैयारियाँ करनी हों, कर लो।

सोना–वह तो करूँगी ही। क्या इतना भी नहीं जानती ? जन्म भर घास थोड़े ही खोदती रही हूँ; मगर है घर भर का न ?

मोटेराम–अब और कैसे कहूँ; पूरे घर भर का है। इसका अर्थ समझ में न आया हो, तो मुझसे पूछो। विद्वानों की बात समझना सब का काम नहीं। मगर उनकी बात सभी समझ लें, तो उनकी विद्वता का महत्त्व ही क्या रहे; बताओ, क्या समझीं ? मैं इस समय बहुत ही सरल भाषा में बोल रहा हूँ; मगर तुम नहीं समझ सकीं। बताओ, विद्वत किसे कहते हैं ? महत्त्व ही का अर्थ बताओ। घर भर का निमंत्रण देना क्या दिल्लगी है ? हाँ, ऐसे अवसर पर विद्वान लोग राजनीति से काम लेते हैं और उसका वही आशय निकालते हैं, जो अपने अनुकूल हो। मुरादापुर की रानी साहब सात ब्राह्मणों को इच्छापूर्ण भोजन कराना चाहती हैं। कौन-कौन महाशय मेरे साथ जायेंगे, यह निर्णय करना मेरा काम है। अलगूराम शास्त्री, बेनीराम शास्त्री, छेदीराम शास्त्री, भवानीराम शास्त्री, फेकूराम शास्त्री, मोटेराम शास्त्री आदि जब इतने आदमी अपने घर ही में हैं, तब बाहर कौन ब्राह्मणों को

खोजने जाये।

सोना–और सातवाँ कौन है ?

मोटे.–बुद्धि दौड़ाओ।

सोना–एक पत्तल घर लेते आना।

मोटे.–फिर वही बात कही, जिसमें बदनामी हो। छिः छिः ! पत्तल घर लाऊँ। उस पत्तल में वह स्वाद कहाँ जो जजमान के घर पर बैठ कर भोजन करने में है। सुनो, सातवें महाशय हैं–पंडित सोनाराम शास्त्री।

सोना–चलो, दिल्लगी करते हो। भला, कैसे जाऊँगी ?

मोटे.–ऐसे ही कठिन अवसरों पर तो विद्या की आवश्यकता पड़ती है। विद्वान आदमी अवसर को अपना सेवक बना लेता है, मूर्ख अपने भाग्य को रोता है। सोनादेवी और सोनाराम शास्त्री में क्या अंतर है, जानती हो ? केवल परिधान का। परिधान का अर्थ समझती हो ? परिधान 'पहनाव' को कहते हैं। इसी साड़ी को मेरी तरह बाँध लो, मेरी मिरजई पहन लो, ऊपर से चादर ओढ़ लो। पगड़ी मैं बाँध दूँगा। फिर कौन पहचान सकता है ?

सोना ने हँसकर कहा–मुझे तो लाज लगेगी।

मोटे.–तुम्हें करना ही क्या है ? बातें तो हम करेंगे।

सोना ने मन ही मन आनेवाले पदार्थों का आनंद ले कर कहा–बड़ा मजा होगा !

मोटे.–बस, अब विलम्ब न करो। तैयारी करो, चलो।

सोना–कितनी फंकी बना लूँ ?

मोटे.–यह मैं नहीं जानता। बस, यही आदर्श सामने रखो कि अधिक से अधिक लाभ हो।

सहसा सोनादेवी को एक बात याद आ गयी। बोली–अच्छा, इन बिछुओं को क्या करूँगी ?

मोटेराम ने त्योरी चढ़ा कर कहा–इन्हें उठाकर रख देना, और क्या करोगी ?

सोना–हाँ जी, क्यों नहीं। उतार कर रख क्यों न दूँगी ?

मोटे.–तो क्या तुम्हारे बिछुए पहने ही से मैं जी रहा हूँ ? जीता हूँ पौष्टिक पदार्थों के सेवन से। तुम्हारे बिछुओं के पुण्य से नहीं जीता।

सोना–नहीं भाई, मैं बिछुए न उतारूँगी।

मोटेराम ने सोच कर कहा–अच्छा, पहने चलो, कोई हानि नहीं। गोवर्द्धनधारी यह बाधा भी हर लेंगे। बस, पाँव में बहुत-से कपड़े लपेट लेना। मैं कह दूँगा, इन पंडित जी को फीलपाँव हो गया। क्यों, कैसी सूझी ?

पंडिताइन ने पतिदेव को प्रशंसा-सूचक नेत्रों से देख कर कहा–जन्म भर पढ़ा नहीं है ?

2

संध्या-समय पंडित जी ने पाँचों पुत्रों को बुलाया और उपदेश देने लगे—पुत्रो, कोई काम करने के पहले खूब सोच-समझ लेना चाहिए कि कैसा क्या होगा। मान लो, रानी साहब ने तुम लोगों का पता-ठिकाना पूछना-आरम्भ किया, तो तुम लोग क्या उत्तर दोगे? यह तो महान् मूर्खता होगी कि तुम सब मेरा नाम लो। सोचो, कितने कलंक और लज्जा की बात होगी कि मुझ-जैसी विद्वान् केवल भोजन के लिए इतना बड़ा कुचक्र रचे। इसलिए तुम सब थोड़ा देर के लिए भूल जाओ कि मेरे पुत्र हो। कोई मेरा नाम न बतलाये। संसार में नामों की कमी नहीं, कोई अच्छा-सा नाम चुन कर बता देना। पिता का नाम बदल देने से कोई गाली नहीं लगती। यह कोई अपराध नहीं।

अलगू—आप ही बता दीजिए।

मोटे.—अच्छी बात है, बहुत अच्छी बात है। हाँ, इतने महत्त्व का काम मुझे स्वयं करना चाहिए। अच्छा सुनो—अलगूराम के पिता का नाम है पंडित केशव पाँड़े, खूब याद कर लो। बेनीराम के पिता का नाम पंडित मंगरू ओझा, खूब याद रखना। छेदीराम के पिता हैं पंडित दमड़ी तिवारी, भूलना नहीं। भवानी, तुम गंगू पाँड़े बतलाना, खूब याद कर लो। अब रहे फेकूराम, तुम बेटा बतलाना सेतूराम पाठक। हो गये सब ! हो गया सब का नामकरण ! अच्छा अब मैं परीक्षा लूँगा। होशियार रहना। बोलो अलगू, तुम्हारे पिता का क्या नाम है ?

अलगू—पंडित केशव पाँड़े।

'बेनीराम, तुम बताओ।'

'दमड़ी तिवारी।'

छेदी.—यह तो मेरे पिता का नाम है।

बेनी.—मैं तो भूल गया।

मोटे.—भूल गये ! पंडित के पुत्र हो कर तुम एक नाम भी नहीं याद कर सकते। बड़े दुःख की बात है। मुझे पाँचों नाम याद हैं, तुम्हें एक नाम भी याद नहीं ? सुनो, तुम्हारे पिता का नाम है पंडित मँगरू ओझा।

पंडित जी लड़कों की परीक्षा ले ही रहे थे कि उनके परम मित्र पंडित चिंतामणि ने द्वार पर आवाज दी। पंडित मोटेराम ऐसे घबराये कि सिर-पैर की सुधि न रही। लड़कों को भगाना ही चाहते थे कि पंडित चिंतामणि अंदर चले आये। दोनों सज्जनों में बचपन से गाढ़ी मैत्री थी। दोनों बहुधा साथ-साथ भोजन करने जाया करते थे, और यदि पंडित मोटेराम अव्वल रहते, तो पंडित चिंतामणि के द्वितीय पद में कोई बाधक न हो सकता था; पर आज मोटेराम जी अपने मित्र को साथ नहीं ले जाना चाहते थे। उनको साथ ले जाना, अपने घरवालों में से किसी एक को छोड़ देना था और इतना महान् आत्मत्याग करने के लिए वे तैयार न थे।

चिंतामणि ने यह समारोह देखा, तो प्रसन्न हो कर बोले—क्यों भाई, अकेले ही अकेले ! मालूम होता है, आज कहीं गहरा हाथ मारा है।

मोटेराम ने मुँह लटका कर कहा—कैसी बातें करते हो, मित्र ! ऐसा तो कभी नहीं हुआ कि मुझे कोई अवसर मिला हो और मैंने तुम्हें सूचना न दी हो। कदाचित् कुछ समय ही बदल गया, या किसी ग्रह का फेर है। कोई झूठ को भी नहीं बुलाता।

पंडित चिंतामणि ने अविश्वास के भाव से कहा—कोई न कोई बात तो मित्र अवश्य है, नहीं तो ये बालक क्यों जमा हैं ?

मोटे.—तुम्हारी इन्हीं बातों पर मुझे क्रोध आता है। लड़कों की परीक्षा ले रहा हूँ। ब्राह्मण के लड़के हैं, चार अक्षर पढ़े बिना इनको कौन पूछेगा ?

चिंतामणि को अब भी विश्वास न आया। उन्होंने सोचा—लड़कों से ही इस बात का पता लग सकता है। फेकूराम सबसे छोटा था। उसी से पूछा—क्या पढ़ रहे हो बेटा ! हमें भी सुनाओ। मोटेराम ने फेकूराम को बोलने का अवसर न दिया। डरे कि यह तो सारा भंडा फोड़ देगा। बोले—अभी यह क्या पढ़ेगा। दिन भर खेलता है। फेकूराम इतना बड़ा अपराध अपने नन्हें-से सिर पर क्यों लेता। बाल-सुलभ गर्व से बोला—हमको तो याद है, पंडित सेतूराम पाठक। हम याद भी कर लें, तिसपर भी कहते हैं, हरदम खेलता है !

यह कहते हुए रोना शुरू किया।

चिंतामणि ने बालक को गले लगा लिया और बोले—नहीं बेटा, तुमने अपना पाठ सुना दिया है। तुम खूब पढ़ते हो। यह सेतूराम पाठक कौन हैं, बेटा ?

मोटेराम ने बिगड़ कर कहा—तुम भी लड़कों की बातों में आते हो। सुन लिया होगा किसी का नाम। (फेकू से) जा, बाहर खेल।

चिंतामणि अपने मित्र की घबराहट देख कर समझ गये कि कोई न कोई रहस्य अवश्य है। बहुत दिमाग लड़ाने पर भी सेतूराम पाठक का आशय उनकी समझ में न आया। अपने परम मित्र की इस कुटिलता पर मन में दुखित होकर बोले—अच्छा, आप पाठ पढ़ाइये और परीक्षा लीजिए। मैं जाता हूँ। तुम इतने स्वार्थी हो, इसका मुझे गुमान तक न था। आज तुम्हारी मित्रता की परीक्षा हो गयी।

पंडित चिंतामणि बाहर चले गये। मोटेराम जी के पास उन्हें मनाने के लिए समय न था। फिर परीक्षा लेने लगे।

सोना ने कहा—मना लो, मना लो। रूठे जाते हैं। फिर परीक्षा लेना।

मोटे.—जब कोई काम पड़ेगा, मना लूँगा। निमंत्रण की सूचना पाते ही इनका सारा क्रोध शान्त हो जायगा ! हाँ भवानी, तुम्हारे पिता का क्या नाम है, बोलो।

भवानी—गंगू पाँड़े।

मोटे.—और तुम्हारे पिता का नाम, फेकू ?

फेकू—बता तो दिया, उस पर कहते हैं, पढ़ता नहीं !

मोटे.—हमें भी बता दो।

फेकू—सेतूराम पाठक तो है।

मोटे.—बहुत ठीक, हमारा लड़का बड़ा राजा है। आज तुम्हें अपने साथ बैठायेंगे और सबसे अच्छा माल तुम्हीं को खिलायेंगे।

सोना—हमें भी कोई नाम बता दो।

मोटेराम ने रसिकता से मुसकरा कर कहा—तुम्हारा नाम है पंडित मोहनसरूप सुकुल।

सोनादेवी ने लजा कर सिर झुका दिया।

3

सोनादेवी तो लड़कों को कपड़े पहनाने लगीं। उधर फेकू आनंद की उमंग में घर से बाहर निकला। पंडित चिंतामणि रूठ कर तो चले थे; पर कुतूहलवश अभी तक द्वार पर दुबके खड़े थे। इन बातों की भनक इतनी देर में उनके कानों में पड़ी, उससे यह तो ज्ञात हो गया कि कहीं निमंत्रण है; पर कहाँ है, कौन-कौन से लोग निमंत्रित हैं, यह ज्ञात न हुआ था। इतने में फेकू बाहर निकला, तो उन्होंने उसे गोद में उठा लिया और बोले—कहाँ नेवता है, बेटा?

अपनी जान में तो उन्होंने बहुत धीरे से पूछा था; पर न-जाने कैसे पंडित मोटेराम के कान में भनक पड़ गयी। तुरन्त बाहर निकल आये। देखा, तो चिंतामणि जी फेकू को गोद में लिये कुछ पूछ रहे हैं। लपक कर लड़के का हाथ पकड़ लिया और चाहा कि उसे अपने मित्र की गोद से छीन लें; मगर चिंतामणि जी को अभी अपने प्रश्न का उत्तर न मिला था। अतएव वे लड़के का हाथ छुड़ा कर उसे लिये हुए अपने घर की ओर भागे। मोटेराम भी यह कहते हुए उनके पीछे दौड़े—उसे क्यों लिये जाते हो? धूर्त कहीं का, दुष्ट ! चिंतामणि, मैं कहे देता हूँ, इसका नतीजा अच्छा न होगा; फिर कभी किसी निमंत्रण में न ले जाऊँगा। भला चाहते हो, तो उसे उतार दो...। मगर चिंतामणि ने एक न सुनी। भागते ही चले गये। उनकी देह अभी सँभाल के बाहर न हुई थी; दौड़ सकते थे; मगर मोटेराम जी को एक-एक पग आगे बढ़ना दुस्तर हो रहा था। भैंसे की भाँति हाँफते थे और नाना प्रकार के विशेषणों का प्रयोग करते दुलकी चाल से चले जाते थे। और यद्यपि प्रतिक्षण अंतर बढ़ता जाता था; और पीछा न छोड़ते थे। अच्छी घुड़दौड़ थी। नगर के दो महात्मा दौड़ते हुए ऐसे जान पड़ते थे, मानो दो गैंडे चिड़िया-घर से भाग आये हों। सैकड़ों आदमी तमाशा देखने लगे। कितने ही बालक उनके पीछे तालियाँ बजाते हुए दौड़े। कदाचित् यह दौड़ पंडित चिंतामणि के घर पर ही समाप्त होती; पर पंडित मोटेराम धोती के ढीली हो जाने के कारण उलझ कर गिर पड़े। चिंतामणि ने पीछे फिर कर यह दृश्य देखा, तो रुक गये और फेकूराम से पूछा—क्यों बेटा, कहाँ नेवता है ?

फेकू—बता दें, तो हमें मिठाई दोगे न ?

चिंता.—हाँ, दूँगा; बताओ।

फेकू—रानी के यहाँ।

चिंता.—कहाँ की रानी।

फेकू—यह मैं नहीं जानता। कोई बड़ी रानी है।

नगर में कई बड़ी-बड़ी रानियाँ थीं। पंडित जी ने सोचा, सभी रानियों के द्वार पर

चक्कर लगाऊँगा। जहाँ भोज होगा, वहाँ कुछ भीड़-भाड़ होगी ही, पता चल जायगा। यह निश्चय करके वे लौट पड़े। सहानुभूति प्रकट करने में अब कोई बाधा न थी। मोटेराम जी के पास आये, तो देखा कि वे पड़े कराह रहे हैं। उठने का नाम नहीं लेते। घबरा कर पूछा—गिर कैसे पड़े मित्र, यहाँ कहीं गढ़ा भी तो नहीं है !

मोटे.—तुमसे क्या मतलब ! तुम लड़के को ले जाओ, जो कुछ पूछना चाहो, पूछो।

चिंता.—मैं यह कपट-व्यवहार नहीं करता। दिल्लगी की थी, तुम बुरा मान गये। ले उठ तो बैठ राम का नाम लेके। मैं सच कहता हूँ, मैंने कुछ नहीं पूछा।

मोटे.—चल झूठा।

चिंता.—जनेऊ हाथ में ले कर कहता हूँ।

मोटे.—तुम्हारी शपथ का विश्वास नहीं।

चिंता.—तुम मुझे इतना धूर्त समझते हो ?

मोटे.—इससे कहीं अधिक। तुम गंगा में डूब कर शपथ खाओ, तो भी मुझे विश्वास न आये।

चिंता.—दूसरा यह बात कहता, तो मूँछ उखाड़ लेता।

मोटे.—तो फिर आ जाओ !

चिंता.—पहले पंडिताइन से पूछ आओ।

मोटेराम यह भस्मक व्यंग्य न सह सके। चट उठ बैठे और पंडित चिंतामणि का हाथ पकड़ लिया। दोनों मित्रों में मल्ल-युद्ध होने लगा। दोनों हनुमान जी की स्तुति कर रहे थे और इतने जोर से गरज-गरज कर मानो सिंह दहाड़ रहे हों। बस ऐसा जान पड़ता था, मानो दो पीपे आपस में टकरा रहे हों।

मोटे.—महाबली विक्रम बजरंगी।

चिंता.—भूत-पिशाच निकट नहिं आवे।

मोटे.—जय-जय-जय हनुमान गोसाईं।

चिंता.—प्रभु, रखिए लाज हमारी।

मोटे.—(बिगड़कर) यह हनुमान-चालीसा में नहीं है।

चिंता.—यह हमने स्वयं रचा है। क्या तुम्हारी तरह की यह रटंत विद्या है ! जितना कहो, उतना रच दें।

मोटे.—अबे, हम रचने पर आ जायँ तो एक दिन में एक लाख स्तुतियाँ रच डालें; किन्तु इतना अवकाश किसे है।

दोनों महात्मा अलग खड़े होकर अपने-अपने रचना-कौशल की डींगें मार रहे थे। मल्ल-युद्ध शास्त्रार्थ का रूप धारण करने लगा, जो विद्वानों के लिए उचित है ! इतने में किसी ने चिंतामणि के घर जा कर कह दिया कि पंडित मोटेराम और चिंतामणि जी में बड़ी लड़ाई हो रही है। चिंतामणि जी तीन महिलाओं के स्वामी थे। कुलीन ब्राह्मण थे, पूरे बीस बिस्वे। उस पर विद्वान् भी उच्चकोटि के, दूर-दूर तक यजमानी थी। ऐसे पुरुषों को सब अधिकार है। कन्या के साथ-साथ जब प्रचुर दक्षिणा भी मिलती हो, तब कैसे इनकार

किया जाय। इन तीनों महिलाओं का सारे मुहल्ले में आतंक छाया हुआ था। पंडित जी ने उनके नाम बहुत ही रसीले रखे थे। बड़ी स्त्री को 'अमिरती', मँझली को 'गुलाबजामुन' और छोटी को 'मोहनभोग' कहते थे; पर मुहल्ले वालों के लिए तीनों महिलाएँ त्रयताप से कम न थीं। घर में नित्य आँसुओं की नदी बहती रहती—खून की नदी तो पंडित जी ने भी कभी नहीं बहायी, अधिक से अधिक शब्दों की ही नदी बहायी थी; पर मजाल न थी कि बाहर का आदमी किसी को कुछ कह जाय। संकट के समय तीनों एक हो जाती थीं। यह पंडित जी के नीति-चातुर्य का सुफल था। ज्यों ही खबर मिली कि पंडित चिंतामणि पर संकट पड़ा हुआ है, तीनों त्रिदोष की भाँति कुपित हो कर घर से निकलीं और उनमें जो अन्य दोनों-जैसी मोटी नहीं थी, सबसे पहले समरभूमि में जा पहुँची। पंडित मोटाराम जी ने उसे आते देखा, तो समझ गये कि अब कुशल नहीं। अपना हाथ छुड़ा कर बगटुट भागे, पीछे फिर कर भी न देखा। चिंतामणि जी ने बहुत ललकारा; पर मोटेराम के कदम न रुके।

चिंता.—अजी, भागे क्यों ? ठहरो, कुछ मजा तो चखते जाओ।

मोटे.—मैं हार गया, भाई, हार गया।

चिंता.—अभी, कुछ दक्षिणा तो लेते जाओ।

मोटेराम ने भागते हुए कहा—दया करो, भाई, दया करो।

4

आठ बजते-बजते पंडित मोटेराम ने स्नान और पूजा करके कहा—अब विलम्ब नहीं करना चाहिए, फंकी तैयार है न ?

सोना—फंकी लिये तो कब से बैठी हूँ, तुम्हें तो जैसे किसी बात की सुधि ही नहीं रहती। रात को कौन देखता है कि कितनी देर तक पूजा करते हो।

मोटे.—मैं तुमसे एक नहीं, हजार बार कह चुका कि मेरे कामों में मत बोला करो। तुम नहीं समझ सकतीं कि मैंने इतना विलम्ब क्यों किया। तुम्हें ईश्वर ने इतनी बुद्धि ही नहीं दी। जल्दी जाने से अपमान होता है। यजमान समझता है, लोभी है, भुक्खड़ है। इसलिए चतुर लोग विलम्ब किया करते हैं, जिसमें यजमान समझे कि पंडित जी को इसकी सुधि ही नहीं है, भूल गये होंगे। बुलाने को आदमी भेजें। इस प्रकार जाने में जो मान-महत्त्व है, वह मरभुखों की तरह जाने में क्या कभी हो सकता है ? मैं बुलाने की प्रतीक्षा कर रहा हूँ। कोई न कोई आता ही होगा। लाओ थोड़ी फंकी। बालकों को खिला दी है न?

सोना—उन्हें तो मैंने साँझ ही को खिला दी थी।

मोटे.—कोई सोया तो नहीं ?

सोना—आज भला कौन सोयेगा ? सब भूख-भूख चिल्ला रहे थे, तो मैंने एक पैसे का चबेना मँगवा दिया। सब के सब ऊपर बैठे खा रहे हैं। सुनते नहीं हो, मार-पीट हो रही है।

मोटेराम ने दाँत पीस कर कहा–जी चाहता है कि तुम्हारी गरदन पकड़ कर ऐंठ दूँ। भला, इस बेला चबेना मँगाने का क्या काम था ? चबेना खा लेंगे, तो वहाँ क्या तुम्हारा सिर खायेंगे ? छिः छिः ! जरा भी बुद्धि नहीं !

सोना ने अपराध स्वीकार करते हुए कहा–हाँ, भूल तो हुई; पर सब के सब इतना कोलाहल मचाये हुए थे कि सुना नहीं जाता था।

मोटे.–रोते ही थे न, रोने देती। रोने से उनका पेट न भरता; बल्कि और भूख खुल जाती।

सहसा एक आदमी ने बाहर से आवाज दी–पंडित जी, महारानी बुला रही हैं और लोगों को ले कर जल्दी चलो।

पंडित जी ने पत्नी की ओर गर्व से देख कर कहा–देखा, इसे निमंत्रण कहते हैं। अब तैयारी करनी चाहिए।

बाहर आ कर पंडित जी ने उस आदमी से कहा–तुम एक क्षण और न आते, तो मैं कथा सुनाने चला गया होता। मुझे बिलकुल याद न थी। चलो, हम बहुत शीघ्र आते हैं।

5

नौ बजते-बजते पंडित मोटेराम बाल-गोपाल सहित रानी साहब के द्वार पर जा पहुँचे। रानी बड़ी विशालकाय एवं तेजस्विनी महिला थीं। इस समय वे कारचोबीदार तकिया लगाये तख्त पर बैठी हुई थीं। दो आदमी हाथ बाँधे पीछे खड़े थे। बिजली का पंखा चल रहा था। पंडित जी को देखते ही रानी ने तख्त से उठ कर चरण-स्पर्श किया और इस बालक-मंडल को देख कर मुस्कराती हुई बोलीं–इन बच्चों को आप कहाँ से पकड़ लाये ?

मोटे.–करता क्या ? सारा नगर छान मारा; किसी पंडित ने आना स्वीकार न किया। कोई किसी के यहाँ निमंत्रित हैं, कोई किसी के यहाँ। तब तो मैं बहुत चकराया। अंत में मैंने उनसे कहा–अच्छा, आप नहीं चलते तो हरि इच्छा; लेकिन ऐसा कीजिए कि मुझे लज्जित न होना पड़े। तब जबरदस्ती प्रत्येक के घर से जो बालक मिला, उसे पकड़ लाना पड़ा। क्यों फेकूराम, तुम्हारे पिता जी का क्या नाम है ?

फेकूराम ने गर्व से कहा–पंडित सेतूराम पाठक।

रानी–बालक तो बड़ा होनहार है।

और बालकों को भी उत्कंठा हो रही थी कि हमारी भी परीक्षा ली जाय; लेकिन जब पंडित जी ने उनसे कोई प्रश्न न किया और उधर रानी ने फेकूराम की प्रशंसा कर दी, तब तो वे अधीर हो उठे। भवानी बोला–मेरे पिता का नाम है पंडित गंगू पाँड़े।

छेदी बोला–मेरे पिता का नाम है दमड़ी तिवारी !

बेनीराम ने कहा–मेरे पिता का नाम है पंडित मँगरू ओझा।

अलगूराम समझदार था। चुपचाप खड़ा रहा। रानी ने उससे पूछा–तुम्हारे पिता का क्या नाम है, जी ?

अलगूराम को इस वक्त पिता का निर्दिष्ट नाम याद न आया। न यही सूझा कि कोई और नाम ले ले। हतबुद्धि-सा खड़ा रहा। पंडित मोटेराम ने जब उसकी ओर दाँत पीस कर देखा, तब रहा-सहा हवास भी गायब हो गया।

फेकूराम ने कहा—हम बता दें। भैया भूल गये।

रानी ने आश्चर्य से पूछा—क्या अपने पिता का नाम भूल गया ? यह तो विचित्र बात देखी।

मोटेराम ने अलगू के पास जाकर कहा—क से है। अलगू राम बोल उठा—केशव पाँड़े।

रानी—तो अब तक क्यों चुप था ?

मोटे.—कुछ ऊँचा सुनता है, सरकार।

रानी—मैंने सामान तो बहुत-सा मँगवाया है। सब खराब होगा। लड़के क्या खायेंगे !

मोटे.—सरकार इन्हें बालक न समझें। इनमें जो सबसे छोटा है, यह दो पत्तल खा कर उठेगा।

6

जब सामने पत्तलें पड़ गयीं और भंडारी चाँदी की थालों में एक से एक उत्तम पदार्थ ला-ला कर परसने लगा, तब पंडित मोटेराम जी की आँखें खुल गयीं। उन्हें आये-दिन निमंत्रण मिलते रहते थे। पर ऐसे अनुपम पदार्थ कभी सामने न आये थे। घी की ऐसी सोंधी सुगन्ध उन्हें कभी न मिली थी। प्रत्येक वस्तु से केवड़े और गुलाब की लपटें उड़ रही थीं। घी टपक रहा था। पंडित जी ने सोचा—ऐसे पदार्थों से कभी पेट भर सकता है ! मनों खा जाऊँ, फिर भी और खाने को जी चाहे। देवतागण इनसे उत्तम और कौन-से पदार्थ खाते होंगे ? इनसे उत्तम पदार्थों की तो कल्पना भी नहीं हो सकती।

पंडित जी को इस वक्त अपने परममित्र पंडित चिंतामणि की याद आयी। अगर वे होते, तो रंग जम जाता। उनके बिना रंग फीका रहेगा। यहाँ दूसरा कौन है जिससे लाग-डाँग करूँ। लड़के दो-दो पत्तलों में चें बोल जायँगे। सोना कुछ साथ देगी; मगर कब तब ! चिंतामणि के बिना रंग न गठेगा। वे मुझे ललकारेंगे, मैं उन्हें ललकारूँगा। उस उमंग में पत्तलों की कौन गिनती। हमारी देखा-देखी लड़के भी डट जायँगे। ओह, बड़ी भूल हो गयी। यह खयाल मुझे पहले न आया। रानी साहब से कहूँ, बुरा तो न मानेंगी। उँह ! जो कुछ हो, एक बार जोर तो लगाना ही चाहिए। तुरंत खड़े हो कर रानी साहब से बोले—सरकार ! आज्ञा हो, तो कुछ कहूँ।

रानी—कहिए, कहिए महाराज, क्या किसी वस्तु की कमी है ?

मोटे.—नहीं सरकार, किसी बात की नहीं। ऐसे उत्तम पदार्थ तो मैंने कभी देखे भी न थे। सारे नगर में आपकी कीर्ति फैल जायगी। मेरे एक परममित्र पंडित चिंतामणि जी हैं, आज्ञा हो तो उन्हें भी बुला लूँ। बड़े विद्वान् कर्मनिष्ठ ब्राह्मण हैं। उनके जोड़ का इस नगर में दूसरा नहीं है। मैं उन्हें निमंत्रण देना भूल गया। अभी सुधि आयी।

रानी–आपकी इच्छा हो, तो बुला लीजिए, मगर आने-जाने में देर होगी और भोजन परोस दिया गया है।

मोटे.–मैं अभी जाता हूँ, सरकार दौड़ता हुआ जाऊँगा।

रानी–मेरी मोटर ले लीजिए।

जब पंडित जी चलने को तैयार हुए, तब सोना ने कहा–तुम्हें आज क्या हो गया है, जी ! उसे क्यों बुला रहे हो ?

मोटे.–कोई साथ देनेवाला भी तो चाहिए ?

सोना–मैं क्या तुमसे दब जाती ?

पंडित जी ने मुस्करा कर कहा–तुम जानती नहीं, घर की बात और है; दंगल की बात और है। पुराना खिलाड़ी मैदान में जा कर जितना नाम करेगा, उतना नया पट्ठा नहीं कर सकता। वहाँ बल का काम नहीं, साहस का काम है। बस, यहाँ भी वही हाल समझो। झंडे गाड़ दूँगा। समझ लेना।

सोना–कहीं लड़के सो जायँ तो ?

मोटे.–और भूख खुल जायगी। जगा तो मैं लूँगा।

सोना–देख लेना, आज वह तुम्हें पछाड़ देगा। उसके पेट में तो शनीचर है।

मोटे.–बुद्धि की सर्वत्र प्रधानता रहती है। यह न समझो कि भोजन करने की कोई विद्या ही नहीं। इसका भी एक शास्त्र है, जिसे मथुरा के शनिचरानंद महाराज ने रचा है। चतुर आदमी थोड़ी-सी जगह में गृहस्थी का सब सामान रख देता है। अनाड़ी बहुत-सी जगह में भी यही सोचता है कि कौन वस्तु कहाँ रखूँ। गँवार आदमी पहले से ही हबक-हबक कर खाने लगता है और चट एक लोटा पानी पी कर अफर जाता है। चतुर आदमी बड़ी सावधानी से खाता है, उसको कौर नीचे उतारने के लिए पानी की आवश्यकता नहीं पड़ती। देर तक भोजन करते रहने से वह सुपाच्य भी हो जाता है। चिंतामणि मेरे सामने क्या ठहरेगा।

7

चिंतामणि जी अपने आँगन में उदास बैठे हुए थे। जिस प्राणी को वह अपना परमहितैषी समझते थे, जिसके लिए वे अपने प्राण तक देने को तैयार रहते थे, उसी ने आज उनके साथ बेवफाई की। बेवफाई ही नहीं की, उन्हें उठा कर दे मारा। पंडित मोटेराम के घर से तो कुछ जाता न था। अगर वे चिंतामणि जी को साथ ले जाते, तो क्या रानी साहब उन्हें दुत्कार देतीं ? स्वार्थ के आगे कौन किसको पूछता है ? उन अमूल्य पदार्थों की कल्पना करके चिंतामणि के मुँह से लार टपकी पड़ती थी। अब सामने पत्तर आ गयी होगी ! अब थालों में अमिरतियाँ लिये भंडारी जी आये होंगे ! ओहो। कितनी सुन्दर, कोमल, कुरकुरी, रसीली अमिरतियाँ होंगी ! अब बेसन के लड्डू आये होंगे। ओहो, कितने सुडौल, मेवों से भरे हुए, घी से तरातर लड्डू होंगे, मुँह में रखते ही घुल जाते होंगे, जीभ भी न डुलानी पड़ती होगी। अहा ! अब मोहन-भोग आया होगा ! हाय रे दुर्भाग्य ! मैं यहाँ पड़ा सड़

रहा हूँ और वहाँ यह बहार ! बड़े निर्दयी हो मोटेराम, तुमसे इस निष्ठुरता की आशा न थी।

अमिरतीदेवी बोलीं—तुम इतना दिल छोटा क्यों करते हो ? पितृपक्ष तो आ ही रहा है, ऐसे-ऐसे न जाने कितने आयेंगे।

चिंतामणि—आज किसी अभागे का मुँह देखकर उठा था। लाओ तो पत्रा, देखूँ, कैसा मुहूर्त है। अब नहीं रहा जाता। सारा नगर छान डालूँगा, कहीं तो पता चलेगा, नासिका तो दाहिनी चल रही है।

एकाएक मोटर की आवाज आयी। उसके प्रकाश से पंडित जी का सारा घर जगमगा उठा। वे खिड़की से झाँकने लगे, तो मोटेराम को मोटर से उतरते देखा। एक लम्बी साँस लेकर चारपाई पर गिर पड़े। मन में कहा कि दुष्ट भोजन करके अब यहाँ मुझसे बखान करने आया है।

अमिरतीदेवी ने पूछा—कौन है डाढ़ीजार, इतनी रात को जगावत है ?

मोटे.—हम हैं हम ! गाली न दो !

अमिरती—अरे दुर मुँहझौंसे, तैं कौन है ! कहते हैं, हम हैं हम ! को जाने तैं कौन हस ?

मोटे.—अरे हमारी बोली नहीं पहचानती हो ? खूब पहचान लो। हम हैं, तुम्हारे देवर।

अमिरती—ऐ दुर, तोरे मुँह में का लागे। तोर लहास उठे। हमार देवर बनत है, डाढ़ीजार।

मोटे.—अरे हम हैं मोटेराम शास्त्री। क्या इतनी भी नहीं पहचानती ? चिंतामणि घर में हैं ?

अमिरती ने किवाड़ खोल दिया और तिरस्कार-भाव से बोली—अरे तुम थे। तो नाम क्यों नहीं बताते थे ? जब इतनी गालियाँ खा लीं, तो बोल निकला। क्या है, क्या?

मोटे.—कुछ नहीं; चिंतामणि जी को शुभ-संवाद देने आया हूँ। रानी साहब ने उन्हें याद किया है।

अमिरती—भोजन के बाद बुला कर क्या करेंगी ?

मोटे.—अभी भोजन कहाँ हुआ है ! मैंने जब इनकी विद्या, कर्मनिष्ठा, सद्विचार की प्रशंसा की, तब मुग्ध हो गयीं। मुझसे कहा कि उन्हें मोटर पर लाओ ! क्या सो गये ?

चिंतामणि चारपाई पर पड़े-पड़े सुन रहे थे। जी में आता था, चल कर मोटेराम के चरणों पर गिर पड़ूँ। उनके विषय में अब तक जितने कुत्सित विचार उठे थे, सब लुप्त हो गये। ग्लानि का आविर्भाव हुआ। रोने लगे।

'अरे भाई, आते हो या सोते ही रहोगे !'—यह कहते हुए मोटेराम उनके सामने जा कर खड़े हो गये।

चिंता.—तब क्यों न ले गये ? जब इतनी दुर्दशा कर लिये; तब आये। अभी तक

पीठ में दर्द हो रहा है।

मोटे.–अजी, वह तर-माल खिलाऊँगा कि सारा दर्द-वर्द भाग जायगा, तुम्हारे यजमानों को भी ऐसे पदार्थ मयस्सर न हुए होंगे ! आज तुम्हें बद कर पछाड़ूँगा ?

चिंता.–तुम बेचारे मुझे क्या पछाड़ोगे। सारे शहर में तो कोई ऐसा माई का लाल दिखायी नहीं देता। हमें शनीचर का इष्ट है।

मोटे.–अजी, यहाँ बरसों तपस्या की है। भंडारे का भंडारा साफ कर दें और इच्छा ज्यों की त्यों बनी रहे। बस, यही समझ लो कि भोजन करके हम खड़े नहीं रह सकते। चलना तो दूसरी बात है। गाड़ी पर लद कर आते हैं।

चिंता.–तो यह कौन बड़ी बात है। यहाँ तो टिकटी पर उठा कर लाये जाते हैं। ऐसी-ऐसी डकारें लेते हैं कि जान पड़ता है, बम-गोला छूट रहा है। एक बार खोपिया पुलिस ने बम-गोले के संदेह में घर की तलाशी तक ली थी।

मोटे.–झूठ बोलते हो। कोई इस तरह नहीं डकार सकता।

चिंता.–अच्छा, तो आ कर सुन लेना। डर कर भाग न जाओ, तो सही।

एक क्षण में दोनों मित्र मोटर पर बैठे और मोटर चली।

8

रास्ते में पंडित चिंतामणि को शंका हुई कि कहीं ऐसा न हो कि मैं पंडित मोटेराम का पिछलग्गू समझा जाऊँ और मेरा यथेष्ट सम्मान न हो। उधर पंडित मोटेराम को भी भय हुआ कि कहीं ये महाशय मेरे प्रतिद्वंद्वी न बन जायँ और रानी साहब पर अपना रंग जमा लें।

दोनों अपने-अपने मंसूबे बाँधने लगे। ज्यों ही मोटर रानी के भवन में पहुँची दोनों महाशय उतरे। अब मोटेराम चाहते थे कि पहले मैं रानी के पास पहुँच जाऊँ और कह दूँ कि पंडित को ले आया, और चिंतामणि चाहते थे कि पहले मैं रानी के पास पहुँचूँ और अपना रंग जमा दूँ। दोनों कदम बढ़ाने लगे। चिंतामणि हल्के होने के कारण जरा आगे बढ़ गये, तो पंडित मोटेराम दौड़ने लगे। चिंतामणि भी दौड़ पड़े। घुड़दौड़-सी होने लगी। मालूम होता था कि दो गैंडे भागे जा रहे हैं। अंत में मोटेराम ने हाँफते हुए कहा–राजसभा में दौड़ते हुए जाना उचित नहीं।

चिंता.–तो तुम धीरे-धीरे आओ न, दौड़ने को कौन कहता है।

मोटे.–जरा रुक जाओ, मेरे पैर में काँटा गड़ गया है।

चिंता.–तो निकाल लो, तब तक मैं चलता हूँ।

मोटे.–मैं न कहता, तो रानी तुम्हें पूछती भी न !

मोटेराम ने बहुत बहाने किये, पर चिंतामणि ने एक न सुना। भवन में पहुँचे। रानी साहब बैठी कुछ लिख रही थीं और रह-रह-कर द्वार की ओर ताक लेती थीं कि सहसा पंडित चिंतामणि उनके सामने आ खड़े हुए और यों स्तुति करने लगे–

'हे हे यशोदे, तू बालकेशव, मुरारनामा...'

रानी–क्या मतलब ? अपना मतलब कहो ?

चिंता.–सरकार को आशीर्वाद देता हूँ सरकार ने इस दास चिंतामणि को निमंत्रित करके कितना अनुग्रसित (अनुगृहीत) किया है, उसका बखान शेषनाग अपनी सहस्र जिह्वा द्वारा भी नहीं कर सकते।

रानी–तुम्हारा ही नाम चिंतामणि है ? वे कहाँ रह गये–पंडित मोटेराम शास्त्री?

चिंता.–पीछे आ रहा है, सरकार। मेरे बराबर आ सकता है, भला ! मेरा तो शिष्यहै।

रानी–अच्छा, तो वे आपके शिष्य हैं !

चिंता.–मैं अपने मुँह से अपनी बड़ाई नहीं करना चाहता सरकार ! विद्वानों को नम्र होना चाहिए; पर जो यथार्थ है, वह तो संसार जानता है। सरकार, मैं किसी से वाद-विवाद नहीं करता; यह मेरा अनुशीलन (अभीष्ट) नहीं। मेरे शिष्य भी बहुधा मेरे गुरु बन जाते हैं; पर मैं किसी से कुछ नहीं कहता। जो सत्य है, वह सभी जानते हैं।

इतने में पंडित मोटेराम भी गिरते-पड़ते हाँफते हुए आ पहुँचे और यह देख कर कि चिंतामणि भद्रता और सभ्यता की मूर्ति बने खड़े हैं, वे देवोपम शान्ति के साथ खड़े हो गये।

रानी–पंडित चिंतामणि बड़े साधु प्रकृति एवं विद्वान् हैं। आप उनके शिष्य हैं, फिर भी वे आपको अपना शिष्य नहीं कहते हैं।

मोटे.–सरकार, मैं इनका दासानुदास हूँ।

चिंता.–जगतारिणी, मैं इनका चरण-रज हूँ।

मोटे.–रिपुदलसंहारिणी, मैं इनके द्वार का कूकर हूँ।

रानी–आप दोनों सज्जन पूज्य हैं। एक से एक बढ़े हुए। चलिए, भोजन कीजिए।

9

सोनारानी बैठी पंडित मोटेराम की राह देख रही थीं। पति की इस मित्र-भक्ति पर उन्हें बड़ा क्रोध आ रहा था। बड़े लड़कों के विषय में तो कोई चिंता न थी, लेकिन छोटे बच्चों के सो जाने का भय था। उन्हें किस्से-कहानियाँ सुना-सुना कर बहला रही थी कि भंडारी ने आकर कहा–महाराज चलो। दोनों पंडित जी आसन पर बैठ गये। फिर क्या था, बच्चे कूद-कूद कर भोजनशाला में जा पहुँचे। देखा, तो दोनों पंडित दो वीरों की भाँति आमने-सामने डटे बैठे हैं। दोनों अपना-अपना पुरुषार्थ दिखाने के लिए अधीर हो रहे थे।

चिंता.–भंडारी जी, तुम परोसने में बड़ा विलम्ब करते हो ! क्या भीतर जा कर सोने लगते हो ?

भंडारी–चुपाई मारे बैठे रहो, जौन कुछ होई, सब आय जाई। घबड़ाये का नहीं होत। तुम्हारे सिवाय और कोई जिवैया नहीं बैठा है।

मोटे.–भैया, भोजन करने के पहले कुछ देर सुगंध का स्वाद तो लो।

चिंता.–अजी, सुगंध गया चूल्हे में, सुगंध देवता लोग लेते हैं। अपने लोग तो भोजन करते हैं।

मोटे.–अच्छा बताओ, पहले किस चीज पर हाथ फेरोगे ?

चिंता.–मैं जाता हूँ भीतर से सब चीजें एक साथ लिये आता हूँ।

मोटे.–धीरज धरो भैया, सब पदार्थों को आ जाने दो। ठाकुर जी का भोग तो लग जाय।

चिंता.–तो बैठे क्यों हो, तब तक भोग ही लगाओ। एक बाधा तो मिटे। नहीं तो लाओ, मैं चटपट भोग लगा दूँ। व्यर्थ देर करोगे।

इतने में रानी आ गयीं। चिंतामणि सावधान हो गये। रामायण की चौपाइयों का पाठ करने लगे–

'रहा एक दिन अवध अधारा। समुझत मन दुख भयउ अपारा।।
कौशलेश दशरथ के जाये। हम पितु बचन मानि बन आये।।
उलटि पलटि लंका कपि जारी। कूद पड़ा तब सिंधु मझारी।।
जेहि पर जा कर सत्य सनेहू। सो तेहि मिले न कछु संदेहू।।
जामवंत के वचन सुहाये। सुनि हनुमान हृदय अति भाये।।

पंडित मोटेराम ने देखा कि चिंतामणि का रंग जमता जाता है तो वे भी अपनी विद्वत्ता प्रकट करने को व्याकुल हो गये। बहुत दिमाग लड़ाया, पर कोई श्लोक, कोई मंत्र, कोई कविता याद न आयी तब उन्होंने सीधे-सीधे राम-नाम का पाठ आरंभ कर दिया–

'राम भज, राम भज, राम भज रे मन'–इन्होंने इतने ऊँचे स्वर से जाप करना शुरू किया कि चिंतामणि को भी अपना स्वर ऊँचा करना पड़ा। मोटेराम और जोर से गरजने लगे। इतने में भंडारी ने कहा–महाराज, अब भोग लगाइये। यह सुन कर उस प्रतिस्पर्द्धा का अंत हुआ। भोग की तैयारी हुई। बाल-वृंद सजग हो गया। किसी ने घंटा लिया, किसी ने घड़ियाल, किसी ने शंख, किसी ने करताल और चिंतामणि ने आरती उठा ली। मोटेराम मन में ऐंठ कर रह गये। रानी के समीप जाने का यह अवसर उनके हाथ से निकल गया।

पर यह किसे मालूम था कि विधि-वाम उधर कुछ और ही कुटिल-क्रीड़ा कर रहा है। आरती समाप्त हो गयी थी, भोजन शुरू होने को ही था कि एक कुत्ता न-जाने किधर से आ निकला। पंडित चिंतामणि के हाथ से लड्डू थाल में गिर पड़ा। पंडित मोटेराम अचकचा कर रह गये। सर्वनाश !

चिंतामणि ने मोटेराम से इशारे में कहा–अब क्या कहते हो, मित्र ? कोई उपाय निकालो, यहाँ तो कमर टूट गयी।

मोटेराम ने लम्बी साँस खींचकर कहा–अब क्या हो सकता है ? यह ससुर आया किधर से ?

रानी पास ही खड़ी थीं, उन्होंने कहा–अरे, कुत्ता किधर से आ गया ? यह रोज बँधा रहता था, आज कैसे छूट गया ? अब तो रसोई भ्रष्ट हो गयी।

चिंता.–सरकार, आचार्यों ने इस विषय में...

मोटे.–कोई हर्ज नहीं है, सरकार, कोई हर्ज नहीं है !

सोना–भाग्य फूट गया। जोहत-जोहत आधी रात बीत गयी, तब ई विपत्त फाट परी।

चिंता.–सरकार स्वान के मुख में अमृत...

मोटे.–तो अब आज्ञा हो तो चलें।

रानी–हाँ और क्या। मुझे बड़ा दुःख है कि इस कुत्ते ने आज इतना बड़ा अनर्थ कर डाला। तुम बड़े गुस्ताख हो गये, टामी। भंडारी, ये पत्तर उठा कर मेहतर को दे दो।

चिंता.–(सोना से) छाती फटी जाती है।

सोना को बालकों पर दया आयी। बेचारे इतनी देर देवोपम धैर्य के साथ बैठे थे। बस चलता, तो कुत्ते का गला घोंट देती। बोली–लरकन का तो दोष नहीं परत है। इन्हें काहे नहीं खवाय देत कोऊ।

चिंता.–मोटेराम महादुष्ट है। इसकी बुद्धि भ्रष्ट हो गयी है।

सोना–ऐसे तो बड़े विद्वान बने रहें। अब काहे नाहीं बोलत बनत। मुँह में दही जम गया, जीभै नहीं खुलत है।

चिंता.–सत्य कहता हूँ, रानी को चकमा दे देता। उस दुष्ट के मारे सब खेल बिगड़ गया। सारी अभिलाषाएँ मन में रह गयीं। ऐसे पदार्थ अब कहाँ मिल सकते हैं?

सोना–सारी मनुसई निकल गयी। घर ही में गरजै के सेर हैं।

रानी ने भंडारी को बुला कर कहा–इन छोटे-छोटे तीनों बच्चों को खिला दो। ये बेचारे क्यों भूखों मरें। क्यों फेकूराम, मिठाई खाओगे !

फेकू–इसीलिए तो आये हैं।

रानी–कितनी मिठाई खाओगे ?

फेकू–बहुत-सी (हाथों से बता कर) इतनी !

रानी–अच्छी बात है। जितनी खाओगे उतनी मिलेगी; पर जो बात मैं पूछूँ, वह बतानी पड़ेगी। बताओगे न ?

फेकू–हाँ बताऊँगा, पूछिए !

रानी–झूठ बोले, तो एक मिठाई न मिलेगी। समझ गये।

फेकू–मत दीजिएगा। मैं झूठ बोलूँगा ही नहीं।

रानी–अपने पिता का नाम बताओ।

मोटे.–बालकों को हरदम सब बातें स्मरण नहीं रहतीं। उसने तो आते ही आते बता दिया था।

रानी–मैं फिर पूछती हूँ, इसमें आपकी क्या हानि है ?

चिंता.–नाम पूछने में कोई हर्ज नहीं।

मोटे.–तुम चुप रहो चिंतामणि, नहीं तो ठीक न होगा। मेरे क्रोध को अभी तुम नहीं जानते। दबा बैठूँगा, तो रोते भागोगे।

रानी–आप तो व्यर्थ इतना क्रोध कर रहे हैं। बोलो फेकूराम, चुप क्यों हो ? फिर मिठाई न पाओगे।

चिंता.–महारानी की इतनी दया-दृष्टि तुम्हारे ऊपर हैं, बता दो बेटा !

मोटे.–चिंतामणि जी, मैं देख रहा हूँ, तुम्हारे अदिन आये हैं। वह नहीं बताता, तुम्हारा साझा–आये वहाँ से बड़े खैरख्वाह बन के।

सोना–अरे हाँ, लरकन से ई सब पँवारा से का मतलब। तुमका धरम परे मिठाई देव, न धरम परे न देव। ई का कि बाप का नाम बताओ तब मिठाई देब।

फेकूराम ने धीरे से कोई नाम लिया। इस पर पंडित जी ने उसे इतने जोर से डाँटा कि उसकी आधी बात मुँह में ही रह गयी।

रानी–क्यों डाँटते हो, उसे बोलने क्यों नहीं देते ? बोलो बेटा !

मोटे.–आप हमें अपने द्वार पर बुला कर हमारा अपमान कर रही हैं।

चिंता.–इसमें अपमान की तो कोई बात नहीं है, भाई !

मोटे.–अब हम इस द्वार पर कभी न आयेंगे। यहाँ सत्पुरुषों का अपमान किया जाता है।

अलगू–कहिए तो मैं चिंतामणि को एक पटकन दूँ।

मोटे.–नहीं बेटा, दुष्टों को परमात्मा स्वयं दंड देता है। चलो, यहाँ से चलें। अब भूल कर यहाँ न आयेंगे। खिलाना न पिलाना, द्वार पर बुला कर ब्राह्मणों का अपमान करना। तभी तो देश में आग लगी हुई है।

चिंता.–मोटेराम, महारानी के सामने तुम्हें इतनी कटु बातें न करनी चाहिए।

मोटे.–बस चुप ही रहना, नहीं तो सारा क्रोध तुम्हारे ही सिर जायगा। माता-पिता का पता नहीं, ब्राह्मण बनने चले हैं। तुम्हें कौन कहता है ब्राह्मण ?

चिंता.–जो कुछ मन चाहे, कह लो। चन्द्रमा पर थूकने से थूक अपने ही मुँह पर पड़ता है। जब तुम धर्म का एक लक्षण नहीं जानते, तब तुमसे क्या बातें करूँ ? ब्राह्मण को धैर्य रखना चाहिए।

मोटे.–पेट के गुलाम हो। ठकुरसोहाती कर रहे हो कि एकाध पत्तल मिल जाय। यहाँ मर्यादा का पालन करते हैं !

चिंता–कह तो दिया भाई कि तुम बड़े, मैं छोटा, अब और क्या कहूँ। तुम सत्य कहते होगे, मैं ब्राह्मण नहीं शूद्र हूँ।

रानी–ऐसा न कहिए चिंतामणि जी।

इसका बदला न लिया तो कहना ! यह कहते हुए पंडित मोटेराम बालक-वृंद के साथ बाहर चले आये और भाग्य को कोसते हुए घर को चले। बार-बार पछता रहे थे कि दुष्ट चिंतामणि को क्यों बुला लाया।

सोना ने कहा–भंडा फूटत-फूटत बच गया। फेकुआ नाँव बताय देता। काहे रे, अपने बाप केर नाँव बताय देते !

फेकू–और क्या। वे तो सच-सच पूछती थीं !

मोटे.–चिंतामणि ने रंग जमा लिया, अब आनंद से भोजन करेगा।

सोना–तुम्हार एको विद्या काम न आयी। ऊँ तौन बाजी मार लैगा।

मोटे.–मैं तो जानता हूँ, रानी ने जान-बूझ कर कुत्ते को बुला लिया।

सोना–मैं तो ओकरा मुँह देखत ताड़ गयी कि हमका पहचान गयी।

इधर तो ये लोग पछताते चले जाते थे, उधर चिंतामणि की पाँचों अँगुली घी में थीं।

आसन मारे भोजन कर रहे थे। रानी अपने हाथों से मिठाइयाँ परोस रही थीं; वार्त्तालाप भी होता जाता था।

रानी—बड़ा धूर्त्त है ? मैं बालकों को देखते ही समझ गयी। अपनी स्त्री को भेष बदल कर लाते उसे लज्जा न आयी।

चिंता.—मुझे कोस रहे होंगे !

रानी—मुझसे उड़ने चला था। मैंने भी कहा था—बचा, तुमको ऐसी शिक्षा दूँगी कि उम्र भर याद करोगे। टामी को बुला लिया।

चिंता.—सरकार की बुद्धि धन्य है !

रामलीला

इधर एक मुद्दत से रामलीला देखने नहीं गया। बंदरों के भद्दे चेहरे लगाये, आधी टाँगों का पाजामा और काले रंग का ऊँचा कुरता पहने आदमियों को दौड़ते, हू-हू करते देख कर अब हँसी आती है; मजा नहीं आता। काशी की लीला जगद्विख्यात है। सुना है, लोग दूर-दूर से देखने आते हैं। मैं भी बड़े शौक से गया; पर मुझे तो वहाँ की लीला और किसी वज्र देहात की लीला में कोई अंतर न दिखायी दिया। हाँ, रामनगर की लीला में कुछ साज-सामान अच्छे हैं। राक्षसों और बंदरों के चेहरे पीतल के हैं, गदाएँ भी पीतल की हैं; कदाचित् वनवासी भ्राताओं के मुकुट सच्चे काम के हों; लेकिन साज-सामान के सिवा वहाँ भी वही हू-हू के सिवा और कुछ नहीं। फिर भी लाखों आदमियों की भीड़ लगी रहती।

लेकिन एक जमाना वह था, जब मुझे भी रामलीला में आनंद आता था। आनंद तो बहुत हलका-सा शब्द है। वह आनंद उन्माद से कम न था। संयोगवश उन दिनों मेरे घर से बहुत थोड़ी दूर पर रामलीला का मैदान था; और जिस घर में लीला-पात्रों का रूप-रंग भरा जाता था, वह तो मेरे घर से बिलकुल मिला हुआ था। दो बजे दिन से पात्रों की सजावट होने लगती थी। मैं दोपहर ही से वहाँ जा बैठता, और जिस उत्साह से दौड़-दौड़ कर छोटे-मोटे काम करता, उस उत्साह से तो आज अपनी पेंशन लेने भी नहीं जाता। एक कोठरी में राजकुमारी का शृंगार होता था। उनकी देह में रामरज पीस कर पोती जाती; मुँह पर पाउडर लगाया जाता और पाउडर के ऊपर लाल, हरे, नीले रंग की बुँदकियाँ लगायी जाती थीं। सारा माथा, भौंहें, गाल, ठोड़ी, बुँदकियों से रच उठती थीं। एक ही आदमी इस काम में कुशल था। वही बारी-बारी से तीनों पात्रों का शृंगार करता था। रंग की प्यालियों में पानी लाना, रामरज पीसना, पंखा झलना मेरा काम था। जब इन तैयारियों के बाद विमान निकलता, तो उस पर रामचन्द्र जी के पीछे बैठ कर मुझे जो उल्लास, जो गर्व जो रोमांच होता था। वह अब लाट साहब के दरबार में कुरसी पर बैठ कर भी नहीं होता। एक बार जब होम-मेम्बर साहब ने व्यवस्थापक-सभा में मेरे लिए एक प्रस्ताव का अनुमोदन किया था, उस वक्त मुझे कुछ उसी तरह का उल्लास, गर्व और रोमांच हुआ था। हाँ, एक बार जब मेरा ज्येष्ठ पुत्र नायब-तहसीदारी में नामजद हुआ, तब भी ऐसी ही तरंगें

मन में उठी थीं; पर इनमें और उस बाल-विह्वलता में बड़ा अंतर है। तब ऐसा मालूम होता था कि मैं स्वर्ग में बैठा हूँ।

निषाद-नौका-लीला का दिन था। मैं दो-चार लड़कों के बहकाने में आकर गुल्ली-डंडा खेलने लगा था। आज श्रृंगार देखने न गया। विमान भी निकला; पर मैंने खेलना न छोड़ा। मुझे अपना दाँव लेना था। अपना दाँव छोड़ने के लिए उससे कहीं बढ़कर आत्मत्याग की जरूरत थी, जितना मैं कर सकता था। अगर दाँव देना होता तो मैं कब का भाग खड़ा होता; लेकिन पदाने में कुछ और ही बात होती है। खैर, दाँव पूरा हुआ। अगर मैं चाहता, तो धाँधली करके दस-पाँच मिनट और पदा सकता था, इसकी काफी गुंजाइश थी, लेकिन अब इसका मौका न था। मैं सीधे नाले की तरफ दौड़ा। विमान जलतट पर पहुँच चुका था। मैंने दूर से देखा—मल्लाह किश्ती लिये आ रहा है। दौड़ा, लेकिन आदमियों की भीड़ में दौड़ना कठिन था। आखिर जब मैं भीड़ हटाता, प्राण-पण से आगे बढ़ता घाट पर पहुँचा, तो निषाद अपनी नौका खोल चुका था। रामचन्द्र पर मेरी कितनी श्रद्धा थी ! अपने पाठ की चिंता न करके उन्हें पढ़ा दिया करता था, जिसमें वह फेल न हो जायँ। मुझसे उम्र ज्यादा होने पर भी वह नीची कक्षा में पढ़ते थे। लेकिन वही रामचंद्र नौका पर बैठे इस तरह मुँह फेरे चले जाते थे, मानो मुझसे जान-पहचान ही नहीं। नकल में भी असल की कुछ न कुछ बू आ ही जाती है। भक्तों पर जिनकी निगाह सदा ही तीखी रही है, वह मुझे क्यों उबारते ? मैं विकल हो कर उस बछड़े की भाँति कूदने लगा, जिसकी गरदन पर पहली बार जुआ रखा गया हो। कभी लपक कर नाले की ओर जाता, कभी किसी सहायक की खोज में पीछे की तरफ दौड़ता, पर सब के सब अपनी धुन में मस्त थे; मेरी चीख-पुकार किसी के कानों तक न पहुँची। तब से बड़ी-बड़ी विपत्तियाँ झेलीं; पर उस समय जितना दुःख हुआ, उतना फिर कभी न हुआ।

मैंने निश्चय किया था कि अब रामचंद्र से न कभी बोलूँगा, न कभी खाने की कोई चीज ही दूँगा; लेकिन ज्यों ही नाले को पार करके वह पुल की ओर लौटे, मैं दौड़ कर विमान पर चढ़ गया, और ऐसा खुश हुआ, मानो कोई बात ही न हुई थी।

2

रामलीला समाप्त हो गयी थी। राजगद्दी होनेवाली थी; पर न जाने क्यों देर हो रही थी। शायद चंदा कम वसूल हुआ था। रामचंद्र की इन दिनों कोई बात भी न पूछता था। न घर ही जाने की छुट्टी मिलती थी, न भोजन का ही प्रबंध होता था। चौधरी साहब के यहाँ से एक सीधा कोई तीन बजे दिन को मिलता था। बाकी सारे दिन कोई पानी को नहीं पूछता। लेकिन मेरी श्रद्धा अभी तक ज्यों की त्यों थी। मेरी दृष्टि में अब भी रामचंद्र ही थे। घर पर मुझे खाने को कोई चीज मिलती, वह ले कर रामचंद्र को दे आता। उन्हें खिलाने में मुझे जितना आनंद मिलता था, उतना आप खा जाने में कभी न मिलता। कोई मिठाई या फल पाते ही मैं बेतहाशा चौपाल की ओर दौड़ता। अगर रामचंद्र वहाँ न मिलते तो उन्हें चारों ओर तलाश करता, और जब तक वह चीज उन्हें न खिला लेता, मुझे चैन न

आता था।

खैर, राजगद्दी का दिन आया। रामलीला के मैदान में एक बड़ा-सा शामियाना ताना गया। उसकी खूब सजावट की गयी। वेश्याओं के दल भी आ पहुँचे। शाम को रामचंद्र की सवारी निकली, और प्रत्येक द्वार पर उनकी आरती उतारी गयी। श्रद्धानुसार किसी ने रुपये दिये, किसी ने पैसे। मेरे पिता पुलिस के आदमी थे; इसलिए उन्होंने बिना कुछ दिये ही आरती उतारी। उस वक्त मुझे जितनी लज्जा आयी, उसे बयान नहीं कर सकता। मेरे पास उस वक्त संयोग से एक रुपया था। मेरे मामा जी दशहरे के पहले आये थे और मुझे एक रुपया दे गये थे। उस रुपये को मैंने रख छोड़ा था। दशहरे के दिन भी उसे खर्च न कर सका। मैंने तुरंत वह रुपया ला कर आरती की थाली में डाल दिया। पिता जी मेरी ओर कुपित-नेत्रों से देख कर रह गये। उन्होंने कुछ कहा तो नहीं; लेकिन मुँह ऐसा बना लिया, जिससे प्रकट होता था कि मेरी इस धृष्टता से उनके रोब में बट्टा लग गया। रात के दस बजते-बजते यह परिक्रमा पूरी हुई। आरती की थाली रुपयों और पैसों से भरी हुई थी। ठीक तो नहीं कह सकता; मगर अब ऐसा अनुमान होता है कि चार-पाँच सौ रुपयों से कम न थे। चौधरी साहब इनसे कुछ ज्यादा ही खर्च कर चुके थे। उन्हें इसकी बड़ी फिक्र हुई कि किसी तरह कम से कम दो सौ रुपये और वसूल हो जायँ और इसकी सब से अच्छी तरकीब उन्हें यही मालूम हुई कि वेश्याओं द्वारा महफिल में वसूली हो। जब लोग आ कर बैठ जायँ, और महफिल का रंग जम जाय, तो आबादीजान रसिकजनों की कलाइयाँ पकड़-पकड़ कर ऐसे हाव-भाव दिखायें कि लोग शरमाते-शरमाते भी कुछ न कुछ दे ही मरें। आबादीजान और चौधरी साहब में सलाह होने लगी। मैं संयोग से उन दोनों प्राणियों की बातें सुन रहा था। चौधरी साहब ने समझा होगा यह लौंडा क्या मतलब समझेगा। पर यहाँ ईश्वर की दया से अक्ल के पुतले थे। सारी दास्तान समझ में आती जाती थी।

चौधरी–सुनो आबादीजान, यह तुम्हारी ज्यादती है। हमारा और तुम्हारा कोई पहला साबिका तो है नहीं। ईश्वर ने चाहा, तो यहाँ हमेशा तुम्हारा आना-जाना लगा रहेगा। अब की चन्दा बहुत कम आया, नहीं तो मैं तुमसे इतना इसरार न करता।

आबादी.–आप मुझ से भी जमींदारी चालें चलते हैं, क्यों ? मगर यहाँ हुजूर की दाल न गलेगी। वाह ! रुपये तो मैं वसूल करूँ, और मूँछों पर ताव आप दें। कमाई का अच्छा ढंग निकाला है। इस कमाई से तो वाकई आप थोड़े दिनों में राजा हो जायेंगे। उसके सामने जमींदारी झक मारेगी ! बस, कल ही से एक चकला खोल दीजिए ! खुदा की कसम, माला-माल हो जाइएगा।

चौधरी–तुम दिल्लगी करती हो, और यहाँ काफिया तंग हो रहा है।

आबादी.–तो आप भी तो मुझी से उस्तादी करते हैं। यहाँ आप-जैसे काँइयों को रोज उँगलियों पर नचाती हूँ।

चौधरी–आखिर तुम्हारी मंशा क्या है ?

आबादी.–जो कुछ वसूल करूँ, उसमें आधा मेरा, आधा आपका। लाइए, हाथ मारिए।

चौधरी–यही सही।

आबादी.–अच्छा, तो पहले मेरे सौ रुपये गिन दीजिए। पीछे से आप अलसेट करने लगेंगे।

चौधरी–वाह ! वह भी लोगी और यह भी।

आबादी.–अच्छा ! तो क्या आप समझते थे कि अपनी उजरत छोड़ दूँगी ? वाहारी आपकी समझ ! खूब; क्यों न हो। दीवाना बकारे दरवेश हुशियार !

चौधरी–तो क्या तुमने दोहरी फीस लेने की ठानी है ?

आबादी.–अगर आप को सौ दफे गरज हो, तो। वरना मेरे सौ रुपये तो कहीं गये ही नहीं। मुझे क्या कुत्ते ने काटा है, जो लोगों की जेब में हाथ डालती फिरूँ ?

चौधरी की एक न चली। आबादी के सामने दबना पड़ा। नाच शुरू हुआ। आबादीजान बला की शोख औरत थी। एक तो कमसिन, उस पर हसीन। और उसकी अदाएँ तो इस गज़ब की थीं कि मेरी तबीयत भी मस्त हुई जाती थी। आदमियों के पहचानने का गुण भी उसमें कुछ कम न था। जिसके सामने बैठ गयी, उससे कुछ न कुछ ले ही लिया। पाँच रुपये से कम तो शायद ही किसी ने दिये हों। पिता जी के सामने भी वह बैठी। मैं मारे शर्म के गड़ गया। जब उसने उनकी कलाई पकड़ी, तब तो मैं सहम उठा। मुझे यकीन था कि पिता जी उसका हाथ झटक देंगे और शायद दुत्कार भी दें, किंतु यह क्या हो रहा है ! ईश्वर ! मेरी आँखें धोखा तो नहीं खा रही हैं ! पिता जी मूँछों में हँस रहे हैं। ऐसी मृदु-हँसी उनके चेहरे पर मैंने कभी नहीं देखी थी। उनकी आँखों से अनुराग टपका पड़ता था। उनका एक-एक रोम पुलकित हो रहा था; मगर ईश्वर ने मेरी लाज रख ली। वह देखो, उन्होंने धीरे से आबादी के कोमल हाथों से अपनी कलाई छुड़ा ली। अरे ! यह फिर क्या हुआ ? आबादी तो उनके गले में बाहें डाले देती है। अब पिता जी उसे जरूर पीटेंगे। चुड़ैल को जरा भी शर्म नहीं।

एक महाशय ने मुस्करा कर कहा–यहाँ तुम्हारी दाल न गलेगी, आबादीजान ! और दरवाजा देखो।

बात तो इन महाशय ने मेरे मन की कही, और बहुत ही उचित कही; लेकिन न-जाने क्यों पिता जी ने उसकी ओर कुपित-नेत्रों से देखा, और मूँछों पर ताव दिया। मुँह से तो वह कुछ न बोले; पर उनके मुख की आकृति चिल्ला कर सरोष शब्दों में कह रही थी–तू बनिया, मुझे समझता क्या है ? यहाँ ऐसे अवसर पर जान तक निसार करने को तैयार हैं। रुपये की हकीकत ही क्या ! तेरा जी चाहे, आजमा ले। तुझसे दूनी रकम न दे डालूँ, तो मुँह न दिखाऊँ ! महान् आश्चर्य ! घोर अनर्थ ! अरे, जमीन तू फट क्यों नहीं जाती ? आकाश, तू फट क्यों नहीं पड़ता ? अरे, मुझे मौत क्यों नहीं आ जाती ! पिता जी जेब में हाथ डाल रहे हैं। वह कोई चीज निकाली, और सेठ जी को दिखा कर आबादीजान को दे डाली। आह ! यह तो अशर्फी है। चारों ओर तालियाँ बजने लगीं।

सेठ जी उल्लू बन गये। पिता जी ने मुँह की खायी, इसका निश्चय मैं नहीं कर सकता। मैंने केवल इतना देखा कि पिता जी ने एक अशर्फी निकाल कर आबादीजान को दी। उनकी आँखों में इस समय इतना गर्वयुक्त उल्लास था मानो उन्होंने हातिम की कब्र पर लात मारी हो। यही पिता जी हैं, जिन्होंने मुझे आरती में एक रुपया डालते देख कर मेरी ओर इस तरह से देखा था, मानो मुझे फाड़ ही खायेंगे। मेरे उस परमोचित व्यवहार से उनके जेब में फर्क आता था, और इस समय इस घृणित, कुत्सित और निंदित व्यापार पर गर्व और आनन्द से फूले न समाते थे।

आबादीजान ने एक मनोहर मुस्कान के साथ पिता जी को सलाम किया और आगे बढ़ी; मगर मुझसे वहाँ न बैठा गया। मारे शर्म के मेरा मस्तक झुका जाता था; अगर मेरी आँखों-देखी बात न होती, तो मुझे इस पर कभी एतबार न होता। मैं बाहर जो कुछ देखता-सुनता था, उसकी रिपोर्ट अम्माँ से जरूर करता था। पर इस मामले को मैंने उनसे छिपा रखा। मैं जानता था, उन्हें यह बात सुन कर बड़ा दुःख होगा।

रात भर गाना होता रहा। तबले की धमक मेरे कानों में आ रही थी। जी चाहता था, चल कर देखूँ; पर साहस न होता था। मैं किसी को मुँह कैसे दिखाऊँगा ? कहीं किसी ने पिता जी का जिक्र छेड़ दिया, तो मैं क्या करूँगा ?

प्रातःकाल रामचन्द्र की बिदाई होनेवाली थी। मैं चारपाई से उठते ही आँखें मलता हुआ चौपाल की ओर भागा ? डर रहा था कि कहीं रामचन्द्र, चले न गये हों। पहुँचा, तो देखा–तबायफों की सवारियाँ जाने को तैयार हैं। बीसों आदमी हसरतनाक मुँह बनाये उन्हें घेरे खड़े हैं। मैंने उनकी ओर आँख तक न उठायी। सीधा रामचन्द्र के पास पहुँचा। लक्ष्मण और सीता बैठे रो रहे थे; और रामचन्द्र खड़े काँधे पर लुटिया-डोर डाले उन्हें समझा रहे थे। मेरे सिवा वहाँ और कोई न था। मैंने कुंठित-स्वर से रामचन्द्र से पूछा–क्या तुम्हारी बिदाई हो गयी ?

रामचन्द्र–हाँ, हो तो गयी। हमारी बिदाई ही क्या ? चौधरी साहब ने कह दिया–जाओ, चले जाते हैं।

'क्या रुपया और कपड़े नहीं मिले ?'

'अभी नहीं मिले। चौधरी साहब कहते हैं–इस वक्त बचत में रुपये नहीं हैं। फिर आ कर ले जाना।

'कुछ नहीं मिला ?'

'एक पैसा भी नहीं। कहते हैं, कुछ बचत नहीं हुई। मैंने सोचा था, कुछ रुपये मिल जायँगे तो पढ़ने की किताबें ले लूँगा ! सो कुछ न मिला। राह-खर्च भी नहीं दिया। कहते हैं–कौन दूर है, पैदल चले जाओ !'

मुझे ऐसा क्रोध आया कि चल कर चौधरी को खूब आड़े हाथों लूँ। वेश्याओं के लिए रुपये, सवारियाँ सब कुछ; पर बेचारे रामचन्द्र और उनके साथियों के लिए कुछ भी नहीं ! जिन लोगों ने रात को आबादीजान पर दस-दस, बीस-बीस रुपये न्योछावर किये थे, उनके पास क्या इनके लिए दो-दो, चार-चार आने पैसे भी नहीं। पिता जी ने भी तो

आबादीजान को एक अशर्फी दी थी। देखूँ इनके नाम पर क्या देते हैं ! मैं दौड़ा हुआ पिता जी के पास गया। वह कहीं तफतीश पर जाने को तैयार खड़े थे। मुझे देख कर बोले–कहाँ घूम रहे हो? पढ़ने के वक्त तुम्हें घूमने की सूझती है ?

मैंने कहा–गया था चौपाल। रामचन्द्र बिदा हो रहे थे। उन्हें चौधरी साहब ने कुछ नहीं दिया।

'तो तुम्हें इसकी क्या फिक्र पड़ी है ?'

'वह जायेंगे कैसे ? पास राह-खर्च भी तो नहीं है।'

'क्या कुछ खर्च भी नहीं दिया ?' यह चौधरी साहब की बेइंसाफी है।'

'आप अगर दो रुपया दे दें, तो मैं उन्हें दे आऊँ। इतने में शायद वह घर पहुँच जायँ।'

पिता जी ने तीव्र दृष्टि से देख कर कहा–जाओ, अपनी किताब देखो, मेरे पास रुपये नहीं हैं।

यह कह कर वह घोड़े पर सवार हो गये। उसी दिन से पिता जी पर से मेरी श्रद्धा उठ गयी। मैंने फिर कभी उनकी डाँट-डपट की परवा नहीं की। मेरा दिल कहता–आपको मुझको उपदेश देने का कोई अधिकार नहीं है। मुझे उनकी सूरत से चिढ़ हो गयी। वह जो कहते, मैं ठीक उसका उल्टा करता। यद्यपि इसमें मेरी हानि हुई; लेकिन मेरा अंतःकरण उस समय विप्लवकारी विचारों से भरा हुआ था।

मेरे पास दो आने पैसे पड़े हुए थे। मैंने पैसे उठा लिये और जा कर शरमाते-शरमाते रामचन्द्र को दे दिये। उन पैसों को देख कर रामचन्द्र को जितना हर्ष हुआ, वह मेरे लिये आशातीत था। टूट पड़े, मानो प्यासे को पानी मिल गया।

यही दो आने पैसे ले कर तीनों मूर्तियाँ बिदा हुईं ! केवल मैं ही उनके साथ कस्बे के बाहर तक पहुँचाने आया।

उन्हें बिदा करके लौटा, तो मेरी आँखें सजल थीं; पर हृदय आनंद से उमड़ा हुआ था।

मंत्र-1

पंडित लीलाधर चौबे की जबान में जादू था। जिस वक्त वह मंच पर खड़े हो कर अपनी वाणी की सुधावृष्टि करने लगते थे; श्रोताओं की आत्माएँ तृप्त हो जाती थीं, लोगों पर अनुराग का नशा छा जाता था। चौबेजी के व्याख्यानों में तत्त्व तो बहुत कम होता था, शब्द-योजना भी बहुत सुन्दर न होती थी; लेकिन बार-बार दुहराने पर भी उसका असर कम न होता, बल्कि घन की चोटों की भाँति और भी प्रभावोत्पादक हो जाता था। हमें तो विश्वास नहीं आता, किन्तु सुननेवाले कहते हैं, उन्होंने केवल एक व्याख्यान रट रखा है। और उसी को वह शब्दशः प्रत्येक सभा में एक नये अन्दाज से दुहराया करते हैं। जातीय गौरव-गान उनके व्याख्यानों का प्रधान गुण था; मंच पर आते ही भारत के प्राचीन गौरव

और पूर्वजों की अमर-कीर्ति का राग छेड़ कर सभा को मुग्ध कर देते थे। यथा–

'सज्जनो ! हमारी अधोगति की कथा सुन कर किसकी आँखों से अश्रुधारा न निकल पड़ेगी ? हमें प्राचीन गौरव को याद करके संदेह होने लगता है कि हम वही हैं, या बदल गये। जिसने कल सिंह से पंजा लिया, वह आज चूहे को देख कर बिल खोज रहा है। इस पतन की भी सीमा है। दूर क्यों जाइए, महाराज चंद्रगुप्त के समय को ही ले लीजिए। यूनान का सुविज्ञ इतिहासकार लिखता है कि उस जमाने में यहाँ द्वार पर ताले न डाले जाते थे, चोरी कहीं सुनने में न आती थी, व्यभिचार का नाम-निशान न था, दस्तावेजों का आविष्कार ही न हुआ था, पुर्जों पर लाखों का लेन-देन हो जाता था, न्याय पद पर बैठे हुए कर्मचारी मक्खियाँ मारा करते थे। सज्जनो ! उन दिनों कोई आदमी जवान न मरता था। (तालियाँ) हाँ, उन दिनों कोई आदमी जवान न मरता था। बाप के सामने बेटे का अवसान हो जाना एक अभूतपूर्व–एक असंभव–घटना थी। आज ऐसे कितने माता-पिता हैं, जिनके कलेजे पर जवान बेटे का दाग न हो ? वह भारत नहीं रहा, भारत गारत हो गया !'

यह चौबे जी की शैली थी। वह वर्तमान की अधोगति और दुर्दशा तथा भूत की समृद्धि और सुदशा का राग अलाप कर लोगों में जातीय स्वाभिमान जाग्रत कर देते थे। इसी सिद्धि की बदौलत उनकी नेताओं में गणना होती थी। विशेषतः हिंदू-सभा के तो वह कर्णधार ही समझे जाते थे। हिंदू-सभा के उपासकों में कोई ऐसा उत्साही, ऐसा दक्ष, ऐसा नीति-चतुर दूसरा न था। यों कहिए कि सभा के लिए उन्होंने अपना जीवन ही उत्सर्ग कर दिया था। धन तो उनके पास न था, कम से कम लोगों का विचार यही था; लेकिन साहस, धैर्य और बुद्धि जैसा अमूल्य रत्न उनके पास थे, और ये सभी सभा को अर्पण थे। 'शुद्धि' के तो मानो प्राण ही थे। हिंदू-जाति का उत्थान और पतन, जीवन और मरण उनके विचार में इसी प्रश्न पर अवलम्बित था। शुद्धि के सिवा अब हिंदू जाति के पुनर्जीवन का और कोई उपाय न था। जाति की समस्त नैतिक, शारीरिक, मानसिक, सामाजिक, आर्थिक और धार्मिक बीमारियों की दवा इसी आंदोलन की सफलता में मर्यादित थी, और वह तन, मन से इसका उद्योग किया करते थे। चंदे वसूल करने में चौबे जी सिद्धहस्त थे। ईश्वर ने उन्हें वह 'गुन' बता दिया था कि पत्थर से भी तेल निकाल सकते थे। कंजूसों को तो वह ऐसा उलटे छुरे से मूड़ते थे कि उन महाशयों को सदा के लिए शिक्षा मिल जाती थी ! इस विषय में पंडित जी साम, दाम, दंड और भेद इन चारों नीतियों से काम लेते थे, यहाँ तक कि राष्ट्र-हित के लिए डाका और चोरी को भी क्षम्य समझते थे।

2

गरमी के दिन थे। लीलाधर जी किसी शीतल पार्वत्य-प्रदेश को जाने की तैयारियाँ कर रहे थे कि सैर की सैर हो जायगी, और बन पड़ा तो कुछ चंदा भी वसूल कर लायेंगे। उनको जब भ्रमण की इच्छा होती, तो मित्रों के साथ एक डेपुटेशन के रूप में निकल खड़े होते;

अगर एक हजार रुपये वसूल करके वह इसका आधा सैर-सपाटे में खर्च भी कर दें, तो किसी की क्या हानि ? हिंदू सभा को तो कुछ न कुछ मिल ही जाता था। वह न उद्योग करते, तो इतना भी तो न मिलता ! पंडित जी ने अब की सपरिवार जाने का निश्चय किया था ? जब से 'शुद्धि' का आविर्भाव हुआ था, उनकी आर्थिक दशा, जो पहले बहुत शोचनीय रहती थी, बहुत कुछ सम्हल गयी थी।

लेकिन जाति के उपासकों का ऐसा सौभाग्य कहाँ कि शांति-निवास का आनन्द उठा सकें। उनका तो जन्म ही मारे-मारे फिरने के लिए होता है। खबर-आयी कि मद्रास-प्रांत में तबलीग वालों ने तूफान मचा रखा है। हिन्दुओं के गाँव के गाँव मुसलमान होते जाते हैं। मुल्लाओं ने बड़े जोश से तबलीग का काम शुरू किया है; अगर हिन्दू-सभा ने इस प्रवाह को रोकने की आयोजना न की, तो सारा प्रांत हिन्दुओं से शून्य हो जायगा–किसी शिखाधरी की सूरत तक न नजर आयेगी।

हिन्दू-सभा में खलबली मच गयी। तुरन्त एक विशेष अधिवेशन हुआ और नेताओं के सामने यह समस्या उपस्थित की गयी। बहुत सोच-विचार के बाद निश्चय हुआ कि चौबे जी पर इस कार्य का भार रखा जाय। उनसे प्रार्थना की जाय कि वह तुरंत मद्रास चले जायें, और धर्म-विमुख बंधुओं का उद्धार करें। कहने ही की देर थी। चौबे जी तो हिंदू-जाति की सेवा के लिए अपने को अर्पण ही कर चुके थे; पर्वत-यात्रा का विचार रोक दिया, और मद्रास जाने को तैयार हो गये। हिन्दू-सभा के मंत्री ने आँखों में आँसू भर कर उनसे विनय की कि महाराज, यह बेड़ा आप ही उठा सकते हैं। आप ही को परमात्मा ने इतनी सामर्थ्य दी है। आपके सिवा ऐसा कोई दूसरा मनुष्य भारतवर्ष में नहीं है, जो इस घोर विपत्ति में काम आये। जाति की दीन-हीन दशा पर दया कीजिए। चौबे जी इस प्रार्थना को अस्वीकार न कर सके। फौरन सेवकों की एक मंडली बनी और पंडित जी के नेतृत्व में रवाना हुई। हिन्दू-सभा ने उसे बड़ी धूम से बिदाई का भोज दिया। एक उदार रईस ने चौबे जी को एक थैली भेंट की, और रेलवे-स्टेशन पर हजारों आदमी उन्हें बिदा करने आये।

यात्रा का वृत्तांत लिखने की जरूरत नहीं। हर एक बड़े स्टेशन पर सेवकों का सम्मानपूर्ण स्वागत हुआ। कई जगह थैलियाँ मिलीं। रतलाम की रियासत ने एक शामियाना भेंट किया। बड़ौदा ने एक मोटर दी कि सेवकों को पैदल चलने का कष्ट न उठाना पड़े, यहाँ तक कि मद्रास पहुँचते-पहुँचते सेवा-दल के पास एक माकूल रकम के अतिरिक्त जरूरत की कितनी चीजें जमा हो गयीं। वहाँ आबादी से दूर खुले हुए मैदान में हिंदू-सभा का पड़ाव पड़ा। शामियाने पर राष्ट्रीय-झंडा लहराने लगा। सेवकों ने अपनी-अपनी वर्दियाँ निकालीं, स्थानीय धन-कुबेरों ने दावत के सामान भेजे, रावटियाँ पड़ गयीं। चारों ओर ऐसी चहल-पहल हो गयी, मानो किसी राजा का कैम्प है।

3

रात के आठ बजे थे। अछूतों की एक बस्ती के समीप, सेवक-दल का कैम्प गैस के प्रकाश से जगमगा रहा था। कई हजार आदमियों का जमाव था, जिनमें अधिकांश अछूत ही थे। उनके लिए अलग टाट बिछा दिये गये थे। ऊँचे वर्ण के हिंदू कालीनों पर बैठे हुए थे। पंडित लीलाधर का धुआँधार व्याख्यान हो रहा था–तुम उन्हीं ऋषियों की संतान हो, जो आकाश के नीचे एक नयी सृष्टि की रचना कर सकते थे ! जिनके न्याय, बुद्धि और विचार-शक्ति के सामने आज सारा संसार सिर झुका रहा है।

सहसा एक बूढ़े अछूत ने उठ कर पूछा–हम लोग भी उन्हीं ऋषियों की संतान हैं ?

लीलाधर–निस्संदेह ! तुम्हारी धमनियों में भी उन्हीं ऋषियों का रक्त दौड़ रहा है और यद्यपि आज का निर्दयी, कठोर, विचार-हीन और संकुचित हिंदू-समाज तुम्हें अवहेलना की दृष्टि से देख रहा है; तथापि तुम किसी हिन्दू से नीच नहीं हो, चाहे वह अपने को कितना ही ऊँचा समझता हो।

बूढ़ा–तुम्हारी सभा हम लोगों की सुधि क्यों नहीं लेती ?

लीलाधर–हिंदू-सभा का जन्म अभी थोड़े ही दिन हुए हुआ है, और इस अल्पकाल में उसने जितने काम किये हैं, उस पर उसे अभिमान हो सकता है। हिंदू-जाति शताब्दियों के बाद गहरी नींद से चौंकी है, और अब वह समय निकट है, जब भारतवर्ष में कोई हिंदू किसी हिंदू को नीच न समझेगा, जब वह सब एक दूसरे को भाई समझेंगे। श्रीरामचन्द्र ने निषाद को छाती से लगाया था, शबरी के जूठे बेर खाये थे...

बूढ़ा–आप जब इन्हीं महात्माओं की संतान हैं, तो फिर ऊँच-नीच में क्यों इतना भेद मानते हैं ?

लीलाधर–इसलिए कि हम पतित हो गये हैं–अज्ञान में पड़कर उन महात्माओं को भूल गये हैं।

बूढ़ा–अब तो आपकी निद्रा टूटी है, हमारे साथ भोजन करोगे ?

लीलाधर–मुझे कोई आपत्ति नहीं है।

बूढ़ा–मेरे लड़के से अपनी कन्या का विवाह कीजिएगा ?

लीलाधर–जब तक तुम्हारे जन्म-संस्कार न बदल जायँ, जब तक तुम्हारे आहार-व्यवहार में परिवर्तन न हो जाय, हम तुमसे विवाह का सम्बन्ध नहीं कर सकते, मांस खाना छोड़ो, मदिरा पीना छोड़ो, शिक्षा ग्रहण करो, तभी तुम उच्च-वर्ण के हिंदुओं में मिल सकते हो।

बूढ़ा–हम कितने ही ऐसे कुलीन ब्राह्मणों को जानते हैं, जो रात-दिन नशे में डूबे रहते हैं, मांस के बिना कौर नहीं उठाते; और कितने ही ऐसे हैं, जो एक अक्षर भी नहीं पढ़े हैं; पर आपको उनके साथ भोजन करते देखता हूँ। उनसे विवाह-स्म्बन्ध करने में आपको कदाचित् इनकार न होगा। जब आप खुद अज्ञान में पड़े हुए हैं, तो हमारा उद्धार कैसे कर सकते हैं ? आपका हृदय अभी तक अभिमान से भरा हुआ है। जाइए, अभी कुछ दिन और अपनी आत्मा का सुधार कीजिए। हमारा उद्धार आपके किये न होगा। हिंदू-समाज में रह कर हमारे माथे से नीचता का कलंक न मिटेगा। हम कितने ही विद्वान्,

कितने ही आचारवान् हो जायँ, आप हमें यों ही नीच समझते रहेंगे। हिंदुओं की आत्मा मर गयी है, और उसका स्थान अहंकार ने ले लिया है ! हम अब देवता की शरण जा रहे हैं, जिनके माननेवाले हमसे गले मिलने को आज ही तैयार हैं। वे यह नहीं कहते कि तुम अपने संस्कार बदल कर आओ। हम अच्छे हैं या बुरे, वे इसी दशा में हमें अपने पास बुला रहे हैं। आप अगर ऊँचे हैं, तो ऊँचे बने रहिए। हमें उड़ना न पड़ेगा।

लीलाधर—एक ऋषि-संतान के मुँह से ऐसी बातें सुन कर मुझे आश्चर्य हो रहा है। वर्ण-भेद तो ऋषियों ही का किया हुआ है। उसे तुम कैसे मिटा सकते हो ?

बूढ़ा—ऋषियों को मत बदनाम कीजिए। यह सब पाखंड आप लोगों का रचा हुआ है। आप कहते हैं—तुम मदिरा पीते हो; लेकिन आप मदिरा पीने वालों की जूतियाँ चाटते हैं। आप हमसे मांस खाने के कारण घिनाते हैं; लेकिन आप गो-मांस खानेवालों के सामने नाक रगड़ते हैं। इसलिए न कि वे आप से बलवान् हैं ! हम भी आज राजा हो जायँ, तो आप हमारे सामने हाथ बाँध खड़े होंगे। आपके धर्म में वही ऊँचा है, जो बलवान् है; वही नीच है, जो निर्बल है। यही आपका धर्म है ?

यह कह कर बूढ़ा वहाँ से चला गया और उसके साथ ही और लोग भी उठ खड़े हुए। केवल चौबे जी और उनके दलवाले मंच पर रह गये, मानो मंचगान समाप्त हो जाने के बाद उसकी प्रतिध्वनि वायु में गूँज रही हो।

4

तबलीगवालों ने जब से चौबे जी की आने की खबर सुनी थी, इस फिक्र में थे कि किसी उपाय से इन सबको यहाँ से दूर करना चाहिए। चौबे जी का नाम दूर-दूर तक प्रसिद्ध था। जानते थे, यह यहाँ जम गया, तो हमारी सारी की-करायी मेहनत व्यर्थ हो जायगी। इसके कदम यहाँ जमने न पायें। मुल्लाओं ने उपाय सोचना शुरू किया। बहुत वाद-विवाद, हुज्जत और दलील के बाद निश्चय हुआ कि इस काफिर को कत्ल कर दिया जाय। ऐसा सवाब लूटने के लिए आदमियों की क्या कमी ? उनके लिए तो जन्नत का दरवाजा खुल जायगा, हूरें उसकी बलाएँ लेंगी, फरिश्ते उसके कदमों की खाक़ का सुरमा बनायेंगे, रसूल उसके सर पर बरकत का हाथ रखेंगे, खुदाबन्द-करीम उसे सीने से लगायेंगे और कहेंगे—तू मेरा प्यारा दोस्त है। दो हट्टे-कट्टे जवानों ने तुरन्त बीड़ा उठा लिया।

रात के दस बज गये थे। हिन्दू-सभा के कैंप में सन्नाटा था। केवल चौबे जी अपनी रावटी में बैठे हिन्दू-सभा के मंत्री को पत्र लिख रहे थे—यहाँ सबसे बड़ी आवश्यकता धन की है। रुपया, रुपया, रुपया ! जितना भेज सकें, भेजिए। डेपुटेशन भेज कर वसूलकीजिए, मोटे महाजनों की जेब टटोलिए, भिक्षा माँगिए। बिना धन के इन अभागों का उद्धार न होगा। जब तक कोई पाठशाला न खुले, कोई चिकित्सालय न स्थापित हो, कोई वाचनालय न हो, इन्हें कैसे विश्वास आयेगा कि हिन्दू-सभा उनकी हितचिंतक है। तबलीगवाले जितना खर्च कर रहे हैं, उसका आधा भी मुझे मिल जाय, तो हिंदू-धर्म की पताका फहरने लगे। केवल व्याख्यानों से काम न चलेगा। असीसों से कोई जिंदा नहीं रहता।

सहसा किसी की आहट पा कर वह चौंक पड़े। आँखें ऊपर उठायीं तो देखा, दो आदमी सामने खड़े हैं। पंडित जी ने शंकित हो कर पूछा—तुम कौन हो ? क्या काम है ?

उत्तर मिला—हम इजराईल के फरिश्ते हैं। तुम्हारी रूह कब्ज करने आये हैं। इजराईल ने तुम्हें याद किया है।

पंडित जी यों बहुत ही बलिष्ठ पुरुष थे, उन दोनों को एक धक्के में गिरा सकते थे। प्रातःकाल तीन पाव मोहनभोग और दो सेर दूध का नाश्ता करते थे। दोपहर के समय पाव भर घी दाल में खाते, तीसरे पहर दूधिया भंग छानते, जिसमें सेर भर मलाई और आधा सेर बादाम मिली रहती। रात को डट कर ब्यालू करते; क्योंकि प्रातःकाल तक फिर कुछ न खाते थे। इस पर तुर्रा यह कि पैदल पग भर भी न चलते थे ! पालकी मिले, तो पूछना ही क्या, जैसे घर का पलंग उड़ा जा रहा हो। कुछ न हो, तो इक्का तो था ही; यद्यपि काशी में ही दो ही चार इक्केवाले ऐसे थे जो उन्हें देख कर कह न दें कि 'इक्का खाली नहीं है।' ऐसा मनुष्य नर्म अखाड़े में पट पड़ कर ऊपरवाले पहलवान को थका सकता था, चुस्ती और फुर्ती के अवसर पर तो वह रेत पर निकला हुआ कछुआ था।

पंडित जी ने एक बार कनखियों से दरवाजे की तरफ देखा। भागने का कोई मौका न था। तब उनमें साहस का संचार हुआ। भय की पराकाष्ठा ही साहस है। अपने सोंटे की तरफ हाथ बढ़ाया और गरज कर बोले—निकल जाओ यहाँ से !

बात मुँह से पूरी न निकली थी कि लाठियों का वार पड़ा। पंडित जी मूर्च्छित हो कर गिर पड़े। शत्रुओं ने समीप में आ कर देखा, जीवन का कोई लक्षण न था। समझ गये, काम तमाम हो गया। लूटने का विचार न था; पर जब कोई पूछनेवाला न हो, तो हाथ बढ़ाने में क्या हर्ज ? जो कुछ हाथ लगा, ले-दे कर चलते बने।

5

प्रातःकाल बूढ़ा भी उधर से निकला, तो सन्नाटा छाया हुआ था, न आदमी, न आदमजाद। छौलदारियाँ भी गायब ! चकराया, यह माजरा क्या है ? रात ही भर में अलादीन के महल की तरह सब कुछ गायब हो गया। उन महात्माओं में से एक भी नजर नहीं आता, जो प्रातःकाल मोहनभोग उड़ाते और संध्या समय भंग घोटते दिखायी देते थे। जरा और समीप जा कर पंडित लीलाधर की रावटी में झाँका, तो कलेजा सन्न से हो गया ! पंडित जी जमीन पर मुर्दे की तरह पड़े हुए थे। मुँह पर मक्खियाँ भिनक रही थीं। सिर के बालों में रक्त ऐसा जम गया था, जैसे किसी चित्रकार के ब्रश में रंग। सारे कपड़े लहूलुहान हो रहे थे। समझ गया, पंडित जी के साथियों ने उन्हें मार कर अपनी राह ली। सहसा पंडित जी के मुँह से कराहने की आवाज निकली। अभी जान बाकी थी। बूढ़ा तुरन्त दौड़ा हुआ गाँव में आ गया और कई आदमियों को लाकर पंडित जी को अपने घर उठवा ले गया।

मरहम-पट्टी होने लगी। बूढ़ा दिन के दिन और रात की रात पंडित जी के पास बैठा रहता। उसके घरवाले उनकी शुश्रूषा में लगे रहते। गाँव वाले भी यथाशक्ति सहायता करते। इस बेचारे का यहाँ कौन अपना बैठा हुआ है ? अपने हैं तो हम, बेगाने हैं तो हम। हमारे

ही उद्धार के लिए तो बेचारा यहाँ आया था, नहीं तो यहाँ उसे क्यों आना था ? कई बार पंडित जी अपने घर पर बीमार पड़ चुके थे, पर उनके घरवालों ने इतनी तन्मयता से उनकी तीमारदारी न की थी। सारा घर, और घर ही नहीं; सारा गाँव उनका गुलाम बना हुआ था। अतिथि-सेवा उनके धर्म का एक अंग था। सभ्य-स्वार्थ ने अभी उस भाव का गला नहीं घोंटा था। साँप का मंत्र जाननेवाला देहाती अब भी माघ-पूस की अँधेरी मेघाच्छन्न रात्रि में मंत्र झाड़ने के लिए दस-पाँच कोस पैदल दौड़ता हुआ चला जाता है। उसे डबल फीस और सवारी की जरूरत नहीं होती। बूढ़ा मल-मूत्र तक अपने हाथों उठा कर फेंकता, पंडित जी की घुड़कियाँ सुनता, सारे गाँव से दूध माँग कर उन्हें पिलाता। पर उसकी त्योरियाँ कभी मैली न होतीं। अगर उसके कहीं चले जाने पर घरवाले लापरवाही करते तो आ कर सबको डाँटता।

महीने भर के बाद पंडित जी चलने-फिरने लगे और अब उन्हें ज्ञात हुआ कि इन लोगों ने मेरे साथ कितना उपकार किया है। इन्हीं लोगों का काम था कि मुझे मौत के मुँह से निकाला, नहीं तो मरने में क्या कसर रह गयी थी ? उन्हें अनुभव हुआ कि मैं जिन लोगों को नीच समझता था, और जिनके उद्धार का बीड़ा उठा कर आया था वे मुझसे कहीं ऊँचे हैं। मैं इस परिस्थिति में कदाचित् रोगी को किसी अस्पताल में भेज कर ही अपनी कर्त्तव्य-निष्ठा पर गर्व करता; समझता मैंने दधीचि और हरिश्चन्द्र का मुख उज्ज्वल कर दिया। उनके रोएँ-रोएँ से इन देव-तुल्य प्राणियों के प्रति आशीर्वाद निकलने लगा।

6

तीन महीने गुजर गये। न तो हिन्दू-सभा ने पंडित जी की खबर ली और न घरवालों ने। सभा के मुख-पत्र में उनकी मृत्यु पर आँसू बहाये गये, उनके कामों की प्रशंसा की गयी, और उनका स्मारक बनाने के लिए चन्दा खोल दिया गया। घरवाले भी रो-पीट कर बैठ रहे।

उधर पंडित जी दूध और घी खा कर चौक-चौबंद हो गये। चेहरे पर खून की सुर्खी दौड़ गयी, देह भर आयी। देहात के जलवायु ने वह काम कर दिखाया जो कभी मलाई और मक्खन से न हुआ था। पहले की तरह तैयार तो वह न हुए; पर फुर्ती और चुस्ती दुगुनी हो गयी। मोटाई का आलस्य अब नाम को भी न था। उनमें एक नये जीवन का प्रचार हो गया।

जाड़ा शुरू हो गया था। पंडित जी घर लौटने की तैयारियाँ कर रहे थे। इतने में प्लेग का आक्रमण हुआ, और गाँव के तीन आदमी बीमार हो गये। बूढ़ा चौधरी भी उन्हीं में था। घरवाले इन रोगियों को छोड़कर भाग खड़े हुए। वहाँ का दस्तूर था कि जिन बीमारियों को वे लोग देवी का कोप समझते थे, उनके रोगियों को छोड़ कर चले जाते थे। उन्हें बचाना देवताओं से वैर मोल लेना था, और देवताओं से वैर कर के कहाँ जाते ? जिस प्राणी को देवता ने चुन लिया, उसे भला वे उसके हाथों से छीनने का साहस कैसे करते ? पंडित जी को भी लोगों ने साथ ले जाना चाहा; किंतु पंडित जी न गये। उन्होंने गाँव

में रह कर रोगियों की रक्षा करने का निश्चय किया। जिस प्राणी ने उन्हें मौत के पंजे से छुड़ाया था; उसे इस दशा में छोड़कर वह कैसे जाते ? उपकार ने उनकी आत्मा को जगा दिया था। बूढ़े चौधरी ने तीसरे दिन होश आने पर जब उन्हें अपने पास खड़े देखा, तो बोला–महाराज, तुम यहाँ क्यों आ गये ? मेरे लिए देवताओं का हुक्म आ गया है। अब मैं किसी तरह नहीं रुक सकता। तुम क्यों अपनी जान जोखिम में डालते हो ? मुझ पर दया करो, चले जाओ।

लेकिन पंडित जी पर कोई असर न हुआ। वह बारी-बारी से तीनों रोगियों के पास जाते और कभी उनकी गिल्टियाँ सेंकते, कभी उन्हें पुराणों की कथाएँ सुनाते। घरों में नाज, बरतन आदि सब ज्यों के त्यों रखे हुए थे। पंडित जी पथ्य बना कर रोगियों को खिलाते। रात को जब रोगी सो जाते और सारा गाँव भाँय-भाँय करने लगता तो पंडित जी को भयंकर जंतु दिखायी देते। उनके कलेजे में धड़कन होने लगती; लेकिन वहाँ से टलने का नाम न लेते। उन्होंने निश्चय कर लिया था कि या तो इन लोगों को बचा ही लूँगा या इन पर अपने को बलिदान ही कर दूँगा।

जब तीन दिन सेंक-बाँध करने पर भी रोगियों की हालत न सँभली, तो पंडित जी को बड़ी चिंता हुई। शहर वहाँ से बीस मील पर था। रेल का कहीं पता नहीं, रास्ता बीहड़ और सवारी कोई नहीं। इधर यह भय कि अकेले रोगियों की न जाने क्या दशा हो। बेचारे बड़े संकट में पड़े। अंत को चौथे दिन, पहर रात रहे, वह अकेले शहर को चल दिये और दस बजते-बजते वहाँ जा पहुँचे। अस्पताल से दवा लेने में बड़ी कठिनाई का सामना करना पड़ा। गँवारों से अस्पतालवाले दवाओं का मनमाना दाम वसूल करते थे। पंडित जी को मुफ्त क्यों देने लगे ? डाक्टर ने मुंशी से कहा–दवा तैयार नहीं है।

पंडित जी ने गिड़गिड़ा कर कहा–सरकार, बड़ी दूर से आया हूँ। कई आदमी बीमार पड़े हैं। दवा न मिलेगी, तो सब मर जायँगे।

मुंशी ने बिगड़ कर कहा–क्यों सिर खाये जाते हो ? कह तो दिया, दवा तैयार नहीं है, न तो इतनी जल्दी हो ही सकती है।

पंडित जी अत्यंत दीनभाव से बोले–सरकार, ब्राह्मण हूँ; आपके बाल-बच्चों को भगवान चिरंजीवी करें, दया कीजिए। आपका अकबाल चमकता रहे।

रिश्वती कर्मचारी में दया कहाँ ? वे तो रुपये के गुलाम हैं। ज्यों-ज्यों पंडित जी उसकी खुशामद करते थे, वह और भी झल्लाता था। अपने जीवन में पंडित जी ने कभी इतनी दीनता न प्रकट की थी। उनके पास इस वक्त एक धेला भी न था; अगर वह जानते कि दवा मिलने में इतनी दिक्कत होगी, तो गाँववालों से ही कुछ माँग-जाँच कर लाये होते। बेचारे हतबुद्धि-से खड़े सोच रहे थे कि अब क्या करना चाहिए ? सहसा डाक्टर साहब स्वयं बँगले से निकल आये। पंडित जी लपक कर उनके पैरों पर गिर पड़े और करुण-स्वर में बोले–दीनबंधु, मेरे घर के तीन आदमी ताऊन में पड़े हुए हैं। बड़ा गरीब हूँ, सरकार, कोई दवा मिले।

डाक्टर साहब के पास ऐसे गरीब लोग नित्य आया करते थे। उनके चरण पर किसी

का गिर पड़ना, उनके सामने पड़े हुए आर्त्तनाद करना, उनके लिए कुछ नयी बातें न थीं। अगर इस तरह वह दया करने लगते तो दवा ही भर को होते; यह ठाट-बाठ कहाँ से निभता ? मगर दिल के चाहे कितने ही बुरे हों, बातें मीठी-मीठी करते थे। पैर हटा कर बोले–रोगी कहाँ है ?

पंडित जी–सरकार, वे तो घर पर हैं। इतनी दूर कैसे लाता ?

डाक्टर–रोगी घर, और तुम दवा लेने आया हो ? कितने मजे की बात है ! रोगी को देखे बिना कैसे दवा दे सकता हूँ ?

पंडित जी को अपनी भूल मालूम हुई। वास्तव में बिना रोगी को देखे रोग की पहचान कैसे हो सकती है; लेकिन तीन-तीन रोगियों को इतनी दूर लाना आसान न था। अगर गाँववाले उनकी सहायता करते तो डोलियों का प्रबंध हो सकता था; पर वहाँ तो सब कुछ अपने ही बूते पर करना था, गाँववालों से इसमें सहायता मिलने की कोई आशा न थी। सहायता की कौन कहे, वे तो उनके शत्रु हो रहे थे। उन्हें भय होता था कि यह दुष्ट देवताओं से वैर बढ़ा कर हम लोगों पर न-जाने क्या विपत्ति लायेगा। अगर कोई दूसरा आदमी होता, तो वह उसे कब का मार चुके होते। पंडित जी से उन्हें प्रेम हो गया था, इसलिए छोड़ दिया था।

यह जवाब सुन कर पंडित जी को कुछ बोलने का साहस तो न था; पर कलेजा मजबूत करके बोले–सरकार, अब कुछ नहीं हो सकता ?

डाक्टर–अस्पताल से दवा नहीं मिल सकती। हम अपने पास से, दाम लेकर दवा दे सकते हैं।

पंडित जी–यह दवा कितने की होगी, सरकार।

डाक्टर साहब ने दवा का दाम 10 रु. बतलाया, और यह भी कहा कि इस दवा से जितना लाभ होगा, उतना अस्पताल की दवा से नहीं हो सकता। बोले–वहाँ पुरानी दवाई रखा रहता है। गरीब लोग आता है; दवाई ले जाता है; जिसको जीना होता है; जीता है, जिसे मरना होता है, मरता है; हमसे कुछ मतलब नहीं। हम तुमको जो दवा देगा, वह सच्चा दवा होगा।

दस रुपये !–इस समय पंडित जी को दस रुपये दस लाख जान पड़े। इतने रुपये वह एक दिन में भंग बूटी में उड़ा दिया करते थे; पर इस समय तो धेले-धेले को मुहताज थे। किसी से उधार मिलने की आशा कहाँ। हाँ, सम्भव है, भिक्षा माँगने से कुछ मिल जाय; लेकिन इतनी जल्द दस रुपये किसी भी उपाय से न मिल सकते थे। आधे घंटे तक वह इसी उधेड़बुन में खड़े रहे। भिक्षा के सिवा दूसरा कोई उपाय न सूझता था, और भिक्षा उन्होंने कभी माँगी न थी। वह चंदे जमा कर चुके थे, एक-एक बार में हजारों वसूल कर लेते थे; पर वह दूसरी बात थी। धर्म के रक्षक, जाति के सेवक और दलितों के उद्धारक बन कर चंदा लेने में एक गौरव था, चंदा लेकर वह देनेवालों पर एहसान करते थे; पर यहाँ तो भिखारियों की तरह हाथ फैलाना, गिड़गिड़ाना और फटकारें सहनी पड़ेंगी। कोई कहेगा–इतने मोटे-ताजे तो हो, मिहनत क्यों नहीं करते, तुम्हें भीख माँगते शर्म भी नहीं

आती ? कोई कहेगा–घास खोद लाओ, मैं तुम्हें अच्छी मजदूरी दूँगा। किसी को उनके ब्राह्मण होने का विश्वास न आयेगा। अगर यहाँ उनका रेशमी अचकन और रेशमी साफा होता, केसरिया रंगवाला दुपट्टा ही मिल जाता, तो वह कोई स्वाँग भर लेते। ज्योतिषी बन कर वह किसी धनी सेठ को फाँस सकते थे, और इस फन में वह उस्ताद भी थे; पर यहाँ वह सामान कहाँ–कपड़े-लत्ते तो सब कुछ लुट चुके थे। विपत्ति में कदाचित् बुद्धि भी भ्रष्ट हो जाती है। अगर वह मैदान में खड़े होकर कोई मनोहर व्याख्यान दे देते, तो शायद उनके

द स -

पाँच भक्त पैदा हो जाते, लेकिन इस तरफ उनका ध्यान ही न गया। वह सजे हुए पंडाल में, फूलों से सुसज्जित मेज के सामने, मंच पर खड़े हो कर अपनी वाणी का चमत्कार दिखला सकते थे। इस दुरवस्था में कौन उनका व्याख्यान सुनेगा। लोग समझेंगे, कोई पागल बक रहा है।

मगर दोपहर ढली जा रही थी, अधिक सोच-विचार का अवकाश न था। यहीं संध्या हो गयी, तो रात को लौटना असम्भव हो जायगा। फिर रोगियों की न जाने क्या दशा हो। वह अब इस अनिश्चित दशा में खड़े न रह सके, चाहे जितना तिरस्कार हो, कितना ही अपमान सहना पड़े, भिक्षा के सिवा और कोई उपाय न था।

वह बाजार में जाकर एक दूकान के सामने खड़े हो गये; पर कुछ माँगने की हिम्मत न पड़ी !

दूकानदार ने पूछा–क्या लोगे ?

पंडित जी बोले–चावल का क्या भाव है ?

मगर दूसरी दूकान पर पहुँच कर वह ज्यादा सावधान हो गये। सेठ जी गद्दी पर बैठे हुए थे। पंडित जी आ कर उनके सामने खड़े हो गये और गीता का एक श्लोक पढ़ सुनाया। उनका शुद्ध उच्चारण और मधुर वाणी सुन कर सेठ जी चकित हो गये, पूछा–कहाँ स्थान है ?

पंडित जी–काशी से आ रहा हूँ।

यह कह कर पंडित जी ने सेठ जी को धर्म के दसों लक्षण बतलाये और श्लोक की ऐसी अच्छी व्याख्या की कि वह मुग्ध हो गये। बोले–महाराज, आज चल कर मेरे स्थान को पवित्र कीजिए।

कोई स्वार्थी आदमी होता, तो इस प्रस्ताव को सहर्ष स्वीकार कर लेता; लेकिन पंडित जी को लौटने की पड़ी थी। बोले–नहीं सेठ जी, मुझे अवकाश नहीं है।

सेठ–महाराज, आपको हमारी इतनी खातिरी करनी पड़ेगी।

पंडित जी जब किसी तरह ठहरने पर राजी न हुए, तो सेठ जी ने उदास होकर कहा–फिर हम आपकी क्या सेवा करें ? कुछ आज्ञा दीजिए। आपकी वाणी से तो तृप्ति नहीं हुई। फिर कभी इधर आना हो, तो अवश्य दर्शन दीजिएगा।

पंडित जी–आपकी इतनी श्रद्धा है तो अवश्य आऊँगा।

यह कह कर पंडित जी फिर उठ खड़े हुए। संकोच ने फिर उनकी जबान बंद कर

दी। यह आदर-सत्कार इसीलिए तो है कि मैं अपना स्वार्थ-भाव छिपाये हुए हूँ। कोई इच्छा प्रकट की और इनकी आँखें बदलीं। सूखा जवाब चाहे न मिले; पर श्रद्धा न रहेगी। वह नीचे उतर गये और सड़क पर एक क्षण के लिए खड़े हो कर सोचने लगे—अब कहाँ जाऊँ ? उधर जाड़े का दिन किसी विलासी के धन की भाँति भागा चला जाता था। वह अपने ही ऊपर झुँझला रहे थे—जब किसी से माँगूँगा नहीं, तो कोई क्यों देने लगा ? कोई क्या मेरे मन का हाल जानता है ? वे दिन गये, जब धनी लोग ब्राह्मणों की पूजा किया करते थे। यह आशा छोड़ दो कि कोई महाशय आ कर तुम्हारे हाथ में रुपये रख देंगे। वह धीरे-धीरे आगे बढ़े।

सहसा सेठ जी ने पीछे से पुकारा—पंडित जी, जरा ठहरिए।

पंडित जी ठहर गये। फिर घर चलने के लिए आग्रह करने आता होगा। यह तो न हुआ कि एक रुपये का नोट ला कर देता, मुझे घर ले जाकर न जाने क्या करेगा?

मगर जब सेठ जी ने सचमुच एक गिनी निकाल कर उनके पैरों पर रख दी; तो उनकी आँखों में एहसान के आँसू उछल आये। हैं ! अब भी सच्चे धर्मात्मा जीव संसार में हैं, नहीं तो यह पृथ्वी रसातल को न चली जाती ? अगर इस वक्त उन्हें सेठ जी के कल्याण के लिए अपनी देह का सेर-आध सेर रक्त भी देना पड़ता, तो भी शौक से दे देते। गद्‌गद्- कंठ से बोले—इसका तो कुछ काम न था, सेठ जी ! मैं भिक्षुक नहीं हूँ, आपका सेवक हूँ।

सेठ जी श्रद्धा-विनयपूर्ण शब्दों में बोले—भगवान्, इसे स्वीकार कीजिए। यह दान नहीं, भेंट है। मैं भी आदमी पहचानता हूँ। बहुतेरे साधु-संत, योगी-यती देश और धर्म के सेवक आते रहते हैं; पर न जाने क्यों किसी के प्रति मेरे मन में श्रद्धा नहीं उत्पन्न होती ? उनसे किसी तरह पिंड छुड़ाने की पड़ जाती है। आपका संकोच देख कर मैं समझ गया कि आपका यह पेशा नहीं है। आप विद्वान् हैं, धर्मात्मा हैं; पर किसी संकट में पड़े हुए हैं। इस तुच्छ भेंट को स्वीकार कीजिए और मुझे आशीर्वाद दीजिए।

7

पंडित जी दवाएँ लेकर घर चले, तो हर्ष, उल्लास और विजय से उनका हृदय उछला पड़ता था। हनुमान जी भी संजीवन-बूटी ला कर इतने प्रसन्न न हुए होंगे। ऐसा सच्चा आनंद उन्हें कभी प्राप्त न हुआ था। उनके हृदय में इतने पवित्र भावों का संचार कभी न हुआ था।

दिन बहुत थोड़ा रह गया था। सूर्यदेव अविरल गति से पश्चिम की ओर दौड़ते चले जाते थे। क्या उन्हें भी किसी रोगी को दवा देनी थी ? वह बड़े वेग से दौड़ते हुए पर्वत की ओट में छिप गये ? पंडित जी और भी फुर्ती से पाँव बढ़ाने लगे, मानो उन्होंने सूर्यदेव को पकड़ लेने की ठानी है।

देखते-देखते अँधेरा छा गया। आकाश में दो-एक तारे दिखायी देने लगे। अभी दस मील की मंजिल बाकी थी। जिस तरह काली घटा को सिर पर मँडराते देख कर गृहिणी

दौड़-दौड़ कर सुखावन समेटने लगती है, उसी भाँति लीलाधर ने भी दौड़ना शुरू किया। उन्हें अकेले पड़ जाने का भय न था, भय था अँधेरे में राह भूल जाने का। दायें-बायें बस्तियाँ छूटती जाती थीं। पंडित जी को ये गाँव इस समय बहुत ही सुहावने मालूम होते थे। कितने आनंद से लोग अलाव के सामने बैठे ताप रहे हैं ?

सहसा उन्हें एक कुत्ता दिखायी दिया। न-जाने किधर से आ कर वह उनके सामने पगडंडी पर चलने लगा। पंडित जी चौंक पड़े; पर एक क्षण में उन्होंने कुत्ते को पहचान लिया। वह बूढ़े चौधरी का कुत्ता मोती था। वह गाँव छोड़ कर आज इधर इतनी दूर कैसे आ निकला ? क्या वह जानता है ? पंडित जी दवा ले कर आ रहे होंगे, कहीं रास्ता भूल जायँ? कौन जानता है ? पंडित जी ने एक बार मोती कह कर पुकारा, तो कुत्ते ने दुम हिलायी; पर रुका नहीं। वह इससे अधिक परिचय दे कर समय नष्ट न करना चाहता था। पंडित जी को ज्ञात हुआ कि ईश्वर मेरे साथ है, वही मेरी रक्षा कर रहे हैं ? अब उन्हें कुशल से घर पहुँचने का विश्वास हो गया।

दस बजते-बजते पंडित जी घर पहुँच गये।

रोग घातक न था; पर यश पंडित जी को बदा था। एक सप्ताह के बाद तीनों रोगी चंगे हो गये। पंडित जी की कीर्ति दूर-दूर तक फैल गयी। उन्होंने यम-देवता से घोर संग्राम करके इन आदमियों को बचा लिया था। उन्होंने देवताओं पर भी विजय पा ली थी—असम्भव को सम्भव कर दिखाया था। वह साक्षात् भगवान् थे। उनके दर्शनों के लिए लोग दूर-दूर से आने लगे; किंतु पंडित जी को अपनी कीर्ति से इतना आनन्द न होता था, जितना रोगियों को चलते-फिरते देख कर।

चौधरी ने कहा—महाराज, तुम साक्षात् भगवान् हो। तुम न आ जाते, तो हम न बचते।

पंडित जी बोले—मैंने कुछ नहीं किया। यह सब ईश्वर की दया है।

चौधरी—अब हम तुम्हें कभी न जाने देंगे। जा कर अपने बाल-बच्चों को भी ले आओ।

पंडित जी—हाँ, मैं भी यही सोच रहा हूँ। तुमको छोड़ कर अब नहीं जा सकता।

8

मुल्लाओं ने मैदान खाली पा कर आस-पास के देहातों में खूब जोर बाँध रखा था। गाँव के गाँव मुसलमान होते जाते थे। उधर हिन्दू-सभा ने सन्नाटा खींच लिया था। किसी की हिम्मत न पड़ती थी कि इधर आये। लोग दूर बैठे हुए मुसलमानों पर गोला-बारूद चला रहे थे। इस हत्या का बदला कैसे लिया जाय, यही उनके सामने सबसे बड़ी समस्या थी। अधिकारियों के पास बार-बार प्रार्थना-पत्र भेजे जा रहे थे कि इस मामले की छानबीन की जाय और बार-बार यही जवाब मिलता था कि हत्याकारियों का पता नहीं चलता। उधर पंडित जी के स्मारक के लिए चंदा भी जमा किया जा रहा था।

मगर इस नयी ज्योति ने मुल्लाओं का रंग फीका कर दिया। वहाँ एक ऐसे देवता का अवतार हुआ था, जो मुर्दों को जिला देता था, जो अपने भक्तों के कल्याण के लिए अपने प्राणों का बलिदान कर सकता था। मुल्लाओं के यहाँ यह सिद्धि कहाँ, यह विभूति कहाँ, यह चमत्कार कहाँ ? इस ज्वलंत उपकार के सामने जन्नत और अखूबत (भातृ-भाव) की कोरी दलीलें कब ठहर सकती थीं ? पंडित जी अब वह अपने ब्राह्मणत्व पर घमंड करने वाले पंडित जी न थे। उन्होंने शूद्रों और भीलों का आदर करना सीख लिया था। उन्हें छाती से लगाते हुए अब पंडित जी को घृणा न होती थी। अपना घर अँधेरा पा कर ही ये इसलामी दीपक की ओर झुके थे। जब अपने घर में सूर्य का प्रकाश हो गया, तो उन्हें दूसरों के यहाँ जाने की क्या जरूरत थी। सनातन-धर्म की विजय हो गयी। गाँव-गाँव में मंदिर बनने लगे और शाम-सबेरे मन्दिरों से शंख और घंटे की ध्वनि सुनायी देने लगी। लोगों के आचरण आप ही आप सुधरने लगे। पंडित जी ने किसी को शुद्ध नहीं किया। उन्हें अब शुद्धि का नाम लेते शर्म आती थी—मैं भला इन्हें क्या शुद्ध करूँगा, पहले अपने को तो शुद्ध कर लूँ। ऐसी निर्मल एवं पवित्र आत्माओं को शुद्धि के ढोंग से अपमानित नहीं कर सकता।

यह मंत्र था, जो उन्होंने उन चांडालों से सीखा था और इसी बल से वह अपने धर्म की रक्षा करने में सफल हुए थे।

पंडित जी अभी जीवित हैं; पर अब सपरिवार उसी प्रांत में, उन्हीं भीलों के साथ रहते हैं।

कामना तरु

राजा इन्द्रनाथ का देहांत हो जाने के बाद कुँवर राजनाथ को शत्रुओं ने चारों ओर से ऐसा दबाया कि उन्हें अपने प्राण ले कर एक पुराने सेवक की शरण जाना पड़ा, जो एक छोटे-से गाँव का जागीरदार था। कुँवर स्वभाव से ही शांति-प्रिय, रसिक, हँस-खेल कर समय काटनेवाले युवक थे। रणक्षेत्र की अपेक्षा कवित्व के क्षेत्र में अपना चमत्कार दिखाना उन्हें अधिक प्रिय था। रसिकजनों के साथ, किसी वृक्ष के नीचे बैठे हुए, काव्य-चर्चा करने में उन्हें जो आनन्द मिलता था, वह शिकार या राज-दरबार में नहीं। इस पर्वतमालाओं से घिरे हुए गाँव में आ कर उन्हें जिस शांति और आनन्द का अनुभव हुआ, उसके बदले में वह ऐसे-ऐसे कई राज्य-त्याग कर सकते थे। यह पर्वतमालाओं की मनोहर छटा, यह नेत्ररंजक हरियाली, यह जल-प्रवाह की मधुर वीणा, यह पक्षियों की मीठी बोलियाँ, यह मृग-शावकों की छलाँगें, यह बछड़ों की कुलेलें, यह ग्राम-निवासियों की बालोचित सरलता, यह रमणियों की संकोचमय चपलता ! ये सभी बातें उनके लिए नयी थीं, पर इन सबों से बढ़ कर जो वस्तु उनको आकर्षित करती थी, वह जागीरदार की युवती कन्या चंदा थी।

चंदा घर का सारा काम-काज आप ही करती थी। उसको माता की गोद में खेलना नसीब ही न हुआ था। पिता की सेवा ही में रत रहती थी। उसका विवाह इसी साल

होनेवाला था, कि इसी बीच में कुँवर जी ने आ कर उसके जीवन में नवीन भावनाओं और आशाओं को अंकुरित कर दिया। उसने अपने पति का जो चित्र मन में खींच रखा था, वही मानो रूप धारण करके उसके सम्मुख आ गया। कुँवर की आदर्श रमणी भी चंदा ही के रूप में अवतरित हो गयी; लेकिन कुँवर समझते थे–मेरे ऐसे भाग्य कहाँ? चंदा भी समझती थी–कहाँ यह और कहाँ मैं !

2

दोपहर का समय था और जेठ का महीना। खपरैल का घर भट्ठी की भाँति तपने लगा। खस की टट्टियों और तहखानों में रहने वाले राजकुमार का चित्त गरमी से इतना बेचैन हुआ कि वह बाहर निकल आये और सामने के बाग में जा कर एक घने वृक्ष की छाँव में बैठ गये। सहसा उन्होंने देखा–चंदा नदी से जल की गागर लिये चली आ रही है। नीचे जलती हुई रेत थी, ऊपर जलता हुआ सूर्य। लू से देह झुलसी जाती थी। कदाचित् इस समय प्यास से तड़पते हुए आदमी की भी नदी तक जाने की हिम्मत न पड़ती। चंदा क्यों पानी लेने गयी थी ? घर में पानी भरा हुआ है। फिर इस समय वह क्यों पानी लेने निकली ?

कुँवर दौड़कर उसके पास पहुँचे और उसके हाथ से गागर छीन लेने की चेष्टा करते हुए बोले–मुझे दे दो और भाग कर छाँह में चली जाओ। इस समय पानी का क्या काम था?

चंदा ने गागर न छोड़ी। सिर से खिसका हुआ अंचल सँभालकर बोली–तुम इस समय कैसे आ गये ? शायद मारे गरमी के अंदर न रह सके ?

कुँवर–मुझे दे दो, नहीं तो मैं छीन लूँगा।

चंदा ने मुस्करा कर कहा–राजकुमारों को गागर ले कर चलना शोभा नहीं देता।

कुँवर ने गागर का मुँह पकड़ कर कहा–इस अपराध का बहुत दंड सह चुका हूँ। चंदा, अब तो अपने को राजकुमार कहने में भी लज्जा आती है।

चंदा–देखो, धूप में खुद हैरान होते हो और मुझे भी हैरान करते हो। गागर छोड़ दो। सच कहती हूँ, पूजा का जल है।

कुँवर–क्या मेरे ले जाने से पूजा का जल अपवित्र हो जायेगा ?

चंदा–अच्छा भाई, नहीं मानते, तो तुम्हीं ले चलो। हाँ, नहीं तो।

कुँवर गागर ले कर आगे-आगे चले। चंदा पीछे हो ली। बगीचे में पहुँचे, तो चंदा एक छोटे-से पौधे के पास रुक कर बोली–इसी देवता की पूजा करनी है, गागर रख दो। कुँवर ने आश्चर्य से पूछा–यहाँ कौन देवता है, चंदा ? मुझे तो नहीं नजर आता।

चंदा ने पौधे को सींचते हुए कहा–यही तो मेरा देवता है।

पानी पी कर पौधे की मुरझायी हुई पत्तियाँ हरी हो गयीं, मानो उनकी आँखें खुल गयी हों।

कुँवर ने पूछा–यह पौधा क्या तुमने लगाया है, चंदा ?

चंदा ने पौधे को एक सीधी लकड़ी से बाँधते हुए कहा—हाँ, उसी दिन तो, जब तुम यहाँ आये। यहाँ पहले मेरी गुड़ियों का घरौंदा था। मैंने गुड़ियों पर छाँह करने के लिए अमोला लगा दिया था। फिर मुझे इसकी याद नहीं रही। घर के काम-धन्धे में भूल गयी। जिस दिन तुम यहाँ आये, मुझे न-जाने क्यों इस पौधे की याद आ गयी। मैंने आ कर देखा, तो वह सूख गया था। मैंने तुरन्त पानी ला कर इसे सींचा, तो कुछ-कुछ ताजा होने लगा। तब से इसे सींचती हूँ। देखो, कितना हरा-भरा हो गया है।

यह कहते-कहते उसने सिर उठा कर कुँवर की ओर ताकते हुए कहा—और सब काम भूल जाऊँ; पर इस पौधे को पानी देना नहीं भूलती। तुम्हीं इसके प्राण-दाता हो। तुम्हीं ने आ कर इसे जिला दिया, नहीं तो बेचारा सूख गया होता। यह तुम्हारे शुभागमन का स्मृति-चिह्न है। जरा इसे देखो। मालूम होता है, हँस रहा है। मुझे तो जान पड़ता है कि यह मुझसे बोलता है। सच कहती हूँ, कभी यह रोता है, कभी हँसता है, कभी रूठता है; आज तुम्हारा लाया हुआ पानी पा कर यह फूला नहीं समाता। एक-एक पत्ता तुम्हें धन्यवाद दे रहा है।

कुँवर को ऐसा जान पड़ा, मानो वह पौधा कोई नन्हा-सा क्रीड़ाशील बालक है। जैसे चुम्बन से प्रसन्न हो कर बालक गोद में चढ़ने के लिए दोनों हाथ फैला देता है, उसी भाँति यह पौधा भी हाथ फैलाये जान पड़ा। उसके एक-एक अणु में चंदा का प्रेम झलक रहा था।

चंदा के घर में खेती के सभी औजार थे। कुँवर एक फावड़ा उठा लाये और पौधे का एक थाल बना कर चारों ओर ऊँची मेंड़ उठा दी। फिर खुरपी लेकर अंदर की मिट्टी को गोंड़ दिया। पौधा और भी लहलहा उठा।

चंदा बोली—कुछ सुनते हो, क्या कह रहा है ?

कुँवर ने मुस्करा कर कहा—हाँ, कहता है—अम्माँ की गोद में बैठूँगा।

चंदा—नहीं, कह रहा है, इतना प्रेम करके फिर भूल न जाना।

3

मगर कुँवर को अभी राज-पुत्र होने का दंड भोगना बाकी था। शत्रुओं को न-जाने कैसे उनकी टोह मिल गयी। इधर तो हितचिंतकों के आग्रह से विवश हो कर बूढ़ा कुवेरसिंह चंदा और कुँवर के विवाह की तैयारियाँ कर रहा था, उधर शत्रुओं का एक दल सिर पर आ पहुँचा। कुँवर ने उस पौधे के आस-पास फूल-पत्ते लगा कर एक फुलवाड़ी-सी बना दी थी! पौधे को सींचना अब उनका काम था। प्रातःकाल वह कंधे पर काँवर रखे नदी से पानी ला रहे थे, कि दस-बारह आदमियों ने उन्हें रास्ते में घेर लिया। कुवेरसिंह तलवार ले कर दौड़ा; लेकिन शत्रुओं ने उसे मार गिराया। अकेला अस्त्रहीन कुँवर क्या करता ? कंधे पर काँवर रखे हुए बोला—अब क्यों मेरे पीछे पड़े हो, भाई ? मैंने तो सब-कुछ छोड़ दिया।

सरदार बोला—हमें आपको पकड़ ले जाने का हुक्म है।

'तुम्हारा स्वामी मुझे इस दशा में भी नहीं देख सकता ? खैर, अगर धर्म समझो तो कुवेरसिंह की तलवार मुझे दे दो।' अपनी स्वाधीनता के लिए लड़ कर प्राण दूं।'

इसका उत्तर यही मिला कि सिपाहियों ने कुँवर को पकड़ कर मुश्कें कस दीं और उन्हें एक घोड़े पर बिठाकर घोड़े को भगा दिया। काँवर वहीं पड़ी रह गयी।

उसी समय चंदा घर से निकली। देखा–काँवर पड़ी हुई है और कुँवर को लोग घोड़े पर बिठाये जा रहे हैं। चोट खाये हुए पक्षी की भाँति वह कई कदम दौड़ी, फिर गिर पड़ी। उसकी आँखों में अँधेरा छा गया।

सहसा उसकी दृष्टि पिता की लाश पर पड़ी। वह घबरा कर उठी और लाश के पास जा पहुँची ! कुवेर अभी मरा न था। प्राण आँखों में अटके हुए थे।

चंदा को देखते ही क्षीण स्वर में बोला–बेटी...कुँवर ! इसके आगे वह कुछ न कह सका। प्राण निकल गये; पर इस शब्द–'कुँवर'–ने उसका आशय प्रकट कर दिया।

4

बीस वर्ष बीत गये ! कुँवर कैद से न छूट सके।

यह एक पहाड़ी किला था। जहाँ तक निगाह जाती, पहाड़ियाँ ही नजर आतीं। किले में उन्हें कोई कष्ट न था। नौकर-चाकर, भोजन-वस्त्र, सैर-शिकार किसी बात की कमी न थी। पर, उस वियोगाग्नि को कौन शांत करता, जो नित्य कुँवर के हृदय में जला करती थी। जीवन में अब उनके लिए कोई आशा न थी, कोई प्रकाश न था। अगर कोई इच्छा थी, तो यही कि एक बार उस प्रेमतीर्थ की यात्रा कर लें, जहाँ उन्हें वह सब कुछ मिला, जो मनुष्य को मिल सकता है। हाँ, उनके मन में एकमात्र यही अभिलाषा थी कि उन पवित्र स्मृतियों से रंजित भूमि के दर्शन करके जीवन का उसी नदी के तट पर अंत कर दें। वही नदी का किनारा, वही वृक्षों का कुंज, वही चंदा का छोटा-सा सुन्दर घर उसकी आँखों में फिरा करता; और वह पौधा जिसे उन दोनों ने मिल कर सींचा था, उसमें तो मानो उसके प्राण ही बसते थे। क्या वह दिन भी आयेगा, जब वह उस पौधे को हरी-हरी पत्तियों से लदा हुआ देखेगा? कौन जाने, वह अब है भी या सूख गया ? कौन अब उसको सींचता होगा ? चंदा इतने दिनों अविवाहित थोड़े ही बैठी होगी ? ऐसा संभव भी तो नहीं। उसे अब मेरी सुध भी न होगी। हाँ, शायद कभी अपने घर की याद खींच लाती हो, तो पौधे को देख कर उसे मेरी याद आ जाती हो। मुझ-जैसे अभागे के लिए इससे अधिक वह और कर ही क्या सकती है ! उस भूमि को एक बार देखने के लिए वह अपना जीवन दे सकता था; पर यह अभिलाषा न पूरी होती थी।

आह ! एक युग बीत गया, शोक और नैराश्य ने उठती जवानी को कुचल दिया। न आँखों में ज्योति रही, न पैरों में शक्ति। जीवन क्या था, एक दुःखदायी स्वप्न था। उस सघन अंधकार में उसे कुछ न सूझता था। बस, जीवन का आधार एक अभिलाषा थी, एक सुखद स्वप्न, जो जीवन में न जाने कब उसने देखा था। एक बार फिर वही स्वप्न देखना चाहता था। फिर उसकी अभिलाषाओं का अंत हो जायगा, उसे कोई इच्छा न रहेगी ? सारा

अनंत भविष्य, सारी अनंत चिंताएँ इसी एक स्वप्न में लीन हो जाती थीं।

उसके रक्षकों को अब उसकी ओर से कोई शंका न थी। उन्हें उस पर दया आती थी। रात को पहरे पर केवल कोई एक आदमी रह जाता था और लोग मीठी नींद सोते थे। कुँवर भाग जा सकता है, इसकी कोई सम्भावना, कोई शंका न थी। यहाँ तक कि एक दिन यह सिपाही भी निश्शंक होकर बंदूक लिये लेट रहा। निद्रा किसी हिंसक पशु की भाँति ताक लगाये बैठी थी। लेटते ही टूट पड़ी। कुँवर ने सिपाही की नाक की आवाज सुनी। उनका हृदय बड़े वेग से उछलने लगा। यह अवसर आज कितने दिनों के बाद मिला था। वह उठे; मगर पाँव थर-थर काँप रहे थे। बरामदे के नीचे उतरने का साहस न हो सका। कहीं इसकी नींद खुल गयी तो ? हिंसा उनकी सहायता कर सकती थी। सिपाही की बगल में उसकी तलवार पड़ी थी; पर प्रेम का हिंसा से बैर है। कुँवर ने सिपाही को जगा दिया। वह चौंक कर उठ बैठा। रहा-सहा संशय भी उसके दिल से निकल गया। दूसरी बार जो सोया, तो खर्राटे लेने लगा।

प्रातःकाल जब उसकी निद्रा टूटी, तो उसने लपक कर कुँवर के कमरे में झाँका।

कुँवर का पता न था।

कुँवर इस समय हवा के घोड़े पर सवार, कल्पना की द्रुतगति से भागा जा रहा था—उस स्थान को, जहाँ उसने सुख-स्वप्न देखा था।

किले में चारों ओर तलाश हुई, नायक ने सवार दौड़ाये; पर कहीं पता न चला।

5

पहाड़ी रास्तों का काटना कठिन, उस पर अज्ञातवास की कैद, मृत्यु के दूत पीछे लगे हुए, जिनसे बचना मुश्किल। कुँवर को कामना-तीर्थ में महीनों लग गये। जब यात्रा पूरी हुई, तो कुँवर में एक कामना के सिवा और कुछ शेष न था। दिन भर की कठिन यात्रा के बाद जब वह उस स्थान पर पहुँचे, तो संध्या हो गयी थी। वहाँ बस्ती का नाम भी न था। दो-चार टूटे-फूटे झोपड़े उस बस्ती के चिह्न-स्वरूप शेष रह गये थे। वह झोपड़ा, जिसमें कभी प्रेम का प्रकाश था, जिसके नीचे उन्होंने जीवन के सुखमय दिन काटे थे, जो उनकी कामनाओं का आगार और उपासना का मंदिर था, अब उनकी अभिलाषाओं की भाँति भग्न हो गया था। झोपड़े की भग्नावस्था मूक भाषा में अपनी करुण-कथा सुना रही थी ! कुँवर उसे देखते ही 'चंदा-चंदा !' पुकारते हुए दौड़े, उन्होंने उस रज को माथे पर मला, मानो किसी देवता की विभूति हो, और उसकी टूटी हुई दीवारों से चिमट कर बड़ी देर तक रोते रहे। हाय रे अभिलाषा। वह रोने ही के लिए इतनी दूर से आये थे ! रोने की अभिलाषा इतने दिनों से उन्हें विकल कर रही थी। पर इस रुदन में कितना स्वर्गीय आनन्द था ! क्या समस्त संसार का सुख इन आँसुओं की तुलना कर सकता था ?

तब वह झोपड़े से निकले। सामने मैदान में एक वृक्ष हरे-हरे नवीन पल्लवों को गोद में लिये मानो उनका स्वागत करने खड़ा था। यह वह पौधा है, जिसे आज से बीस वर्ष पहले दोनों ने आरोपित किया था। कुँवर उन्मत्त की भाँति दौड़े और जाकर उस वृक्ष से

लिपट गये, मानो कोई पिता अपने मातृहीन पुत्र को छाती लगाये हुए हो। यह उसी प्रेम की निशानी है, उसी अक्षय प्रेम की जो इतने दिनों के बाद आज इतना विशाल हो गया है। कुँवर का हृदय ऐसा हो उठा, मानो इस वृक्ष को अपने अन्दर रख लेगा। जिसमें उसे हवा का झोंका भी न लगे। उसके एक-एक पल्लव पर चंदा की स्मृति बैठी हुई थी। पक्षियों का इतना रम्य संगीत क्या कभी उन्होंने सुना था ? उनके हाथों में दम न था, सारी देह भूख-प्यास और थकान से शिथिल हो रही थी। पर, वह उस वृक्ष पर चढ़ गया, इतनी फुर्ती से चढ़े कि बन्दर भी न चढ़ता। सबसे ऊँची फुनगी पर बैठ कर उन्होंने चारों ओर गर्वपूर्ण दृष्टि डाली। यही उनकी कामनाओं का स्वर्ग था। सारा दृश्य चंदामय हो रहा था। दूर की नीली पर्वत-श्रेणियों पर चंदा बैठी गा रही थी। आकाश में तैरने वाली लालिमामयी नौकाओं पर चंदा ही उड़ी जाती थी। सूर्य की श्वेत-पीत प्रकाश की रेखाओं पर चंदा ही बैठी हँस रही थी। कुँवर के मन में आया, पक्षी होता तो इन्हीं डालियों पर बैठा हुआ जीवन के दिन पूरे करता।

जब अँधेरा हो गया, तो कुँवर नीचे उतरे और उसी वृक्ष के नीचे थोड़ी-सी भूमि झाड़ कर पत्तियों की शय्या बनायी और लेटे। यही उनके जीवन का स्वर्ण-स्वप्न था, आह ! यही वैराग्य ! अब वह इस वृक्ष की शरण छोड़ कर कहीं न जायँगे, दिल्ली के तख्त के लिए भी वह इस आश्रम को न छोड़ेंगे।

6

उसी स्निग्ध, अमल चाँदनी में सहसा एक पक्षी आ कर उस वृक्ष पर बैठा और दर्द में डूबे हुए स्वरों में गाने लगा। ऐसा जान पड़ा, मानो वह वृक्ष सिर धुन रहा है ! वह नीरव रात्रि उस वेदनामय संगीत से हिल उठी। कुँवर का हृदय इस तरह ऐंठने लगा, मानो वह फट जायगा। स्वर में करुणा और वियोग के तीर से भरे हुए थे। आह पक्षी! तेरा भी जोड़ा अवश्य बिछुड़ गया है। नहीं तो तेरे राग में इतनी व्यथा, इतना विषाद, इतना रुदन कहाँ से आता ! कुँवर के हृदय के टुकड़े हुए जाते थे, एक-एक स्वर तीर की भाँति दिल को छेदे डालता था। वह बैठे न रह सके। उठ कर आत्म-विस्मृति की दशा में दौड़े हुए झोपड़े में गये, वहाँ से फिर वृक्ष के नीचे आये। उस पक्षी को कैसे पायें। कहीं दिखायी नहीं देता।

पक्षी का गाना बन्द हुआ, तो कुँवर को नींद आ गयी। उन्हें स्वप्न में ऐसा जान पड़ा कि वही पक्षी उनके समीप आया। कुँवर ने ध्यान से देखा, तो वह पक्षी न था, चंदा थी; हाँ, प्रत्यक्ष चंदा थी।

कुँवर ने पूछा–चंदा, यह पक्षी यहाँ कहाँ ?

चंदा ने कहा–मैं ही तो वह पक्षी हूँ।

कुँवर–तुम पक्षी हो ! क्या तुम्हीं गा रही थीं ?

चंदा–हाँ प्रियतम, मैं ही गा रही थी। इसी तरह रोते-रोते एक युग बीत गया।

कुँवर–तुम्हारा घोंसला कहाँ है ?

चंदा–उसी झोपड़े में, जहाँ तुम्हारी खाट थी। उसी खाट के बान से मैंने अपना

घोंसला बनाया है।

कुँवर—और तुम्हारा जोड़ा कहाँ है ?

चंदा—मैं अकेली हूँ। चंदा को अपने प्रियतम के स्मरण करने में, उसके लिए रोने में जो सुख है, वह जोड़े में नहीं; मैं इसी तरह अकेली रहूँगी और अकेली मरूँगी।

कुँवर—मैं क्या पक्षी नहीं हो सकता ?

चंदा चली गयी। कुँवर की नींद खुल गयी। उषा की लालिमा आकाश पर छायी हुई थी और वह चिड़िया कुँवर की शय्या के समीप एक डाल पर बैठी चहक रही थी। अब उस संगीत में करुणा न थी, विलाप न था; उसमें आनंद था, चापल्य था, सारल्य था; वह वियोग का करुण-क्रन्दन नहीं, मिलन का मधुर संगीत था।

कुँवर सोचने लगे—इस स्वप्न का क्या रहस्य है ?

7

कुँवर ने शय्या से उठते ही एक झाड़ू बनायी और झोपड़े को साफ करने लगे। उनके जीते जी इसकी यह भग्न दशा नहीं रह सकती। वह इसकी दीवारें उठायेंगे, इस पर छप्पर डालेंगे, इसे लीपेंगे। इसमें उनकी चंदा की स्मृति वास करती है। झोपड़े के एक कोने में वह काँवर रखी हुई थी, जिस पर पानी ला-ला कर वह इस वृक्ष को सींचते थे। उन्होंने काँवर उठा ली और पानी लाने चले। दो दिन से कुछ भोजन न किया था। रात को भूख लगी हुई थी; पर इस समय भोजन की बिलकुल इच्छा न थी। देह में एक अद्‌भुत स्फूर्ति का अनुभव होता था। उन्होंने नदी से पानी ला-ला कर मिट्टी भिगोना शुरू किया। दौड़े जाते थे और दौड़े आते थे। इतनी शक्ति उनमें कभी न थी।

एक ही दिन में इतनी दीवार उठ गयी, जितनी चार मजदूर भी न उठा सकते थे। और कितनी सीधी, चिकनी दीवार थी कि कारीगर भी देख कर लज्जित हो जाता! प्रेम की शक्ति अपार है !

संध्या हो गयी। चिड़ियों ने बसेरा लिया। वृक्षों ने भी आँखें बंद कीं; मगर कुँवर को आराम कहाँ ? तारों के मलिन प्रकाश में मिट्टी के रद्दे रखे जा रहे थे। हाय रे कामना ! क्या तू इस बेचारे के प्राण ही लेकर छोड़ेगी ?

वृक्ष पर पक्षी का मधुर स्वर सुनायी दिया। कुँवर के हाथ से घड़ा छूट पड़ा। हाथ और पैरों में मिट्टी लपेट कर वह वृक्ष के नीचे जाकर बैठ गये। उस स्वर में कितना लालित्य था, कितना उल्लास, कितनी ज्योति ! मानव-संगीत इसके सामने बेसुरा अलाप था। उसमें यह जागृति, यह अमृत, यह जीवन कहाँ ? संगीत के आनंद में विस्मृति है; पर वह विस्मृति कितनी स्मृतिमय होती है, अतीत को जीवन और प्रकाश से रंजित करके प्रत्यक्ष कर देने की शक्ति संगीत के सिवा और कहाँ है ? कुँवर के हृदय-नेत्रों के सामने वह दृश्य खड़ा हुआ जब चंदा इसी पौधे को नदी से जल ला-ला कर सींचती थी। हाय; क्या वे दिन फिर आ सकते हैं ?

सहसा एक बटोही आ कर खड़ा हो गया और कुँवर को देख कर वह प्रश्न करने

लगा, जो साधारणतः दो अपरिचित प्राणियों में हुआ करते हैं–कौन हो, कहाँ से आते हो, कहाँ जाओगे ? पहले वह भी इसी गाँव में रहता था; पर जब गाँव उजड़ गया, तो समीप के एक दूसरे गाँव में जा बसा था। अब भी उसके खेत यहाँ थे। रात को जंगली पशु से अपने खेतों की रक्षा करने के लिए वह आ कर सोता था।

कुँवर ने पूछा–तुम्हें मालूम है, इस गाँव में एक कुवेरसिंह ठाकुर रहते थे ?

किसान ने बड़ी उत्सुकता से कहा–हाँ-हाँ, भाई, जानता क्यों नहीं ! बेचारे यहीं तो मारे गये। तुमसे भी क्या जान-पहचान थी ?

कुँवर–हाँ, उन दिनों कभी-कभी आया करता था। मैं भी राजा की सेवा में नौकर था। उनके घर में और कोई न था ?

किसान–अरे भाई, कुछ न पूछो; बड़ी करुण-कथा है। उनकी स्त्री तो पहले ही मर चुकी थी। केवल लड़की बच रही थी। आह ! कैसी सुशीला, कैसी सुघड़ लड़की थी ! उसे देख कर आँखों में ज्योति आ जाती थी। बिलकुल स्वर्ग की देवी जान पड़ती थी। जब कुवेरसिंह जीता था, तभी कुँवर राजनाथ यहाँ भाग कर आये थे और उसके यहाँ रहे थे, उस लड़की की कुँवर से कहीं बातचीत हो गयी। जब कुँवर को शत्रुओं ने पकड़ लिया, तो चंदा घर में अकेली रह गयी। गाँववालों ने बहुत चाहा कि उसका विवाह हो जाय। उसके लिए वरों का तोड़ा न था भाई ! ऐसा कौन था, जो उसे पा कर अपने को धन्य न मानता; पर वह किसी से विवाह करने पर राजी न हुई। यह पेड़, जो तुम देख रहे हो, तब छोटा-सा पौधा था। इसके आस-पास फूलों की कई और क्यारियाँ थीं। इन्हीं को गोड़ने, निराने, सींचने में उसका दिन कटता था। बस, यही कहती थी कि हमारे कुँवर साहब आते होंगे।

कुँवर की आँखों से आँसू की वर्षा होने लगी। मुसाफिर ने जरा दम लेकर कहा–दिन-दिन घुलती जाती थी। तुम्हें विश्वास न आयेगा भाई, उसने दस साल इसी तरह काट दिये। इतनी दुर्बल हो गयी थी कि पहचानी न जाती थी; पर अब भी उसे कुँवर साहब के आने की आशा बनी हुई थी। आखिर एक दिन इसी वृक्ष के नीचे उसकी लाश मिली। ऐसा प्रेम कौन करेगा, भाई ! कुँवर न-जाने मरे कि जिये, कभी उन्हें इस विरहिणी की याद भी आती है कि नहीं; पर इसने तो प्रेम को ऐसा निभाया जैसा चाहिए।

कुँवर को ऐसा जान पड़ा, मानो हृदय फटा जा रहा है। वह कलेजा थाम कर बैठ गये।

मुसाफिर के हाथ में एक सुलगता हुआ उपला था। उसने चिलम भरी और दो-चार दम लगा कर बोला–उसके मरने के बाद यह घर गिर गया। गाँव पहले ही उजाड़ था। अब तो और भी सुनसान हो गया। दो-चार आदमी यहाँ आ बैठते थे। अब तो चिड़िया का पूत भी यहाँ नहीं आता। उसके मरने के कई महीने के बाद यही चिड़िया इस पेड़ पर बोलती हुई सुनायी दी। तब से बराबर इसे यहाँ बोलते सुनता हूँ। रात को सभी चिड़ियाँ सो जाती हैं; पर यह रात भर बोलती रहती है। इसका जोड़ा कभी नहीं दिखायी दिया। बस, फुट्टैल है। दिन भर उसी झोपड़े में पड़ी रहती है। रात को इस पेड़ पर आकर

बैठती है; मगर इस समय इसके गाने में कुछ और ही बात है, नहीं तो सुनकर रोना आता है। ऐसा जान पड़ता है, मानो कोई कलेजे को मसोस रहा है। मैं तो कभी-कभी पड़े-पड़े रो दिया करता हूँ। सब लोग कहते हैं कि यह वही चंदा है। अब भी कुँवर के वियोग में विलाप कर रही है। मुझे भी ऐसा जान पड़ता है। आज न जाने क्यों मगन है ?

किसान तम्बाकू पी कर सो गया। कुँवर कुछ देर तक खोये हुए से खड़े रहे। फिर धीरे से बोले–चंदा, क्या सचमुच तुम्हीं हो, मेरे पास क्यों नहीं आतीं ?

एक क्षण में चिड़िया आ कर उनके हाथ पर बैठ गयी। चंद्रमा के प्रकाश में कुँवर ने चिड़िया को देखा। ऐसा जान पड़ा; मानो उनकी आँखें खुल गयी हों, मानो आँखों के सामने से कोई आवरण हट गया हो। पक्षी के रूप में भी चंदा की मुखाकृति अंकित थी।

दूसरे दिन किसान सो कर उठा तो कुँवर की लाश पड़ी हुई थी।

8

कुँवर अब नहीं हैं, किन्तु उनके झोपड़े की दीवारें बन गयी हैं, ऊपर फूस का नया छप्पर पड़ गया है, और झोपड़े के द्वार पर फूलों की कई क्यारियाँ लगी हैं। गाँव के किसान इससे अधिक और क्या कर सकते थे ?

उस झोपड़े में अब पक्षियों के एक जोड़े ने अपना घोंसला बनाया है। दोनों साथ-साथ दाने-चारे की खोज में जाते हैं, साथ-साथ आते हैं, रात को दोनों उसी वृक्ष की डाल पर बैठे दिखाई देते हैं। उनका सुरम्य संगीत रात की नीरवता में दूर तक सुनायी देता है। वन के जीव-जन्तु वह स्वर्गीय गान सुन कर मुग्ध हो जाते हैं।

यह पक्षियों का जोड़ा कुँवर और चंदा का जोड़ा है, इसमें किसी को सन्देह नहीं है।

एक बार एक व्याध ने इन पक्षियों को फँसाना चाहा; पर गाँव वालों ने उसे मार कर भगा दिया।

सती-1

दो शताब्दियों से अधिक बीत गये हैं; पर चिंतादेवी का नाम चला आता है। बुंदेलखंड के एक बीहड़-स्थान में आज भी मंगलवार को सहस्रों स्त्री-पुरुष चिंतादेवी की पूजा करने आते हैं। उस दिन यह निर्जन स्थान सुहाने गीतों से गूँज उठता है, टीले और टोकरे रमणियों के रंग-बिरंगे वस्त्रों से सुशोभित हो जाते हैं। देवी का मंदिर एक बहुत ऊँचे टीले पर बना हुआ है। उसके कलश पर लहराती हुई लाल पताका बहुत दूर से दिखायी देती है। मन्दिर इतना छोटा है कि उसमें मुश्किल से एक साथ दो आदमी समा सकते हैं। भीतर कोई प्रतिमा नहीं है, केवल एक छोटी-सी वेदी बनी हुई है। नीचे से मन्दिर तक पत्थर का जीना है। भीड़-भाड़ में धक्का खा कर कोई नीचे न गिर पड़े, इसलिए जीने की दीवार दोनों तरफ बनी हुई है। यहीं चिंतादेवी सती हुई थीं; पर लोकरीति के अनुसार वह

अपने मृत-पति के साथ चिता पर नहीं बैठी थीं। उनका पति हाथ जोड़े सामने खड़ा था; पर वह उसकी ओर आँख उठा कर भी न देखती थीं। वह पति-शरीर के साथ नहीं, उसकी आत्मा के साथ सती हुई। उस चिता पर पति का शरीर न था, उसकी मर्यादा भस्मीभूत हो रही थी।

2

यमुना तट पर कालपी एक छोटा-सा नगर है। चिंता उसी नगर के एक वीर बुन्देल की कन्या थी। उसकी माता उसकी बाल्यावस्था में ही परलोक सिधार चुकी थी। उसके पालन-पोषण का भार पिता पर पड़ा। संग्राम का समय था, योद्धाओं को कमर खोलने की भी फुरसत न मिलती थी, वे घोड़े की पीठ पर भोजन करते और जीन ही पर झपकियाँ ले लेते थे। चिंता का बाल्यकाल पिता के साथ समरभूमि में कटा। बाप उसे किसी खोह में या वृक्ष की आड़ में छिपा कर मैदान में चला जाता। चिंता निश्शंक भाव से बैठी हुई मिट्टी के किले बनाती और बिगाड़ती। उसके घरौंदे थे, उसकी गुड़ियाँ ओढ़नी न ओढ़ती थीं। वह सिपाहियों के गुड्डे बनाती और उन्हें रण-क्षेत्र में खड़ा करती थी। कभी-कभी उसका पिता संध्या समय भी न लौटता; पर चिंता को भय छू तक न गया था। निर्जन स्थान में भूखी-प्यासी रात-रात भर बैठी रह जाती। उसने नेवले और सियार की कहानियाँ कभी न सुनी थीं। वीरों के आत्मोत्सर्ग की कहानियाँ, और वह भी योद्धाओं के मुँह से सुन-सुन कर वह आदर्शवादिनी बन गयी थी।

एक बार तीन दिन तक चिंता को अपने पिता की खबर न मिली। वह एक पहाड़ी की खोह में बैठी मन ही मन एक ऐसा किला बना रही थी, जिसे शत्रु किसी भाँति जान न सके। दिन भर वह उसी किले का नक्शा सोचती और रात को उसी किले का स्वप्न देखती। तीसरे दिन संध्या-समय उसके पिता के कई साथियों ने आ कर उसके सामने रोना शुरू किया। चिंता ने विस्मित होकर पूछा—दादा जी कहाँ हैं ? तुम लोग क्यों रोते हो ?

किसी ने इसका उत्तर न दिया। वे जोर से धाड़ें मार-मार कर रोने लगे। चिंता समझ गयी कि उसके पिता ने वीरगति पायी। उस तेरह वर्ष की बालिका की आँखों से आँसू की एक बूँद भी न गिरी, मुख जरा भी मलिन न हुआ, एक आह भी न निकली। हँस कर बोली—अगर उन्होंने वीरगति पायी, तो तुम लोग रोते क्यों हो ? योद्धाओं के लिए इससे बढ़ कर और कौन मृत्यु हो सकती है ? इससे बढ़कर उनकी वीरता का और क्या पुरस्कार मिल सकता है ? यह रोने का नहीं, आनन्द मनाने का अवसर है।

एक सिपाही ने चिंतित स्वर में कहा—हमें तुम्हारी चिंता है। तुम अब कहाँ रहोगी ?

चिंता ने गम्भीरता से कहा—इसकी तुम कुछ चिंता न करो, दादा ! मैं अपने बाप की बेटी हूँ। जो कुछ उन्होंने किया, वही मैं भी करूँगी। अपनी मातृभूमि को शत्रुओं के पंजे से छुड़ाने में उन्होंने प्राण दे दिये। मेरे सामने भी वही आदर्श है। जा कर अपने आदमियों को सँभालिए। मेरे लिए एक घोड़ा और हथियारों का प्रबन्ध कर दीजिए। ईश्वर

ने चाहा, तो आप लोग मुझे किसी से पीछे न पायेंगे, लेकिन यदि मुझे पीछे हटते देखना, तो तलवार के एक हाथ से इस जीवन का अंत कर देना। यही मेरी आपसे विनय है। जाइए अब विलम्ब न कीजिए।

सिपाहियों को चिंता के ये वीर-वचन सुनकर कुछ भी आश्चर्य नहीं हुआ। हाँ, उन्हें यह संदेह अवश्य हुआ कि क्या कोमल बालिका अपने संकल्प पर दृढ़ रह सकेगी?

3

पाँच वर्ष बीत गये। समस्त प्रांत में चिंता देवी की धाक बैठ गयी। शत्रुओं के कदम उखड़ गये। वह विजय की सजीव मूर्ति थी, उसे तीरों और गोलियों के सामने निश्शंक खड़े देख कर सिपाहियों को उत्तेजना मिलती रहती थी। उसके सामने वे कैसे कदम पीछे हटाते ? कोमलांगी युवती आगे बढ़े, तो कौन पुरुष पीछे हटेगा ! सुंदरियों के सम्मुख योद्धाओं की वीरता अजेय हो जाती है। रमणी के वचन-बाण योद्धाओं के लिये आत्म-समर्पण के गुप्त संदेश हैं। उसकी एक चितवन कायरों में भी पुरुषत्व प्रवाहित कर देती है। चिंता की छवि-कीर्ति ने मनचले सूरमाओं को चारों ओर से खींच-खींच कर उसकी सेना को सजा दिया—जान पर खेलनेवाले भौंरे चारों ओर से आ-आ कर इस फूल पर मँडराने लगे।

इन्हीं योद्धाओं में रत्नसिंह नाम का एक युवक राजपूत भी था।

यों तो चिंता के सैनिकों में सभी तलवार के धनी थे; बात पर जान देनेवाले, उसके इशारे पर आग में कूदने वाले, उसकी आज्ञा पा कर एक बार आकाश के तारे तोड़ लाने को भी चल पड़ते; किन्तु रत्नसिंह सबसे बढ़ा हुआ था। चिंता भी हृदय में उससे प्रेम करती थी। रत्नसिंह अन्य वीरों की भाँति अक्खड़, मुँहफट या घमंडी न था। और लोग अपनी-अपनी कीर्ति को खूब बढ़ा-बढ़ा कर बयान करते, आत्म-प्रशंसा करते हुए उनकी जबान न रुकती थी। वे जो कुछ करते, चिंता को दिखाने के लिए। उनका ध्येय अपना कर्तव्य न था, चिंता थी। रत्नसिंह जो कुछ करता, शांत भाव से। अपनी प्रशंसा करना तो दूर रहा, वह चाहे कोई शेर ही क्यों न मार आये, उसकी चर्चा तक न करता। उसकी विनयशीलता और नम्रता, संकोच की सीमा से भिड़ गयी थी। औरों के प्रेम में विलास था; पर रत्नसिंह के प्रेम में त्याग और तप। और लोग मीठी नींद सोते थे; पर रत्नसिंह तारे गिन-गिन कर रात काटता था और सब अपने दिल में समझते थे कि चिंता मेरी होगी—केवल रत्नसिंह निराश था, और इसलिए उसे किसी से न द्वेष था, न राग। औरों को चिंता के सामने चहकते देख कर उसे उनकी वाक्पटुता पर आश्चर्य होता, प्रतिक्षण उसका निराशांधकार और भी घना हो जाता था। कभी-कभी वह अपने बोदेपन पर झुँझला उठता—क्यों ईश्वर ने उसे उन गुणों से वंचित रखा, जो रमणियों के चित्त को मोहित करते हैं ? उसे कौन पूछेगा ? उसकी मनोव्यथा को कौन जानता है ? पर वह मन में झुँझला कर रह जाता था। दिखावे की उसकी सामर्थ्य ही न थी।

आधी से अधिक रात बीत चुकी थी। चिंता अपने खेमे में विश्राम कर रही थी। सैनिकगण भी कड़ी मंजिल मारने के बाद कुछ खा-पी कर गाफिल पड़े हुए थे। आगे एक

घना जंगल था। जंगल के उस पार शत्रुओं का एक दल डेरा डाले पड़ा था। चिंता उसके आने की खबर पा कर भागाभाग चली आ रही थी। उसने प्रातःकाल शत्रुओं पर धावा करने का निश्चय कर लिया था। उसे विश्वास था कि शत्रुओं को मेरे आने की खबर न होगी; किंतु यह उसका भ्रम था। उसी की सेना का एक आदमी शत्रुओं से मिला हुआ था। यहाँ की खबरें वहाँ नित्य पहुँचती रहती थीं। उन्होंने चिंता से निश्चिंत होने के लिए एक षड्यंत्र रचा रखा था–उसकी गुप्त हत्या करने के लिए तीन साहसी सिपाहियों को नियुक्त कर दिया था। वे तीनों हिंस्र पशुओं की भाँति दबे-पाँव जंगल को पार करके आये और वृक्षों की आड़ में खड़े हो कर सोचने लगे कि चिंता का खेमा कौन-सा है ? सारी सेना बे-खबर सो रही थी, इससे उन्हें अपने कार्य की सिद्धि में लेशमात्र संदेह न था। वे वृक्षों की आड़ से निकले, और जमीन पर मगर की तरह रेंगते हुए चिंता के खेमे की ओर चले।

सारी सेना बे-खबर सोती थी, पहरे के सिपाही थक कर चूर हो जाने के कारण निद्रा में मग्न हो गये हैं। केवल एक प्राणी खेमे के पीछे मारे ठंड के सिकुड़ा हुआ बैठा था। यही रत्नसिंह था। आज उसने यह कोई नयी बात न की थी। पड़ावों में उसकी रातें इसी भाँति चिंता के खेमे के पीछे बैठे-बैठे कटती थीं। घातकों की आहट पा कर उसने तलवार निकाल ली, और चौंक कर उठ खड़ा हुआ। देखा–तीन आदमी झुके हुए चले आ रहे हैं। अब क्या करे ? अगर शोर मचाता है, तो सेना में खलबली पड़ जाय, और अँधेरे में लोग एक दूसरे पर वार करके आपस ही में कट मरें। इधर अकेले तीन जवानों से भिड़ने में प्राणों का भय। अधिक सोचने का मौका न था। उसमें योद्धाओं की अविलम्ब निश्चय कर लेने की शक्ति थी; तुरन्त तलवार खींच ली, और उन तीनों पर टूट पड़ा। कई मिनट तक तलवारें छपाछप चलती रहीं। फिर सन्नाटा छा गया। उधर वे तीनों आहत हो कर गिर पड़े, इधर यह भी जख्मों से चूर हो कर अचेत हो गया।

प्रातःकाल चिंता उठी, तो चारों जवानों को भूमि पर पड़े पाया। उसका कलेजा धक् से हो गया। समीप जा कर देखा–तीनों आक्रमणकारियों के प्राण निकल चुके थे; पर रत्नसिंह की साँस चल रही थी। सारी घटना समझ में आ गयी। नारीत्व ने वीरत्व पर विजय पायी। जिन आँखों से पिता की मृत्यु पर आँसू की एक बूँद भी न गिरी थी, उन्हीं आँखों से आँसुओं की झड़ी लग गयी। उसने रत्नसिंह का सिर अपनी जाँघ पर रख लिया, और हृदयांगण में रचे हुए स्वयंवर में उसके गले में जयमाल डाल दी।

4

महीने भर न रत्नसिंह की आँखें खुलीं, और न चिंता की आँखें बन्द हुईं। चिंता उसके पास से एक क्षण के लिए भी कहीं न जाती। न अपने इलाके की परवा थी, न शत्रुओं के बढ़ते चले आने की फिक्र। रत्नसिंह पर वह अपनी सारी विभूतियों का बलिदान कर चुकी थी। पूरा महीना बीत जाने के बाद रत्नसिंह की आँखें खुलीं। देखा–चारपाई पड़ी हुई है, और चिंता सामने पंखा लिए खड़ी है। क्षीण स्वर में बोला–चिंता, पंखा मुझे दे दो, तुम्हें कष्ट हो रहा है।

चिंता का हृदय इस समय स्वर्ग के अखंड, अपार सुख का अनुभव कर रहा था। एक महीना पहले जिस जीर्ण शरीर के सिरहाने बैठी हुई वह नैराश्य से रोया करती थी, उसे आज बोलते देख कर आह्लाद का पारावार न था। उसने स्नेह-मधुर स्वर में कहा–प्राणनाथ, यदि यह कष्ट है, तो सुख क्या है, मैं नहीं जानती। 'प्राणनाथ'–इस सम्बोधन में विलक्षण मंत्र की-सी शक्ति थी। रत्नसिंह की आँखें चमक उठीं। जीर्ण मुद्रा प्रदीप्त हो गयी, नसों में एक नये जीवन का संचार हो उठा, और वह जीवन कितना स्फूर्तिमय था। उसमें कितना उत्साह, कितना माधुर्य, कितना उल्लास और कितनी करुणा थी। रत्नसिंह के अंग-अंग फड़कने लगे। उसे अपनी भुजाओं में अलौकिक पराक्रम का अनुभव होने लगा। ऐसा जान पड़ा, मानो वह सारे संसार को सर कर सकता है, उड़ कर आकाश पर पहुँच सकता है, पर्वतों को चीर सकता है। एक क्षण के लिए उसे ऐसी तृप्ति हुई, मानो उसकी सारी अभिलाषाएँ पूरी हो गयी हैं, और वह उसे किसी से कुछ नहीं चाहता; शायद शिव को सामने खड़े देख कर भी वह मुँह फेर लेगा, कोई वरदान न माँगेगा। उसे अब किसी ऋद्धि की, किसी पदार्थ की इच्छा न थी। उसे गर्व हो रहा था, मानो उससे अधिक सुखी, उससे अधिक भाग्यशाली पुरुष संसार में और कोई न होगा।

रत्नसिंह ने उठने की चेष्टा करके कहा–बिना तप के सिद्धि नहीं मिलती।

चिंता अभी अपना वाक्य पूरा भी न कर पायी थी कि उसी प्रसंग में बोली–हाँ, आपको मेरे कारण अलबत्ता दुस्सह यातना भोगनी पड़ी।

चिंता ने रत्नसिंह को कोमल हाथों से लिटाते हुए कहा–इस सिद्धि के लिए तुमने तपस्या नहीं की थी। झूठ क्यों बोलते हो ? तुम केवल एक अबला की रक्षा कर रहे थे। यदि मेरी जगह कोई दूसरी स्त्री होती, तो भी तुम इतने ही प्राणपण से उसकी रक्षा करते। मुझे इसका विश्वास है। मैं तुमसे सत्य कहती हूँ, मैंने आजीवन ब्रह्मचारिणी रहने का प्रण कर लिया था; लेकिन तुम्हारे आत्मोत्सर्ग ने मेरे प्रण को तोड़ डाला। मेरा पालन योद्धाओं की गोद में हुआ है; मेरा हृदय उसी पुरुषसिंह के चरणों पर अर्पण हो सकता है, जो प्राणों की बाजी खेल सकता हो। रसिकों के हास-विलास, गुंडों के रूप-रंग और फेकैतों से दाव-घात का मेरी दृष्टि में रत्ती भर भी मूल्य नहीं। उनकी नट-विद्या को मैं केवल तमाशे की तरह देखती हूँ। तुम्हारे ही हृदय में मैंने सच्चा उत्सर्ग पाया, और तुम्हारी दासी हो गयी–आज से नहीं, बहुत दिनों से।

5

प्रणय की पहली रात थी। चारों ओर सन्नाटा था। केवल दोनों प्रेमियों के हृदयों में अभिलाषाएँ लहरा रही थीं। चारों ओर अनुरागमयी चाँदनी छिटकी हुई थी, और उसकी हास्यमयी छटा में वर-वधू प्रेमालाप कर रहे थे।

सहसा खबर आयी कि शत्रुओं की एक सेना किले की ओर बढ़ी चली आती है। चिंता चौंक पड़ी; रत्नसिंह खड़ा हो गया, और खूँटी से लटकती हुई तलवार उतार ली।

चिंता ने उसकी ओर कातर-स्नेह की दृष्टि से देख कर कहा–कुछ आदमियों को

उधर भेज दो, तुम्हारे जाने की क्या जरूरत है ?

रत्नसिंह ने बंदूक कंधे पर रखते हुए कहा—मुझे भय है कि अबकी वे लोग बड़ी संख्या में आ रहे हैं।

चिंता—तो मैं भी चलूँगी।

नहीं, मुझे आशा है, वे लोग ठहर न सकेंगे। मैं एक ही धावे में उनके कदम उखाड़ दूँगा। यह ईश्वर की इच्छा है कि हमारी प्रणय-रात्रि विजय-रात्रि हो !

'न-जाने क्यों मन कातर हो रहा है। जाने देने को जी नहीं चाहता !'

रत्नसिंह ने इस सरल, अनुरक्त आग्रह से विह्वल हो कर चिंता को गले लगा लिया और बोले—मैं सबेरे तक लौट जाऊँगा, प्रिये !

चिंता पति के गले में हाथ डाल कर आँखों में आँसू भरे हुए बोली—मुझे भय है, तुम बहुत दिनों में लौटोगे। मेरा मन तुम्हारे साथ रहेगा। जाओ, पर रोज खबर भेजते रहना। तुम्हारे पैरों पड़ती हूँ, अवसर का विचार करके धावा करना। तुम्हारी आदत है कि शत्रु देखते ही आकुल हो जाते हो, और जान पर खेल कर टूट पड़ते हो। तुमसे मेरा यही अनुरोध है कि अवसर देख कर काम करना। जाओ जिस तरह पीठ दिखाते हो, उसी तरह मुँह दिखाओ।

चिंता का हृदय कातर हो रहा था। वहाँ पहले केवल विजय-लालसा का आधिपत्य था, अब भोग-लालसा की प्रधानता थी। वही वीर बाला, जो सिंहनी की तरह गरज कर शत्रुओं के कलेजे को कँपा देती थी, आज इतनी दुर्बल हो रही थी कि जब रत्नसिंह घोड़े पर सवार हुआ, तो आप उसकी कुशल-कामना से मन ही मन देवी की मनौतियाँ कर रही थी। जब तक वह वृक्षों की ओट में छिप न गया, वह खड़ी उसे देखती रही, फिर वह किले के सबसे ऊँचे बुर्ज पर चढ़ गयी, और घंटों उसी तरफ ताकती रही। वहाँ शून्य था, पहाड़ियों ने कभी का रत्नसिंह को अपनी ओट में छिपा लिया था; पर चिंता को ऐसे जान पड़ा था कि वह सामने चले जा रहे हैं। जब ऊषा की लोहित छवि वृक्षों की आड़ से झाँकने लगी, तो उसकी मोह विस्मृति टूट गयी। मालूम हुआ, चारों तरफ शून्य है। वह रोती हुई बुर्ज से उतरी, और शय्या पर मुँह ढाँप कर रोने लगी।

6

रत्नसिंह के साथ मुश्किल से सौ आदमी थे; किन्तु सभी मँजे हुए, अवसर और संख्या को तुच्छ समझने वाले, अपनी जान के दुश्मन ! वीरोल्लास से भरे हुए, एक वीर-रस-पूर्ण पद गाते हुए, घोड़ों को बढ़ाये चले जाते थे—

'बाँकी तेरी पाग 0सिपाही, इसकी रखना लाज।
तेग-तवर कुछ काम न आये, बख्तर-ढाल व्यर्थ हो जावे।
रखियो मन में लाग, सिपाही बाँकी तेरी पाग।
इसकी रखना लाज।।'

पहाड़ियाँ इन वीर-स्वरों से गूँज रही थीं। घोड़ों की टाप ताल दे रही थी। यहाँ तक कि रात

बीत गयी, सूर्य ने अपनी आँखें खोल दीं और इन वीरों पर अपनी स्वर्ण-छटा की वर्षा करने लगा।

वहीं रक्तमय प्रकाश में शत्रुओं की सेना एक पहाड़ी पर पड़ाव डाले हुए नजर आयी।

रत्नसिंह सिर झुकाये, वियोग-व्यथित हृदय को दबाये, मन्द गति से पीछे-पीछे चला जाता था। कदम आगे बढ़ता था; पर मन पीछे हटता। आज जीवन में पहली बार दुश्चिंताओं ने उसे आशंकित कर रखा था। कौन जानता है, लड़ाई का अंत क्या होगा ? जिस स्वर्ग-सुख को छोड़ कर वह आया था, उसकी स्मृतियाँ रह-रह कर उसके हृदय को मसोस रही थीं; चिंता की सजल आँखें याद आती थीं; और जी चाहता था, घोड़े की रास पीछे मोड़ दें। प्रतिक्षण रणोत्साह क्षीण होता जाता था, सहसा एक सरदार ने समीप आ कर कहा—भैया, यह देखो, ऊँची पहाड़ी पर शत्रु डेरे डाले पड़े हैं। तुम्हारी अब क्या राय है ? हमारी तो यह इच्छा है कि तुरन्त उन पर धावा कर दें। गाफिल पड़े हुए हैं, भाग खड़े होंगे। देर करने से वे भी सँभल जायँगे और तब मामला नाजुक हो जायगा। एक हजार से कम न होंगे।

रत्नसिंह ने चिंतित नेत्रों से शत्रु-दल की ओर देख कर कहा—हाँ, मालूम तो होता है।

सिपाही—तो धावा कर दिया जाय न ?

रत्न.—जैसी तुम्हारी इच्छा। संख्या अधिक है, यह सोच लो।

सिपाही—इसकी परवाह नहीं। हम इससे बड़ी सेनाओं को परास्त कर चुके हैं।

रत्न.—यह सच है; पर आग में कूदना ठीक नहीं।

सिपाही—भैया, तुम कहते क्या हो ? सिपाही का तो जीवन ही आग में कूदने के लिए है। तुम्हारे हुक्म की देर है, फिर हमारा जीवट देखना।

रत्न.—अभी हम लोग बहुत थके हुए हैं। जरा विश्राम कर लेना अच्छा है।

सिपाही—नहीं भैया; उन सबों को हमारी आहट मिल गयी, तो गजब हो जायगा।

रत्न.—तो फिर धावा ही कर दो।

एक क्षण में योद्धाओं ने घोड़ों की बागें उठा दीं, और अस्त्र सँभाले हुए शत्रु सेना पर लपके; किन्तु पहाड़ी पर पहुँचते ही इन लोगों ने उसके विषय में जो अनुमान किया था, वह मिथ्या था। वह सजग ही न थे स्वयं किले पर धावा करने की तैयारियाँ भी कर रहे थे। इन लोगों ने जब उन्हें सामने आते देखा, तो समझ गये कि भूल हुई; लेकिन अब सामना करने के सिवा चारा ही क्या था। फिर भी वे निराश न थे। रत्नसिंह जैसे कुशल योद्धा के साथ इन्हें कोई शंका न थी। वह इससे भी कठिन अवसरों पर अपने रण-कौशल से विजय-लाभ कर चुका था। क्या आज वह अपना जौहर न दिखाएगा ? सारी आँखें रत्नसिंह को खोज रही थीं; पर उसका वहाँ कहीं पता न था। कहाँ चला गया ? यह कोई न जानता था।

पर वह कहीं नहीं जा सकता। अपने साथियों को इस कठिन अवस्था में छोड़कर वह कहीं नहीं जा सकता—सम्भव नहीं। अवश्य ही वह यहीं है, और हारी हुई बाजी को

जिताने की कोई युक्ति सोच रहा है।

एक क्षण में शत्रु इनके सामने आ पहुँचे। इतनी बहुसंख्यक सेना के सामने ये मुट्ठी भर आदमी क्या कर सकते थे। चारों ओर से रत्नसिंह की पुकार होने लगी–भैया, तुम कहाँ हो ? हमें क्या हुक्म देते हो ? देखते हो, वे लोग सामने आ पहुँचे; पर तुम अभी मौन खड़े हो। सामने आकर हमें मार्ग दिखाओ, हमारा उत्साह बढ़ाओ !

पर अब भी रत्नसिंह न दिखायी दिया। यहाँ तक कि शत्रु-दल सिर पर आ पहुँचा, और दोनों दलों में तलवारें चलने लगीं। बुन्देलों ने प्राण हथेली पर ले कर लड़ना शुरू किया; पर एक को एक बहुत होता है; एक और दस का मुकाबिला ही क्या ? यह लड़ाई न थी, प्राणों का जुआ था ! बुन्देलों में निराशा का अलौकिक बल था। खूब लड़े; पर क्या मजाल कि कदम पीछे हटे। उनमें अब जरा भी संगठन न था। जिससे जितना आगे बढ़ते बना, बढ़ा। अंत क्या होगा, इसकी किसी को चिंता न थी। कोई तो शत्रुओं की सफें चीरता हुआ सेनापति के समीप पहुँच गया, कोई उनके हाथी पर चढ़ने की चेष्टा करते मारा गया। उनका अमानुषिक साहस देख कर शत्रुओं के मुँह से भी वाह-वाह निकलती थी; लेकिन ऐसे योद्धाओं ने नाम पाया है, विजय नहीं पायी। एक घंटे में रंगमंच का परदा गिर गया, तमाशा खत्म हो गया। एक आँधी थी; जो आयी और वृक्षों को उखाड़ती हुई चली गयी। संगठित रह कर ये मुट्ठी भर आदमी दुश्मनों के दाँत खट्टे कर देते; पर जिस पर संगठन का भार था, उसका कहीं पता न था। विजयी मराहठों ने एक-एक लाश ध्यान से देखी। रत्नसिंह उनकी आँखों में खटकता था। उसी पर उनके दाँत लगे थे। रत्नसिंह के जीते-जी उन्हें नींद न आती थी। लोगों ने पहाड़ी की एक-एक चट्टान का मन्थन कर डाला; पर रत्न न हाथ आया। विजय हुई; पर अधूरी।

7

चिंता के हृदय में आज न जाने क्यों भाँति-भाँति की शंकाएँ उठ रही थीं। वह कभी इतनी दुर्बल न थी। बुन्देलों की हार ही क्यों होगी, इसका कोई कारण तो वह न बता सकती थी; पर यह भावना उसके विकल हृदय से किसी तरह न निकलती थी। उस अभागिन के भाग्य में प्रेम का सुख भोगना लिखा होता, तो क्या बचपन ही में माँ मर जाती, पिता के साथ वन-वन घूमना पड़ता, खोहों और कंदराओं में रहना पड़ता ! और वह आश्रय भी तो बहुत दिन न रहा। पिता भी मुँह मोड़ कर चल दिये। तब से उसे एक दिन भी तो आराम से बैठना नसीब न हुआ। विधाता क्या अब अपना क्रूर कौतुक छोड़ देगा ? आह ! उसके दुर्बल हृदय में इस समय एक विचित्र भावना उत्पन्न हुई–ईश्वर उसके प्रियतम को आज सकुशल लाये, तो वह उसे ले कर किसी दूर के गाँव में जा बसेगी। पतिदेव की सेवा और आराधना में जीवन सफल करेगी। इस संग्राम से सदा के लिए मुँह मोड़ लेगी। आज पहली बार नारीत्व का भाव उसके मन में जाग्रत हुआ।

संध्या हो गयी थी, सूर्य भगवान् किसी हारे हुए सिपाही की भाँति मस्तक झुकाते कोई आड़ खोज रहे थे। सहसा एक सिपाही नंगे सिर, पाँव, निरस्त्र उसके सामने जा कर

खड़ा हो गया। चिंता पर वज्रपात हो गया। एक क्षण तक मर्माहत सी बैठी रही। फिर उठ कर घबराई हुई सैनिक के पास आयी, और आतुर स्वर में पूछा—कौन-कौन बचा ?

सैनिक ने कहा—कोई नहीं ?

'कोई नहीं ? कोई नहीं ?'

चिंता सिर पकड़ कर भूमि पर बैठ गयी। सैनिक ने फिर कहा—मरहठे समीप आ पहुँचे।

'समीप आ पहुँचे ?'

'बहुत समीप !'

'तो तुरंत चिता तैयार करो। समय नहीं है।'

'अभी हम लोग तो सिर कटाने को हाजिर ही हैं।'

'तुम्हारी जैसी इच्छा। मेरे कर्तव्य का तो यही अंत है।'

'किला बंद करके हम महीनों लड़ सकते हैं।'

'तो जाकर लड़ो। मेरी लड़ाई अब किसी से नहीं।'

एक ओर अंधकार प्रकाश को पैरों-तले कुचलता चला आता था; दूसरी ओर विजयी मरहठे लहराते हुए खेतों को। और किले में चिता बन रही थी। ज्यों ही दीपक जले, चिता में भी आग लगी। सती चिंता सोलहो शृंगार किये, अनुपम छवि दिखाती हुई, प्रसन्न-मुख अग्नि-मार्ग से पतिलोक की यात्रा करने जा रही थी।

8

चिता के चारों ओर स्त्री और पुरुष जमा थे। शत्रुओं ने किले को घेर लिया है इसकी किसी को फिक्र न थी। शोक और संतोष से सबके चेहरे उदास और सिर झुके हुए थे। अभी कल इसी आँगन में विवाह का मंडप सजाया गया था। जहाँ इस समय चिता सुलग रही है, वहीं कल हवन-कुण्ड था। कल भी इसी भाँति अग्नि की लपटें उठ रही थीं, इसी भाँति लोग जमा थे; पर आज और कल के दृश्यों में कितना अंतर है ! हाँ, स्थूल नेत्रों के लिए अंतर हो सकता है; पर वास्तव में यह उसी यज्ञ की पूर्णाहुति है, उसी प्रतिज्ञा का पालन है।

सहसा घोड़े की टापों की आवाजें सुनायी देने लगीं। मालूम होता था, कोई सिपाही घोड़े को सरपट भगाता चला आ रहा है। एक क्षण में टापों की आवाज बंद हो गयी, और एक सैनिक आँगन में दौड़ा हुआ आ पहुँचा। लोगों ने चकित हो कर देखा, यह रत्नसिंह था!

रत्नसिंह चिता के पास जाकर हाँफता हुआ बोला—प्रिये, मैं तो अभी जीवित हूँ, यह तुमने क्या कर डाला ?

चिता में आग लग चुकी थी ! चिंता की साड़ी से अग्नि की ज्वाला निकल रही थी। रत्नसिंह उन्मत्त की भाँति चिता में घुस गया, और चिंता का हाथ पकड़ कर उठाने लगा। लोगों ने चारों ओर से लपक-लपक कर चिता की लकड़ियाँ हटानी शुरू कीं; पर

चिंता ने पति की ओर आँख उठा कर भी न देखा, केवल हाथों से उसे हट जाने का संकेत किया।

रत्नसिंह सिर पीट कर बोला—हाय प्रिये, तुम्हें क्या हो गया है। मेरी ओर देखती क्यों नहीं ? मैं तो जीवित हूँ।

चिता से आवाज आयी—तुम्हारा नाम रत्नसिंह है; पर तुम मेरे रत्नसिंह नहीं हो।

तुम मेरी तरफ देखो तो, मैं ही तुम्हारा दास, तुम्हारा उपासक, तुम्हारा पति हूँ।

'मेरे पति ने वीर-गति पायी।'

'हाय ! कैसे समझाऊँ ! अरे लोगो, किसी भाँति अग्नि शांत करो। मैं रत्नसिंह ही हूँ, प्रिये ? क्या तुम मुझे पहचानती नहीं हो ?'

अग्नि-शिखा चिंता के मुख तक पहुँच गयी। अग्नि में कमल खिल गया। चिंता स्पष्ट स्वर में बोली—खूब पहचानती हूँ। तुम मेरे रत्नसिंह नहीं। मेरा रत्नसिंह सच्चा शूर था। वह आत्मरक्षा के लिए, इस तुच्छ देह को बचाने के लिए अपने क्षत्रिय-धर्म का परित्याग न कर सकता था। मैं जिस पुरुष के चरणों की दासी बनी थी, वह देवलोक में विराजमान है। रत्नसिंह को बदनाम मत करो। वह वीर राजपूत था, रणक्षेत्र से भागनेवाला कायर नहीं !

अंतिम शब्द निकले ही थे कि अग्नि की ज्वाला चिंता के सिर के ऊपर जा पहुँची। फिर एक क्षण में वह अनुपम रूप-राशि, वह आदर्श वीरता की उपासिका, वह सच्ची सती अग्नि-राशि में विलीन हो गयी।

रत्नसिंह चुपचाप, हतबुद्धि-सा खड़ा यह शोकमय दृश्य देखता रहा। फिर अचानक एक ठंडी साँस खींचकर उसी चिता में कूद पड़ा।

हिंसा परमो धर्मः

दुनिया में कुछ ऐसे लोग भी होते हैं, जो किसी के नौकर न होते हुए सबके नौकर होते हैं, जिन्हें कुछ अपना खास काम न होने पर भी सिर उठाने की फुरसत नहीं होती। जामिद इसी श्रेणी के मनुष्यों में था। बिलकुल बेफिक्र, न किसी से दोस्ती, न किसी से दुश्मनी। जो जरा हँस कर बोला, उसका बेदाम का गुलाम हो गया। बे-काम का काम करने में उसे मजा आता था। गाँव में कोई बीमार पड़े, वह रोगी की सेवा-शुश्रूषा के लिए हाजिर है। कहिए, तो आधी रात को हकीम के घर चला जाय; किसी जड़ी-बूटी की तलाश में मंजिलों की खाक छान आये। मुमकिन न था कि किसी गरीब पर अत्याचार होते देखे और चुप रह जाय। फिर चाहे कोई उसे मार ही डाले, वह हिमायत करने से बाज न आता था। ऐसे सैकड़ों ही मौके उसके सामने आ चुके थे। कांस्टेबिल से आये दिन उसकी छेड़छाड़ होती ही रहती थी। इसलिए लोग उसे बौड़म समझते थे। और बात भी यही थी। जो आदमी किसी का बोझ भारी देखकर, उससे छीन कर, अपने सिर पर ले ले, किसी का छप्पर उठाने या आग बुझाने के लिए कोसों दौड़ा चला जाय, उसे समझदार कौन कहेगा।

सारांश यह कि उसकी जात से दूसरों को चाहे कितना ही फायदा पहुँचे, अपना कोई उपकार न होता था; यहाँ तक कि वह रोटियों के लिए भी दूसरों का मुहताज था। दीवाना तो वह था, और उसका गम दूसरे खाते थे।

2

आखिर जब लोगों ने बहुत धिक्कारा–क्यों अपना जीवन नष्ट कर रहे हो, तुम दूसरों के लिए मरते हो, कोई तुम्हारा भी पूछनेवाला है ? अगर एक दिन बीमार पड़ जाओ; तो कोई चुल्लू भर पानी न दे; जब तक दूसरों की सेवा करते हो, लोग खैरात समझ कर खाने को दे देते हैं; जिस दिन आ पड़ेगी, कोई सीधे मुँह बात भी न करेगा; तब जामिद की आँखें खुलीं। बरतन-भाड़ा कुछ था ही नहीं। एक दिन उठा, और एक तरफ की राह ली। दो दिन के बाद एक शहर में पहुँचा। शहर बहुत बड़ा था। महल आसमान में बातें करने वाले। सड़कें चौड़ी और साफ। बाजार गुलजार, मसजिदों और मन्दिरों की संख्या अगर मकानों से अधिक न थी, तो कम भी नहीं। देहात में न तो कोई मसजिद थी, न कोई मंदिर। मुसलमान लोग एक चबूतरे पर नमाज पढ़ लेते थे। हिंदू एक वृक्ष के नीचे पानी चढ़ा दिया करते थे। नगर में धर्म का यह माहात्म्य देख कर जामिद को बड़ा कुतूहल और आनंद हुआ। उसकी दृष्टि में मजहब का जितना सम्मान था उतना और किसी सांसारिक वस्तु का नहीं। वह सोचने लगा–ये लोग कितने ईमान के पक्के, कितने सत्यवादी हैं। इनमें कितनी दया, कितना विवेक, कितनी सहानुभूति होगी, तभी तो खुदा ने इन्हें इतना माना है। वह हर आने-जानेवाले को श्रद्धा की दृष्टि से देखता और उसके सामने विनय से सिर झुकाता था। यहाँ के सभी प्राणी उसे देवता-तुल्य मालूम होते थे।

घूमते-घूमते साँझ हो गयी। वह थककर एक मंदिर के चबूतरे पर जा बैठा। मंदिर बहुत बड़ा था, ऊपर सुनहला कलश चमक रहा था। जगमोहन पर संगमरमर के चौके जड़े हुए थे; मगर आँगन में जगह-जगह गोबर और कूड़ा पड़ा था। जामिद को गंदगी से चिढ़ थी; देवालय की यह दशा देखकर उससे न रहा गया; इधर-उधर निगाह दौड़ायी कि कहीं झाड़ू मिल जाय, तो साफ कर दे, पर झाड़ू कहीं नजर न आयी। विवश हो कर उसने दामन से चबूतरे को साफ करना शुरू कर दिया।

जरा देर में भक्तों का जमाव होने लगा। उन्होंने जामिद को चबूतरा साफ़ करते देखा, तो आपस में बातें करने लगे–

'है तो मुसलमान !'

'मेहतर होगा।'

'नहीं, मेहतर अपने दामन से सफाई नहीं करता। कोई पागल मालूम होता है।'

'उधर का भेदिया न हो।'

'नहीं, चेहरे से बड़ा गरीब मालूम होता है।'

'हसन निजामी का कोई मुरीद होगा।'

'अजी गोबर के लालच से सफाई कर रहा है। कोई भठियारा होगा। (जामिद से)

गोबर न ले जाना बे, समझा ? कहाँ रहता है ?'

'परदेशी मुसाफिर हूँ, साहब, मुझे गोबर ले कर क्या करना है ? ठाकुर जी का मंदिर देखा, तो आ कर बैठ गया। कूड़ा पड़ा हुआ था। मैंने सोचा–धर्मात्मा लोग आते होंगे; सफाई करने लगा।'

'तुम तो मुसलमान हो न ?'

'ठाकुर जी तो सबके ठाकुर जी हैं–क्या हिंदू, क्या मुसलमान !'

'तुम ठाकुर जी को मानते हो ?'

'ठाकुर जी को कौन न मानेगा, साहब ? जिसने पैदा किया, उसे न मानूँगा तो किसे मानूँगा ?'

भक्तों में यह सलाह होने लगी–

'देहाती है।'

'फाँस लेना चाहिए, जाने न पाये !'

3

जामिद फाँस लिया गया। उसका आदर-सत्कार होने लगा। एक हवादार मकान रहने को मिला। दोनों वक्त उत्तम पदार्थ खाने को मिलने लगे। दो-चार आदमी हरदम उसे घेरे रहते। जामिद को भजन खूब याद थे। गला भी अच्छा था। वह रोज मंदिर में जा कर कीर्तन करता। भक्ति के साथ स्वर-लालित्य भी हो, तो फिर क्या पूछना। लोगों पर उसके कीर्तन का बड़ा असर पड़ता। कितने ही लोग संगीत के लोभ से ही मन्दिर में आने लगे। सब को विश्वास हो गया कि भगवान् ने यह शिकार चुन कर भेजा है।

एक दिन मंदिर में बहुत-से आदमी जमा हुए। आँगन में फर्श बिछाया गया। जामिद का सिर मुड़ा दिया गया। नये कपड़े पहनाये। हवन हुआ। जामिद के हाथों से मिठाई बाँटी गयी। वह अपने आश्रयदाताओं की उदारता और धर्मनिष्ठा का और भी कायल हो गया। ये लोग कितने सज्जन हैं, मुझ जैसे फटेहाल परदेशी की इतनी खातिर। इसी को सच्चा धर्म कहते हैं। जामिद को जीवन में कभी इतना सम्मान न मिला था। यहाँ वही सैलानी युवक जिसे लोग बौड़म कहते थे, भक्तों का सिरमौर बना हुआ था। सैकड़ों ही आदमी केवल उसके दर्शनों को आते थे। उसकी प्रकांड विद्वत्ता की कितनी ही कथाएँ प्रचलित हो गयीं। पत्रों में यह समाचार निकला कि एक बड़े आलिम मौलवी साहब की शुद्धि हुई है। सीधा-सादा जामिद इस सम्मान का रहस्य कुछ न समझता था। ऐसे धर्मपरायण सहृदय प्राणियों के लिए वह क्या कुछ न करता ? वह नित्य पूजा करता, भजन गाता था। उसके लिए यह कोई नयी बात न थी। अपने गाँव में भी वह बराबर सत्यनारायण की कथा में बैठा करता था। भजन-कीर्तन किया करता था। अंतर यही था कि देहात में उसकी कदर न थी। यहाँ सब उसके भक्त थे।

एक दिन जामिद कई भक्तों के साथ बैठा हुआ कोई पुराण पढ़ रहा था; तो क्या देखता है कि सामने सड़क पर एक बलिष्ठ युवक, माथे पर तिलक लगाये; जनेऊ पहने,

एक बूढ़े दुर्बल मनुष्य को मार रहा है। बुड्ढा रोता है, गिड़गिड़ाता है और पैरों पड़-पड़ के कहता है कि महाराज, मेरा कसूर माफ करो; किन्तु तिलकधारी युवक को उस पर जरा भी दया नहीं आती। जामिद का रक्त खौल उठा। ऐसे दृश्य देख कर वह शांत न बैठ सकता था। तुरंत कूद कर बाहर निकला, और युवक के सामने आ कर बोला—बुड्ढे को क्यों मारते हो, भाई ? तुम्हें इस पर जरा भी दया नहीं आती ?

युवक—मैं मारते-मारते इसकी हड्डियाँ तोड़ दूँगा।

जामिद—आखिर इसने क्या कुसूर किया है ? कुछ मालूम भी तो हो।

युवक—इसकी मुर्गी हमारे घर में घुस गयी थी, और सारा घर गंदा कर आयी।

जामिद—तो क्या इसने मुर्गी को सिखा दिया था कि तुम्हारा घर गंदा कर आये ?

बुड्ढा—खुदावंद, मैं तो उसे बराबर खाँचे में ढाँके रहता हूँ। आज गफलत हो गयी। कहता हूँ, महाराज, कुसूर माफ करो; मगर नहीं मानते।

हुजूर, मारते-मारते अधमरा कर दिया।

युवक—अभी नहीं मारा है, अब मारूँगा—खोद कर गाड़ दूँगा।

जामिद—खोद कर गाड़ दोगे भाई साहब तो तुम भी यों न खड़े रहोगे। समझ गये ? अगर फिर हाथ उठाया, तो अच्छा न होगा।

जवान को अपनी ताकत का नशा था। उसने फिर बुड्ढे को चाँटा लगाया; पर चाँटा पड़ने के पहले ही जामिद ने उसकी गर्दन पकड़ ली। दोनों में मल्ल-युद्ध होने लगा। जामिद करारा जवान था। युवक को पटकनी दी, तो चारों खाने चित्त गिर गया। उसका गिरना था कि भक्तों का समुदाय, जो अब तक मंदिर में बैठा तमाशा देख रहा था, लपक पड़ा और जामिद पर चारों तरफ से चोटें पड़ने लगीं। जामिद की समझ में न आता था कि लोग मुझे क्यों मार रहे हैं। कोई कुछ नहीं पूछता। तिलकधारी जवान को कोई कुछ नहीं कहता। बस, जो आता है, मुझी पर हाथ साफ करता है। आखिर वह बेदम हो कर गिर पड़ा। तब लोगों में बातें होने लगीं।

'दगा दे गया !'

'धत् तेरी जात की ! कभी म्लेच्छों से भलाई की आशा न रखनी चाहिए ! कौआ कौओं ही के साथ मिलेगा। कमीना जब करेगा, कमीनापन। इसे कोई पूछता न था, मंदिर में झाड़ू लगा रहा था। देह पर कपड़े का तार भी न था, हमने इसका सम्मान किया, पशु से आदमी बना दिया, फिर भी अपना न हुआ !

'इनके धर्म का तो मूल ही यही है !'

जामिद रात भर सड़क के किनारे पड़ा दर्द से कराहता रहा, उसे मार खाने का दुःख न था। ऐसी यातनाएँ वह कितनी बार भोग चुका था। उसे दुःख और आश्चर्य केवल इस बात का था कि इन लोगों ने क्यों एक दिन मेरा इतना सम्मान किया, और क्यों आज अकारण ही मेरी इतनी दुर्गति की ? इनकी वह सज्जनता आज कहाँ गयी? मैं तो वही हूँ। मैंने कोई कसूर भी नहीं किया। मैंने तो वही किया, जो ऐसी दशा में सभी को करना चाहिए। फिर इन लोगों ने मुझ पर क्यों इतना अत्याचार किया ? देवता क्यों राक्षस बन

गये ?

वह रात भर इसी उलझन में पड़ा रहा। प्रातःकाल उठ कर एक तरफ की राह ली।

जामिद अभी थोड़ी ही दूर गया था कि वही बुड्ढा उसे मिला। उसे देखते ही वह बोला–कसम खुदा की, तुमने कल मेरी जान बचा दी। सुना, जालिमों ने तुम्हें बुरी तरह पीटा। मैं तो मौका पाते ही निकल भागा। अब तक कहाँ थे। यहाँ लोग रात ही से तुमसे मिलने के लिए बेकरार हो रहे हैं। काजी साहब रात ही से तुम्हारी तलाश में निकले थे, मगर तुम न मिले। कल हम दोनों अकेले पड़ गये थे। दुश्मनों ने हमें पीट लिया। नमाज का वक्त था, जहाँ सब लोग मस्जिद में थे; अगर जरा भी खबर हो जाती, तो एक हजार लठैत पहुँच जाते। तब आटे-दाल का भाव मालूम होता। कसम खुदा की, आज से मैंने तीन कोड़ी मुर्गियाँ पाली हैं ! देखूँ, पंडित जी महाराज अब क्या करते हैं। कसम खुदा की, काजी साहब ने कहा है, अगर वह लौंडा जरा भी आँखें दिखाये, तो तुम आ कर मुझसे कहना। या तो बच्चा घर छोड़ कर भागेंगे, या हड्डी-पसली तोड़ कर रख दी जायगी।

जामिद को लिये वह बुड्ढा काजी जोरावरहुसैन के दरवाजे पर पहुँचा। काजी साहब वजू कर रहे थे। जामिद को देखते ही दौड़ कर गले लगा लिया और बोले–वल्लाह ! तुम्हें आँखें ढूँढ़ रही थीं। तुमने अकेले इतने काफिरों के दाँत खट्टे कर दिये ! क्यों न हो, मोमिन का खून है ! काफिरों की हकीकत क्या ? सुना सब के सब तुम्हारी शुद्धि करने जा रहे थे; मगर तुमने उनके सारे मनसूबे पलट दिये। इस्लाम को ऐसे ही खादिमों की जरूरत है। तुम-जैसे दीनदारों से इस्लाम का नाम रोशन है। गलती यही हुई कि तुमने एक महीने भर तक सब्र नहीं किया। शादी हो जाने देते, तब मजा आता। एक नाजनीन साथ लाते, और दौलत मुफ्त। वल्लाह ! तुमने उजलत कर दी।

दिन भर भक्तों का ताँता लगा रहा। जामिद को एक नजर देखने का सबको शौक था। सभी उसकी हिम्मत, जोर और मजहबी जोश की प्रशंसा करते थे।

4

पहर रात बीत चुकी थी। मुसाफिरों की आमदरफ्त कम हो चली थी। जामिद ने काजी साहब से धर्म-ग्रंथ पढ़ना शुरू किया था। उन्होंने उसके लिए अपने बगल का कमरा खाली कर दिया था। वह काजी साहब से सबक ले कर आया, और सोने जा रहा था कि सहसा उसे दरवाजे पर एक ताँगे के रुकने की आवाज सुनायी दी। काजी साहब के मुरीद अक्सर आया करते थे। जामिद ने सोचा, कोई मुरीद आया होगा। नीचे आया तो देखा–एक स्त्री ताँगे से उतर कर बरामदे में खड़ी है, और ताँगेवाला उसका असबाब उतार रहा है।

महिला ने मकान को इधर-उधर देख कर कहा–नहीं जी, मुझे अच्छी तरह खयाल है; यह उनका मकान नहीं है। शायद तुम भूल गये हो।

ताँगेवाला–हुजूर तो मानती ही नहीं। कह दिया कि बाबू साहब ने मकान तबदील कर दिया है। ऊपर चलिए।

स्त्री ने कुछ झिझकते हुए कहा–बुलाते क्यों नहीं ? आवाज दो !

ताँगेवाला—ओ साहब, आवाज क्या दूँ, जब जानता हूँ कि साहब का मकान यही है, तो नाहक चिल्लाने से क्या फायदा ? बेचारे आराम कर रहे होंगे। आराम में खलल पड़ेगा! आप निसाखातिर रहिए, चलिए ऊपर चलिए।

औरत ऊपर चली। पीछे-पीछे ताँगेवाला असबाब लिये हुए चला। जामिद गुम-सुम नीचे खड़ा रहा। यह रहस्य उसकी समझ में न आया।

ताँगेवाले की आवाज सुनते ही काजी साहब छत पर निकल आये, और एक औरत को आते देख कमरे की खिड़कियाँ चारों तरफ से बंद करके खूँटी पर लटकती तलवार उतार ली, और दरवाजे पर आ कर खड़े हो गये।

औरत ने जीना तय करके ज्योंही छत पर पैर रखा कि काजी साहब को देख कर झिझकी। वह तुरंत पीछे की तरफ मुड़ना चाहती थी कि काजी साहब ने लपक कर उसका हाथ पकड़ लिया और अपने कमरे में घसीट लाये। इसी बीच में जामिद और ताँगेवाला, ये दोनों भी ऊपर आ गये थे। जामिद यह दृश्य देख कर विस्मित हो गया था। यह रहस्य और भी रहस्यमय हो गया था। यह विद्या का सागर, यह न्याय का भंडार, यह नीति, धर्म और दर्शन का आगार इस समय एक अपरिचित महिला के ऊपर यह घोर अत्याचार कर रहा है। ताँगेवाले के साथ यह भी काजी साहब के कमरे में चला गया। काजी साहब तो स्त्री के दोनों हाथ पकड़े हुए थे। ताँगेवाले ने दरवाजा बंद कर दिया।

महिला ने ताँगेवाले की ओर खून भरी आँखों से देख कर कहा—तू मुझे यहाँ क्यों लाया ?

काजी साहब ने तलवार चमका कर कहा—पहले आराम से बैठ जाओ, सब कुछ मालूम हो जायगा।

औरत—तुम तो मुझे कोई मौलवी मालूम होते हो ? क्या तुम्हें खुदा ने यही सिखाया है कि पराई बहू-बेटियों को जबरदस्ती घर में बंद करके उनकी आबरू बिगाड़ो?

काजी—हाँ, खुदा का यही हुक्म है कि काफिरों को जिस तरह मुमकिन हो, इस्लाम के रास्ते पर लाया जाय। अगर खुशी से न आयें, तो जब्र से।

औरत—इसी तरह अगर कोई तुम्हारी बहू-बेटी पकड़ कर बे-आबरू करे, तो ?

काजी—हो रहा है। जैसा तुम हमारे साथ करोगे वैसा ही हम तुम्हारे साथ करेंगे। फिर हम तो बे-आबरू नहीं करते, सिर्फ अपने मजहब में शामिल करते हैं। इस्लाम कबूल करने से आबरू बढ़ती है, घटती नहीं। हिंदू कौम ने तो हमें मिटा देने का बीड़ा उठाया है। वह इस मुल्क से हमारा निशान मिटा देना चाहती है। धोखे से, लालच से, जब्र से मुसलमानों को बे-दीन बनाया जा रहा है, तो मुसलमान बैठे मुँह ताकेंगे ?

औरत—हिंदू कभी ऐसा अत्याचार नहीं कर सकता। सम्भव है, तुम लोगों की शरारतों से तंग आ कर नीचे दर्जे के लोग इस तरह बदला लेने लगे हों; मगर अब भी कोई सच्चा हिंदू इसे पसंद नहीं करता।

काजी साहब ने कुछ सोच कर कहा—बेशक, पहले इस तरह की शरारत मुसलमान शोहदे किया करते थे। मगर शरीफ लोग इन हरकतों को बुरा समझते थे, और अपने

इमकान भर रोकने की कोशिश करते थे। तालीम और तहजीब की तरक्की के साथ कुछ दिनों यह गुंडापन जरूर गायब हो जाता; मगर अब तो सारी हिन्दू कौम हमें निगलने के लिए तैयार बैठी हुई है। फिर हमारे लिए और रास्ता ही कौन-सा है। हम कमजोर हैं, इसलिए हमें मजबूर हो कर अपने को कायम रखने के लिए दगा से काम लेना पड़ता है; मगर तुम इतना घबराती क्यों हो ? तुम्हें यहाँ किसी बात की तकलीफ न होगी। इस्लाम औरतों के हक का जितना लिहाज करता है, उतना और कोई मजहब नहीं करता। और मुसलमान मर्द तो अपनी औरतों पर जान देता है। मेरे यह नौजवान दोस्त (जामिद) तुम्हारे सामने खड़े हैं, इन्हीं के साथ तुम्हारा निकाह कर दिया जायगा। बस, आराम से जिन्दगी के दिन बसर करना।

औरत–मैं तुम्हें और तुम्हारे धर्म को घृणित समझती हूँ। तुम कुत्ते हो। इसके सिवा तुम्हारे लिए कोई दूसरा काम नहीं। खैरियत इसी में है कि मुझे जाने दो; नहीं तो मैं अभी शोर मचा दूँगी, और तुम्हारा सारा मौलवीपन निकल जायगा।

काजी–अगर तुमने जबान खोली, तो तुम्हें जान से हाथ धोना पड़ेगा। बस, इतना समझ लो।

औरत–आबरू के सामने जान की कोई हकीकत नहीं। तुम मेरी जान ले सकते हो; मगर आबरू नहीं ले सकते।

काजी–क्यों नाहक जिद करती हो ?

औरत ने दरवाजे के पास जा कर कहा–मैं कहती हूँ, दरवाजा खोल दो।

जामिद अब तक चुपचाप खड़ा था। ज्यों ही स्त्री दरवाजे की तरफ चली, और काजी साहब ने उसका हाथ पकड़ कर खींचा, जामिद ने तुरन्त दरवाजा खोल दिया और काजी साहब से बोला–इन्हें छोड़ दीजिए।

काजी–क्या बकता है ?

जामिद–कुछ नहीं। खैरियत इसी में है कि इन्हें छोड़ दीजिए।

लेकिन जब काजी साहब ने उस महिला का हाथ न छोड़ा, और ताँगेवाला भी उसे पकड़ने के लिए बढ़ा, तो जामिद ने एक धक्का दे कर काजी साहब को धकेल दिया, और उस स्त्री का हाथ पकड़े हुए कमरे से बाहर निकल गया। ताँगेवाला पीछे लपका, मगर जामिद ने उसे इतने जोर से धक्का दिया कि वह औंधे मुँह जा गिरा। एक क्षण में जामिद और स्त्री, दोनों सड़क पर थे।

जामिद–आपका घर किस मुहल्ले में है ?

औरत–अहियागंज में।

जामिद–चलिए, मैं आपको पहुँचा आऊँ।

औरत–इससे बड़ी और क्या मेहरबानी होगी। मैं आपकी इस नेकी को कभी न भूलूँगी। आपने आज मेरी आबरू बचा ली, नहीं तो मैं कहीं की न रहती। मुझे अब मालूम हुआ कि अच्छे और बुरे सब जगह होते हैं। मेरे शौहर का नाम पंडित राजकुमार है।

उसी वक्त एक ताँगा सड़क पर आता दिखायी दिया। जामिद ने स्त्री को उस पर

बिठा दिया, और खुद बैठना ही चाहता था कि ऊपर से काजी साहब ने जामिद पर लट्ठ चलाया और डंडा ताँगे से टकराया। जामिद ताँगे में आ बैठा और ताँगा चल दिया।

अहियागंज में पंडित राजकुमार का पता लगाने में कठिनाई न पड़ी। जामिद ने ज्यों ही आवाज दी, वह घबराये हुए बाहर निकल आये और स्त्री को देख कर बोले—तुम कहाँ रह गयी थीं, इंदिरा ? मैंने तो तुम्हें स्टेशन पर कहीं न देखा। मुझे पहुँचने में जरा देर हो गयी थी। तुम्हें इतनी देर कहाँ लगी ?

इंदिरा ने घर के अंदर कदम रखते ही कहा—बड़ी लम्बी कथा है; जरा दम लेने दो, तो बता दूँगी। बस, इतना ही समझ लो कि आज अगर इस मुसलमान ने मेरी मदद न की होती तो आबरू चली गयी थी।

पंडित जी पूरी कथा सुनने के लिए और भी व्याकुल हो उठे। इंदिरा के साथ वह भी घर में चले गये; पर एक ही मिनट के बाद बाहर आ कर जामिद से बोले—भाई साहब, शायद आप बनावट समझें; पर मुझे आपके रूप में इस समय अपने इष्टदेव के दर्शन हो रहे हैं। मेरी जबान में इतनी ताकत नहीं कि आपका शुक्रिया अदा कर सकूँ। आइए, बैठ जाइए।

जामिद—जी नहीं, अब मुझे इजाजत दीजिए।

पंडित—मैं आपकी इस नेकी का क्या बदला दे सकता हूँ ?

जामिद—इसका बदला यही है कि इस शरारत का बदला किसी गरीब मुसलमान से न लीजिएगा, मेरी आप से यही दरख्वास्त है।

यह कह कर जामिद चल खड़ा हुआ, और उस अँधेरी रात के सन्नाटे में शहर के बाहर निकल गया। उस शहर की विषाक्त वायु में साँस लेते हुए उसका दम घुटता था ! वह जल्द से जल्द शहर से भाग कर अपने गाँव में पहुँचना चाहता था, जहाँ मजहब का नाम सहानुभूति, प्रेम और सौहार्द था। धर्म और धार्मिक लोगों से उसे घृणा हो गयी थी।

बहिष्कार

पण्डित ज्ञानचंद्र ने गोविंदी की ओर सतृष्ण नेत्रों से देख कर कहा—मुझे ऐसे निर्दयी प्राणियों से जरा भी सहानुभूति नहीं है। इस बर्बरता की भी कोई हद है कि जिसके साथ तीन वर्ष तक जीवन के सुख भोगे, उसे एक जरा-सी बात पर घर से निकाल दिया।

गोविंदी ने आँखें नीची करके पूछा—आखिर क्या बात हुई थी ?

ज्ञान.—कुछ भी नहीं। ऐसी बातों में कोई बात होती है। शिकायत है कि कालिंदी जबान की तेज है। तीन साल तक जबान तेज न थी, आज जबान की तेज हो गयी। कुछ नहीं, कोई दूसरी चिड़िया नजर आयी होगी। उसके लिए पिंजरे को खाली करना आवश्यक था। बस यह शिकायत निकल आयी। मेरा बस चले, तो ऐसे दुष्टों को गोली मार दूँ। मुझे कई बार कालिंदी से बातचीत करने का अवसर मिला है। मैंने ऐसी हँसमुख दूसरी ही नहीं देखी।

गोविंदी—तुमने सोमदत्त को समझाया नहीं।

ज्ञान.—ऐसे लोग समझाने से नहीं मानते। यह लात का आदमी है, बातों की उसे क्या परवा ? मेरा तो यह विचार है कि जिससे एक बार सम्बन्ध हो गया, फिर चाहे वह अच्छी हो या बुरी, उसके साथ जीवन भर निर्वाह करना चाहिए ! मैं तो कहता हूँ, अगर स्त्री के कुल में कोई दोष भी निकल आये, तो क्षमा से काम लेना चाहिए।

गोविंदी ने कातर नेत्रों से देखकर कहा—ऐसे आदमी तो बहुत कम होते हैं।

ज्ञान.—समझ ही में नहीं आता कि जिसके साथ इतने दिन हँसे-बोले, जिसके प्रेम की स्मृतियाँ हृदय के एक-एक अणु में समायी हुई हैं, उसे दर-दर ठोकरें खाने को कैसे छोड़ दिया। कम से कम इतना तो करना चाहिए था कि उसे किसी सुरक्षित स्थान पर पहुँचा देते और उसके निर्वाह का कोई प्रबंध कर देते। निर्दयी ने इस तरह घर से निकाला, जैसे कोई कुत्ते को निकाले। बेचारी गाँव के बाहर बैठी रो रही है। कौन कह सकता है, कहाँ जायगी। शायद मायके भी कोई नहीं रहा। सोमदत्त के डर के मारे गाँव का कोई आदमी उसके पास भी नहीं आता। ऐसे बग्गड़ का क्या ठिकाना ! जो आदमी स्त्री का न हुआ, वह दूसरे का क्या होगा। उसकी दशा देख कर मेरी आँखों में तो आँसू भर आये। जी में तो आया, कहूँ—बहन, तुम मेरे घर चलो; मगर तब तो सोमदत्त मेरे प्राणों का गाहक हो जाता।

गोविंदी—तुम जरा जा कर एक बार फिर समझाओ। अगर वह किसी तरह न माने, तो कालिंदी को लेते आना।

ज्ञान.—जाऊँ ?

गोविंदी—हाँ, अवश्य जाओ; मगर सोमदत्त कुछ खरी-खोटी भी कहे, तो सुन लेना।

ज्ञानचंद्र ने गोविंदी को गले लगा कर कहा—तुम्हारे हृदय में बड़ी दया है, गोविंदी ! लो जाता हूँ, अगर सोमदत्त ने न माना तो कालिंदी ही को लेता आऊँगा। अभी बहुत दूर न गयी होगी।

2

तीन वर्ष बीत गये। गोविंदी एक बच्चे की माँ हो गयी। कालिंदी अभी तक इसी घर में है। उसके पति ने दूसरा विवाह कर लिया है। गोविंदी और कालिंदी में बहनों का-सा प्रेम है। गोविंदी सदैव उसकी दिलजोई करती रहती है। वह इसकी कल्पना भी नहीं करती कि यह कोई गैर है और मेरी रोटियों पर पड़ी हुई है; लेकिन सोमदत्त को कालिंदी का यहाँ रहना एक आँख नहीं भाता। वह कोई कानूनी कार्रवाई करने की तो हिम्मत नहीं रखता। और इस परिस्थिति में कर ही क्या सकता है, लेकिन ज्ञानचंद्र का सिर नीचा करने के लिए अवसर खोजता रहता है।

संध्या का समय था। ग्रीष्म की उष्ण वायु अभी तक बिल्कुल शांत नहीं हुई थी। गोविंदी गंगा-जल भरने गयी थी। और जल-तट की शीतल निर्जनता का आनंद उठा रही थी। सहसा उसे सोमदत्त आता हुआ दिखायी दिया। गोविंदी ने आँचल से मुँह छिपा लिया और

कलसा ले कर चलने ही को थी कि सोमदत्त ने सामने आ कर कहा–जरा ठहरो, गोविंदी, तुमसे एक बात कहना है। तुमसे यह पूछना चाहता हूँ कि तुमसे कहूँ या ज्ञानू से?

गोविंदी ने धीरे से कहा–उन्हीं से कह दीजिए।

सोम.–जी तो मेरा भी यही चाहता है; लेकिन तुम्हारी दीनता पर दया आती है। जिस दिन मैं ज्ञानचंद से यह बात कह दूँगा, तुम्हें इस घर से निकलना पड़ेगा। मैंने सारी बातों का पता लगा लिया है। तुम्हारा बाप कौन था; तुम्हारी माँ की क्या दशा हुई, यह सारी कथा जानता हूँ। क्या तुम समझती हो कि ज्ञानचंद्र यह कथा सुन कर तुम्हें अपने घर में रखेगा ? उसके विचार कितने ही स्वाधीन हों; पर जीती मक्खी नहीं निगल सकता।

गोविंदी ने थर-थर काँपते हुए कहा–जब आप सारी बातें जानते हैं, तो मैं क्या कहूँ ? आप जैसा उचित समझें करें; लेकिन मैंने तो आपके साथ कभी कोई बुराई नहीं की।

सोम.–तुम लोगों ने गाँव में मुझे कहीं मुँह दिखाने के योग्य नहीं रखा। तिस पर कहती हो, मैंने तुम्हारे साथ कोई बुराई नहीं की ! तीन साल से कालिंदी को आश्रय दे कर मेरी आत्मा को जो कष्ट पहुँचाया है, वह मैं ही जानता हूँ। तीन साल से मैं इस फिक्र में था कि कैसे इस अपमान का दंड दूँ। अब वह अवसर पा कर उसे किसी तरह नहीं छोड़ सकता।

गोविंदी–अगर आपकी यही इच्छा है कि मैं यहाँ न रहूँ, तो मैं चली जाऊँगी, आज ही चली जाऊँगी; लेकिन उनसे आप कुछ न कहिए। आपके पैरों पड़ती हूँ।

सोम.–कहाँ चली जाओगी ?

गोविंदी–और कहीं ठिकाना नहीं है, तो गंगा जी तो हैं।

सोम.–नहीं गोविंदी, मैं इतना निर्दयी नहीं हूँ। मैं केवल इतना चाहता हूँ कि तुम कालिंदी को अपने घर से निकाल दो और मैं कुछ नहीं चाहता। तीन दिन का समय देता हूँ, खूब सोच-विचार लो। अगर कालिंदी तीसरे दिन तुम्हारे घर से न निकली, तो तुम जानोगी।

सोमदत्त वहाँ से चला गया। गोविंदी कलसा लिये मूर्ति की भाँति खड़ी रह गयी। उसके सम्मुख कठिन समस्या आ खड़ी हुई थी, वह थी कालिंदी ! घर में एक ही रह सकती थी। दोनों के लिए उस घर में स्थान न था। क्या कालिंदी के लिए वह अपना घर, अपना स्वर्ग त्याग देगी ? कालिंदी अकेली है, पति ने उसे पहले ही छोड़ दिया है, वह जहाँ चाहे जा सकती है, पर वह अपने प्राणाधार और प्यारे बच्चे को छोड़ कर कहाँ जायगी ?

लेकिन कालिंदी से वह क्या कहेगी ? जिसके साथ इतने दिनों तक बहनों की तरह रही, उसे क्या वह अपने घर से निकाल देगी ? उसका बच्चा कालिंदी से कितना हिला हुआ था, कालिंदी उसे कितना चाहती थी ? क्या उस परित्यक्ता दीना को वह अपने घर से निकाल देगी ? इसके सिवा और उपाय ही क्या था ? उसका जीवन अब एक स्वार्थी, दम्भी व्यक्ति की दया पर अवलम्बित था। क्या अपने पति के प्रेम पर वह भरोसा कर सकती थी! ज्ञानचंद्र सहृदय थे, उदार थे, विचारशील थे, दृढ़ थे, पर क्या उनका प्रेम

अपमान, व्यंग्य और बहिष्कार जैसे आघातों को सहन कर सकता था !

3

उसी दिन से गोविंदी और कालिंदी में कुछ पार्थक्य-सा दिखायी देने लगा। दोनों अब बहुत कम साथ बैठतीं। कालिंदी पुकारती–बहन, आ कर खाना खा लो। गोविंदी कहती–तुम खा लो, मैं फिर खा लूँगी। पहले कालिंदी बालक को सारे दिन खिलाया करती थी, माँ के पास केवल दूध पीने जाता था। मगर अब गोविंदी हर दम उसे अपने ही पास रखती है। दोनों के बीच में कोई दीवार खड़ी हो गयी है। कालिंदी बार-बार सोचती है, आजकल मुझसे यह क्यों रूठी हुई है ? पर उसे कोई कारण नहीं दिखायी देता। उसे भय हो रहा है कि कदाचित् यह अब मुझे यहाँ नहीं रखना चाहती। इसी चिंता में वह गोते खाया करती है; किन्तु गोविंदी भी उससे कम चिंतित नहीं है। कालिंदी से वह स्नेह तोड़ना चाहती है; पर उसकी म्लान मूर्ति देख कर उसके हृदय के टुकड़े हो जाते हैं। उससे कुछ कह नहीं सकती। अवहेलना के शब्द मुँह से नहीं निकलते। कदाचित् उसे घर से जाते देख कर वह रो पड़ेगी। और जबरदस्ती रोक लेगी। इसी हैस-बैस में तीन दिन गुजर गये। कालिंदी घर से न निकली। तीसरे दिन संध्या-समय सोमदत्त नदी के तट पर बड़ी देर तक खड़ा रहा। अंत में चारों ओर अँधेरा छा गया। फिर भी पीछे फिर-फिर कर जल-तट की ओर देखता जाता था!

रात के दस बज गये हैं। अभी ज्ञानचंद्र घर नहीं आये। गोविंदी घबरा रही है। उन्हें इतनी देर तो कभी नहीं होती थी। आज इतनी देर कहाँ लगा रहे हैं ? शंका से उसका हृदय काँप रहा है।

सहसा मरदाने कमरे का द्वार खुलने की आवाज आयी ! गोविंदी दौड़ी हुई बैठक में आयी; लेकिन पति का मुख देखते ही उसकी सारी देह शिथिल पड़ गयी, उस मुख पर हास्य था; पर उस हास्य में भाग्य-तिरस्कार झलक रहा था। विधि-वाम ने ऐसे सीधे-सादे मनुष्य को भी अपनी क्रीड़ा-कौशल के लिए चुन लिया। क्या वह रहस्य रोने के योग्य था ? रहस्य रोने की वस्तु नहीं, हँसने की वस्तु है।

ज्ञानचंद्र ने गोविंदी की ओर नहीं देखा। कपड़े उतार कर सावधानी से अलगनी पर रखे, जूता उतारा और फर्श पर बैठ कर एक पुस्तक के पन्ने उलटने लगा।

गोविंदी ने डरते-डरते कहा–आज इतनी देर कहाँ की ? भोजन ठंडा हो रहा है।

ज्ञानचंद्र ने फर्श की ओर ताकते हुए कहा–तुम लोग भोजन कर लो, मैं एक मित्र के घर खा कर आया हूँ।

गोविंदी इसका आशय समझ गयी। एक क्षण के बाद फिर बोली–चलो, थोड़ा-सा ही खा लो।

ज्ञान.–अब बिलकुल भूख नहीं है।

गोविंदी–तो मैं भी जाकर सो रहती हूँ।

ज्ञानचंद्र ने अब गोविंदी की ओर देख कर कहा–क्यों ? तुम क्यों न खाओगी?

वह और कुछ न कह सकी। गला भर आया।

ज्ञानचंद्र ने समीप आ कर कहा—मैं सच कहता हूँ, गोविंदी, एक मित्र के घर भोजन कर आया हूँ। तुम जा कर खा लो।

4

गोविंदी पलँग पर पड़ी हुई चिंता, नैराश्य और विषाद के अपार सागर में गोते खा रही थी। यदि कालिंदी का उसने बहिष्कार कर दिया होता, तो आज उसे इस विपत्ति का सामना न करना पड़ता; किन्तु यह अमानुषिक व्यवहार उसके लिए असाध्य था और इस दशा में भी उसे इसका दुःख न था। ज्ञानचंद्र की ओर से यों तिरस्कृत होने का भी उसे दुःख न था। जो ज्ञानचन्द्र नित्य धर्म और सज्जनता की डींगे मारा करता था, वही आज इसका इतनी निर्दयता से बहिष्कार करता हुआ जान पड़ता था, उस पर उसे लेशमात्र भी दुःख, क्रोध या द्वेष न था। उसके मन को केवल एक ही भावना आंदोलित कर रही थी। वह अब इस घर में कैसे रह सकती है। अब तक वह इस घर की स्वामिनी थी ! इसलिए न कि वह अपने पति के प्रेम की स्वामिनी थी; पर अब वह प्रेम से वंचित हो गई थी। अब इस घर पर उसका क्या अधिकार था ? वह अब अपने पति को मुँह ही कैसे दिखा सकती थी। वह जानती थी, ज्ञानचन्द्र अपने मुँह से उसके विरुद्ध एक शब्द भी न निकालेंगे; पर उसके विषय में ऐसी बातें जान कर क्या वह उससे प्रेम कर सकते थे ? कदापि नहीं ! इस वक्त न-जाने क्या समझ कर चुप रहे। सबेरे तूफान उठेगा। कितने ही विचारशील हों, पर अपने समाज से निकल जाना कौन पसन्द करेगा ? स्त्रियों की संसार में कमी नहीं। मेरी जगह हजारों मिल जायँगी। मेरी किसी को क्या परवा ? अब यहाँ रहना बेहयाई है। आखिर कोई लाठी मार कर थोड़े ही निकाल देगा। हयादार के लिए आँख का इशारा बहुत है। मुँह से न कहें, मन की बात और भाव छिपे नहीं रहते; लेकिन मीठी निद्रा की गोद में सोये हुए शिशु को देख कर ममता ने उसके अशक्त हृदय को और भी कातर कर दिया। इस अपने प्राणों के आधार को वह कैसे छोड़ेगी ?

शिशु को उसने गोद में उठा लिया और खड़ी रोती रही। तीन साल कितने आनंद से गुजरे। उसने समझा था कि इसी भाँति सारा जीवन कट जायगा; लेकिन उसके भाग्य में इससे अधिक सुख भोगना लिखा ही न था। करुण वेदना में डूबे हुए ये शब्द उसके मुख से निकल आये—भगवान् ! अगर तुम्हें इस भाँति मेरी दुर्गति करनी थी, तो तीन साल पहले क्यों न की ? उस वक्त यदि तुमने मेरे जीवन का अंत कर दिया होता, तो मैं तुम्हें धन्यवाद देती। तीन साल तक सौभाग्य के सुरम्य उद्यान में सौरभ, समीर और माधुर्य का आनन्द उठाने के बाद इस उद्यान ही को उजाड़ दिया। हा ! जिस पौधे को उसने अपने प्रेम-जल से सींचा था, वे अब निर्मम दुर्भाग्य के पैरों-तले कितनी निष्ठुरता से कुचले जा रहे थे। ज्ञानचन्द्र के शील और स्नेह का स्मरण आया, तो वह रो पड़ी। मृदु स्मृतियाँ आ-आकर हृदय को मसोसने लगीं।

सहसा ज्ञानचन्द्र के आने से वह सँभल बैठी। कठोर से कठोर बातें सुनने के लिए

उसने अपने हृदय को कड़ा कर लिया; किन्तु ज्ञानचन्द्र के मुख पर रोष का चिह्न भी न था। उन्होंने आश्चर्य से पूछा—क्या तुम अभी तक सोयी नहीं ? जानती हो, कै बजे हैं ? बारह से ऊपर हैं।

गोविंदी ने सहमते हुए कहा—तुम भी तो अभी नहीं सोये।

ज्ञान.—मैं न सोऊँ, तो तुम भी न सोओ ? मैं न खाऊँ, तो तुम भी न खाओ? मैं बीमार पड़ूँ, तो तुम भी बीमार पड़ो ? यह क्यों ? मैं तो एक जन्मपत्री बना रहा था। कल देनी होगी। तुम क्या करती रहीं, बोलो ?

इन शब्दों में कितना सरल स्नेह था ! क्या तिरस्कार के भाव इतने ललित शब्दों में प्रकट हो सकते हैं ? प्रवंचकता क्या इतनी निर्मल हो सकती है ? शायद सोमदत्त ने अभी वज्र का प्रहार नहीं किया। अवकाश न मिला होगा; लेकिन ऐसा है, तो आज घर इतनी देर में क्यों आये ? भोजन क्यों न किया, मुझसे बोले तक नहीं, आँखें लाल हो रही थीं। मेरी ओर आँख उठा कर देखा तक नहीं। क्या यह सम्भव है कि इनका क्रोध शांत हो गया हो? यह सम्भावना की चरम सीमा से भी बाहर है। तो क्या सोमदत्त को मुझ पर दया आ गयी? पत्थर पर दूब जमी ? गोविंदी कुछ निश्चय न कर सकी, और जिस भाँति गृह-सुख विहीन पथिक वृक्ष की छाँह में भी आनन्द से पाँव फैला कर सोता है, उसकी अव्यवस्था ही उसे निश्चिंत बना देती है, उसी भाँति गोविंदी मानसिक व्यग्रता में भी स्वस्थ हो गयी। मुस्करा कर स्नेह-मृदुल स्वर में बोली—तुम्हारी ही राह तो देख रही थी।

यह कहते-कहते गोविंदी का गला भर आया। व्याध के जाल में फड़फड़ाती हुई चिड़िया क्या मीठे राग गा सकती है ? ज्ञानचन्द्र ने चारपाई पर बैठ कर कहा—झूठी बात, रोज तो तुम अब तक सो जाया करती थीं।

5

एक सप्ताह बीत गया; पर ज्ञानचन्द्र ने गोविंदी से कुछ न पूछा, और न उनके बर्ताव ही से उनके मनोगत भावों का कुछ परिचय मिला। अगर उनके व्यवहारों में कोई नवीनता थी, तो यह कि वह पहले से भी ज्यादा स्नेहशील, निर्द्वन्द्व और प्रफुल्लवदन हो गये। गोविंदी का इतना आदर और मान उन्होंने कभी नहीं किया था। उनके प्रयत्नशील रहने पर भी गोविंदी उनके मनोभावों को ताड़ रही थी और उसका चित्त प्रतिक्षण शंका से चंचल और क्षुब्ध रहता था। अब उसे इसमें लेशमात्र भी संदेह नहीं था कि सोमदत्त ने आग लगा दी है। गीली लकड़ी में पड़ कर वह चिनगारी बुझ जायगी, या जंगल की सूखी पत्तियाँ हाहाकार करके जल उठेंगी, यह कौन जान सकता है। लेकिन इस सप्ताह के गुजरते ही अग्नि का प्रकोप होने लगा। ज्ञानचंद्र एक महाजन के मुनीम थे। उस महाजन ने कह दिया—मेरे यहाँ अब आपका काम नहीं। जीविका का दूसरा साधन यजमानी है। यजमान भी एक-एक करके उन्हें जवाब देने लगे। यहाँ तक कि उनके द्वार पर आना-जाना बन्द हो गया। आग सूखी पत्तियों में लगा कर अब हरे वृक्ष के चारों ओर मँडराने लगी। पर ज्ञानचंद्र के मुख में गोविंदी के प्रति एक भी कटु, अमृदु शब्द न था। वह इस सामाजिक

दंड की शायद कुछ परवा न करते, यदि दुर्भाग्यवश इसने उसकी जीविका के द्वार न बंद कर दिये होते। गोविंदी सब कुछ समझती थी; पर संकोच के मारे कुछ न कह सकती थी। उसी के कारण उसके प्राणप्रिय पति की यह दशा हो रही है, यह उसके लिए डूब मरने की बात थी। पर, कैसे प्राणों का उत्सर्ग करे। कैसे जीवन-मोह से मुक्त हो। इस विपत्ति में स्वामी के प्रति उसके रोम-रोम से शुभ-कामनाओं की सरिता-सी बहती थी; पर मुँह से एक शब्द भी न निकलता था। भाग्य की सबसे निष्ठुर लीला उस दिन हुई, जब कालिंदी भी बिना कुछ कहे-सुने सोमदत्त के घर जा पहुँची। जिसके लिए यह सारी यातनाएँ झेलनी पड़ीं, उसी ने अन्त में बेवफाई की। ज्ञानचंद्र ने सुना, तो केवल मुस्करा दिये; पर गोविंदी इस कुटिल आघात को इतनी शांति से सहन न कर सकी। कालिंदी के प्रति उसके मुख से अप्रिय शब्द निकल ही आये। ज्ञानचन्द्र ने कहा–उसे व्यर्थ ही कोसती हो प्रिये, उसका कोई दोष नहीं। भगवान् हमारी परीक्षा ले रहे हैं। इस वक्त धैर्य के सिवा हमें किसी से कोई आशा न रखनी चाहिए।

जिन भावों को गोविंदी कई दिनों से अंतस्तल में दबाती चली आती थी, वे धैर्य का बाँध टूटते ही बड़े वेग से बाहर निकल पड़े। पति के सम्मुख अपराधियों की भाँति हाथ बाँध कर उसने कहा–स्वामी, मेरे ही कारण आपको यह सारे पापड़ बेलने पड़ रहे हैं। मैं ही आपके कुल की कलंकिनी हूँ। क्यों न मुझे किसी ऐसी जगह भेज दीजिए, जहाँ कोई मेरी सूरत तक न देखे। मैं आपसे सत्य कहती हूँ...।

ज्ञानचन्द्र ने गोविंदी को और कुछ न कहने दिया। उसे हृदय से लगा कर बोले–प्रिय, ऐसी बातों से मुझे दुखी न करो। तुम आज भी उतनी ही पवित्र हो, जितनी उस समय थीं, जब देवताओं के समक्ष मैंने आजीवन पत्नीव्रत लिया था, तब मुझसे तुम्हारा परिचय न था। अब तो मेरी देह और आत्मा का एक-एक परमाणु तुम्हारे अक्षय प्रेम से आलोकित हो रहा है। उपहास और निंदा की तो बात ही क्या है, दुर्दैव का कठोरतम आघात भी मेरे व्रत को भंग नहीं कर सकता। अगर डूबेंगे तो साथ-साथ डूबेंगे; तरेंगे तो साथ-साथ तरेंगे। मेरे जीवन का मुख्य कर्त्तव्य तुम्हारे प्रति है। संसार इसके पीछे–बहुत पीछे है।

गोविंदी को जान पड़ा, उसके सम्मुख कोई देव-मूर्ति खड़ी है। स्वामी में इतनी श्रद्धा; इतनी भक्ति, उसे आज तक कभी न हुई थी। गर्व से उसका मस्तक ऊँचा हो गया और मुख पर स्वर्गीय आभा झलक पड़ी। उसने फिर कहने का साहस न किया।

6

सम्पन्नता अपमान और बहिष्कार को तुच्छ समझती है। उनके अभाव में ये बाधाएँ प्राणांतक हो जाती हैं। ज्ञानचन्द्र दिन के दिन घर में पड़े रहते। घर से बाहर निकलने का उन्हें साहस न होता था। जब तक गोविंदी के पास गहने थे, तब तक भोजन की चिंता न थी। किन्तु जब यह आधार भी न रह गया, तो हालत और भी खराब हो गयी। कभी-कभी निराहार रह जाना पड़ता। अपनी व्यथा किससे कहें, कौन मित्र था ? कौन

अपना था ?

गोविंदी पहले भी हृष्ट-पुष्ट न थी; पर अब तो अनाहार और अंतर्वेदना के कारण उसकी देह और भी जीर्ण हो गयी थी। पहले शिशु के लिए दूध मोल लिया करती थी। अब इसकी सामर्थ्य न थी। बालक दिन पर दिन दुर्बल होता जाता था। मालूम होता था, उसे सूखे का रोग हो गया है। दिन के दिन बच्चा खुर्रा खाट पर पड़ा माता को नैराश्य-दृष्टि से देखा करता। कदाचित् उसकी बाल-बुद्धि भी अवस्था को समझती थी। कभी किसी वस्तु के लिए हठ न करता। उसकी बालोचित सरलता, चंचलता और क्रीड़ाशीलता ने अब तक दीर्घ, आशा-विहीन प्रतीक्षा का रूप धारण कर लिया था। माता-पिता उसकी दशा देख कर मन ही मन कुढ़-कुढ़ कर रह जाते थे।

संध्या का समय था। गोविंदी अँधेरे घर में बालक के सिरहाने चिंता में मग्न बैठी थी। आकाश पर बादल छाये हुए थे और हवा के झोंके उसके अर्द्धनग्न शरीर में शर के समान लगते थे। आज दिन भर बच्चे ने कुछ न खाया था। घर में कुछ था ही नहीं। क्षुधाग्नि से बालक छटपटा रहा था; पर या तो रोना न चाहता था, या उसमें रोने की शक्ति ही न थी।

इतने में ज्ञानचंद्र तेली के यहाँ से तेल ले कर आ पहुँचे। दीपक जला। दीपक के क्षीण प्रकाश में माता ने बालक का मुख देखा; तो सहम उठी। बालक का मुख पीला पड़ गया था और पुतलियाँ ऊपर चढ़ गयी थीं। उसने घबराकर बालक को गोद में उठाया। देह ठण्डी थी। चिल्ला कर बोली—हा भगवान् ! मेरे बच्चे को क्या हो गया? ज्ञानचंद्र ने बालक के मुख की ओर देख कर एक ठण्डी साँस ली और बोले—ईश्वर, क्या सारी दया-दृष्टि हमारे ही ऊपर करोगे ?

गोविंदी—हाय ! मेरा लाल मारे भूख के शिथिल हो गया है। कोई ऐसा नहीं, जो इसे दो घूँट दूध पिला दे।

यह कह कर उसने बालक को पति की गोद में दे दिया और एक लुटिया ले कर कालिंदी के घर दूध माँगने चली। जिस कालिंदी ने आज छः महीने से इस घर की ओर ताका न था, उसी के द्वार पर दूध की भिक्षा माँगने जाते हुए उसे कितनी ग्लानि, कितना संकोच हो रहा था, वह भगवान् के सिवा और कौन जान सकता है। यह वही बालक है, जिस पर एक दिन कालिंदी प्राण देती थी; पर उसकी ओर से अब उसने अपना हृदय इतना कठोर कर लिया था कि घर में कई गौएँ लगने पर भी एक चिल्लू दूध न भेजा। उसी की दया-भिक्षा माँगने आज, अँधेरी रात में, भीगती हुई गोविंदी दौड़ी जा रही है। माता ! तेरे वात्सल्य को धन्य है !

कालिंदी दीपक लिये दालान में खड़ी गाय दुहा रही थी। पहले स्वामिनी बनने के लिए वह सौत से लड़ा करती थी। सेविका का पद उसे स्वीकार न था। अब सेविका का पद स्वीकार करके स्वामिनी बनी हुई थी। गोविंदी को देख कर तुरंत निकल आयी और विस्मय से बोली—क्या है बहन, पानी-बूँदी में कैसे चली आयी ?

गोविंदी ने सकुचाते हुए कहा—लाला बहुत भूखा है, कालिंदी ! आज दिन भर कुछ

नहीं मिला। थोड़ा-सा दूध लेने आयी हूँ।

कालिंदी भीतर जाकर दूध का मटका लिये बाहर निकल आयी और बोली—जितना चाहो, ले लो गोविंदी ! दूध की कौन कमी है। लाला तो अब चलता होगा ! बहुत जी चाहता है कि जाकर उसे देख आऊँ। लेकिन जाने का हुकुम नहीं है। पेट पालना है, तो हुकुम मानना ही पड़ेगा। तुमने बतलाया ही नहीं, नहीं तो लाला के लिए दूध का तोड़ा थोड़ा है। मैं चली क्या आयी कि तुमने उसका मुँह देखने को तरसा डाला। मुझे कभी पूछता है?

यह कहते हुए कालिंदी ने दूध का मटका गोविंदी के हाथ में रख दिया। गोविंदी की आँखों से आँसू बहने लगे। कालिंदी इतनी दया करेगी, इसकी उसे आशा नहीं थी। अब उसे ज्ञान हुआ कि यह वही दयाशीला, सेवा-परायण रमणी है, जो पहले थी। लेशमात्र भी अन्तर न था। बोली—इतना दूध ले कर क्या करूँगी, बहन। इस लोटिया में डाल दो।

कालिंदी—दूध छोटे-बड़े सभी खाते हैं। ले जाओ, (धीरे) यह मत समझो कि मैं तुम्हारे घर से चली आयी; तो बिरानी हो गयी। भगवान् की दया से अब यहाँ किसी बात की चिंता नहीं है। मुझसे कहने भर की देर है। हाँ, मैं आऊँगी नहीं। इससे लाचार हूँ। कल किसी बेला लाला को लेकर नदी किनारे आ जाना। देखने को बहुत जी चाहता है।

गोविंदी दूध की हाँडी लिये घर चली, गर्व-पूर्ण आनन्द के मारे उसके पैर उड़े जाते थे। ड्योढ़ी में पैर रखते ही बोली—जरा दिया दिखा देना, यहाँ कुछ सुझायी नहीं देता। ऐसा न हो कि दूध गिर पड़े।

ज्ञानचंद्र ने दीपक दिखा दिया। गोविंदी ने बालक को अपनी गोद में लिटा कर कटोरी से दूध पिलाना चाहा ! पर एक घूँट से अधिक दूध कंठ में न गया। बालक ने हिचकी ली और अपनी जीवन-लीला समाप्त कर दी।

करुण रोदन से घर गूँज उठा। सारी बस्ती के लोग चौंक पड़े; पर जब मालूम हो गया कि ज्ञानचंद्र के घर से आवाज आ रही है, तो कोई द्वार पर न आया। रात भर भग्न हृदय दम्पत्ति रोते रहे। प्रातःकाल ज्ञानचंद ने शव उठा लिया और श्मशान की ओर चले। सैकड़ों आदमियों ने उन्हें जाते देखा, पर कोई समीप न आया।

7

कुल-मर्यादा संसार की सबसे उत्तम वस्तु है। उस पर प्राण तक न्योछावर कर दिये जाते हैं। ज्ञानचंद्र के हाथ से वह वस्तु निकल गयी, जिस पर उन्हें गौरव था। वह गर्व, वह आत्म-बल, वह तेज, जो परम्परा ने उनके हृदय में कूट-कूट कर भर दिया था, उसका कुछ अंश तो पहले ही मिट चुका था, बचा-खुचा पुत्र-शोक ने मिटा दिया। उन्हें विश्वास हो गया कि उनके अविचार का ईश्वर ने यह दंड दिया है। दुरवस्था, जीर्णता और मानसिक दुर्बलता सभी इस विश्वास को दृढ़ करती थीं। वह गोविंदी को अब भी निर्दोष समझते थे। उसके प्रति एक कटु शब्द उनके मुँह से न निकलता था, न कोई कटु भाव ही उनके दिल में जगह पाता था। विधि की क्रूर-क्रीड़ा ही उनका सर्वनाश कर रही है; इसमें उन्हें

लेशमात्र भी संदेह न था।

अब वह घर उन्हें फाड़े खाता था। घर के प्राण-से निकल गये थे। अब माता किसे गोद में ले कर चाँद मामा को बुलायेगी, किसे उबटन मलेगी, किसके लिए प्रातःकाल हलुवा पकायेगी। अब सब कुछ शून्य था, मालूम होता था कि उनके हृदय निकाल लिये गये हैं। अपमान, कष्ट, अनाहार, इन सारी विडंबनाओं के होते हुए भी बालक की बाल-क्रीड़ाओं में वे सब-कुछ भूल जाते थे। उसके स्नेहमय लालन-पालन में ही अपना जीवन सार्थक समझते थे। अब चारों ओर अन्धकार था।

यदि ऐसे मनुष्य हैं, जिन्हें विपत्ति से उत्तेजना और साहस मिलता है, तो ऐसे भी मनुष्य हैं, जो आपत्ति-काल में कर्त्तव्यहीन, पुरुषार्थहीन और उद्यमहीन हो जाते हैं। ज्ञानचंद्र शिक्षित थे, योग्य थे। यदि शहर में जा कर दौड़-धूप करते, तो उन्हें कहीं न कहीं काम मिल जाता। वेतन कम ही सही, रोटियों को तो मुहताज न रहते; किंतु अविश्वास उन्हें घर से निकलने न देता था। कहाँ जायँ, शहर में कौन जानता है ? अगर दो-चार परिचित प्राणी हैं भी, तो उन्हें मेरी क्यों परवा होने लगी ? फिर इस दशा में जायँ कैसे ? देह पर साबित कपड़े भी नहीं। जाने के पहले गोविंदी के लिए कुछ न कुछ प्रबंध करना आवश्यक था। उसका कोई सुभीता न था। इन्हीं चिंताओं में पड़े-पड़े उनके दिन कटते जाते थे। यहाँ तक कि उन्हें घर से बाहर निकलते भी बड़ा संकोच होता था। गोविंदी ही पर अन्नोपार्जन का भार था। बेचारी दिन को बच्चों के कपड़े सीती, रात को दूसरों के लिए आटा पीसती। ज्ञानचंद्र सब कुछ देखते थे और माथा ठोक कर रह जाते थे।

एक दिन भोजन करते हुए ज्ञानचंद्र ने आत्म-धिक्कार के भाव से मुस्करा कर कहा—मुझ-सा निर्लज्ज पुरुष भी संसार में दूसरा न होगा, जिसे स्त्री की कमाई खाते भी मौत नहीं आती !

गोविंदी ने भौं सिकोड़ कर कहा—तुम्हारे पैरों पड़ती हूँ, मेरे सामने ऐसी बातें मत किया करो। है तो यह सब मेरे ही कारन ?

ज्ञान.—तुमने पूर्व जन्म में कोई बड़ा पाप किया था गोविंदी, जो मुझ-जैसे निखट्टू के पाले पड़ी। मेरे जीते ही तुम विधवा हो। धिक्कार है ऐसे जीवन को !

गोविंदी—तुम मेरा ही खून पियो, अगर फिर इस तरह की कोई बात मुँह से निकालो। तुम्हारी दासी बन कर मेरा जन्म सुफल हो गया। मैं इसे पूर्वजन्म की तपस्या का पुनीत फल समझती हूँ। दुःख-सुख किस पर नहीं आता। तुम्हें भगवान् कुशल से रखें, यही मेरी अभिलाषा है।

ज्ञान.—भगवान् तुम्हारी अभिलाषा पूर्ण करें ! खूब चक्की पीसो।

गोविंदी—तुम्हारी बला से चक्की पीसती हूँ।

ज्ञान.—हाँ, हाँ, पीसो। मैं मना थोड़े करता हूँ। तुम न चक्की पीसोगी, तो यहाँ मूँछों पर ताव दे कर खायेगा कौन, अच्छा, आज दाल में घी भी है। ठीक है, अब मेरी चाँदी है, बेड़ा पार लग जायगा। इसी गाँव में बड़े-बड़े उच्च-कुल की कन्याएँ हैं। अपने वस्त्राभूषण के सामने उन्हें और किसी की परवा नहीं। पति महाशय चाहे चोरी करके लायें,

चाहे डाका मार कर लायें, उन्हें इसकी परवा नहीं। तुममें यह गुण नहीं है। तुम उच्च-कुल की कन्या नहीं हो। वाह री दुनिया ! ऐसी पवित्र देवियों का तेरे यहाँ अनादर होता है ! उन्हें कुल-कलंकिनी समझा जाता है ! धन्य है तेरा व्यापार ! तुमने कुछ और सुना ? सोमदत्त ने मेरे असामियों को बहका दिया है कि लगान मत देना, देखें क्या करते हैं। बताओ, जमींदार को रकम कैसे चुकाऊँगा ?

गोविंदी–मैं सोमदत्त से जा कर पूछती हूँ न ? मना क्या करेंगे, कोई दिल्लगी है !

ज्ञान.–नहीं गोविंदी, तुम उस दुष्ट के पास मत जाना। मैं नहीं चाहता कि तुम्हारे ऊपर उसकी छाया भी पड़े। उसे खूब अत्याचार करने दो। मैं भी देख रहा हूँ कि भगवान् कितने न्यायी हैं।

गोविंदी–तुम असामियों के पास क्यों नहीं जाते ? हमारे घर न आयें, हमारा छुआ पानी न पियें, या हमारे रुपये भी मार लेंगे ?

ज्ञान.–वाह, इससे सरल तो कोई काम ही नहीं है। कह देंगे–हम रुपये दे चुके। सारा गाँव उसकी तरफ हो जायगा। मैं तो अब गाँव भर का द्रोही हूँ न। आज खूब डट कर भोजन किया। अब मैं भी रईस हूँ, बिना हाथ-पैर हिलाये गुलछर्रे उड़ाता हूँ। सच कहता हूँ, तुम्हारी ओर से अब मैं निश्चिन्त हो गया। देश-विदेश भी चला जाऊँ, तो तुम अपना निर्वाह कर सकती हो।

गोविंदी–कहीं जाने का काम नहीं है।

ज्ञान.–तो यहाँ जाता ही कौन है। किसे कुत्ते ने काटा है, जो यह सेवा छोड़ कर मेहनत-मजूरी करने जाय। तुम सचमुच देवी हो, गोविंदी !

भोजन करके ज्ञानचंद्र बाहर निकले। गोविंदी भोजन करके कोठरी में आयी, तो ज्ञानचंद्र न थे। समझी–कहीं बाहर चले गये होंगे। आज पति की बातों से उसका चित्त कुछ प्रसन्न था। शायद अब वह नौकरी-चाकरी की खोज में कहीं जानेवाले हैं। यह आशा बँध रही थी। हाँ उनकी व्यंग्योक्तियों का भाव उसकी समझ ही में न आता था। ऐसी बातें वह कभी न करते थे। आज क्या सूझी !

कुछ कपड़े सीने थे। जाड़ों के दिन थे। गोविंदी धूप में बैठ कर सीने लगी। थोड़ी ही देर में शाम हो गयी। अभी तक ज्ञानचंद्र नहीं आये। तेल-बत्ती का समय आया, फिर भोजन की तैयारी करने लगी। कालिंदी थोड़ा-सा दूध दे गयी थी। गोविंदी को तो भूख न थी, अब वह एक ही बेला खाती थी। हाँ, ज्ञानचंद्र के लिए रोटियाँ सेंकनी थीं। सोचा–दूध है ही, दूध-रोटी खा लेंगे।

भोजन बना कर निकली ही थी कि सोमदत्त ने आँगन में आकर पूछा–कहाँ हैं ज्ञानू ?

गोविंदी–कहीं गये हैं।

सोम.–कपड़े पहन कर गये हैं ?

गोविंदी–हाँ; काली मिर्जई पहने थे।

सोम.–जूता भी पहने थे ?

गोविंदी की छाती धड़-धड़ करने लगी। बोली—हाँ, जूता तो पहने थे। क्यों पूछते हो?

सोमदत्त ने जोर से हाथ मार कर कहा—हाय ज्ञानू ! हाय !

गोविंदी घबरा कर बोली—क्या हुआ, दादा जी ! हाय ! बताते क्यों नहीं ? हाय !

सोम.—अभी थाने से आ रहा हूँ। वहाँ उनकी लाश मिली है। रेल के नीचे दब गये! हाय ज्ञानू ! मुझ हत्यारे को क्यों न मौत आ गयी ?

गोविंदी के मुँह से फिर कोई शब्द न निकला। अंतिम 'हाय' के साथ बहुत दिनों तक तड़पता हुआ प्राण-पक्षी उड़ गया।

एक क्षण में गाँव की कितनी ही स्त्रियाँ जमा हो गयीं। सब कहती थीं—देवी थी ! सती थी !

प्रातःकाल दो अर्थियाँ गाँव से निकलीं। एक पर रेशमी चुँदरी का कफन था, दूसरी पर रेशमी शाल का। गाँव के द्विजों में से केवल सोमदत्त साथ था। शेष गाँव के नीच जाति वाले आदमी थे। सोमदत्त ही ने दाह-क्रिया का प्रबंध किया था। वह रह-रह कर दोनों हाथों से अपनी छाती पीटता था और जोर-जोर से चिल्लाता था—हाय! हाय ज्ञानू !!

चोरी

हाय बचपन ! तेरी याद नहीं भूलती ! यह कच्चा, टूटा घर, यह पुवाल का बिछौना; वह नंगे बदन, नंगे पाँव खेतों में घूमना; आम के पेड़ों पर चढ़ना—सारी बातें आँखों के सामने फिर रही हैं। चमरौधे जूते पहन कर उस वक्त कितनी खुशी होती थी, अब 'फ्लेक्स' के बूटों से भी नहीं होती। गरम पनुए रस में जो मजा था, वह अब गुलाब के शर्बत में भी नहीं; चबेने और कच्चे बेरों में जो रस था, वह अब अंगूर और खीर मोहन में भी नहीं मिलता।

मैं अपने चचेरे भाई हलधर के साथ दूसरे गाँव में एक मौलवी साहब के यहाँ पढ़ने जाया करता था। मेरी उम्र आठ साल थी, हलधर (वह अब स्वर्ग में निवास कर रहे हैं) मुझसे दो साल जेठे थे। हम दोनों प्रातःकाल बासी रोटियाँ खा, दोपहर के लिए मटर और जौ का चबेना ले कर चल देते थे। फिर तो सारा दिन अपना था। मौलवी साहब के यहाँ कोई हाजिरी का रजिस्टर तो था नहीं, और न गैरहाजिरी का जुर्माना ही देना पड़ता था। फिर डर किस बात का ! कभी तो थाने के सामने खड़े सिपाहियों की कवायद देखते, कभी किसी भालू या बन्दर नचानेवाले मदारी के पीछे-पीछे घूमने में दिन काट देते, कभी रेलवे स्टेशन की ओर निकल जाते और गाड़ियों की बहार देखते। गाड़ियों के समय का जितना ज्ञान हमको था, उतना शायद टाइम-टेबिल को भी न था। रास्ते में शहर के एक महाजन ने एक बाग लगवाना शुरू किया था। वहाँ एक कुआँ खुद रहा था। वह भी हमारे लिए एक दिलचस्प तमाशा था। बूढ़ा माली हमें अपनी झोंपड़ी में बड़े प्रेम से बैठाता था। हम

उससे झगड़-झगड़ कर उसका काम करते ! कहीं बाल्टी लिये पौधों को सींच रहे हैं, कहीं खुरपी से क्यारियाँ गोंड़ रहे हैं, कहीं कैंची से बेलों की पत्तियाँ छाँट रहे हैं। उन कामों में कितना आनन्द था ! माली बाल-प्रकृति का पंडित था। हमसे काम लेता, पर इस तरह मानो हमारे ऊपर कोई एहसान कर रहा है। जितना काम वह दिन भर में करता, हम घंटे भर में निबटा देते थे। अब वह माली नहीं है; लेकिन बाग हरा-भरा है। उसके पास से हो कर गुजरता हूँ, तो जी चाहता है उन पेड़ों के गले मिल कर रोऊँ, और कहूँ—प्यारे, तुम मुझे भूल गये, लेकिन मैं तुम्हें नहीं भूला; मेरे हृदय में तुम्हारी याद अभी तक हरी है—उतनी ही हरी, जितने तुम्हारे पत्ते। निस्वार्थ प्रेम के तुम जीते-जागते स्वरूप हो।

कभी-कभी हम हफ्तों गैरहाजिर रहते; पर मौलवी साहब से ऐसा बहाना कर देते कि उनकी बढ़ी हुई त्योरियाँ उतर जातीं। उतनी कल्पना-शक्ति आज होती तो ऐसा उपन्यास लिख मारता कि लोग चकित रह जाते। अब तो यह हाल है कि बहुत सिर खपाने के बाद कोई कहानी सूझती है। खैर हमारे मौलवी साहब दरजी थे। मौलवीगीरी केवल शौक से करते थे। हम दोनों भाई अपने गाँव के कुरमी-कुम्हारों से उनकी खूब बड़ाई करते थे। यों कहिए कि हम मौलवी साहब के सफरी एजेंट थे। हमारे उद्योग से जब मौलवी साहब को कुछ काम मिल जाता, तो हम फूले न समाते ! जिस दिन कोई अच्छा बहाना न सूझता, मौलवी साहब के लिए कोई-न-कोई सौगात ले जाते। कभी सेर-आध-सेर फलियाँ तोड़ लीं, तो कभी दस-पाँच ऊख; कभी जौ या गेहूँ की हरी-हरी बालें ले लीं, उन सौगातों को देखते ही मौलवी साहब का क्रोध शांत हो जाता। जब इन चीजों की फसल न होती, तो हम सजा से बचने का कोई और ही उपाय सोचते। मौलवी साहब को चिड़ियों का शौक था। मकतब में श्याम, बुलबुल, दहियल और चंडूलों के पिंजरे लटकते रहते थे। हमें सबक याद हो या न हो पर चिड़ियों को याद हो जाते थे। हमारे साथ ही वे पढ़ा करती थीं। इन चिड़ियों के लिए बेसन पीसने में हम लोग खूब उत्साह दिखाते थे। मौलवी साहब सब लड़कों को पतिंगे पकड़ लाने की ताकीद करते रहते थे। इन चिड़ियों को पतिंगों से विशेष रुचि थी। कभी-कभी हमारी बला पतिंगों ही के सिर चली जाती थी। उनका बलिदान करके हम मौलवी साहब के रौद्र रूप को प्रसन्न कर लिया करते थे।

एक दिन सबेरे हम दोनों भाई तालाब में मुँह धोने गये, हलधर ने कोई सफेद-सी चीज मुट्ठी में ले कर दिखायी। मैंने लपक कर मुट्ठी खोली; तो उसमें एक रुपया था। विस्मित हो कर पूछा—यह रुपया तुम्हें कहाँ मिला ?

हलधर—अम्माँ ने ताक पर रखा था; चारपाई खड़ी करके निकाल लाया।

घर में कोई संदूक या आलमारी तो थी नहीं; रुपये-पैसे एक ऊँचे ताक पर रख दिये जाते थे। एक दिन पहले चचा जी ने सन बेचा था। उसी के रुपये जमींदार को देने के लिए रखे हुए थे। हलधर को न-जाने क्योंकर पता लग गया। जब घर के सब लोग काम- धंधे में लग गये, तो अपनी चारपाई खड़ी की और उस पर चढ़ कर एक रुपया निकाल लिया।

उस वक्त तक हमने कभी रुपया छुआ तक न था। वह रुपया देख कर आनंद और

भय की जो तरंगें दिल में उठी थीं, वे अभी तक याद हैं; हमारे लिए रुपया एक अलभ्य वस्तु थी। मौलवी साहब को हमारे यहाँ से सिर्फ बारह आने मिला करते थे। महीने के अंत में चचा जी खुद जाकर पैसे दे आते थे। भला, कौन हमारे गर्व का अनुमान कर सकता है ! लेकिन मार का भय आनंद में विघ्न डाल रहा था। रुपये अनगिनती तो थे नहीं। चोरी का खुल जाना मानी हुई बात थी। चचा जी के क्रोध का भी, मुझे तो नहीं, हलधर को प्रत्यक्ष अनुभव हो चुका था। यों उनसे ज्यादा सीधा-सादा आदमी दुनिया में न था। चचा ने उनकी रक्षा का भार सिर पर न रख लिया होता, तो कोई बनिया उन्हें बाजार में बेच सकता था; पर जब क्रोध आ जाता, तो फिर उन्हें कुछ न सूझता। और तो और, चची भी उनके क्रोध का सामना करते डरती थीं। हम दोनों ने कई मिनट तक इन्हीं बातों पर विचार किया, और आखिर यही निश्चय हुआ कि आयी हुई लक्ष्मी को न जाने देना चाहिए। एक तो हमारे ऊपर संदेह होगा ही नहीं, अगर हुआ भी तो हम साफ इनकार कर जायँगे। कहेंगे, हम रुपया लेकर क्या करते। थोड़ा सोच-विचार करते, तो यह निश्चय पलट जाता, और वह वीभत्स लीला न होती, जो आगे चलकर हुई; पर उस समय हममें शांति से विचार करने की क्षमता ही न थी।

मुँह-हाथ धो कर हम दोनों घर आये और डरते-डरते अंदर कदम रखा। अगर कहीं इस वक्त तलाशी की नौबत आयी, तो फिर भगवान् ही मालिक हैं। लेकिन सब लोग अपना-अपना काम कर रहे थे। कोई हमसे न बोला। हमने नाश्ता भी न किया, चबेना भी न लिया; किताब बगल में दबायी और मदरसे का रास्ता लिया।

बरसात के दिन थे। आकाश पर बादल छाये हुए थे। हम दोनों खुश-खुश मकतब चले जा रहे थे। आज काउन्सिल की मिनिस्ट्री पा कर भी शायद उतना आनंद न होता। हजारों मंसूबे बाँधते थे, हजारों हवाई किले बनाते थे। यह अवसर बड़े भाग्य से मिला था। जीवन में फिर शायद ही वह अवसर मिले। इसलिए रुपये को इस तरह खर्च करना चाहते थे कि ज्यादा से ज्यादा दिनों तक चल सके। यद्यपि उन दिनों पाँच आने सेर बहुत अच्छी मिठाई मिलती थी और शायद आधा सेर मिठाई में हम दोनों अफर जाते; लेकिन यह खयाल हुआ कि मिठाई खायेंगे तो रुपया आज ही गायब हो जायगा। कोई सस्ती चीज खानी चाहिए, जिसमें मजा भी आये, पेट भी भरे और पैसे भी कम खर्च हों। आखिर अमरूदों पर हमारी नजर गयी। हम दोनों राजी हो गये। दो पैसे के अमरूद लिये। सस्ता समय था, बड़े-बड़े बारह अमरूद मिले। हम दोनों के कुर्तों के दामन भर गये। जब हलधर ने खटकिन के हाथ में रुपया रखा, तो उसने संदेह से देख कर पूछा—रुपया कहाँ पाया, लाला ? चुरा तो नहीं लाये ?

जवाब हमारे पास तैयार था। ज्यादा नहीं, तो दो-तीन किताबें पढ़ ही चुके थे। विद्या का कुछ-कुछ असर हो चला था। मैंने झट से कहा—मौलवी साहब की फीस देनी है। घर में पैसे न थे, तो चचा जी ने रुपया दे दिया।

इस जवाब ने खटकिन का संदेह दूर कर दिया। हम दोनों ने एक पुलिया पर बैठ कर खूब अमरूद खाये। मगर अब साढ़े पन्द्रह आने पैसे कहाँ ले जायँ। एक रुपया

छिपा लेना तो इतना मुश्किल काम न था। पैसों का ढेर कहाँ छिपता। न कमर में इतनी जगह थी और न जेब में इतनी गुंजाइश। उन्हें अपने पास रखना चोरी का ढिंढोरा पीटना था। बहुत सोचने के बाद यह निश्चय किया कि बारह आने तो मौलवी साहब को दे दिये जायँ, शेष साढ़े तीन आने की मिठाई उड़े। यह फैसला करके हम लोग मकतब पहुँचे। आज कई दिन के बाद गये थे। मौलवी साहब ने बिगड़ कर पूछा–इतने दिन कहाँ रहे ?

मैंने कहा–मौलवी साहब, घर में गमी हो गयी।

यह कहते-कहते बारह आने उनके सामने रख दिये। फिर क्या पूछना था ? पैसे देखते ही मौलवी साहब की बाछें खिल गयीं। महीना खत्म होने में अभी कई दिन बाकी थे। साधारणतः महीना चढ़ जाने और बार-बार तकाजे करने पर कहीं पैसे मिलते थे। अबकी इतनी जल्दी पैसे पा कर उनका खुश होना कोई अस्वाभाविक बात न थी। हमने अन्य लड़कों की ओर सगर्व नेत्रों से देखा, मानो कह रहे हों–एक तुम हो कि माँगने पर भी पैसे नहीं देते, एक हम हैं कि पेशगी देते हैं।

हम अभी सबक पढ़ ही रहे थे कि मालूम हुआ, आज तालाब का मेला है, दोपहर में छुट्टी हो जायगी। मौलवी साहब मेले में बुलबुल लड़ाने जायँगे। यह खबर सुनते ही हमारी खुशी का ठिकाना न रहा। बारह आने तो बैंक में जमा ही कर चुके थे; साढ़े तीन आने में मेला देखने की ठहरी। खूब बहार रहेगी। मजे से रेवड़ियाँ खायेंगे, गोलगप्पे उड़ायेंगे, झूले पर चढ़ेंगे और शाम को घर पहुँचेंगे; लेकिन मौलवी साहब ने एक कड़ी शर्त यह लगा दी थी कि सब लड़के छुट्टी के पहले अपना-अपना सबक सुना दें। जो सबक न सुना सकेगा, उसे छुट्टी न मिलेगी। नतीजा यह हुआ कि मुझे तो छुट्टी मिल गयी; पर हलधर कैद कर लिये गये। और कई लड़कों ने भी सबक सुना दिये थे, वे सभी मेला देखने चल पड़े। मैं भी उनके साथ हो लिया। पैसे मेरे ही पास थे; इसलिए मैंने हलधर को साथ लेने का इंतजार न किया। तय हो गया था कि वह छुट्टी पाते ही मेले में आ जायँ, और दोनों साथ-साथ मेला देखें। मैंने वचन दिया था कि जब तक वह न आयेंगे, एक पैसा भी खर्च न करूँगा; लेकिन क्या मालूम था कि दुर्भाग्य कुछ और ही लीला रच रहा है ! मुझे मेला पहुँचे एक घंटे से ज्यादा गुजर गया; पर हलधर का कहीं पता नहीं। क्या अभी तक मौलवी साहब ने छुट्टी नहीं दी, या रास्ता भूल गये? आँखें फाड़-फाड़ कर सड़क की ओर देखता था। अकेले मेला देखने में जी भी न लगता था। यह संशय भी हो रहा था कि कहीं चोरी खुल तो नहीं गयी और चाचा जी हलधर को पकड़ कर घर तो नहीं ले गये? आखिर जब शाम हो गयी, तो मैंने कुछ रेवड़ियाँ खायीं और हलधर के हिस्से के पैसे जेब में रख कर धीरे-धीरे घर चला। रास्ते में खयाल आया, मकतब होता चलूँ। शायद हलधर अभी वहीं हो; मगर वहाँ सन्नाटा था। हाँ, एक लड़का खेलता हुआ मिला। उसने मुझे देखते ही जोर से कहकहा मारा और बोला–बचा, घर जाओ, तो कैसी मार पड़ती है। तुम्हारे चचा आये थे। हलधर को मारते-मारते ले गये हैं। अजी, ऐसा तान कर घूँसा मारा कि मियाँ हलधर मुँह के बल गिर पड़े। यहाँ से घसीटते ले गये हैं। तुमने मौलवी साहब की तनख्वाह दे दी थी; वह भी ले ली। अभी कोई बहाना सोच लो, नहीं तो बेभाव

की पड़ेगी।

मेरी सिट्टी-पिट्टी भूल गयी, बदन का लहू सूख गया। वही हुआ, जिसका मुझे शक हो रहा था। पैर मन-मन भर के हो गये। घर की ओर एक-एक कदम चलना मुश्किल हो गया। देवी-देवताओं के जितने नाम याद थे सभी की मानता मानी—किसी को लड्डू, किसी को पेड़े, किसी को बतासे। गाँव के पास पहुँचा, तो गाँव के डीह का सुमिरन किया; क्योंकि अपने हलके में डीह ही की इच्छा सर्व-प्रधान होती है।

यह सब कुछ किया, लेकिन ज्यों-ज्यों घर निकट आता, दिल की धड़कन बढ़ती जाती थी। घटाएँ उमड़ी आती थीं। मालूम होता था—आसमान फट कर गिरा ही चाहता है। देखता था—लोग अपने-अपने काम छोड़-छोड़ भागे जा रहे हैं, गोरू भी पूँछ उठाये घर की ओर उछलते-कूदते चले जाते थे। चिड़ियाँ अपने घोंसलों की ओर उड़ी चली आती थीं, लेकिन मैं उसी मंद गति से चला जाता था; मानो पैरों में शक्ति नहीं। जी चाहता था—जोर का बुखार चढ़ आये, या कहीं चोट लग जाय; लेकिन कहने से धोबी गधे पर नहीं चढ़ता। बुलाने से मौत नहीं आती। बीमारी का तो कहना ही क्या ! कुछ न हुआ, और धीरे-धीरे चलने पर भी घर सामने आ ही गया। अब क्या हो ? हमारे द्वार पर इमली का एक घना वृक्ष था। मैं उसी की आड़ में छिप गया कि जरा और अँधेरा हो जाय, तो चुपके से घुस जाऊँ और अम्माँ के कमरे में चारपाई के नीचे जा बैठूँ। जब सब लोग सो जायँगे, तो अम्माँ से सारी कथा कह सुनाऊँगा। अम्माँ कभी नहीं मारतीं। जरा उनके सामने झूठ-मूठ रोऊँगा, तो वह और भी पिघल जायँगी। रात कट जाने पर फिर कौन पूछता है। सुबह तक सबका गुस्सा ठंडा हो जायगा। अगर ये मंसूबे पूरे हो जाते, तो इसमें संदेह नहीं कि मैं बेदाग बच जाता। लेकिन वहाँ तो विधाता को कुछ और मंजूर था। मुझे एक लड़के ने देख लिया, और मेरे नाम की रट लगाते हुए सीधे मेरे घर में भागा। अब मेरे लिए कोई आशा न रही। लाचार घर में दाखिल हुआ, तो सहसा मुँह से एक चीख निकल गयी, जैसे मार खाया हुआ कुत्ता किसी को अपनी ओर आता देख कर भय से चिल्लाने लगता है। बरोठे में पिता जी बैठे थे। पिता जी का स्वास्थ्य इन दिनों कुछ खराब हो गया था। छुट्टी ले कर घर आये हुए थे, यह तो नहीं कह सकता कि उन्हें शिकायत क्या थी; पर वह मूँग की दाल खाते थे, और संध्या-समय शीशे की गिलास में एक बोतल में से कुछ उँड़ेल-उँड़ेल कर पीते थे। शायद यह किसी तजुरबेकार हकीम की बतायी हुई दवा थी। दवाएँ सब बासनेवाली और कड़वी होती हैं। यह दवा भी बुरी ही थी; पर पिता जी न-जाने क्यों इस दवा को खूब मजा ले-ले कर पीते थे। हम जो दवा पीते हैं, तो आँखें बन्द करके एक ही घूँट में गटक जाते हैं; पर शायद इस दवा का असर धीरे-धीरे पीने में ही होता हो। पिता जी के पास गाँव के दो-तीन और कभी-कभी चार-पाँच और रोगी भी जमा हो जाते; और घंटों दवा पीते रहते थे। मुश्किल से खाना खाने उठते थे। इस समय भी वह दवा पी रहे थे। रोगियों की मंडली जमा थी, मुझे देखते ही पिता जी ने लाल-लाल आँखें करके पूछा—कहाँ थे अब तक ?

मैंने दबी जबान से कहा—कहीं तो नहीं।

'अब चोरी की आदत सीख रहा है ! बोल, तूने रुपया चुराया कि नहीं ?'

मेरी जबान बंद हो गयी। सामने नंगी तलवार नाच रही थी। शब्द भी निकालते हुए डरता था।

पिता जी ने जोर से डाँट कर पूछा—बोलता क्यों नहीं ? तूने रुपया चुराया कि नहीं ?

मैंने जान पर खेल कर कहा—मैंने कहाँ....

मुँह से पूरी बात भी न निकलने पायी थी कि पिता जी विकराल रूप धारण किये, दाँत पीसते, झपट कर उठे और हाथ उठाये मेरी ओर चले। मैं जोर से चिल्ला कर रोने लगा। ऐसा चिल्लाया कि पिता जी भी सहम गये। उनका हाथ उठा ही रह गया। शायद समझे कि जब अभी से इसका यह हाल है, तब तमाचा पड़ जाने पर कहीं इसकी जान ही न निकल जाय। मैंने जो देखा कि मेरी हिकमत काम कर गयी, तो और भी गला फाड़-फाड़ कर रोने लगा। इतने में मंडली के दो-तीन आदमियों ने पिता जी को पकड़ लिया और मेरी ओर इशारा किया कि भाग जा ! बच्चे ऐसे मौके पर और भी मचल जाते हैं, और व्यर्थ मार खा जाते हैं। मैंने बुद्धिमानी से काम लिया।

लेकिन अन्दर का दृश्य इससे कहीं भयंकर था। मेरा तो खून सर्द हो गया, हलधर के दोनों हाथ एक खम्भे से बँधे थे, सारी देह धूल-धूसरित हो रही थी, और वह अभी तक सिसक रहे थे। शायद वह आँगन भर में लोटे थे। ऐसा मालूम हुआ कि सारा आँगन उसके आँसुओं से भर गया है। चची हलधर को डाँट रही थीं और अम्माँ बैठी मसाला पीस रही थीं। सबसे पहले मुझ पर चची की निगाह पड़ी। बोलीं—लो, वह भी आ गया। क्यों रे, रुपया तूने चुराया था कि इसने ?

मैंने निश्शंक हो कर कहा—हलधर ने।

अम्माँ बोलीं—अगर उसी ने चुराया था, तो तूने घर आ कर किसी से कहा क्यों नहीं!

अब झूठ बोले बगैर बचना मुश्किल था। मैं तो समझता हूँ कि जब आदमी को जान का खतरा हो, तो झूठ बोलना क्षम्य है। हलधर मार खाने के आदी थे, दो-चार घूँसे और पड़ने से उनका कुछ न बिगड़ सकता था। मैंने मार कभी न खायी थी। मेरा तो दो ही चार घूँसों में काम तमाम हो जाता। फिर हलधर ने भी तो अपने को बचाने के लिए मुझे फँसाने की चेष्टा की थी, नहीं तो चची मुझसे यह क्यों पूछतीं—रुपया तूने चुराया या हलधर ने ? किसी भी सिद्धांत से मेरा झूठ बोलना इस समय स्तुत्य नहीं, तो क्षम्य जरूर था। मैंने छूटते ही कहा—हलधर कहते थे किसी से बताया, तो मार ही डालूँगा।

अम्माँ—देखा, वही बात निकली न ! मैं तो कहती थी कि बच्चा की ऐसी आदत नहीं; पैसा तो वह हाथ से छूता ही नहीं, लेकिन सब लोग मुझी को उल्लू बनाने लगे।

हल.—मैंने तुमसे कब कहा था कि बताओगे, तो मारूँगा ?

मैं—वहीं, तालाब के किनारे तो !

हल.—अम्माँ, बिलकुल झूठ है !

चची—झूठ नहीं, सच है। झूठा तो तू है, और तो सारा संसार सच्चा है, तेरा नाम

निकल गया है न ! तेरा बाप नौकरी करता, बार से रुपये कमा लाता, चार जने उसे भला आदमी कहते, तो तू भी सच्चा होता। अब तो तू ही झूठा है। जिसके भाग में मिठाई लिखी थी, उसने मिठाई खायी। तेरे भाग में तो लात खाना ही लिखा था।

यह कहते हुए चची ने हलधर को खोल दिया और हाथ पकड़ कर भीतर ले गयीं। मेरे विषय में स्नेह-पूर्ण आलोचना करके अम्माँ ने पाँसा पलट दिया था, नहीं तो अभी बेचारे पर न-जाने कितनी मार पड़ती। मैंने अम्माँ के पास बैठ कर अपनी निर्दोषिता का राग खूब अलापा। मेरी सरल-हृदया माता मुझे सत्य का अवतार समझती थीं। उन्हें पूरा विश्वास हो गया कि सारा अपराध हलधर का है। एक क्षण बाद मैं गुड़-चबेना लिये कोठरी से बाहर निकला। हलधर भी उसी वक्त चिउड़ा खाते हुए बाहर निकले। हम दोनों साथ-साथ बाहर आये और अपनी-अपनी बीती सुनाने लगे। मेरी कथा सुखमय थी, हलधर की दुःखमय; पर अंत दोनों का एक था—गुड़ और चबेना।

लांछन-2

मुंशी श्यामकिशोर के द्वार पर मुन्नू मेहतर ने झाड़ू लगायी, गुसलखाना धो-धो कर साफ किया और तब द्वार पर आ कर गृहिणी से बोला—माँ जी, देख लीजिए, सब साफ कर दिया। आज कुछ खाने को मिल जाय, सरकार।

देवीरानी ने द्वार पर आकर कहा—अभी तो तुम्हें महीना पाये दस दिन भी नहीं हुए। फिर इतनी जल्द माँगने लगे ?

मुन्नू—क्या करूँ, माँ जी, खर्च नहीं चलता। अकेला आदमी, घर देखूँ कि काम करूँ ?

देवी—तो ब्याह क्यों नहीं कर लेते ?

मुन्नू—रुपये माँगते हैं, सरकार ! यहाँ खाने से ही नहीं बचता, थैली कहाँ से लाऊँ ?

देवी—अभी तो तुम जवान हो, कब तक अकेले बैठे रहोगे ?

मुन्नू—हुजूर की इतनी निगाह है, तो कहीं न कहीं ठीक ही हो जायगी; सरकार कुछ मदद करेंगी न ?

देवी—हाँ-हाँ, तुम ठीक-ठाक करो; मुझसे जो कुछ हो सकेगा, मैं दे दूँगी।

मुन्नू—सरकार का मिजाज बड़ा अच्छा है। हुजूर इतना खयाल करती हैं। दूसरे घरों में तो मालकिनें बात भी नहीं पूछतीं। सरकार को अल्लाह ने जैसी सकल-सूरत दी है, वैसा दिल भी दिया है। अल्लाह जानता है, हुजूर को देख कर भूख-प्यास जाती रहती है। बड़े-बड़े घर की औरतें देखी हैं, मुदा आपके तलुओं की बराबरी भी नहीं कर सकतीं।

देवी—चल झूठे ! मैं ऐसी कौन खूबसूरत हूँ।

मुन्नू—अब सरकार से क्या कहूँ। बड़ी-बड़ी खत्रानियों को देखता हूँ; मगर गोरेपन के सिवा और कोई बात नहीं। उनमें यह नमक कहाँ, सरकार !

देवी—एक रुपये में तुम्हारा काम चल जायगा ?

मुन्नू–भला सरकार; दो रुपये तो दे दें।

देवी–अच्छा, यह लो और जाओ।

मुन्नू–जाता हूँ, सरकार ! आप नाराज न हों, तो एक बात पूछूँ ?

देवी–क्या पूछते हो, पूछो ? मगर जल्दी, मुझे चूल्हा जलाना है।

मुन्नू–तो सरकार जायँ; फिर कभी कहूँगा।

देवी–नहीं-नहीं; कहो, क्या बात है ? अभी कुछ ऐसी जल्दी नहीं है।

मुन्नू–दालमंडी में सरकार के कोई रहते हैं क्या ?

देवी–नहीं, यहाँ तो कोई नातेदार नहीं है।

मुन्नू–तो कोई दोस्त होंगे। सरकार को अक्सर एक कोठे पर से उतरते देखता हूँ।

देवी–दालमंडी तो रंडियों का मुहल्ला है ?

मुन्नू–हाँ सरकार, रंडियाँ बहुत हैं यहाँ; लेकिन सरकार तो सीधे-सादे आदमी मालूम होते हैं। यहाँ रात को देर से तो नहीं आते ?

देवी–नहीं शाम से पहले ही आ जाते हैं और फिर कहीं नहीं जाते। हाँ, कभी-कभी लाइब्रेरी अलबत्ता जाते हैं।

मुन्नू–बस-बस, यही बात है, हुजूर ? मौका मिले, तो इशारे से समझा दीजिएगा सरकार, कि रात को उधर न जाया करें। आदमी का दिल कितना ही साफ हो, लेकिन देखने वाले तो शक करने लगते हैं।

इतने में ही बाबू श्यामकिशोर आ गये। मुन्नू ने उन्हें सलाम किया, बाल्टी उठायी और चलता हुआ।

श्यामकिशोर ने पूछा–मुन्नू क्या कह रहा था ?

देवी–कुछ नहीं, अपने दुखड़े रो रहा था। खाने को माँगता था। दो रुपये दे दिये हैं। बातचीत बड़े ढंग से करता है।

श्याम.–तुम्हें तो बातें करने का मरज है। और कोई नहीं तो मेहतर ही सही। इस भुतने-से न जाने तुम कैसे बातें करती हो !

देवी–मुझे उसकी सूरत ले कर क्या करना है ? गरीब आदमी है। अपना दुःख सुनाने लगता है, तो कैसे न सुनूँ ?

बाबू साहब ने बेले का गजरा रूमाल से निकाल देवी के गले में डाल दिया; किंतु देवी के मुख पर प्रसन्नता का कोई चिह्न न दिखायी दिया। तिरछी निगाहों देखकर बोलीं–आप आजकल दालमंडी की सैर बहुत किया करते हैं ?

श्याम.–कौन ? मैं ?

देवी–जी हाँ, तुम। मुझसे तो लाइब्रेरी का बहाना करके जाते हो, और वहाँ जलसे होते हैं !

श्याम.–बिलकुल झूठ; सोलहों आने झूठ। तुमसे कौन कहता था ? यही मुन्नू?

देवी–मुन्नू ने मुझसे कुछ नहीं कहा; पर मुझे तुम्हारी टोह मिलती रहती है।

श्याम.–तुम मेरी टोह मत लिया करो। शक करने से आदमी शक्की हो जाता है,

और तब बड़े-बड़े अनर्थ हो जाते हैं। भला, मैं दालमंडी क्यों जाने लगा ? तुमसे बढ़कर दालमंडी में और कौन है ? मैं तो तुम्हारी इन मदभरी आँखों का आशिक हूँ। अगर अप्सरा भी सामने आ जाय, तो भी आँख उठा कर न देखूँ। आज शारदा कहाँ है ?

देवी–नीचे खेलने चली गयी है।

श्याम.–नीचे मत जाने दिया करो। इक्के, मोटरें, बग्घियाँ दौड़ती रहती हैं। न जाने कब क्या हो जाय। आज ही अरदली बाजार में एक वारदात हो गयी। तीन लड़के एक साथ दब बये।

देवी–तीन लड़के !! बड़ा गजब हो गया। किसकी मोटर थी ?

श्याम.–इसका अभी तक पता नहीं चला। ईश्वर जानता है, तुम्हें यह गजरा बहुत खिल रहा है !

देवी (मुस्कराकर)–चलो, बातें न बनाओ।

2

तीसरे दिन मुन्नू ने देवी से कहा–सरकार, एक जगह सगाई ठीक हो रही है; देखिए कौल से फिर न जाइएगा। मुझे आपका बड़ा भरोसा है।

देवी–देख ली औरत ? कैसी है ?

मुन्नू–सरकार जैसी तकदीर में है, वैसी है। घर की रोटियाँ तो मिलेंगी, नहीं तो अपने हाथों ठोकना पड़ता था। है क्या कि मिजाज की सीधी है। हमारे जात की औरतें बड़ी चंचल होती हैं, हुजूर ! सैकड़े पीछे एक भी पाक न मिलेगी।

देवी–मेहतर लोग अपनी औरतों को कुछ कहते नहीं।

मुन्नू–क्या कहें, हुजूर ! डरते हैं कि कहीं अपने आसना से चुगली खा कर हमारी नौकरी-चाकरी न छुड़ा दे। मेहतरानियों पर बाबू साहबों की बहुत निगाह रहती है, सरकार !

देवी–(हँसकर) चल झूठे ! बाबू साहबों की औरतें क्या मेहतरानियों से भी गयी-गुजरी होती हैं !

मुन्नू–अब सरकार कुछ न कहलायें, हुजूर को छोड़कर और तो कोई ऐसी बबुआइन नहीं देखता, जिसका कोई बखान करे। बहुत ही छोटा आदमी हूँ, सरकार; पर बबुआइनों की तरह मेरी औरत होती; तो उससे बोलने को जी न चाहता। हुजूर के चेहरे-मोहरे की कोई औरत मैंने तो नहीं देखी।

देवी–चल झूठे, इतनी खुशामद करना किससे सीखा ?

मुन्नू–खुशामद नहीं करता, सरकार; सच्ची बात कहता हूँ। हुजूर एक दिन खिड़की के सामने खड़ी थीं। रजा मियाँ की निगाह आप पर पड़ गयी। जूते की बड़ी दूकान है उनकी। अल्लाह ने जैसे धन दिया है वैसा ही दिल भी। आपको देखते ही आँखें नीचे कर लीं। आज बातों-बातों में हुजूर की सकल-सूरत को सराहने लगे। मैंने कहा–जैसी सूरत है, वैसा सरकार को अल्लाह ने दिल भी दिया है।

देवी–अच्छा, यह लाँबा-सा साँवले रंग का जवान है ?

मुन्नू–हाँ हुजूर; वही। मुझसे कहने लगे कि किसी तरह एक बार फिर उन्हें देख पाता; लेकिन मैंने डाँट कर कहा–खबरदार ! मियाँ, जो मुझसे ऐसी बातें कीं। वहाँ तुम्हारी दाल न गलेगी।

देवी–तुमने बहुत अच्छा किया। निगोड़े की आँख फूट जाय; जब इधर से जाता है, खिड़की की ओर उसकी निगाह रहती है। कह देना–इधर भूल कर भी न ताके !

मुन्नू–कह दिया है, हुजूर, हुकुम हो तो चलूँ। और तो कुछ साफ नहीं करना है ? सरकार के आने की वेला हो गयी है। मुझे देखेंगे तो कहेंगे–यह क्या बातें कर रहा है।

देवी–ये रोटियाँ लेते जाओ। आज चूल्हे से बच जाओगे।

मून्नू–अल्लाह हुजूर को सलामत रखे ! मेरा तो यही जी चाहता है कि इसी दरवाजे पर पड़ा रहूँ और एक टुकड़ा खा लिया करूँ। सच कहता हूँ, हुजूर को देख कर भूख-प्यास जाती रहती है।

मुन्नू जा ही रहा था कि बाबू श्यामकिशोर ऊपर आ पहुँचे। मुन्नू की पिछली बात उनके कान में पड़ गयी थी। मुन्नू ज्यों ही नीचे गया, बाबू साहब देवी से बोले–मैंने तुमसे कह दिया था कि मुन्नू को मुँह न लगाओ, पर तुमने मेरी बात न मानी। छोटे आदमी एक घर की बात दूसरे घर पहुँचा देते हैं, इन्हें कभी मुँह न लगाना चाहिए। भूख-प्यास बंद होने की क्या बात थी ?

देवी–क्या जानें, भूख-प्यास कैसी ? ऐसी तो कोई बात न थी।

श्याम.–थी क्यों नहीं, मैंने साफ सुना ?

देवी–मुझे तो खयाल नहीं आता। होगी कोई बात। मैं कौन उसकी सब बातें बैठी सुना करती हूँ।

श्याम.–तो क्या यह दीवार से बातें करता है ? देखो, नीचे एक आदमी इस खिड़की की तरफ ताकता चला जाता है। इसी मुहल्ले का मुसलमान का लौंडा है। जूते की दूकान करता है। तुम क्यों इस खिड़की पर खड़ी रहा करती हो ?

देवी–चिक तो पड़ी हुई है।

श्याम.–चिक के पास खड़ी होने से बाहर का आदमी तुम्हें साफ देख सकता है।

देवी–यह मुझे मालूम न था। अब कभी खिड़की खोलूँगी ही नहीं।

श्याम.–हाँ, फायदा क्या ? मुन्नू को अंदर मत आने दिया करो।

देवी–गुसलखाना कौन साफ करेगा ?

श्याम.–खैर आये, मगर उससे बातें न करनी चाहिए। आज एक नया थियेटर आया है। चलो देख आयें। सुना है, इसके एक्टर बहुत अच्छे हैं।

इतने में शारदा नीचे से मिठाई का दोना लिये दौड़ती हुई आयी। देवी ने पूछा–अरी, यह मिठाई किसने दी ?

शारदा–राजा भैया ने तो दी है। कहते थे–तुम को अच्छे-अच्छे खिलौने ला दूँगा।

श्याम.–राजा भैया कौन है ?

शारदा—वही तो हैं, जो अभी इधर से गये हैं ?

श्याम.—वहीं तो नहीं, जो लम्बा-सा साँवले रंग का आदमी है ?

शारदा—हाँ-हाँ, वही-वही। मैं अब उनके घर रोज जाऊँगी।

देवी—क्या तू उसके घर गयी थी ?

शारदा—वही तो गोद में उठाकर ले गये थे।

श्याम.—तू नीचे खेलने मत जाया कर। किसी दिन मोटर के नीचे दब जायगी। देखती नहीं, कितनी मोटरें आती रहती हैं।

शारदा—राजा भैया कहते थे; तुम्हें मोटर पर हवा खिलाने ले चलेंगे।

श्याम.—तुम बैठी-बैठी क्या किया करती हो, जो तुमसे एक लड़की की निगरानी भी नहीं हो सकती ?

देवी—इतनी बड़ी लड़की को संदूक में बंद करके नहीं रखा जा सकता।

श्याम.—तुम जवाब देने में तो बहुत तेज हो, यह मैं जानता हूँ। यह क्यों नहीं कहतीं कि बातें करने से फुरसत नहीं मिलती।

देवी—बातें मैं किससे करती हूँ ? यहाँ तो कोई पड़ोसिन भी नहीं ?

श्याम—मुन्नू तो हई है ?

देवी—(ओठ दबाकर) मुन्नू क्या मेरा कोई सगा है, जिससे बैठी बातें किया करती हूँ? गरीब आदमी है, अपना दुःख रोता है, तो क्या कह दूँ ? मुझसे तो दुत्कारते नहीं बनता।

श्याम.—खैर, खाना बना लो, नौ बजे तमाशा शुरू हो जायगा। सात बज गये हैं।

देवी—तुम जाओ, देख आओ, मैं न जाऊँगी।

श्याम.—तुम्हीं तो महीनों से तमाशे की रट लगाये हुए थीं। अब क्या हो गया? क्या तुमने कसम खा ली है कि यह जो बात कहें; वह कभी न मानूँगी।

देवी—जाने क्यों तुम्हारा ऐसा खयाल है। मैं तो तुम्हारी इच्छा पा कर ही कोई काम करती हूँ। मेरे जाने से कुछ और पैसे खर्च हो जायँगे और रुपये कम पड़ जायँगे तो तुम मेरी जान खाने लगोगे, यही सोच कर मैंने कहा था। अब तुम कहते हो तो चली चलूँगी। तमाशा देखना किसे बुरा लगता है।

3

नौ बजे श्यामकिशोर एक ताँगे पर बैठ कर देवी और शारदा के साथ थियेटर देखने चले। सड़क पर थोड़ी ही दूर गये थे कि पीछे से एक और ताँगा आ पहुँचा। इस पर रजा बैठा हुआ था, और उसके बगल में—हाँ, उसके बगल में—बैठा था मुन्नू मेहतर, जो बाबू साहब के घर में सफाई करता था। देवी ने उन दोनों को देखते ही सिर झुका लिया। उसे आश्चर्य हुआ कि रजा और मुन्नू में इतनी गाढ़ी मित्रता है कि रजा उसे ताँगे पर बैठा कर सैर कराने ले जाता है। शारदा रजा को देखते ही बोल उठी—बाबू जी, देखो, वह राजा भैया आ रहे हैं। (ताली बजा कर) राजा भैया, इधर देख, हम लोग तमाशा देखने जा रहे हैं।

रजा ने मुस्करा दिया; मगर बाबू साहब मारे क्रोध के तिलमिला उठे। उन्हें ऐसा मालूम हुआ कि ये दुष्ट केवल मेरा पीछा करने के लिए आ रहे हैं। इन दोनों में जरूर साँठ-गाँठ है। नहीं तो रजा मुन्नू को साथ क्यों लेता ? उनसे पीछा छुड़ाने के लिए उन्होंने ताँगेवाले से कहा–और तेज ले चलो, देर हो रही है। ताँगा तेज हो गया। रजा ने भी अपना ताँगा तेज किया। बाबू साहब ने जब ताँगे को धीमा करने को कहा, तो रजा का ताँगा भी धीमा हो गया। आखिर बाबू साहब ने झुँझला कर कहा–तुम ताँगे को छावनी की ओर ले चलो, हम थियेटर देखने नहीं जायँगे। ताँगेवाले ने उनकी ओर कुतूहल से देखा और ताँगा फेर दिया। रजा का ताँगा भी फिर गया। बाबू साहब को इतना क्रोध आ रहा था कि रजा को ललकारूँ; पर डरते थे कि कहीं झगड़ा हो गया, तो बहुत से आदमी जमा हो जायेंगे और व्यर्थ ही झेंप होगी। लहू का घूँट पी कर रह गये। अपने ही ऊपर झुँझलाने लगे कि नाहक आया। क्या जानता था कि ये दोनों शैतान सिर पर सवार हो जायँगे। मुन्नू को तो कल ही निकाल दूँगा। बारे रजा का ताँगा कुछ दूर चल कर दूसरी तरफ मुड़ गया, और बाबू साहब का क्रोध कुछ शांत हुआ; किंतु अब थियेटर जाने का समय न था। छावनी से घर लौट आये।

देवी ने कोठे पर आ कर कहा–मुफ्त में ताँगेवाले को दो रुपये देने पड़े।

श्यामकिशोर ने उसकी ओर रक्त-शोषक दृष्टि से देख कर कहा–और मुन्नू से बातें करो, और खिड़की पर खड़ी हो-हो कर रजा को छवि दिखाओ। तुम न जाने क्या करने पर तुली हुई हो।

देवी–ऐसी बातें मुँह से निकालते तुम्हें शर्म नहीं आती ? तुम मेरा व्यर्थ ही अपमान करते हो, इसका फल अच्छा न होगा। मैं किसी मर्द को तुम्हारे पैरों की धूल के बराबर भी नहीं समझती, उस अभागे मेहतर की क्या हकीकत है ! तुम मुझे इतनी नीच समझते हो?

श्याम.–नहीं, मैं तुम्हें इतना नीच नहीं समझता; मगर बेसमझ जरूर समझता हूँ। तुम्हें इस बदमाश को कभी मुँह न लगाना चाहिए था। अब तो तुम्हें मालूम हो गया कि वह छटा हुआ शोहदा है; या अब भी कुछ शक है ?

देवी–मैं उसे कल ही निकाल दूँगी।

मुंशी जी लेटे; पर चित्त अशांत था। वह दिन भर दफ्तर में रहते थे। क्या जान सकते थे कि उनके पीछे देवी क्या करती है। वह यह जानते थे कि देवी पतिव्रता है; पर यह भी जानते थे कि अपनी छवि दिखाने का सुंदरियों को मरज होता है। देवी जरूर बन ठन कर खिड़की पर खड़ी होती है, और मुहल्ले के शोहदे उसको देख-देख कर मन में न जाने क्या-क्या कल्पना करते होंगे। इस व्यापार को बंद कराना उन्हें अपने काबू से बाहर मालूम होता था। शोहदे वशीकरण की कला में निपुण होते हैं। ईश्वर न करे, इन बदमाशों की निगाह किसी भले घर की बहू-बेटी पर पड़े ! इनसे पिंड कैसे छुड़ाऊँ ?

बहुत सोचने के बाद अन्त में उन्होंने वह मकान छोड़ देने का निश्चय किया। इसके सिवा उन्हें दूसरा कोई उपाय न सूझा। देवी से बोले–कहो तो यह घर छोड़ दूँ। इन

शोहदों के बीच में रहने से आबरू बिगड़ने का भय है। देवी ने आपत्ति के भाव से कहा–जैसी तुम्हारी इच्छा !

श्याम.–आखिर तुम्हीं कोई उपाय बताओ।

देवी–मैं कौन-सा उपाय बताऊँ, और किस बात का उपाय ? मुझे तो घर छोड़ने की कोई जरूरत नहीं मालूम होती। एक-दो नहीं, लाख-दो-लाख शोहदे हों, तो क्या। कुत्तों के भूकने के भय से भला कोई अपना मकान छोड़ देता है ?

श्याम.–कभी-कभी कुत्ते काट भी लेते हैं।

देवी ने इसका कोई जवाब न दिया और तर्क करने से पति की दुश्चिंताओं के बढ़ जाने का भय था। यह शक्की तो हैं ही, न जाने उसका क्या आशय समझ बैठें।

तीसरे ही दिन श्याम बाबू ने वह मकान छोड़ दिया।

4

इस नये मकान में आने के एक सप्ताह पीछे एक दिन मुन्नू सिर में पट्टी बाँधे, लाठी टेकता हुआ आया और आवाज दी। देवी उनकी आवाज पहचान गयी, पर उसे दुत्कारा नहीं। जा कर किवाड़ खोल दिये। पुराने घर के समाचार जानने के लिए उसका चित्त लालायित हो रहा था। मुन्नू ने अन्दर आकर कहा–सरकार, जब से आपने वह मकान छोड़ दिया, कसम ले लीजिए जो उधर एक बार भी गया हूँ। उस घर को देख कर रोना आने लगता है। मेरा भी जी चाहता है कि इसी महल्ले में आऊँ। पागलों की तरह इधर-उधर मारा-मारा फिरा करता हूँ, सरकार, किसी काम में जी नहीं लगता। बस हर घड़ी आप ही की याद आती रहती है। हुजूर जितनी परवरिस करती थीं, उतनी अब कौन करेगा ? यह मकान तो बहुत छोटा है।

देवी–तुम्हारे ही कारन तो वह मकान छोड़ना पड़ा।

मुन्नू–मेरे कारन ! मुझसे कौन-सी खता हुई, सरकार ?

देवी–तुम्हीं तो ताँगे पर रजा के साथ बैठे मेरे पीछे-पीछे आ रहे थे। ऐसे आदमी पर आदमी का शक होता ही है !

मुन्नू–अरे सरकार, उस दिन की बात न पूछिए। रजा मियाँ को एक वकील साहब से मिलने जाना था। वह छावनी में रहते थे। मुझे भी साथ बिठा लिया। उनका साईस कहीं गया हुआ था। मारे लिहाज के आपके ताँगे के आगे न निकलते थे। सरकार उसे शोहदा कहती हैं। उसका-सा भला आदमी महल्ले भर में नहीं है। पाँचों बखत की नमाज पढ़ता है हुजूर, तीसों रोजे रखता है। घर में बीवी-बच्चे सभी मौजूद हैं। क्या मजाल कि किसी पर बद निगाह हो।

देवी–खैर होगा, तुम्हारे सिर में पट्टी क्यों बँधी है ?

मुन्नू–इसका माजरा न पूछिए, हुजूर। आपकी बुराई करते किसी को देखता हूँ, तो बदन में आग लग जाती है। दरवाजे पर जो हलवाई रहता था, कहने लगा–मेरे कुछ पैसे बाबू जी पर आते हैं। मैंने कहा–वह ऐसे आदमी नहीं हैं कि तुम्हारे पैसे हजम कर जाते

बस, हुजूर, इसी बात पर तकरार हो गयी। मैं तो दूकान के नीचे नाली धो रहा था। वह ऊपर से कूद कर आया और मुझे ढकेल दिया। मैं बेखबर खड़ा था, चारों खाने चित सड़क पर गिर पड़ा। चोट तो आयी; मगर मैंने भी दूकान के सामने बचा को इतनी गालियाँ सुनायीं कि याद ही करते होंगे। अब घाव अच्छा हो रहा है, हुजूर।

देवी–राम ! राम ! नाहक लड़ाई लेने गये। सीधी-सी बात तो थी। कह देते–तुम्हारे पैसे आते हैं; तो जा कर माँग लाओ। हैं शहर ही में, दूसरे देश में तो नहीं भाग गये ?

मुन्नू–हुजूर, आपकी बुराई सुन के नहीं रहा जाता, फिर चाहे वह अपने घर लाट ही क्यों न हो, भिड़ पड़ूँगा। वह महाजन होगा, तो अपने घर का होगा। यहाँ कौन उसका दिया खाते हैं।

देवी–उस घर में अभी कोई आया कि नहीं ?

मुन्नू–कई आदमी देखने आये, हुजूर; मगर जहाँ आप रह चुकी हैं, वहाँ अब दूसरा कौन रह सकता है ? हम लोगों ने उन लोगों को भड़का दिया। रजा मियाँ तो हुजूर, उसी दिन से खाना-पीना छोड़ बैठे हैं। बिटिया को याद कर के रोया करते हैं। हुजूर को हम गरीबों की याद काहे को आती होगी ?

देवी–याद क्यों नहीं आती ? मैं आदमी नहीं हूँ। जानवर तक थान छूटने पर दो-चार दिन चारा नहीं खाते ! यह पैसे लो, कुछ बाजार से ला कर खा लो, भूखे होगे।

मुन्नू–हुजूर की दुआ से खाने की तंगी नहीं है। आदमी का दिल देखा जाता है, हुजूर ! पैसा की कौन बात है। आपका दिया तो खाते ही हैं। हुजूर का मिजाज ऐसा है कि आदमी बिना कौड़ी का गुलाम हो जाता है। तो अब चलूँगा, हुजूर, बाबू जी आते होंगे। कहेंगे–यह शैतान यहाँ फिर आ पहुँचा।

देवी–अभी उनके आने में बड़ी देर है।

मुन्नू–ओ हो, एक बात तो भूला ही जाता था। रजा मियाँ ने बिटिया के लिए ये खिलौने दिये थे। बातों में ऐसा भूल गया कि इनकी सुध ही न रही। कहाँ है बिटिया ?

देवी–अभी तो मदरसे से नहीं आयी, मगर इतने खिलौने लाने की क्या जरूरत थी ? अरे ! रजा ने तो गजब ही कर दिया। भेजना ही था, तो दो-चार आने के खिलौने भेज देते। अकेली मेम तीन-चार रुपये से कम की न होगी। कुल मिला कर तीस-पैंतीस रुपये से कम के खिलौने नहीं हैं।

मुन्नू–क्या जाने सरकार, मैंने तो कभी खिलौने नहीं खरीदे। तीस-पैंतीस रुपये के होंगे, तो उनके लिए कौन-सी बड़ी बात है ? अकेली दूकान से पचास रुपये रोज की आदमनी है, हुजूर !

देवी–नहीं, इनको लौटा ले जाओ। इतने खिलौने ले कर वह क्या करेगी ? मैं सिर्फ एक मेम रखे लेती हूँ।

मुन्नू–हुजूर, रजा मियाँ को बड़ा रंज होगा। मुझे तो जीता ही न छोड़ेंगे। बड़े ही मुहब्बती आदमी हैं, हुजूर ! बीबी दो-चार दिन के लिए मैके चली जाती है, तो बेचैन हो जाते हैं।

सहसा शारदा पाठशाला से आ गयी और खिलौने देखते ही उन पर टूट पड़ी। देवी ने डाँट कर कहा—क्या करती है, क्या करती है ? मेम ले ले, और सब ले कर क्या करेगी ?

शारदा—मैं तो सब लूँगी। मेम को मोटर पर बैठा कर दौड़ाऊँगी। कुत्ता पीछे-पीछे दौड़ेगा। इन बरतनों में गुड़िया के खाने बनाऊँगी। कहाँ से आये हैं, अम्माँ ? बता दो।

देवी—कहीं से नहीं आये, मैंने देखने को मँगवाये थे। तू इनमें से कोई एक ले ले।

शारदा—मैं सब लूँगी, मेरी अम्माँ, न सब ले लीजिए। कौन लाया है, अम्माँ ?

देवी—मुन्नू, तुम खिलौने ले कर जाओ ! सिर्फ एक मेम रहने दो।

शारदा—कहाँ से लाये हो मुन्नू, बता दो ?

मुन्नू—तुम्हारे राजा भैया ने तुम्हारे लिए भेजे हैं।

शारदा—राजा भैया ने भेजे हैं। ओ हो ! (नाच कर) राजा भैया बड़े अच्छे हैं। कल अपनी सहेलियों को दिखाऊँगी। किसी के पास ऐसे खिलौने न निकलेंगे।

देवी—अच्छा, मुन्नू, तुम अब जाओ। रजा मियाँ से कह देना, फिर यहाँ खिलौने न भेजें।

मुन्नू चला गया, तो देवी ने शारदा से कहा—ला बेटी, तेरे खिलौने रख दूँ। बाबू जी देखेंगे, तो बिगड़ेंगे और कहेंगे कि रजा मियाँ के खिलौने क्यों लिये ? तोड़-तोड़ कर फेंक देंगे। भूल कर भी उनसे खिलौनों की चर्चा न करना।

शारदा—हाँ, अम्माँ, रख दो। बाबू जी तोड़ देंगे।

देवी—उनसे कभी मत कहना कि राजा भैया ने खिलौने भेजे हैं, नहीं तो बाबू जी राजा भैया को मारेंगे और तुम्हारे कान भी काट लेंगे। कहेंगे, लड़की भिखमंगी है, सबसे खिलौने माँगती फिरती है।

शारदा—हाँ, अम्माँ, रख दो। बाबूजी तोड़ देंगे।

इतने में बाबू श्यामकिशोर भी दफ्तर से आ गये। भौंहें चढ़ी हुई थीं। आते ही बोले—वह शैतान मुन्नू इस मोहल्ले में भी आने लगा। मैंने आज उसे देखा। क्या यहाँ भी आया था ?

देवी ने हिचकिचाते हुए कहा—हाँ, आया तो था।

श्याम.—और तुमने आने दिया ? मैंने मना न किया था कि उसे कभी अंदर कदम न रखने देना।

देवी—आ कर द्वार खटखटाने लगा, तो क्या करती ?

श्याम.—उसके साथ वह शोहदा भी रहा होगा ?

देवी—उसके साथ और कोई नहीं था।

श्याम.—तुमने आज भी न कहा होगा, यहाँ मत आया कर !

देवी—मुझे तो इतना खयाल न रहा। और अब वह यहाँ क्या करने आयेगा ?

श्याम.—जो करने आज आया था, वही करने फिर आयेगा। तुम मेरे मुँह में कालिख लगाने पर तुली हो।

देवी ने क्रोध से ऐंठ कर कहा—मुझसे तुम ऐसी ऊटपटाँग बातें मत किया करो,

समझ गये ? तुम्हें ऐसी बातें मुँह से निकालते शर्म भी नहीं आती ? एक बार पहले भी तुमने कुछ ऐसी ही बातें कही थीं। आज फिर तुम वही बात कर रहे हो। अगर तीसरी बार ये शब्द मैंने सुने, तो नतीजा बुरा होगा, इतना कहे देती हूँ। तुमने मुझे कोई वेश्या समझ लिया है ?

श्याम.–मैं नहीं चाहता कि वह मेरे घर आये।

देवी–तो मना क्यों नहीं कर देते ? मैं तुम्हें रोकती हूँ ?

श्याम.–तुम क्यों नहीं मना कर देतीं ?

देवी–तुम्हें कहते क्या शर्म आती है ?

श्याम.–मेरा मना करना व्यर्थ है। मेरे मना करने पर भी तुम्हारी इच्छा पा कर उसका आना-जाना होता रहेगा।

देवी ने ओठ चबा कर कहा–अच्छा, अगर वह आता ही रहे, तो क्या हानि है? मेहतर सभी घरों में आया-जाया करते हैं।

श्याम.–अगर मैंने मुन्नू को कभी अपने द्वार पर फिर देखा, तो तुम्हारी कुशल नहीं, इतना समझाये देता हूँ।

यह कहते हुए श्यामकिशोर नीचे चले गये, और देवी स्तम्भित खड़ी रह गयी। तब उसका हृदय इस अपमान, लांछन और अविश्वास के आघात से पीड़ित हो उठा। वह फूट-फूट कर रोने लगी। उसको सबसे बड़ी चोट जिस बात से लगी, वह यह थी कि मेरे पति मुझे इतनी नीच, इतनी निर्लज्ज समझते हैं। जो काम वेश्या भी न करेगी, उसका संदेह मुझ पर कर रहे हैं।

5

श्यामकिशोर के आते ही शारदा अपने खिलौने उठा कर भाग गयी थी कि कहीं बाबू जी तोड़ न डालें। नीचे जाकर वह सोचने लगी कि इन्हें कहाँ छिपा कर रखूँ। वह इसी सोच में थी कि उसकी एक सहेली आँगन में आ गयी। शारदा उसे अपने खिलौने दिखाने के लिए आतुर हो गयी। इस प्रलोभन को वह किसी तरह न रोक सकी। अभी तो बाबू जी ऊपर हैं; कौन इतनी जल्दी आये जाते हैं। तब तक क्यों न सहेली को अपने खिलौने दिखा दूँ ? उसने सहेली को बुला लिया और दोनों नये खिलौने देखने में मग्न हो गयीं, कि बाबू श्यामकिशोर के नीचे आने की भी उन्हें खबर न हुई। श्यामकिशोर खिलौने देखते ही झपट कर शारदा के पास जा पहुँचे और पूछा–तूने ये खिलौने कहाँ पाये ?

शारदा की घिग्घी बँध गयी। मारे भय के थर-थर काँपने लगी। मुँह से एक शब्द भी न निकला।

श्यामकिशोर ने फिर गरज कर पूछा–बोलती क्यों नहीं, तुझे किसने खिलौने दिये ?

शारदा रोने लगी। तब श्यामकिशोर ने उसे फुसला कर कहा–रो मत, हम तुझे मारेंगे नहीं। तुझसे इतना ही पूछते हैं, तूने ऐसे सुंदर खिलौने कहाँ पाये ?

इस तरह दो-चार बार दिलासा देने से शारदा को कुछ धैर्य बँधा। उसने सारी कथा

कह सुनायी। हाँ अनर्थ ! इससे कहीं अच्छा होता कि शारदा मौन ही रहती। उसका गूँगी हो जाना भी इससे अच्छा था। देवी कोई बहाना करके बला सिर से टाल देती; पर होनहार को कौन टाल सकता है ? श्यामकिशोर के रोम-रोम से ज्वाला निकलने लगी। खिलौने वहीं छोड़ कर वह धम-धम करते हुए ऊपर गये और देवी के कंधे दोनों हाथों से झंझोड़ कर बोले–तुम्हें इस घर में रहना है या नहीं ? साफ-साफ कह दो। देवी अभी तक खड़ी सिसकियाँ ले रही थी। यह निर्मम प्रश्न सुन कर उसके आँसू गायब हो गये। किसी भारी विपत्ति की आशंका ने इस हल्के-से आघात को भुला दिया, जैसे घातक की तलवार देखकर कोई प्राणी रोग-शय्या से उठ कर भागे। श्यामकिशोर की ओर भयातुर नेत्रों से देखा; पर मुँह से कुछ न बोली। उसका एक-एक रोम मौन भाषा में पूछ रहा था–इस प्रश्न का क्या मतलब है ?

श्यामकिशोर ने फिर कहा–तुम्हारी जो इच्छा हो, साफ-साफ कह दो। अगर मेरे साथ रहते-रहते तुम्हारा जी ऊब गया हो, तो तुम्हें अख्तियार है। मैं तुम्हें कैद करके नहीं रखना चाहता। मेरे साथ तुम्हें छल, कपट करने की जरूरत नहीं। मैं सहर्ष तुम्हें विदा करने को तैयार हूँ। जब तुमने मन में एक बात निश्चय कर ली, तो मैंने भी निश्चय कर लिया। तुम इस घर में अब नहीं रह सकतीं, रहने के योग्य नहीं हो।

देवी ने आवाज सँभाल कर कहा–तुम्हें आजकल क्या हो गया है, जो हर वक्त जहर उगलते रहते हो ? अगर मुझसे जी ऊब गया है, तो जहर दे दो, जला-जला कर क्यों जान मारते हो ? मेहतर से बातें करना तो ऐसा अपराध न था। जब उसने आ कर पुकारा, तो मैंने आ कर द्वार खोल दिया। अगर मैं जानती कि जरा-सी बात का बतंगड़ हो जायगा, तो उसे दूर ही से दुत्कार देती।

श्याम.–जी चाहता है, तालू से जबान खींच लें। बातें होने लगीं, इशारे होने लगे, तोहफे आने लगे। अब बाकी क्या रहा ?

देवी–क्यों नाहक घाव पर नमक छिड़कते हो ? एक अबला की जान ले कर कुछ पा न जाओगे !

श्याम.–मैं झूठ कहता हूँ ?

देवी–हाँ, झूठ कहते हो।

श्याम.–ये खिलौने कहाँ से आये ?

देवी का कलेजा धक्-से हो गया। काटो, तो बदन में लहू नहीं। समझ गयी, इस वक्त ग्रह बिगड़े हुए हैं, सर्वनाश के सभी संयोग मिलते जाते हैं। ये निगोड़े खिलौनेन जाने किस बुरी साइत में आये ! मैंने लिये ही क्यों, उसी वक्त लौटा क्यों न दिये ! बात बना कर बोली–आग लगे वही खिलौने तोहफे हो गये ! बच्चों को कोई कैसे रोके, किसी की मानते हैं। कहती रही, मत ले; मगर न मानी, तो मैं क्या करती ? हाँ, यह जानती कि इन खिलौनों पर मेरी जान मारी जायगी तो जबरदस्ती छीन कर फेंक देती।

श्याम.–इनके साथ और कौन-कौन-सी चीजें आयी हैं, भला चाहती हो तो अभी लाओ।

देवी–जो कुछ आया होगा, इसी घर ही में होगा। देख क्यों नहीं लेते ? इतना बड़ा घर भी नहीं है कि चार दिन देखते लग जायँ ?

श्याम.–मुझे इतनी फुरसत नहीं है। खैरियत इसी में है कि जो चीजें आयी हों, ला कर मेरे सामने रख दो। यह तो हो नहीं सकता कि लड़की के लिए खिलौने आयें और तुम्हारे लिए कोई सौगात न आये। तुम भरी गंगा में कसम खाओ, तो भी मुझे विश्वास न आयेगा।

देवी–तो घर में देख क्यों नहीं लेते ?

श्यामकिशोर ने घूँसा तान कर कहा–कह दिया, मुझे फुरसत नहीं है। सीधे से सारी चीजें ला कर रख दो; नहीं तो इसी दम गला दबाकर मार डालूँगा।

देवी–मारना हो, तो मार डालो; जो चीजें आयी ही नहीं, उन्हें मैं दिखा कहाँ से दूँ।

श्यामकिशोर ने क्रोध से उन्मत्त हो कर देवी को इतनी जोर से धक्का दिया कि चारों खाने चित जमीन पर गिर पड़ी। तब उसके गले पर हाथ रख कर बोले–दबा दूँ गला ! न दिखलायेगी तू उन चीजों को ?

देवी–जो अरमान हों, पूरे कर लो।

श्याम.–खून पी जाऊँगा ! तूने समझा क्या है ?

देवी–अगर दिल की प्यास बुझती हो, तो पी जाओ।

श्याम.–फिर तो उस मेहतर से बातें न करोगी ? अगर अब कभी मुन्नू या उस शोहदे को द्वार पर देखा, तो गला काट लूँगा।

यह कह कर बाबू जी ने देवी को छोड़ दिया, और बाहर चले गये; लेकिन देवी उसी दशा में बड़ी देर तक पड़ी रही। उसके मन में इस समय पति प्रेम की मर्यादा-रक्षा का लेश भी न था। उसका अन्तःकरण प्रतिकार के लिए विकल हो रहा था। इस वक्त अगर वह सुनती कि श्यामकिशोर को किसी ने बाजार में जूता से पीटा, तो कदाचित् वह खुश होती। कई दिनों तक पानी से भीगने के बाद, आज यह झोंका पा कर प्रेम की दीवार भूमि पर गिर पड़ी, और मान की रक्षा करनेवाली कोई साधना न रही। आज केवल संकोच और लोक-लाज की हलकी-सी रस्सी रह गयी है, जो एक झटके में टूट सकती है।

6

श्यामकिशोर बाहर चले गये, तो शारदा भी अपने खिलौने लिये हुए घर से बाहर निकली। बाबू जी खिलौनों को देख कर कुछ बोले नहीं, तो अब उसे किसकी चिंता और किसका भय ! अब वह क्यों न अपनी सहेलियों को खिलौने दिखाये। सड़क के उस पार एक हलवाई का मकान था। हलवाई की लड़की अपने द्वार पर खड़ी थी। शारदा उसे खिलौने दिखाने चली। बीच में सड़क थी, सवारी-गाड़ियों और मोटरों का ताँता बँधा हुआ। शारदा को अपनी धुन में किसी बात का ध्यान न रहा। बालोचित उत्सुकता से भरी हुई वह खिलौने लिये दौड़ी। वह क्या जानती थी कि मृत्यु भी उसी तरह प्राणों का खिलौना खेलने के लिये दौड़ी आ रही है। सामने एक मोटर आती हुई दिखायी दी। दूसरी ओर से एक

बग्घी आ रही थी। शारदा ने चाहा, दौड़ कर उस पार निकल जाय। मोटर ने बिगुल बजाया; शारदा ने जोर मारा कि सामने से निकल जाय; पर होनहार को कौन टालता ! मोटर बालिका को रौंदती हुई चली गयी। सड़क पर एक माँस की लोथ पड़ी रह गयी। खिलौने ज्यों के त्यों थे। उनमें से एक भी न टूटा था! खिलौने रह गये, खेलनेवाला चला गया। दोनों में कौन स्थायी है और कौन अस्थायी, इसका फैसला कौन करे !

चारों ओर से लोग दौड़ पड़े। अरे ! यह तो बाबू जी की लड़की है, जो ऊपर वाले मकान में रहते हैं। लोथ कौन उठाये ? एक आदमी ने लपक कर द्वार पर पुकारा–बाबू जी। आपकी लड़की तो सड़क पर नहीं खेल रही थी ! जरा नीचे तो आ जाइए।

देवी ने छज्जे पर खड़े हो कर सड़क की ओर देखा, तो शारदा की लोथ पड़ी हुई थी। चीख मार कर बेतहाशा नीचे दौड़ी, और सड़क पर आ कर बालिका को गोद में उठा लिया। उसके पैर काँपने लगे। इस वज्रपात ने उसे स्तम्भित कर दिया; रोना भी न आया।

मुहल्ले के कई आदमी पूछने लगे–बाबू जी कहाँ गये हैं ? उनको कैसे बुलाया जाय ?

देवी क्या जवाब देती ? वह तो संज्ञाहीन हो गयी थी। लड़की की लाश गोद में लिये, उसके रक्त से अपने वस्त्रों को भिगोती; आकाश की ओर ताक रही थी, मानो देवता से पूछ रही हो–क्या सारी विपत्तियाँ मुझी पर ?

अँधेरा होता जाता था; पर बाबू जी का पता नहीं। कुछ मालूम भी नहीं, वह कहाँ गये हैं। धीरे-धीरे नौ बजे; पर अब तक बाबू जी न लौटे। इतनी देर तक बाहर न रहते थे। क्या आज ही उन्हें भी गायब होना था ? दस बज गये, अब देवी रोने लगी। उसे लड़की की मृत्यु का इतना दुःख न था, जितना अपनी असमर्थता का। वह कैसे शव की दाहक्रिया करेगी ? कौन उसके साथ जायगा ? क्या इतनी रात गये कोई उसके साथ चलने पर तैयार होगा ? अगर कोई न गया, तो क्या उसे अकेली ही जाना पड़ेगा? क्या रात भर लोथ पड़ी रहेगी ?

ज्यों-ज्यों सन्नाटा होता जाता था, देवी को भय होता था। वह पछता रही थी कि शाम ही को क्यों न इसे ले कर चली गयी।

ग्यारह बजे थे। सहसा किसी ने द्वार खोला। देवी उठ कर खड़ी हो गयी। समझी, बाबू जी आ गये। उसका हृदय उमड़ आया और वह रोती हुई बाहर आयी; पर आह! यह बाबू जी न थे, ये पुलिस के आदमी थे, जो इस मामले की तहकीकात करने आये थे। पाँच बजे की घटना थी। तहकीकात होने लगी ग्यारह बजे। आखिर थानेदार भी तो आदमी है; वह भी तो संध्या-समय घूमने-फिरने जाता ही है।

घंटे-भर तक तहकीकात होती रही। देवी ने देखा, अब संकोच से काम न चलेगा। थानेदार ने उससे जो कुछ पूछा, उसका उत्तर उसने निस्संकोच भाव से दिया। जरा भी न शरमायी, जरा भी न झिझकी। थानेदार भी दंग रह गया।

जब सब के बयान लिख कर दारोगा जी चलने लगे, तो देवी ने कहा–आप उस मोटर का पता लगायेंगे ?

दारोगा—अब तो शायद ही उसका पता लगे।

देवी—तो उसको कुछ सजा न होगी ?

दारोगा—मजबूरी है। किसी को नम्बर भी तो मालूम नहीं।

देवी—सरकार इसका कुछ इंतजाम नहीं करती ? गरीबों के बच्चे इसी तरह कुचले जाते रहेंगे।

दारोगा—इसका क्या इंतजाम हो सकता है ? मोटरें तो बन्द नहीं हो सकतीं ?

देवी—कम से कम पुलिसवालों को यह तो देखना चाहिए कि शहर में कोई बहुत तेज न चलाये ? मगर आप लोग ऐसा क्यों करने लगे ? आपके अफसर भी तो मोटरों पर बैठते हैं। आप उनकी मोटरें रोकेंगे, तो नौकरी कैसे रहेगी ?

थानेदार लज्जित हो चला गया। जब लोग सड़क पर पहुँचे, तो एक सिपाही ने कहा—मेहरिया बड़ी टनमन दिखात है।

थानेदार—अजी, इसने तो मेरा नातका बंद कर दिया। किस गजब का हुस्न पाया है ! मगर कसम ले लो, जो मैंने एक बार भी उसकी तरफ निगाह की हो। ताकने की हिम्मत ही न पड़ती थी !

बाबू श्यामकिशोर बारह बजे के बाद नशे में चूर घर पहुँचे। उन्हें यह खबर रास्ते ही में मिल गयी थी। रोते हुए घर में दाखिल हुए। देवी भरी बैठी थी, सोच रखा था—आज चाहे जो हो जाय, पर फटकारूँगी जरूर। पर उनको रोते देखा, तो सारा गुस्सा गायब हो गया। खुद भी रोने लगी। दोनों बड़ी देर तक रोते रहे। इस विपत्ति ने दोनों के हृदयों को एक दूसरे की ओर बड़े जोर से खींचा। उन्हें ऐसा ज्ञात हुआ कि उनमें फिर पहले का-सा प्रेम जाग्रत हो गया है।

प्रातःकाल जब लोग दाह-क्रिया करके लौटे, तो श्यामकिशोर ने देवी की ओर स्नेह से देखकर करुण स्वर में कहा—तुम्हारा जी अकेले कैसे लगेगा ?

देवी—तुम दस-पाँच दिन की छुट्टी न ले सकोगे ?

श्याम.—यही तो मैं भी सोचता हूँ। पंद्रह दिन की छुट्टी ले लूँ।

श्याम बाबू दफ्तर छुट्टी लेने चले गये। इस विपत्ति में भी आज देवी का हृदय जितना प्रसन्न था, उतना उधर महीनों से न हुआ। बालिका को खो कर वह विश्वास और प्रेम पा गयी थी, और यह उसके आँसू पोंछने के लिए कुछ कम न था।

आह ! अभागिनी ! खुश मत हो। तेरे जीवन का वह अन्तिम कांड होना अभी बाकी है, जिसकी आज तू कल्पना भी नहीं कर सकती।

7

दूसरे दिन बाबू श्यामकिशोर घर ही पर थे कि मुन्नू ने आ कर सलाम किया। श्यामकिशोर ने जरा कड़ी आवाज में पूछा—क्या है जी, तुम क्यों बार-बार यहाँ आया करते हो ?

मुन्नू बड़े दीन भाव से बोला—मालिक, कल की बात जो सुनता है, उसी को रंज होता है। मैं तो हुजूर का गुलाम ठहरा। अब नौकर नहीं हूँ तो क्या, सरकार का नमक

तो खा चुका हूँ। भला, वह कभी हड्डियों से निकल सकता है। कभी-कभी हाल-हवाल पूछने आ जाता हूँ। जब से कल वाली बात सुनी है हुजूर, ऐसा कलक हो रहा है कि क्या कहूँ। कैसी प्यारी-प्यारी बच्ची थी कि देख कर दुख दूर हो जाता था। मुझे देखते ही मुन्नू-मुन्नू करके दौड़ती थी; जब गैरों का यह हाल है, तो हुजूर के दिल पर जो कुछ बीत रही होगी, हुजूर ही जानते होंगे।

श्याम बाबू कुछ नर्म हो कर बोले–ईश्वर की मरजी में इन्सान का क्या चारा? मेरा तो घर ही अँधेरा हो गया। अब यहाँ रहने को जी नहीं चाहता।

मुन्नू–मालकिन तो और भी बेहाल होंगी !

श्याम–हुआ ही चाहें। मैं तो उसे शाम-सबेरे खिला लिया करता था। माँ तो दिन भर साथ रहती थी। मैं तो काम-धंधों में भूल भी जाऊँगा। वह कहाँ भूल सकती हैं। उनको तो सारी जिंदगी का रोना है।

पति को मुन्नू से बातें करते सुन कर देवी ने कोठे पर से आँगन की ओर देखा। मुन्नू को देख कर उसकी आँखों में बे-अख्तियार आँसू भर आये ! बोली–मुन्नू, मैं तो लुट गयी!

मुन्नू–हुजूर, अब सबर कीजिए, रोने-धोने से क्या फायदा ? यही सब अंधेर देख कर तो कभी-कभी अल्लाह मियाँ को जालिम कहना पड़ता है। जो बेईमान हैं, दूसरों का गला काटते फिरते हैं, उनसे अल्लाह मियाँ भी डरते हैं। जो सीधे और सच्चे हैं उन्हीं पर आफत आती है।

मुन्नू देवी को दिलासा देता रहा। श्याम बाबू भी उसकी बातों का समर्थन करते जाते थे। जब वह चला गया, तो बाबू साहब ने कहा–आदमी तो कुछ बुरा नहीं मालूम होता।

देवी ने कहा–मोहब्बती आदमी है। रंज न होता, तो यहाँ क्यों आता ?

8

पंद्रह दिन गुजर गये। बाबू साहब फिर दफ्तर जाने लगे। मुन्नू इस बीच में फिर कभी न आया ? अब तक तो देवी का दिन पति से बातें करने में कट जाता था; लेकिन अब उनके चले जाने पर उसे बार-बार शारदा की याद आती। प्रायः सारा दिन रोते ही कटता था। मुहल्ले की दो-चार नीच जाति की औरतें आती थीं; लेकिन देवी का उनसे मन न मिलता था, वे झूठी सहानुभूति दिखा कर देवी से कुछ ऐंठना चाहती थीं!

एक दिन कोई चार बजे मुन्नू फिर आया, और आँगन में खड़ा हो कर बोला–मालकिन, मैं हूँ मुन्नू, जरा नीचे आ जाइएगा।

देवी ने ऊपर ही से पूछा–क्या काम है ? कहो तो।

मुन्नू–जरा आइए तो !

देवी नीचे आयी, तो मुन्नू ने कहा–रजा मियाँ बाहर खड़े हैं; और हुजूर से मातमपुरसी करते हैं।

देवी ने कहा–जा कर कह दो, ईश्वर की जो मरजी थी, वह हुई।

रजा दरवाजे पर खड़ा था। ये बातें उसने साफ सुनीं। बाहर ही से बोला–खुदा जानता है, जब से यह खबर सुनी है दिल के टुकड़े हुए जाते हैं। मैं जरा दिल्ली चला गया था। आज ही लौट कर आया हूँ। अगर मेरी मौजूदगी में यह वारदात हुई होती, तो और तो क्या कर सकता था; मगर मोटरवाले को बिला सजा कराये न छोड़ता, चाहे वह किसी राजा ही की मोटर होती। सारा शहर छान डालता। बाबू साहब चुपके होके बैठ रहे, यह भी कोई बात है। मोटर चला कर क्या कोई किसी की जान ले लेगा। फूल-सी मासूम बच्ची को जालिमों ने मार डाला। हाय ! अब कौन मुझे राजा भैया कह कर पुकारेगा! खुदा कीकसम, उसके लिए दिल्ली से टोकरी भर खिलौने ले आया हूँ। क्या जानता था कि यहाँ यह सितम हो गया। मुन्नू देख, यह तावीज ले जा कर बहू जी को दे दे। इसे अपने जूड़े में बाँध लेंगी। खुदा ने चाहा, तो उन्हें किसी तरह की दहशत या खटका न रहेगा। उन्हें बुरे-बुरे ख्वाब दिखायी देते होंगे, रात को नींद उचट जाती होगी, दिल घबराया करता होगा। ये सारी शिकायतें इस तावीज से दूर हो जायँगी। मैंने एक पहुँचे हुए फकीर से यह तावीज लिखाया है।

इसी तरह से रजा और मुन्नू उस वक्त तक एक न एक बहाने से द्वार से न टले, जब तक बाबू साहब आते न दिखायी दिये। श्यामकिशोर ने उन दोनों को जाते देख लिया। ऊपर जा कर गम्भीर भाव से बोले–रजा क्या करने आया था ?

देवी–यों ही मातमपुरसी करने आया था। आज दिल्ली से आया है। यह खबर सुन कर दौड़ा आया था।

श्याम.–मर्द मर्दों से मातमपुरसी करते हैं या औरतों से ?

देवी–तुम न मिले, तो मुझी से शोक प्रकट करके चला गया।

श्याम.–इसके यह माने हैं कि जो आदमी मुझसे मिलने आयें, वह मेरे न रहने पर तुमसे मिल सकता है। इसमें कोई हरज नहीं, क्यों ?

देवी–सबसे मिलने मैं थोड़े ही जा रही हूँ ?

श्याम.–तो रजा क्या मेरा साला है या ससुरा ?

देवी–तुम तो जरा-जरा सी बात पर झल्लाने लगते हो।

श्याम.–यह जरा-सी बात है ! एक भले घर की स्त्री एक शोहदे से बातें करे, यह जरा-सी बात है ! तो बड़ी-सी बात किसे कहते हैं ? यह जरा-सी बात नहीं है कि यदि मैं तुम्हारी गरदन घोंट दूँ तो भी मुझे पाप न लगेगा; देखता हूँ, फिर तुमने वही रंग पकड़ा। इतनी बड़ी सजा पा कर भी तुम्हारी आँखें नहीं खुलीं। अबकी क्या मुझे ले बीतदा चाहती हो ?

देवी सन्नाटे में आ गयी। एक तो लड़की का शोक ! उस पर यह अपशब्दों की बौछार और भीषण आक्षेप ! उसके सिर में चक्कर-सा आ गया। बैठ कर रोने लगी। इस जीवन से तो मौत कहीं अच्छी ! केवल यही शब्द उसके मुँह से निकले।

बाबू साहब गरज कर बोले–यही होगा, मत घबराओ, मत घबराओ, यही होगा।

तुम मरना चाहती हो, तो मुझे भी तुम्हारे अमर होने की आकांक्षा नहीं है। जितनी जल्द तुम्हारे जीवन का अंत हो जाय, उतना ही अच्छा। कुल में कलंक तो न लगेगा ?

देवी ने सिसकियाँ लेते हुए कहा—क्यों एक अबला पर इतना अन्याय करते हो? तुम्हें जरा भी दया नहीं आती ?

श्याम.—मैं कहता हूँ, चुप रह !

देवी—क्यों चुप रहूँ; क्या किसी की जबान बंद कर दोगे ?

श्याम.—फिर बोले जाती है ? मैं उठ कर सिर तोड़ दूँगा !

देवी—क्या सिर तोड़ दोगे, कोई जबरदस्ती है ?

श्याम.—अच्छा तो बुला, देखें तेरा कौन हिमायती है ?

यह कहते हुए बाबू साहब झल्ला कर उठे और देवी को कई थप्पड़ और घूँसे लगा दिये; मगर वह न रोयी न चिल्लायी, न जबान से एक शब्द निकाला, केवल अर्थ-शून्य नेत्रों से पति की ओर ताकती रही, मानो यह निश्चय करना चाहती थी कि यह आदमी है या कुछ और।

जब श्यामकिशोर मार-पीट कर अलग खड़े हो गये, तो देवी ने कहा—दिल के अरमान अभी न निकले हों तो और निकाल लो। फिर शायद यह अवसर न मिले।

श्यामकिशोर ने जवाब दिया, सिर काट लूँगा—सिर, तू है किस फेर में ? यह कहते हुए नीचे चले गये, झटके के साथ किवाड़ खोले, धमाके के साथ बन्द किये और कहीं चले गये।

अब देवी की आँखों से आँसू की नदी बहने लगी।

रात के दस बज गये; पर श्यामकिशोर घर न लौटे। रोते-रोते देवी की आँखें सूज आयीं। क्रोध में मधुर स्मृतियों का लोप हो जाता है। देवी को ऐसा ज्ञात होता है कि श्यामकिशोर को उसके साथ कभी प्रेम ही न था। हाँ, कुछ दिनों वह उसका मुँह अवश्य जोहते रहते थे; लेकिन वह बनावटी प्रेम था। उसके यौवन का आनन्द लूटने ही के लिए उससे मीठी-मीठी प्यार की बातें की जाती थीं। उसे छाती से लगाया जाता था, उसे कलेजे पर सुलाया जाता था। वह सब दिखावा था, स्वाँग था। उसे याद ही न आता था कि कभी उससे सच्चा प्रेम किया गया हो। अब वह रूप नहीं रहा, वह यौवन नहीं रहा, वह नवीनता नहीं रही ! फिर उसके साथ क्यों न अत्याचार किये जायँ ? उसने सोचा—कुछ नहीं ! अब इनका दिल मुझसे फिर गया है, नहीं तो क्या इस जरा-सी बात पर यों मुझ पर टूट पड़ते। कोई न कोई लांछन लगा कर मुझसे गला छुड़ाना चाहते हैं। यही बात है, तो मैं क्यों इनकी रोटियाँ और इनकी मार खाने के लिए इस घर में पड़ी रहूँ ? जब प्रेम ही नहीं रहा, तो मेरे यहाँ रहने को धिक्कार है ! मैके में कुछ न सही; यह दुर्गति तो न होगी। इनकी यही इच्छा है, तो यही सही। मैं भी समझ लूँगी कि विधवा हो गयी।

ज्यों-ज्यों रात गुजरती थी, देवी के प्राण सूखे जाते थे। उसे यह धड़का समाया हुआ था कि कहीं वह आकर फिर न मार-पीट शुरू कर दें। कितने क्रोध में भरे हुए यहाँ से गये। वाह री तकदीर ! अब मैं इतनी नीच हो गयी कि मेहतरों से, जूतेवालों से आशनाई

करने लगी। इस भले आदमी को ऐसी बातें मुँह से निकालते शर्म भी नहीं आती ! ना-जाने इनके मन में ऐसी बातें कैसे आती हैं। कुछ नहीं, यह स्वभाव के नीच, दिल के मैले, स्वार्थी आदमी हैं। नीचों के साथ नीच ही बनना चाहिए। मेरी भूल थी कि इतने दिनों से इनकी घुड़कियाँ सहती रही। जहाँ इज्जत नहीं, मर्यादा नहीं, प्रेम नहीं, विश्वास नहीं, वहाँ रहना बेहयायी है। कुछ मैं इनके हाथ बिक तो गयी ही नहीं कि यह जो चाहे करें, मारें या काटें, पड़ी सहा करूँ। सीता-जैसी पत्नियाँ होती थीं, तो राम-जैसे पति भी होते थे !

देवी को ऐसी शंका होने लगी कि कहीं श्यामकिशोर आते ही आते सचमुच उसका गला न दबा दें, या छुरी भोंक दें। वह समाचार-पत्रों में ऐसी कई हरजाइयों की खबरें पढ़ चुकी थीं। शहर ही में ऐसी कई घटनाएँ हो चुकी थीं। मारे भय के थरथरा उठी। यहाँ रहने से प्राणों की कुशल न थी।

देवी ने कपड़ों की एक छोटी-सी बकुची बाँधी और सोचने लगी–यहाँ से कैसे निकलूँ ? और फिर यहाँ से निकल कर जाऊँ कहाँ ? कहीं इस वक्त मुन्नू का पता लग जाता, तो बड़ा काम निकलता। वह मुझे क्या मैके न पहुँचा देता ? एक बार मैके पहुँच भर जाती। फिर तो लाला सिर पटक कर रह जायँ, भूल कर भी न आऊँ। यह भी क्या याद करेंगे। रुपये क्यों छोड़ दूँ, जिसमें यह मजे से गुलछर्रे उड़ायें ? मैंने ही तो काट-छाँट कर जमा किये हैं। इनकी कौन-सी ऐसी बड़ी कमाई थी। खर्च करना चाहती, तो कौड़ी न बचती। पैसा-पैसा बचाती रहती थी।

देवी ने जा कर नीचे के किवाड़ बंद कर दिये। फिर संदूक खोल कर अपने सारे जेवर और रुपये निकाल कर बकुची में बाँध लिये। सब के सब करेंसी नोट थे; विशेष बोझ भी न हुआ।

एकाएक किसी ने सदर दरवाजे में जोर से धक्का मारा। देवी सहम उठी। ऊपर से झाँक कर देखा, श्याम बाबू थे। उनकी हिम्मत न पड़ी कि जा कर द्वार खोल दे। फिर तो बाबू साहब ने इतने जोर से धक्के मारने शुरू किये, मानो किवाड़ ही तोड़ डालेंगे। इस तरह द्वार खुलवाना ही उनके चित्त की दशा को साफ प्रकट कर रहा था। देवी शेर के मुँह में जाने का साहस न कर सकी।

आखिर श्यामकिशोर ने चिल्ला कर कहा–ओ डैम ! किवाड़ खोल, ओ ब्लाडी ! किवाड़ खोल, अभी खोल !

देवी की रही-सही हिम्मत जाती रही। श्यामकिशोर नशे में चूर थे। होश में शायद दया आ जाती, इसलिए शराब पी कर आये हैं। किवाड़ तो न खोलूँगी चाहे तोड़ ही डालो। अब तुम मुझे इस घर में पाओगे ही नहीं, मारोगे कहाँ से ? तुम्हें खूब पहचान गयी।

श्यामकिशोर पंद्रह-बीस मिनट तक शोर मचाने और किवाड़ हिलाने के बाद ऊल-जलूल बकते चले गये। दो-चार पड़ोसियों ने फटकारें भी सुनायीं ! आप भी तो पढ़े-लिखे आदमी हो कर आधी रात को घर चलते हैं। नींद ही तो है, नहीं खुलती, तो क्या कीजिएगा ? जाइए, किसी यार-दोस्त के घर लेट रहिए; सबेरे आइएगा।

श्यामकिशोर के जाते ही देवी ने बकुची उठायी और धीरे-धीरे नीचे उतरी। जरा देर उसने कान लगाकर आहट ली कि कहीं श्यामकिशोर खड़े तो नहीं हैं। जब विश्वास हो गया कि वह चले गये, तो धीरे से द्वार खोला और बाहर निकल आयी। उसे जरा भी क्षोभ, जरा भी दुःख न था। बस केवल एक इच्छा थी कि यहाँ से बच कर भाग जाऊँ। कोई ऐसा आदमी न था, जिस पर वह भरोसा कर सके, जो इस संकट में काम आ सके। था तो बस वही मुन्नू मेहतर। अब उसी के मिलने पर उसकी सारी आशाएँ अवलम्बित थीं। उसी से मिल कर वह निश्चय करेगी कि कहाँ जाय, कैसे रहे ? मैके जाने का अब उसका इरादा न था। उसे भय होता था कि मैके में श्यामकिशोर से वह अपनी जान न बचा सकेगी। उसे यहाँ न पा कर वह अवश्य उसके मैके जायँगे, और उसे जबरदस्ती खींच लायेंगे। वह सारी यातनाएँ, सारे अपमान सहने को तैयार थी, केवल श्यामकिशोर की सूरत नहीं देखना चाहती थी। प्रेम अपमानित हो कर द्वेष में बदल जाता है।

थोड़ी ही दूर पर चौराहा था, कई ताँगेवाले खड़े थे। देवी ने एक इक्का किया और उससे स्टेशन चलने को कहा।

9

देवी ने रात स्टेशन पर काटी। प्रातःकाल उसने एक ताँगा किराये पर किया और परदे में बैठ चौक जा पहुँची। अभी दुकानें न खुली थीं; लेकिन पूछने से रजा मियाँ का पता चल गया। उसकी दुकान पर एक लौंडा झाडू दे रहा था। देवी ने उसे बुला कर कहा—जा कर रजा मियाँ से कह दे कि शारदा की अम्माँ तुमसे मिलने आयी हैं, अभी चलिए।

दस मिनट में रजा और मुन्नू आ पहुँचे।

देवी ने सजल नेत्र हो कर कहा—तुम लोगों के पीछे मुझे घर छोड़ना पड़ा। कल रात को तुम्हारा मेरे घर जाना गजब हो गया। जो कुछ हुआ, वह फिर कहूँगी। मुझे कहीं एक घर दिला दो। घर ऐसा हो कि बाबू साहब को मेरा पता न मिले। नहीं तो वह मुझे जीती न छोड़ेंगे।

रजा ने मुन्नू की ओर देखा, मानो कह रहा है—देखो, चाल कैसी ठीक थी ! देवी से बोला—आप निसाखातिर रहें, ऐसा घर दिला दूँगा कि बाबू साहब के बाबा साहब को भी पता न चलेगा। आप को किसी बात की तकलीफ न होगी। हम आपके पसीने की जगह खून बहा देंगे। सच पूछो तो बहू जी, बाबू साहब आपके लायक थे नहीं।

मुन्नू—कहाँ की बात भैया, आप रानी होने लायक हैं। मैं मालकिन से कहता था कि बाबू जी को दालमंडी की हवा लग गयी है, पर आप मानती ही न थीं। आज रात ही को मैंने गुलाबजान के कोठे पर से उतरते देखा। नशे में चूर थे।

देवी—झूठी बात। उनकी यह आदत नहीं। गुस्सा उन्हें जरूर बहुत है, और गुस्से में आ कर उन्हें नेक-बद कुछ नहीं सूझता; लेकिन निगाह के बुरे नहीं।

मुन्नू—हुजूर मानती ही नहीं, तो क्या करूँ। अच्छा कभी दिखा दूँगा, तब तो मानिएगा।

रजा–अबे दिखाना पीछे, इस वक्त आपको मेरे घर पहुँचा दे। ऊपर ले जाना। तब तक मैं एक मकान देखने जाता हूँ। आपके लायक बहुत ही अच्छा है।

देवी–तुम्हारे घर में बहुत-सी औरतें होंगी।

रजा–कोई नहीं है, बहू जी, सिर्फ एक बुढ़िया मामी है। वह आपके लिए एक कहारिन बुला देगी। आपको किसी बात की तकलीफ न होगी। मैं मकान देखने जा रहा हूँ।

देवी–जरा बाबू साहब की तरफ भी होते आना। देखना घर आये कि नहीं।

रजा–बाबू साहब से तो मुझे चिढ़ हो गयी है। शायद नजर में आ जायँ तो मेरी उनसे लड़ाई हो जाय। जो मर्द आप-जैसी हुस्न की देवी की कदर नहीं कर सकता, वह आदमी नहीं।

मुन्नू–बहुत ठीक कहते हो, भैया। ऐसी सरीफजादी को न जाने किस मुँह से डाँटते हैं ! मुझे इतने दिन हुजूर की गुलामी करते हो गये, कभी एक बात न कही।

रजा मकान देखने गया, और ताँगा रजा के घर की तरफ चला।

देवी के मन में इस समय एक शंका का आभास हुआ–कहीं ये दोनों सचमुच शोहदे तो नहीं हैं ? लेकिन कैसे मालूम हो ? यह सत्य है कि देवी ने जीवन-पर्यंत के लिए स्वामी का परित्याग किया था; पर इतनी ही देर में उसे कुछ पश्चात्ताप होने लगा था। अकेली एक घर में कैसे रहेगी बैठी-बैठी क्या करेगी, यह कुछ उसकी समझ में न आता था। उसने दिल में कहा–क्यों न घर लौट चलूँ ? ईश्वर करे, वह अभी घर न आये हों। मुन्नू से बोली–तुम जरा दौड़ कर देखो तो, बाबू जी घर आये कि नहीं ?

मुन्नू–आप चल कर आराम से बैठें, मैं देख आता हूँ।

देवी–मैं अंदर न जाऊँगी।

मुन्नू–खुदा की कसम खाके कहता हूँ, घर बिलकुल खाली है। आप हम लोगों पर शक करती हैं। हम वह लोग हैं कि आपका हुक्म पायें, तो आग में कूद पड़ें।

देवी इक्के से उतर कर अंदर चली गयी। चिड़िया एक बार पकड़ जाने पर भी फड़फड़ायी; किन्तु पैरों में लासा लगे होने के कारण उड़ न सकी, और शिकारी ने उसे अपनी झोली में रख लिया। वह अभागिनी क्या फिर कभी आकाश में उड़ेगी ? क्या फिर उसे डालियों पर चहकना नसीब होगा ?

10

श्यामकिशोर सबेरे घर लौटे, तो उनका चित्त शांत हो गया था। उन्हें शंका हो रही थी कि कदाचित् देवी घर न होगी। द्वार के दोनों पट खुले देखे तो कलेजा सन्-से हो गया। इतने सबेरे किवाड़ों का खुला रहना अमंगलसूचक था। एक क्षण द्वार पर खड़े हो कर अंदर की आहट ली। कोई आवान न सुनायी दी। आँगन में गये, वहाँ भी सन्नाटा, ऊपर चारों तरफ सूना ! घर काटने को दौड़ रहा था। श्यामकिशोर ने अब जरा सतर्क हो कर देखना शुरू किया। संदूक में रुपये नदारत। गहने का संदूक भी खाली। अब क्या भ्रम हो सकता था।

कोई गंगा-स्नान के लिए जाता है, तो घर के रुपये नहीं उठा ले जाता। वह चली गयी। अब इसमें लेशमात्र भी संदेह नहीं था। यह भी मालूम था कि वह कहाँ गयी है। शायद इसी वक्त लपक कर जाने से वह वापस भी लायी जा सकती है; लेकिन दुनिया क्या कहेगी ?

श्यामकिशोर ने अब चारपाई पर बैठ कर ठंडे दिल से इस घटना की विवेचना करनी शुरू की। इसमें तो संदेह न था कि रजा और उसके पिट्ठू मुन्नू ने ही बहकाया है। आखिर बाबू जी का कर्तव्य क्या था ? उन्होंने वह पुराना मकान छोड़ दिया, देवी को बार-बार समझाया। इसके उपरान्त वह क्या कर सकते थे ? क्या मारना अनुचित था ? अगर एक क्षण के लिए अनुचित ही मान लिया जाय, तो क्या देवी को इसी तरह घर से निकल जाना चाहिए था ? कोई दूसरी स्त्री, जिसके हृदय में पहले ही से विष न भर गया हो, केवल मार खा कर घर से निकल जाती। अवश्य ही देवी का हृदय कलुषित हो गया है।

बाबू साहब ने फिर सोचा—अभी जरा देर में महरी आयेगी। वह देवी को घर में न देख कर पूछेगी, तो क्या जवाब दूँगा ? दम के दम में सारे मुहल्ले में यह खबर फैल जायगी। हाय भगवान् ! क्या करूँ ? श्यामकिशोर के मन में इस वक्त जरा भी पश्चात्ताप, जरा भी दया न थी। अगर देवी किसी तरह उन्हें मिल सकती, तो वह उसकी हत्या कर डालने में जरा भी पसोपेश न करते। उसका घर से निकल जाना, चाहे आवेश के सिवा उसका और कोई कारण न हो, उनकी निगाह में अक्षम्य था, क्रोध बहुधा विरक्ति का रूप धारण कर लिया करता है। श्यामकिशोर को संसार से घृणा हो गयी। जब अपनी पत्नी ही दगा कर जाय तो किसी से क्या आशा की जाय ? जिस स्त्री के लिए हम जीते भी हैं, और मरते भी, जिसको सुखी रखने के लिए हम अपने प्राणों का बलिदान कर देते हैं, जब वह अपनी न हुई, तो फिर दूसरा कौन अपना हो सकता है ? इसी स्त्री को प्रसन्न रखने के लिए उन्होंने क्या नहीं किया। घरवालों से लड़ाई की, भाइयों से नाता तोड़ा, यहाँ तक कि वे अब उनकी सूरत भी नहीं देखना चाहते। उसकी कोई ऐसी इच्छा न थी, जो उन्होंने पूरी न की हो ! उसका जरा-सा सिर भी दुखता था, तो उनके हाथों के तोते उड़ जाते थे। रात की रात उसकी सेवा-शुश्रूषा में बैठे रह जाते थे। वही स्त्री आज उनसे दगा कर गयी, केवल एक गुंडे के बहकाने में आ कर उनके मुँह में कालिख लगा गयी। गुंडों पर इलजाम लगाना तो एक प्रकार से मन को समझाना है ! जिसके दिल में खोट न हो, उसे कोई क्या बहका सकता है? जब इस स्त्री ने धोखा दिया, तो फिर समझना चाहिए कि संसार में प्रेम और विश्वास का अस्तित्व ही नहीं। यह केवल भावुक प्राणियों की कल्पना-मात्र है। ऐसे संसार में रह कर दुःख और दुराशा के सिवा और क्या मिलता है। हा दुष्टा ! ले आज से तू स्वतंत्र है, जो चाहे कर; अब कोई तेरा हाथ पकड़नेवाला नहीं रहा। जिसे तू 'प्रियतम' कहते नहीं थकती थी, उसके साथ तूने यह कुटिल व्यवहार किया! चाहूँ, तो तुझे अदालत में घसीट कर इस पाप का दंड दे सकता हूँ; मगर क्या फायदा! इसका फल तुझे ईश्वर देंगे।

श्यामकिशोर चुपचाप नीचे उतरे, न किसी से कुछ कहा न सुना, द्वार खुले छोड़

दिये और गंगा-तट की ओर चले।

कजाकी

मेरी बाल-स्मृतियों में 'कजाकी' एक न मिटने वाला व्यक्ति है। आज चालीस साल गुजर गये; कजाकी की मूर्ति अभी तक आँखों के सामने नाच रही है। मैं उन दिनों अपने पिता के साथ आजमगढ़ की एक तहसील में था। कजाकी जाति का पासी था, बड़ा ही हँसमुख, बड़ा ही साहसी, बड़ा ही जिंदादिल। वह रोज शाम को डाक का थैला लेकर आता, रात-भर रहता और सबेरे डाक लेकर चला जाता। शाम को फिर उधर से डाक लेकर आ जाता। मैं दिन भर एक उद्विग्न दशा में उसकी राह देखा करता। ज्यों ही चार बजते, व्याकुल हो कर, सड़क पर आ कर, खड़ा हो जाता, और थोड़ी देर में कजाकी कंधे पर बल्लम रखे, उसकी झुँझुनी बजाता, दूर से दौड़ता हुआ आता दिखलायी देता। वह साँवले रंग का गठीला, लम्बा जवान था। शरीर साँचे में ऐसा ढला हुआ कि चतुर मूर्तिकार भी उसमें कोई दोष न निकाल सकता। उसकी छोटी-छोटी मूँछें, उसके सुडौल चेहरे पर बहुत ही अच्छी मालूम होती थीं। मुझे देख कर वह और तेज दौड़ने लगता, उसकी झुँझुनी और तेजी से बजने लगती, और मेरे हृदय में और जोर से खुशी की धड़कन होने लगती। हर्षातिरेक में मैं भी दौड़ पड़ता और एक क्षण में कजाकी का कंधा मेरा सिंहासन बन जाता। वह स्थान मेरी अभिलाषाओं का स्वर्ग था। स्वर्ग के निवासियों को भी शायद वह आंदोलित आनंद न मिलता होगा जो मुझे कजाकी के विशाल कंधों पर मिलता था। संसार मेरी आँखों में तुच्छ हो जाता और जब कजाकी मुझे कंधे पर लिये हुए दौड़ने लगता, तब तो ऐसा मालूम होता, मानो मैं हवा के घोड़े पर उड़ा जा रहा हूँ।

कजाकी डाकखाने में पहुँचता, तो पसीने से तर रहता; लेकिन आराम करने की आदत न थी। थैला रखते ही वह हम लोगों को ले कर किसी मैदान में निकल जाता, कभी हमारे साथ खेलता, कभी बिरहे गा कर सुनाता और कभी कहानियाँ सुनाता। उसे चोरी और डाके, मार-पीट, भूत-प्रेत की सैकड़ों कहानियाँ याद थीं। मैं ये कहानियाँ सुनकर विस्मय-पूर्ण आनंद में मग्न हो जाता; उसकी कहानियों के चोर और डाकू सच्चे योद्धा होते थे, जो अमीरों को लूट कर दीन-दुखी प्राणियों का पालन करते थे। मुझे उन पर घृणा के बदले श्रद्धा होती थी।

2

एक दिन कजाकी को डाक का थैला ले कर आने में देर हो गयी। सूर्यास्त हो गया और वह दिखलायी न दिया। मैं खोया हुआ-सा सड़क पर दूर तक आँखें फाड़-फाड़ कर देखता था; पर वह परिचित रेखा न दिखलायी पडती थी। कान लगा कर सुनता था; 'झुन-झुन' की वह आमोदमय ध्वनि न सुनायी देती थी। प्रकाश के साथ मेरी आशा भी मलिन होती जाती थी। उधर से किसी को आते देखता, तो पूछता–कजाकी आता है ? पर या तो कोई

सुनता ही न था, या केवल सिर हिला देता था।

सहसा 'झुन-झुन' की आवाज कानों में आयी। मुझे अँधेरे में चारों ओर भूत ही दिखलायी देते थे–यहाँ तक कि माता जी के कमरे में ताक पर रखी हुई मिठाई भी अँधेरा हो जाने के बाद, मेरे लिए त्याज्य हो जाती थी; लेकिन वह आवाज सुनते ही मैं उसकी तरफ़ जोर से दौड़ा। हाँ, वह कजाकी ही था। उसे देखते ही मेरी विकलता क्रोध में बदल गयी। मैं उसे मारने लगा, फिर रूठ करके अलग खड़ा हो गया।

कजाकी ने हँस कर कहा–मारोगे, तो मैं एक चीज लाया हूँ, वह न दूँगा।

मैंने साहस करके कहा–जाओ, मत देना, मैं लूँगा ही नहीं।

कजाकी–अभी दिखा दूँ, तो दौड़ कर गोद में उठा लोगे।

मैंने पिघल कर कहा–अच्छा, दिखा दो।

कजाकी–तो आ कर मेरे कंधे पर बैठ जाओ भाग चलूँ। आज बहुत देर हो गयी है। बाबू जी बिगड़ रहे होंगे।

मैंने अकड़ कर कहा–पहिले दिखा।

मेरी विजय हुई। अगर कजाकी को देर का डर न होता और वह एक मिनट भी और रुक सकता, तो शायद पाँसा पलट जाता। उसने कोई चीज दिखलायी, जिसे वह एक हाथ से छाती से चिपटाये हुए था; लम्बा मुँह था, और दो आँखें चमक रही थीं।

मैंने उसे दौड़ कर कजाकी की गोद से ले लिया। यह हिरन का बच्चा था। आह ! मेरी उस खुशी का कौन अनुमान करेगा ? तब से कठिन परीक्षाएँ पास कीं, अच्छा पद भी पाया, रायबहादुर भी हुआ; पर वह खुशी फिर न हासिल हुई। मैं उसे गोद में लिये, उसके कोमल स्पर्श का आनंद उठाता घर की ओर दौड़ा। कजाकी को आने में क्यों इतनी देर हुई इसका खयाल ही न रहा।

मैंने पूछा–यह कहाँ मिला, कजाकी ?

कजाकी–भैया, यहाँ से थोड़ी दूर पर एक छोटा-सा जंगल है। उसमें बहुत-से हिरन हैं। मेरा बहुत जी चाहता था कि कोई बच्चा मिल जाय, तो तुम्हें दूँ। आज यह बच्चा हिरनों के झुंड के साथ दिखलायी दिया। मैं झुंड की ओर दौड़ा, तो सब के सब भागे। यह बच्चा भी भागा; लेकिन मैंने पीछा न छोड़ा। और हिरन तो बहुत दूर निकल गये, यही पीछे रह गया। मैंने इसे पकड़ लिया। इसी से इतनी देर हुई।

यों बातें करते हम दोनों डाकखाने पहुँचे। बाबू जी ने मुझे न देखा, हिरन के बच्चे को भी न देखा, कजाकी ही पर उनकी निगाह पड़ी। बिगड़ कर बोले–आज इतनी देर कहाँ लगायी ? अब थैला ले कर आया है, उसे लेकर क्या करूँ ? डाक तो चली गयी। बता, तूने इतनी देर कहाँ लगायी ?

कजाकी के मुँह से आवाज न निकली।

बाबू जी ने कहा–तुझे शायद अब नौकरी नहीं करनी है। नीच है न, पेट भरा तो मोटा हो गया ! जब भूखों मरने लगेगा, तो आँखें खुलेंगी।

कजाकी चुपचाप खड़ा रहा।

बाबू जी का क्रोध और बढ़ा। बोले—अच्छा, थैला रख दे और अपने घर की राह ले। सूअर, अब डाक ले के आया है। तेरा क्या बिगड़ेगा, जहाँ चाहेगा, मजूरी कर लेगा। माथे तो मेरे जायगी, जवाब तो मुझसे तलब होगा।

कजाकी ने रुआँसे हो कर कहा—सरकार, अब कभी देर न होगी।

बाबू जी—आज क्यों देर की, इसका जवाब दे ?

कजाकी के पास इसका कोई जवाब न था। आश्चर्य तो यह था कि मेरी भी जबान बंद हो गयी। बाबू जी बड़े गुस्सेवर थे। उन्हें काम करना पड़ता था, इसी से बात-बात पर झुंझला पड़ते थे। मैं तो उनके सामने कभी जाता ही न था। वह भी मुझे कभी प्यार न करते थे। घर में केवल दो बार घंटे-घंटे भर के लिए भोजन करने आते थे, बाकी सारे दिन दफ्तर में लिखा करते थे। उन्होंने बार-बार एक सहकारी के लिए अफसरों से विनय की थी; पर इसका कुछ असर न हुआ था। यहाँ तक कि तातील के दिन भी बाबू जी दफ्तर ही में रहते थे। केवल माता जी उनका क्रोध शांत करना जानती थीं; पर वह दफ्तर में कैसे आतीं। बेचारा कजाकी उसी वक्त मेरे देखते-देखते निकाल दिया गया। उसका बल्लम, चपरास और साफा छीन लिया गया और उसे डाकखाने से निकल जाने का नादिरी हुक्म सुना दिया। आह ! उस वक्त मेरा ऐसा जी चाहता था कि मेरे पास सोने की लंका होती, तो कजाकी को दे देता और बाबू जी को दिखा देता कि आपके निकाल देने से कजाकी का बाल भी बाँका नहीं हुआ। किसी योद्धा को अपनी तलवार पर जितना घमंड होता है, उतना ही घमंड कजाकी को अपनी चपरास पर था। जब वह चपरास खोलने लगा, तो उसके हाथ काँप रहे थे और आँखों से आँसू बह रहे थे। और इस सारे उपद्रव की जड़ वह कोमल वस्तु थी, जो मेरी गोद में मुँह छिपाये ऐसे चैन से बैठी हुई थी, मानो माता की गोद में हो। जब कजाकी चला तो मैं धीरे-धीरे उसके पीछे-पीछे चला। मेरे घर के द्वार पर आ कर कजाकी ने कहा—भैया, अब घर जाओ; साँझ हो गयी।

मैं चुपचाप खड़ा अपने आँसुओं के वेग को सारी शक्ति से दबा रहा था। कजाकी फिर बोला—भैया, मैं कहीं बाहर थोड़े ही चला जाऊँगा। फिर आऊँगा और तुम्हें कंधे पर बैठा कर कुदाऊँगा। बाबू जी ने नौकरी ले ली है, तो क्या इतना भी न करने देंगे ! तुमको छोड़ कर मैं कहीं न जाऊँगा, भैया ! जाकर अम्माँ से कह दो, कजाकी जाता है। उसका कहा-सुना माफ करें।

मैं दौड़ा हुआ घर गया, लेकिन अम्माँ जी के कुछ कहने के बदले बिलख-बिलख कर रोने लगा। अम्माँ जी रसोई के बाहर निकल कर पूछने लगीं—क्या हुआ बेटा ? किसने मारा ! बाबू जी ने कुछ कहा है ? अच्छा; रह तो जाओ, आज घर आते हैं, पूछती हूँ। जब देखो, मेरे लड़के को मारा करते हैं। चुप रहो बेटा, अब तुम उनके पास कभी मत जाना।

मैंने बड़ी मुश्किल से आवाज सँभाल कर कहा—कजाकी···

अम्माँ ने समझा, कजाकी ने मारा है; बोलीं—अच्छा, आने दो कजाकी को देखो, खड़े-खड़े निकलवा देती हूँ। हरकारा हो कर मेरे राजा बेटा को मारे ! आज ही तो साफा, बल्लम, सब छिनवाये लेती हूँ। वाह !

मैंने जल्दी से कहा—नहीं, कजाकी ने नहीं मारा। बाबू जी ने उसे निकाल दिया है; उसका साफा, बल्लम छीन लिया—चपरास भी ले ली।

अम्माँ—यह तुम्हारे बाबू जी ने बहुत बुरा किया। वह बेचारा अपने काम में इतना चौकस रहता है। फिर उसे क्यों निकाला ?

मैंने कहा—आज उसे देर हो गयी थी।

यह कह कर मैंने हिरन के बच्चे को गोद से उतार दिया। घर में उसके भाग जाने का भय न था। अब तक अम्माँ जी की निगाह भी उस पर न पड़ी थी। उसे फुदकते देख कर वह सहसा चौंक पड़ीं और लपक कर मेरा हाथ पकड़ लिया कि कहीं यह भयंकर जीव मुझे काट न खाय ! मैं कहाँ तो फूट-फूट कर रो रहा था और कहाँ अम्माँ की घबराहट देख कर खिलखिला कर हँस पड़ा।

अम्माँ—अरे, यह तो हिरन का बच्चा है ! कहाँ मिला ?

मैंने हिरन के बच्चे का सारा इतिहास और उसका भीषण परिणाम आदि से अंत तक कह सुनाया—अम्माँ, यह इतना तेज भागता था। कि कोई दूसरा होता, तो पकड़ ही न सकता। सन्-सन्, हवा की तरह उड़ता चला जाता था। कजाकी पाँच-छः घंटे तक इसके पीछे दौड़ता रहा। तब कहीं जा कर बचा मिले। अम्माँ जी, कजाकी की तरह कोई दुनिया भर में नहीं दौड़ सकता, इसी से तो देर हो गयी। इसलिए बाबू जी ने बेचारे को निकाल दिया—चपरास, साफा, बल्लम, सब छीन लिया। अब बेचारा क्या करेगा ? भूखों मर जायगा।

अम्माँ ने पूछा—कहाँ है कजाकी, जरा उसे बुला तो लाओ।

मैंने कहा—बाहर तो खड़ा है। कहता था, अम्माँ जी से मेरा कहा-सुना माफ करवा देना।

अब तक अम्माँ जी मेरे वृत्तांत को दिल्लगी समझ रही थीं। शायद वह समझती थीं कि बाबू जी ने कजाकी को डाँटा होगा; लेकिन मेरा अंतिम वाक्य सुनकर संशय हुआ कि सचमुच तो कजाकी बरखास्त नहीं कर दिया गया। बाहर आ कर 'कजाकी! कजाकी !' पुकारने लगीं, पर कजाकी का कहीं पता न था। मैंने बार-बार पुकारा; लेकिन कजाकी वहाँ न था।

खाना तो मैंने खा लिया—बच्चे शोक में खाना नहीं छोड़ते, खास कर जब रबड़ी भी सामने हो; मगर बड़ी रात तक पड़े-पड़े सोचता रहा—मेरे पास रुपये होते, तो एक लाख रुपये कजाकी को दे देता और कहता—बाबू जी से कभी मत बोलना। बेचारा भूखों मर जायगा ! देखूँ, कल आता है कि नहीं। अब क्या करेगा आ कर ? मगर आने को तो कह गया है। मैं कल उसे अपने साथ खाना खिलाऊँगा।

यही हवाई किले बनाते-बनाते मुझे नींद आ गयी।

3

दूसरे दिन मैं दिन भर अपने हिरन के बच्चे की सेवा-सत्कार में व्यस्त रहा। पहले उसका नामकरण संस्कार हुआ। 'मुन्नू' नाम रखा गया। फिर मैंने उसका अपने सब हमजोलियों और सहपाठियों से परिचय कराया। दिन ही भर में वह मुझसे इतना हिल गया कि मेरे पीछे-पीछे दौड़ने लगा। इतनी ही देर में मैंने उसे अपने जीवन में एक महत्त्वपूर्ण स्थान दे दिया। अपने भविष्य में बननेवाले विशाल भवन में उसके लिए अलग कमरा बनाने का भी निश्चय कर लिया; चारपाई, सैर करने की फिटन आदि का भी आयोजन कर लिया।

लेकिन संध्या होते ही मैं सब कुछ छोड़-छाड़ कर सड़क पर जा खड़ा हुआ और कजाकी की बाट जोहने लगा। जानता था कि कजाकी निकाल दिया गया है, अब उसे यहाँ आने की कोई जरूरत नहीं रही। फिर न-जाने मुझे क्यों यह आशा हो रही थी कि वह आ रहा है। एकाएक मुझे खयाल आया कि कजाकी भूखों मर रहा होगा। मैं तुरंत घर आया। अम्माँ दिया-बत्ती कर रही थीं। मैंने चुपके से एक टोकरी में आटा निकाला; आटा हाथों में लपेटे, टोकरी से गिरते आटे की एक लकीर बनाता हुआ भागा। जा कर सड़क पर खड़ा हुआ ही था कि कजाकी सामने से आता दिखलायी दिया। उसके पास बल्लम भी था, कमर में चपरास भी थी, सिर पर साफा भी बँधा हुआ था। बल्लम में डाक का थैला भी बँधा हुआ था। मैं दौड़ कर उसकी कमर से चिपट गया और विस्मित हो कर बोला—तुम्हें चपरास और बल्लम कहाँ से मिल गया, कजाकी ?

कजाकी ने मुझे उठा कर कंधे पर बैठालते हुए कहा—वह चपरास किस काम की थी, भैया ? वह तो गुलामी की चपरास थी, यह पुरानी खुशी की चपरास है। पहले सरकार का नौकर था, अब तुम्हारा नौकर हूँ।

यह कहते-कहते उसकी निगाह टोकरी पर पड़ी, जो वहीं रखी थी। बोला—यह आटा कैसा है, भैया ?

मैंने सकुचाते हुए कहा—तुम्हारे ही लिए तो लाया हूँ। तुम भूखे होगे, आज क्या खाया होगा ?

कजाकी—आँखें तो मैं न देख सका, उसके कंधे पर बैठा हुआ था; हाँ, उसकी आवाज से मालूम हुआ कि उसका गला भर आया है। बोला—भैया, क्या रूखी ही रोटियाँ खाऊँगा? दाल, नमक, घी—और तो कुछ नहीं है। मैं अपनी भूल पर बहुत लज्जित हुआ। सच तो है, बेचारा रूखी रोटियाँ कैसे खायगा ? लेकिन नमक, दाल, घी कैसे लाऊँ ? अब तो अम्माँ चौके में होंगी। आटा ले कर तो किसी तरह भाग आया था (अभी तक मुझे न मालूम था कि मेरी चोरी पकड़ ली गयी; आटे की लकीर ने सुराग दे दिया है)। अब ये तीन-तीन चीजें कैसे लाऊँगा ? अम्माँ से माँगूँगा, तो कभी न देंगी। एक-एक पैसे के लिए तो घण्टों रुलाती हैं, इतनी सारी चीजें क्यों देने लगीं ? एकाएक मुझे एक बात याद आयी। मैंने अपनी किताबों के बस्तों में कई आने पैसे रख छोड़े थे। मुझे पैसे जमा करके रखने में बड़ा आनन्द आता था। मालूम नहीं अब वह आदत क्यों बदल गयी। अब भी वही हालत

होती तो शायद इतना फाकेमस्त न रहता। बाबू जी मुझे प्यार तो कभी न करते थे; पर पैसे खूब देते थे, शायद अपने काम में व्यस्त रहने के कारण, मुझसे पिंड छुड़ाने के लिए इसी नुस्खे को सब से आसान समझते थे। इनकार करने में मेरे रोने और मचलने का भय था। इस बाधा को वह दूर ही से टाल देते थे। अम्माँ जी का स्वभाव इससे ठीक प्रतिकूल था। उन्हें मेरे रोने और मचलने से किसी काम में बाधा पड़ने का भय न था। आदमी लेटे-लेटे दिन भर रोना सुन सकता है; हिसाब लगाते हुए जोर की आवाज से ध्यान बँट जाता है। अम्माँ मुझे प्यार तो बहुत करती थीं, पर पैसे का नाम सुनते ही उनकी त्योरियाँ बदल जाती थीं। मेरे पास किताबें न थीं। हाँ, एक बस्ता था, जिसमें डाकखाने के दो-चार फार्म तह करके पुस्तक रूप में रखे हुए थे। मैंने सोचा–दाल, नमक और घी के लिए क्या उतने पैसे काफी न होंगे ? मेरी तो मुट्ठी में नहीं आते। यह निश्चय करके मैंने कहा–अच्छा, मुझे उतार दो, तो मैं दाल और नमक ला दूँ, मगर रोज आया करोगे न?

कजाकी–भैया, खाने को दोगे, तो क्यों न आऊँगा।

मैंने कहा–मैं रोज खाने को दूँगा।

कजाकी बोला–तो मैं रोज आऊँगा।

मैं नीचे उतरा और दौड़ कर सारी पूँजी उठा लाया। कजाकी को रोज बुलाने के लिए उस वक्त मेरे पास कोहनूर हीरा भी होता, तो उसको भेंट करने में मुझे पसोपेश न होता।

कजाकी ने विस्मित हो कर पूछा–ये पैसे कहाँ पाये, भैया ?

मैंने गर्व से कहा–मेरे ही तो हैं।

कजाकी–तुम्हारी अम्माँ जी तुमको मारेंगी, कहेंगी–कजाकी ने फुसला कर मँगवा लिये होंगे। भैया, इन पैसों की मिठाई ले लेना और मटके में रख देना। मैं भूखों नहीं मरता। मेरे दो हाथ हैं। मैं भला भूखों मर सकता हूँ ?

मैंने बहुत कहा कि पैसे मेरे हैं, लेकिन कजाकी ने न लिए। उसने बड़ी देर तक इधर-उधर की सैर करायी, गीत सुनाये और मुझे घर पहुँचा कर चला गया। मेरे द्वार पर आटे की टोकरी भी रख दी।

मैंने घर में कदम रखा ही था कि अम्माँ जी ने डाँट कर कहा–क्यों रे चोर, तू आटा कहाँ ले गया था ? अब चोरी करना सीखता है ? बता, किसको आटा दे आया, नहीं तो तेरी खाल उधेड़ कर रख दूँगी।

मेरी नानी मर गयी। अम्माँ क्रोध में सिंहनी हो जाती थीं। सिटपिटा कर बोला–किसी को तो नहीं दिया।

अम्माँ–तूने आटा नहीं निकाला? देख कितना आटा सारे आँगन में बिखरा पड़ा है?

मैं चुप खड़ा था। वह कितना ही धमकाती थीं, चुमकारती थीं, पर मेरी जबान न खुलती थी। आनेवाली विपत्ति के भय से प्राण सूख रहे थे। यहाँ तक कि यह भी कहने की हिम्मत न पड़ती थी कि बिगड़ती क्यों हो, आटा तो द्वार पर रखा हुआ है, और न

उठा कर लाते ही बनता था, मानो क्रिया-शक्ति ही लुप्त हो गयी हो, मानो पैरों में हिलने की सामर्थ्य ही नहीं।

सहसा कजाकी ने पुकारा—बहू जी, आटा द्वार पर रखा हुआ है। भैया मुझे देने को ले गये थे।

यह सुनते ही अम्माँ द्वार की ओर चली गयीं। कजाकी से वह परदा न करती थीं। उन्होंने कजाकी से कोई बात की या नहीं, यह तो मैं नहीं जानता; लेकिन अम्माँ जी खाली टोकरी लिये हुए घर में आयीं। फिर कोठरी में जाकर संदूक से कुछ निकाला और द्वार की ओर गयीं। मैंने देखा कि उनकी मुट्ठी बंद थी। अब मुझसे वहाँ खड़े न रहा गया। अम्माँ जी के पीछे-पीछे मैं भी गया। अम्माँ ने द्वार पर कई बार पुकारा; मगर कजाकी चला गया था।

मैंने बड़ी धीरता से कहा—मैं जा कर खोज लाऊँ, अम्माँ जी ? अम्माँ जी ने किवाड़ें बंद करते हुए कहा—तुम अँधेरे में कहाँ जाओगे, अभी तो यहीं खड़ा था। मैंने कहा कि यहीं रहना, मैं आती हूँ। तब तक न-जाने कहाँ खिसक गया। बड़ा संकोची है ! आटा तो लेता ही न था। मैंने जबरदस्ती उसके अँगोछे में बाँध दिया। मुझे तो बेचारे पर बड़ी दया आती है। न-जाने बेचारे के घर में कुछ खाने को है कि नहीं। रुपये लायी थी कि दे दूँगी; पर न-जाने कहाँ चला गया। अब तो मुझे भी साहस हुआ। मैंने अपनी चोरी की पूरी कथा कह डाली। बच्चों के साथ समझदार बच्चे बन कर माँ-बाप उन पर जितना असर डाल सकते हैं, जितनी शिक्षा दे सकते हैं, उतने बूढ़े बन कर नहीं।

अम्माँ जी ने कहा—तुमने मुझसे पूछ क्यों न लिया ? क्या मैं कजाकी को थोड़ा-सा आटा न देती ?

मैंने इसका उत्तर न दिया। दिल में कहा—इस वक्त तुम्हें कजाकी पर दया आ गयी है, जो चाहे दे डालो; लेकिन मैं माँगता, तो मारने दौड़तीं। हाँ, यह सोच कर चित्त प्रसन्न हुआ कि अब कजाकी भूखों न मरेगा। अम्माँ जी उसे रोज खाने को देंगी और वह रोज मुझे कंधे पर बिठा कर सैर करायेगा।

दूसरे दिन मैं दिन भर मुन्नू के साथ खेलता रहा। शाम को सड़क पर जा कर खड़ा हो गया। मगर अँधेरा हो गया और कजाकी का कहीं पता नहीं। दिये जल गये, रास्ते में सन्नाटा छा गया; पर कजाकी न आया !

मैं रोता हुआ घर आया। अम्माँ जी ने पूछा—क्यों रोते हो, बेटा ? क्या कजाकी नहीं आया ?

मैं और जोर से रोने लगा। अम्माँ जी ने मुझे छाती से लगा लिया। मुझे ऐसा मालूम हुआ कि उनका भी कंठ गद्‌गद हो गया है।

उन्होंने कहा—बेटा, चुप हो जाओ, मैं कल किसी हरकारे को भेज कर कजाकी को बुलवाऊँगी।

मैं रोते ही रोते सो गया। सबेरे ज्यों ही आँखें खुलीं, मैंने अम्माँ जी से कहा—कजाकी को बुलवा दो।

अम्माँ ने कहा—आदमी गया है, बेटा ! कजाकी आता होगा। खुश होकर खेलने लगा। मुझे मालूम था कि अम्माँ जी जो बात कहती हैं, उसे पूरा जरूर करती हैं। उन्होंने सबेरे ही एक हरकारे को भेज दिया था। दस बजे जब मैं मुन्नू को लिये घर आया, तो मालूम हुआ कि कजाकी अपने घर पर नहीं मिला। वह रात को भी घर न गया था। उसकी स्त्री रो रही थी कि न-जाने कहाँ चले गये। उसे भय था कि वह कहीं भाग गया है।

बालकों का हृदय कितना कोमल होता है, इसका अनुमान दूसरा नहीं कर सकता। उनमें अपने भावों को व्यक्त करने के लिए शब्द नहीं होते। उन्हें यह भी ज्ञात नहीं होता कि कौन-सी बात उन्हें विकल कर रही है, कौन-सा काँटा उनके हृदय में खटक रहा है, क्यों बार-बार उन्हें रोना आता है, क्यों वे मन मारे बैठे रहते हैं, क्यों खेलने में जी नहीं लगता? मेरी भी यही दशा थी। कभी घर में आता, कभी बाहर जाता, कभी सड़क पर जा पहुँचता। आँखें कजाकी को ढूँढ रही थीं। वह कहाँ चला गया ? कहीं भाग तो नहीं गया ?

तीसरे पहर को मैं खोया हुआ-सा सड़क पर खड़ा था। सहसा मैंने कजाकी को एक गली में देखा। हाँ, वह कजाकी ही था। मैं उसकी ओर चिल्लाता हुआ दौड़ा; पर गली में उसका पता न था, न-जाने किधर गायब हो गया। मैंने गली के इस सिरे से उस सिरे तक देखा; मगर कहीं कजाकी की गंध तक न मिली।

घर जा कर मैंने अम्माँ जी से यह बात कही। मुझे ऐसा जान पड़ा कि वह यह बात सुन कर बहुत चिंतित हो गयीं।

इसके बाद दो-तीन दिन तक कजाकी न दिखलायी दिया। मैं भी अब उसे कुछ-कुछ भूलने लगा। बच्चे पहले जितना प्रेम करते हैं, बाद को उतने ही निष्ठुर भी हो जाते हैं। जिस खिलौने पर प्राण देते हैं, उसी को दो-चार दिन के बाद पटक कर फोड़ भी डालते हैं।

दस-बारह दिन और बीत गये। दोपहर का समय था। बाबू जी खाना खा रहे थे। मैं मुन्नू के पैरों में पीनस की पैजनियाँ बाँध रहा था। एक औरत घूँघट निकाले हुए आयी और आँगन में खड़ी हो गयी। उसके कपड़े फटे हुए और मैले थे, पर गोरी, सुन्दर स्त्री थी। उसने मुझसे पूछा—भैया, बहू जी कहाँ हैं ?

मैंने उसके पास जा कर उसका मुँह देखते हुए कहा—तुम कौन हो, क्या बेचती हो ?

औरत—कुछ बेचती नहीं हूँ, तुम्हारे लिए ये कमलगट्टे लायी हूँ। भैया, तुम्हें तो कमलगट्टे बहुत अच्छे लगते हैं न ?

मैंने उसके हाथों से लटकती हुई पोटली को उत्सुक नेत्रों से देख कर पूछा—कहाँ से लायी हो ? देखें।

औरत—तुम्हारे हरकारे ने भेजा है, भैया !

मैंने उछल कर पूछा—कजाकी ने ?

औरत ने सिर हिला कर 'हाँ' कहा और पोटली खोलने लगी। इतने में अम्माँ जी भी रसोई से निकल आयीं। उसने अम्माँ के पैरों का स्पर्श किया। अम्माँ ने पूछा—तू

कजाकी की घरवाली है ?

औरत ने सिर झुका लिया।

अम्माँ–आजकल कजाकी क्या करता है ?

औरत ने रो कर कहा–बहू जी, जिस दिन से आपके पास से आटा ले कर गये हैं, उसी दिन से बीमार पड़े हैं। बस, भैया-भैया किया करते हैं। भैया ही में उनका मन बसा रहता है। चौंक-चौंक कर 'भैया ! भैया !' कहते हुए द्वार की ओर दौड़ते हैं। न जाने उन्हें क्या हो गया है, बहू जी ! एक दिन मुझसे कुछ कहा न सुना, घर से चल दिये और एक गली में छिप कर भैया को देखते रहे। जब भैया ने उन्हें देख लिया, तो भागे। तुम्हारे पास आते हुए लजाते हैं।

मैंने कहा–हाँ-हाँ, मैंने उस दिन तुमसे जो कहा था अम्माँ जी !

अम्माँ–घर में कुछ खाने-पीने को है ?

औरत–हाँ बहू जी, तुम्हारे आसिरवाद से खाने-पीने का दुःख नहीं है। आज सबेरे उठे और तालाब की ओर चले गये। बहुत कहती रही, बाहर मत जाओ, हवा लग जायगी। मगर न माना ! मारे कमजोरी के पैर काँपने लगते हैं, मगर तालाब में घुस कर ये कमलगट्टे तोड़ लाये। तब मुझसे कहा–ले जा, भैया को दे आ। उन्हें कमलगट्टे बहुत अच्छे लगते हैं। कुशल-क्षेम पूछती आना।

मैंने पोटली से कमलगट्टे निकाल लिये थे और मजे से चख रहा था। अम्माँ ने बहुत आँखें दिखायीं, मगर यहाँ इतनी सब्र कहाँ !

अम्माँ ने कहा–कह देना सब कुशल है।

मैंने कहा–यह भी कह देना कि भैया ने बुलाया है। न जाओगे तो फिर तुमसे कभी न बोलेंगे, हाँ !

बाबू जी खाना खा कर निकल आये थे। तौलिये से हाथ-मुँह पोंछते हुए बोले–और यह भी कह देना कि साहब ने तुमको बहाल कर दिया है। जल्दी जाओ, नहीं तो कोई दूसरा आदमी रख लिया जायगा।

औरत ने अपना कपड़ा उठाया और चली गयी। अम्माँ ने बहुत पुकारा, पर वह न रुकी। शायद अम्माँ जी उसे सीधा देना चाहती थीं।

अम्माँ ने पूछा–सचमुच बहाल हो गया ?

बाबू जी–और क्या झूठे ही बुला रहा हूँ। मैंने तो पाँचवें ही दिन बहाली की रिपोर्ट की थी।

अम्माँ–यह तुमने अच्छा किया।

बाबू जी–उसकी बीमारी की यही दवा है।

4

प्रातःकाल मैं उठा, तो क्या देखता हूँ कि कजाकी लाठी टेकता हुआ चला आ रहा है। वह बहुत दुबला हो गया था, मालूम होता था, बूढ़ा हो गया है। हरा-भरा पेड़ सूख कर ठूँठा

हो गया था। मैं उसकी ओर दौड़ा और उसकी कमर से चिमट गया। कजाकी ने मेरे गाल चूमे और मुझे उठा कर कन्धे पर बैठालने की चेष्टा करने लगा; पर मैं न उठ सका। तब वह जानवरों की भाँति भूमि पर हाथों और घुटनों के बल खड़ा हो गया और मैं उसकी पीठ पर सवार हो कर डाकखाने की ओर चला। मैं उस वक्त फूला न समाता था और शायद कजाकी मुझसे भी ज्यादा खुश था।

बाबू जी ने कहा—कजाकी, तुम बहाल हो गये। अब कभी देर न करना।

कजाकी रोता हुआ पिता जी के पैरों पर गिर पड़ा; मगर शायद मेरे भाग्य में दोनों सुख भोगना न लिखा था—मुन्नू मिला, तो कजाकी छूटा; कजाकी आया तो मुन्नू हाथ से गया और ऐसा गया कि आज तक उसके जाने का दुःख है। मुन्नू मेरी ही थाली में खाता था। जब तक मैं खाने न बैठूँ, वह भी कुछ न खाता था। उसे भात से बहुत ही रुचि थी; लेकिन जब तक खूब घी न पड़ा हो, उसे संतोष न होता था। वह मेरे ही साथ सोता था और मेरे ही साथ उठता भी था। सफाई तो उसे इतनी पसंद थी कि मल-मूत्र त्याग करने के लिए घर से बाहर मैदान में निकल जाता था। कुत्तों से उसे चिढ़ थी, कुत्तों को घर में न घुसने देता। कुत्ते को देखते ही थाली से उठ जाता और उसे दौड़ कर घर से बाहर निकाल देता था।

कजाकी को डाकखाने में छोड़ कर जब मैं खाना खाने गया, तो मुन्नू भी आ बैठा। अभी दो-चार ही कौर खाये थे कि एक बड़ा-सा झबरा कुत्ता आँगन में दिखायी दिया। मुन्नू उसे देखते ही दौड़ा। दूसरे घर में जा कर कुत्ता चूहा हो जाता है। झबरा कुत्ता उसे आते देख कर भागा। मुन्नू को अब लौट आना चाहिए था; मगर वह कुत्ता उसके लिए यमराज का दूत था। मुन्नू को उसे घर से निकाल कर भी संतोष न हुआ। वह उसे घर के बाहर मैदान में भी दौड़ाने लगा। मुन्नू को शायद खयाल न रहा कि यहाँ मेरी अमलदारी नहीं है। वह उस क्षेत्र में पहुँच गया था, जहाँ झबरे का भी उतना ही अधिकार था, जितना मुन्नू का। मुन्नू कुत्तों को भगाते-भगाते कदाचित् अपने बाहुबल पर घमंड करने लगा था। वह यह न समझता था कि घर में उसकी पीठ पर घर के स्वामी का भय काम किया करता है। झबरे ने इस मैदान में आते ही उलट कर मुन्नू की गरदन दबा दी। बेचारे मुन्नू के मुँह से आवाज तक न निकली। जब पड़ोसियों ने शोर मचाया, तो मैं दौड़ा। देखा, तो मुन्नू मरा पड़ा है और झबरे का कहीं पता नहीं।

आँसुओं की होली

नामों को बिगाड़ने की प्रथा न-जाने कब चली और कहाँ शुरू हुई।

इस संसार-व्यापी रोग का पता लगाये तो ऐतिहासिक संसार में अवश्य ही अपना नाम छोड़ जाय। पंडित जी का नाम तो श्री विलास था; पर मित्र लोग सिलबिल कहा करते थे। नामों का असर चरित्र पर कुछ न कुछ पड़ जाता है। बेचारे सिलबिल सचमुच ही सिलबिल थे। दफ्तर जा रहे हैं; मगर पाजामे का इजारबंद नीचे लटक रहा है। सिर

पर फेल्ट-कैप है; पर लम्बी-सी चुटिया पीछे झाँक रही है, अचकन यों बहुत सुन्दर है। न जाने उन्हें त्योहारों से क्या चिढ़ थी। दिवाली गुजर जाती पर वह भलमानस कौड़ी हाथ में न लेता। और होली का दिन तो उनकी भीषण परीक्षा का दिन था। तीन दिन वह घर से बाहर न निकलते। घर पर भी काले कपड़े पहने बैठे रहते थे। यार लोग टोह में रहते थे कि कहीं बचा फँस जायँ मगर घर में घुस कर तो फौजदारी नहीं की जाती। एक-आध बार फँसे भी, मगर घिघिया-पुदिया कर बेदाग निकल गये।

लेकिन अबकी समस्या बहुत कठिन हो गयी थी। शास्त्रों के अनुसार पच्चीस वर्ष तक ब्रह्मचर्य का पालन करने के बाद उन्होंने विवाह किया था। ब्रह्मचर्य के परिपक्व होने में जो थोड़ी-बहुत कसर रही, वह तीन वर्ष के गौने की मुद्दत ने पूरी कर दी। यद्यपि स्त्री से कोई शंका न थी, तथापि वह औरतों को सिर चढ़ाने के हामी न थे। इस मामले में उन्हें अपना वही पुराना-धुराना ढंग पसंद था। बीबी को जब कस कर डाँट दिया, तो उसकी मजाल है कि रंग हाथ से छुए। विपत्ति यह थी कि ससुराल के लोग भी होली मनाने आनेवाले थे। पुरानी मसल है 'बहन अंदर तो भाई सिकंदर'। इन सिकंदरों के आक्रमण से बचने का उन्हें कोई उपाय न सूझता था। मित्र लोग घर में न जा सकते थे; लेकिन सिकंदरों को कौन रोक सकता है।

स्त्री ने आँख फाड़ कर कहा—अरे भैया ! क्या सचमुच रंग न घर लाओगे ? यह कैसे होली है, बाबा ?

सिलबिल ने त्योरियाँ चढ़ा कर कहा—बस, मैंने एक बार कह दिया और बात दोहराना मुझे पसंद नहीं। घर में रंग नहीं आयेगा और न कोई छुएगा ? मुझे कपड़ों पर लाल छींटे देख कर मचली आने लगती है। हमारे घर में ऐसी ही होली होती है।

स्त्री ने सिर झुका कर कहा—तो न लाना रंग-संग, मुझे रंग ले कर क्या करना है। जब तुम्हीं रंग न छुओगे, तो मैं कैसे छू सकती हूँ सिलबिल ने प्रसन्न हो कर कहा—निस्संदेह यही साध्वी स्त्री का धर्म है।

'लेकिन भैया तो आनेवाले हैं। वह क्यों मानेंगे ?'

'उनके लिए भी मैंने एक उपाय सोच लिया है। उसे सफल बनाना तुम्हारा काम है। मैं बीमार बन जाऊँगा। एक चादर ओढ़ कर लेट रहूँगा। तुम कहना इन्हें ज्वर आ गया। बस; चलो छुट्टी हुई।'

स्त्री ने आँख नचा कर कहा—ऐ नौज; कैसी बातें मुँह से निकालते हो ! ज्वर जाय मुद्दई के घर, यहाँ आये तो मुँह झुलस दूँ निगोड़े का।

'तो फिर दूसरा उपाय ही क्या है ?'

'तुम ऊपरवाली छोटी कोठरी में छिप रहना, मैं कह दूँगी, उन्होंने जुलाब लिया है। बाहर निकलेंगे तो हवा लग जायगी।'

पंडित जी खिल उठे—बस, बस, यही सबसे अच्छा।

2

होली का दिन है। बाहर हाहाकार मचा हुआ है। पुराने जमाने में अबीर और गुलाल के सिवा और कोई रंग न खेला जाता था। अब नीले, हरे, काले, सभी रंगों का मेल हो गया है और इस संगठन से बचना आदमी के लिए तो संभव नहीं। हाँ, देवता बचें। सिलबिल के दोनों साले मुहल्ले भर के मर्दों, औरतों, बच्चों और बूढ़ों का निशाना बने हुए थे। बाहर के दिवानखाने के फर्श, दीवारें–यहाँ तक की तसवीरें भी रंग उठी थीं। घर में भी यही हाल था। मुहल्ले की ननदें भला कब मानने लगी थीं। परनाला तक रंगीन हो गया था।

बड़े साले ने पूछा–क्यों री चम्पा, क्या सचमुच उनकी तबीयत अच्छी नहीं ? खाना खाने भी न आये ?

चम्पा ने सिर झुका कर कहा–हाँ भैया, रात ही से पेट में कुछ दर्द होने लगा। डाक्टर ने हवा में निकलने को मना कर दिया है।

जरा देर बाद छोटे साले ने कहा–क्यों जीजी जी, क्या भाई साहब नीचे नहीं आयेंगे ? ऐसी भी क्या बीमारी है ! कहो तो ऊपर जा कर देख आऊँ।

चम्पा ने उसका हाथ पकड़ कर कहा–नहीं-नहीं, ऊपर मत जैयो ! वह रंग-वंग न खेलेंगे। डाक्टर ने हवा में निकलने को मना कर दिया है।

दोनों भाई हाथ मल कर रह गये।

सहसा छोटे भाई को एक बात सूझी–जीजा जी के कपड़ों के साथ क्यों न होली खेलें। वे तो नहीं बीमार हैं।

बड़े भाई के मन में यह बात बैठ गयी। बहन बेचारी अब क्या करती ? सिकंदरों ने कुंजियाँ उसके हाथ से लीं और सिलबिल के सारे कपड़े निकाल-निकाल कर रंग डाले। रूमाल तक न छोड़ा। जब चम्पा ने उन कपड़ों को आँगन में अलगनी पर सूखने को डाल दिया तो ऐसा जान पड़ा, मानो किसी रंगरेज ने ब्याह के जोड़े रँगे हों। सिलबिल ऊपर बैठे-बैठे यह तमाशा देख रहे थे; पर जबान न खोलते थे। छाती पर साँप-सा लोट रहा था। सारे कपड़े खराब हो गये, दफ्तर जाने को भी कुछ न बचा। इन दुष्टों को मेरे कपड़ों से न जाने क्या बैर था।

घर में नाना प्रकार के स्वादिष्ट व्यंजन बन रहे थे। मुहल्ले की एक ब्राह्मणी के साथ चम्पा भी जुटी हुई थी। दोनों भाई और कई अन्य सज्जन आँगन में भोजन करने बैठे, तो बड़े साले ने चम्पा से पूछा–कुछ उनके लिए भी खिचड़ी-विचड़ी बनायी है ? पूरियाँ तो बेचारे आज खा न सकेंगे !

चम्पा ने कहा–अभी तो नहीं बनायी, अब बना लूँगी।

'वाह री तेरी अक्ल ! अभी तक तुझे इतनी फिक्र नहीं कि वह बेचारे खायेंगे क्या। तू तो इतनी लापरवाह कभी न थी। जा निकाल ला जल्दी से चावल और मूँग की दाल।'

लीजिए–खिचड़ी पकने लगी। इधर मित्रों ने भोजन करना शुरू किया। सिलबिल ऊपर बैठे अपनी किस्मत को रो रहे थे। उन्हें इस सारी विपत्ति का एक ही कारण मालूम होता था–विवाह ! चम्पा न आती, तो ये साले क्यों आते, कपड़े क्यों खराब होते, होली के दिन मूँग की खिचड़ी क्यों खाने को मिलती ? मगर अब पछताने से क्या होता है।

जितनी देर में लोगों ने भोजन किया, उतनी देर में खिचड़ी तैयार हो गयी। बड़े साले ने खुद चम्पा को ऊपर भेजा कि खिचड़ी की थाली ऊपर दे आये।

सिलबिल ने थाली की ओर कुपित नेत्रों से देख कर कहा—इसे मेरे सामने से हटा ले जाव।

'क्या आज उपवास ही करोगे ?'

'तुम्हारी यही इच्छा है, तो यही सही।'

'मैंने क्या किया। सबेरे से जुती हुई हूँ। भैया ने खुद खिचड़ी डलवायी और मुझे यहाँ भेजा।'

'हाँ, वह तो मैं देख रहा हूँ कि मैं घर का स्वामी नहीं। सिकंदरों ने उस पर कब्जा जमा लिया है, मगर मैं यह नहीं मान सकता कि तुम चाहतीं तो और लोगों के पहले ही मेरे पास थाली न पहुँच जाती। मैं इसे पतिव्रत धर्म के विरुद्ध समझता हूँ, और क्या कहूँ !'

'तुम तो देख रहे थे कि दोनों जने मेरे सिर पर सवार थे।'

'अच्छी दिल्लगी है कि और लोग तो समोसे और खस्ते उड़ायें और मुझे मूँग की खिचड़ी दी जाय। वाह रे नसीब !'

'तुम इसे दो-चार कौर खा लो, मुझे ज्यों ही अवसर मिलेगा, दूसरी थाली लाऊँगी।'

'सारे कपड़े रँगवा डाले, दफ्तर कैसे जाऊँगा ? यह दिल्लगी मुझे जरा भी नहीं भाती। मैं इसे बदमाशी कहता हूँ। तुमने संदूक की कुंजी क्यों दे दी ? क्या मैं इतना पूछ सकता हूँ ?'

'जबरदस्ती छीन ली। तुमने सुना नहीं ? करती क्या ?'

'अच्छा, जो हुआ सो हुआ, यह थाली ले जाव। धर्म समझना तो दूसरी थाली लाना, नहीं तो आज व्रत ही सही।'

एकाएक पैरों की आहट पा कर सिलबिल ने सामने देखा, तो दोनों साले आ रहे हैं। उन्हें देखते ही बिचारे ने मुँह बना लिया, चादर से शरीर ढँक लिया और कराहने लगे।

बड़े साले ने कहा—कहिए, कैसी तबीयत है ? थोड़ी-सी खिचड़ी खा लीजिए।

सिलबिल ने मुँह बना कर कहा—अभी तो कुछ खाने की इच्छा नहीं है।

'नहीं, उपवास करना तो हानिकर होगा। खिचड़ी खा लीजिए।'

बेचारे सिलबिल ने मन में इन दोनों शैतानों को खूब कोसा और विष की भाँति खिचड़ी कंठ के नीचे उतारी। आज होली के दिन खिचड़ी ही भाग्य में लिखी थी ! जब तक सारी खिचड़ी समाप्त न हो गयी, दोनों वहाँ डटे रहे, मानो जेल के अधिकारी किसी अनशन व्रतधारी कैदी को भोजन करा रहे हों। बेचारे को ठूँस-ठूँस कर खिचड़ी खानी पड़ी। पकवानों के लिए गुंजायश ही न रही।

3

दस बजे रात को चम्पा उत्तम पदार्थों का थाल लिये पतिदेव के पास पहुँची ! महाशय मन ही मन झुँझला रहे थे। भाइयों के सामने मेरी परवाह कौन करता है। न जाने कहाँ

से दोनों शैतान फट पड़े। दिन भर उपवास कराया और अभी तक भोजन का कहीं पता नहीं। बारे चम्पा को थाल लाते देख कर कुछ अग्नि शांत हुई। बोले—अब तो बहुत सबेरा है, एक-दो घंटे बाद क्यों न आयीं ? चम्पा ने सामने थाली रख कर कहा—तुम तो न हारी ही मानते हो, न जीती। अब आखिर ये दो मेहमान आये हुए हैं, इनका सेवा-सत्कार न करूँ तो भी तो काम नहीं चलता। तुम्हीं को बुरा लगेगा। कौन रोज आयेंगे।

'ईश्वर न करे कि रोज आयें, यहाँ तो एक ही दिन में बधिया बैठ गयी।'

थाल की सुगंधमय, तरबतर चीजें देख कर सहसा पंडित जी के मुखारविंद पर मुस्कान की लाली दौड़ गयी। एक-एक चीज खाते थे और चम्पा को सराहते थे—सच कहता हूँ, चम्पा; मैंने ऐसी चीजें कभी नहीं खायी थीं। हलवाई साला क्या बनायेगा। जी चाहता है, कुछ इनाम दूँ।

'तुम मुझे बना रहे हो। क्या करूँ जैसा बनाना आता है, बना लायी।'

'नहीं जी, सच कह रहा हूँ। मेरी तो आत्मा तक तृप्त हो गयी। आज मुझे ज्ञात हुआ कि भोजन का सम्बन्ध उदर से इतना नहीं, जितना आत्मा से है। बतलाओ, क्या इनाम दूँ ?'

'जो मागूँ, वह दोगे ?'

'दूँगा—जनेऊ की कसम खा कर कहता हूँ !'

'न दो तो मेरी बात जाय।'

'कहता हूँ भाई, अब कैसे कहूँ। क्या लिखा-पढ़ी कर दूँ ?'

'अच्छा, तो माँगती हूँ। मुझे अपने साथ होली खेलने दो।'

पंडित जी का रंग उड़ गया। आँखें फाड़ कर बोले—होली खेलने दूँ ? मैं तो होली खेलता नहीं। कभी नहीं खेला। होली खेलना होता, तो घर में छिप कर क्यों बैठता।

'और के साथ मत खेलो; लेकिन मेरे साथ तो खेलना ही पड़ेगा।'

'यह मेरे नियम के विरुद्ध है। जिस चीज को अपने घर में उचित समझूँ उसे किस न्याय से घर के बाहर अनुचित समझूँ, सोचो।'

चम्पा ने सिर नीचा करके कहा—घर में ऐसी कितनी बातें उचित समझते हो, जो घर के बाहर करना अनुचित ही नहीं पाप भी है।

पंडित जी झेंपते हुए बोले—अच्छा भाई, तुम जीती, मैं हारा। अब मैं तुम से यही दान माँगता हूँ....

'पहले मेरा पुरस्कार दे दो, पीछे मुझसे दान माँगना'—यह कहते हुए चम्पा ने लोटे का रंग उठा लिया और पंडित जी को सिर से पाँव तक नहला दिया। जब तक वह उठ कर भागें उसने मुट्ठी भर गुलाल ले कर सारे मुँह में पोत दिया।

पंडित जी रोनी सूरत बना कर बोले—अभी और कसर बाकी हो, तो वह भी पूरी कर लो। मैं जानता था कि तुम मेरी आस्तीन का साँप बनोगी। अब और कुछ रंग बाकी नहीं रहा ?

चम्पा ने पति के मुख की ओर देखा, तो उस पर मनोवेदना का गहरा रंग झलक

रहा था। पछता कर बोली—क्या तुम सचमुच बुरा मान गये हो ? मैं तो समझती थी कि तुम केवल मुझे चिढ़ा रहे हो।

श्रीविलास ने काँपते हुए स्वर में कहा—नहीं चम्पा, मुझे बुरा नहीं लगा। हाँ, तुमने मुझे उस कर्तव्य की याद दिला दी, जो मैं अपनी कायरता के कारण भुला बैठा था। वह सामने जो चित्र देख रही हो, मेरे परम मित्र मनहरनाथ का है, जो अब संसार में नहीं है। तुमसे क्या कहूँ, कितना सरस, कितना भावुक, कितना साहसी आदमी था! देश की दशा देख-देख कर उसका खून जलता रहता था। उन्नीस-बीस भी कोई उम्र होती है, पर वह उसी उम्र में अपने जीवन का मार्ग निश्चित कर चुका था। सेवा करने का अवसर पा कर वह इस तरह उसे पकड़ता था, मानो सम्पति हो। जन्म का विरागी था। वासना तो उसे छू ही न गयी थी। हमारे और साथी सैर-सपाटे करते थे; पर उसका मार्ग सबसे अलग था। सत्य के लिए प्राण देने को तैयार, कहीं अन्याय देखा और भवें तन गयीं, कहीं पत्रों में अत्याचार की खबर देखी और चेहरा तमतमा उठा। ऐसा तो मैंने आदमी ही नहीं देखा। ईश्वर ने अकाल ही बुला लिया, नहीं तो वह मनुष्यों में रत्न होता। किसी मुसीबत के मारे का उद्धार करने को अपने प्राण हथेली पर लिये फिरता था। स्त्री-जाति का इतना आदर और सम्मान कोई क्या करेगा ? स्त्री उसके लिए पूजा और भक्ति की वस्तु थी। पाँच वर्ष हुए, यही होली का दिन था। मैं भंग के नशे में चूर, रंग में सिर से पाँव तक नहाया हुआ, उसे गाना सुनने के लिए बुलाने गया, तो देखा कि वह कपड़े पहने कहीं जाने को तैयार है। पूछा—कहाँ जा रहे हो ?

उसने मेरा हाथ पकड़ कर कहा—तुम अच्छे वक्त पर आ गये, नहीं तो मुझे जाना पड़ता। एक अनाथ बुढ़िया मर गयी है, कोई उसे कंधा देनेवाला नहीं मिलता। कोई किसी मित्र से मिलने गया हुआ है, कोई नशे में चूर पड़ा हुआ है, कोई मित्रों की दावत कर रहा है, कोई महफिल सजाये बैठा है। कोई लाश को उठानेवाला नहीं। ब्राह्मण-क्षत्री उस चमारिन की लाश कैसे छुएँगे, उनका तो धर्म भ्रष्ट होता है, कोई तैयार नहीं होता! बड़ी मुश्किल से दो कहार मिले हैं। एक मैं हूँ, चौथे आदमी की कमी थी, सो ईश्वर ने तुम्हें भेज दिया। चलो, चलें।

हाय ! अगर मैं जानता कि यह प्यारे मनहर का आदेश है, तो आज मेरी आत्मा को इतनी ग्लानि न होती। मेरे घर कई मित्र आये हुए थे। गाना हो रहा था। उस वक्त लाश उठा कर नदी जाना मुझे अप्रिय लगा। बोला—इस वक्त तो भाई, मैं नहीं जा सकूँगा। घर पर मेहमान बैठे हुए हैं। मैं तुम्हें बुलाने आया था।

मनहर ने मेरी ओर तिरस्कार के नेत्रों से देख कर कहा—अच्छी बात है, तुम जाओ; मैं और कोई साथी खोज लूँगा। मगर तुमसे मुझे ऐसी आशा नहीं थी। तुमने भी वही कहा, जो तुमसे पहले औरों ने कहा था। कोई नयी बात नहीं थी। अगर हम लोग अपने कर्त्तव्य को भूल न गये होते, तो आज यह दशा ही क्यों होती ? ऐसी होली को धिक्कार है ! त्योहार, तमाशा देखने, अच्छी-अच्छी चीजें खाने और अच्छे-अच्छे कपड़े पहनने का नाम नहीं है। यह व्रत है, तप है, अपने भाइयों से प्रेम और सहानुभूति करना ही त्योहार का

खास मतलब है और कपड़े लाल करने के पहले खून को लाल कर लो। सफेद खून पर यह लाली शोभा नहीं देती।

यह कह कर वह चला गया। मुझे उस वक्त यह फटकारें बहुत बुरी मालूम हुईं। अगर मुझमें वह सेवा-भाव न था, तो उसे मुझे यों धिक्कारने का कोई अधिकार न था। घर चला आया; पर वे बातें बराबर मेरे कानों में गूँजती रहीं। होली का सारा मजा बिगड़ गया।

एक महीने तक हम दोनों से मुलाकात न हुई। कालेज इम्तहान की तैयारी के लिए बंद हो गया था। इसलिए कालेज में भी भेंट न होती थी। मुझे कुछ खबर नहीं, वह कब और कैसे बीमार पड़ा, कब अपने घर गया। सहसा एक दिन मुझे उसका एक पत्र मिला। हाय ! उस पत्र को पढ़कर आज भी छाती फटने लगती है।

श्रीविलास एक क्षण तक गला रुक जाने के कारण बोल न सके। फिर बोले–किसी दिन तुम्हें फिर दिखाऊँगा। लिखा था, मुझसे आखिरी बार मिल जा, अब शायद इस जीवन में भेंट न हो। खत मेरे हाथ में छूट कर गिर पड़ा। उसका घर मेरठ जिले में था। दूसरी गाड़ी जाने में आधा घंटे की कसर थी। तुरंत चल पड़ा। मगर उसके दर्शन न बदे थे। मेरे पहुँचने के पहले ही वह सिधार चुका था। चम्पा उसके बाद मैंने होली नहीं खेली, होली ही नहीं, और सभी त्योहार छोड़ दिये। ईश्वर ने शायद मुझे क्रिया की शक्ति नहीं दी। अब बहुत चाहता हूँ कि कोई मुझसे सेवा का काम ले। खुद आगे नहीं बढ़ सकता; लेकिन पीछे चलने को तैयार हूँ। पर मुझसे कोई काम लेनेवाला भी नहीं; लेकिन आज वह रंग डाल कर तुमने मुझे उस धिक्कार की याद दिला दी। ईश्वर मुझे ऐसी शक्ति दे कि मैं मन में ही नहीं, कर्म में भी मनहरन बनूँ।

यह कहते हुए श्रीविलास ने तश्तरी से गुलाल निकाला और उसे चित्र पर छिड़क कर प्रणाम किया।

अग्नि-समाधि

साधु-संतों के सत्संग से बुरे भी अच्छे हो जाते हैं, किन्तु पयाग का दुर्भाग्य था कि उस पर सत्संग का उल्टा ही असर हुआ। उसे गाँजे, चरस और भंग का चस्का पड़ गया, जिसका फल यह हुआ कि एक मेहनती, उद्यमशील युवक आलस्य का उपासक बन बैठा। जीवन-संग्राम में यह आनन्द कहाँ ! किसी वट-वृक्ष के नीचे धूनी जल रही है, एक जटाधारी महात्मा विराज रहे हैं, भक्तजन उन्हें घेरे बैठे हुए हैं, और तिल-तिल पर चरस के दम लग रहे हैं। बीच-बीच में भजन भी हो जाते हैं। मजूरी-धतूरी में यह स्वर्ग-सुख कहाँ ! चिलम भरना पयाग का काम था। भक्तों को परलोक में पुण्य-फल की आशा थी, पयाग को तत्काल फल मिलता था–चिलमों पर पहला हक उसी का होता था। महात्माओं के श्रीमुख से भगवत् चर्चा सुनते हुए वह आनंद से विह्वल हो उठता था, उस पर आत्मविस्मृति-सी छा जाती थी। वह सौरभ, संगीत और प्रकाश से भरे हुए एक दूसरे ही

संसार में पहुँच जाता था। इसलिए जब उसकी स्त्री रुक्मिन रात के दस-ग्यारह बज जाने पर उसे बुलाने आती, तो पयाग को प्रत्यक्ष क्रूर अनुभव होता, संसार उसे काँटों से भरा हुआ जंगल-सा दीखता, विशेषतः जब घर आने पर उसे मालूम होता कि अभी चूल्हा नहीं जला और चने-चबेने की कुछ फिक्र करनी है। वह जाति का भर था, गाँव की चौकीदारी उसकी मीरास थी, दो रुपये और कुछ आने वेतन मिलता था। वरदी और साफा मुफ्त। काम था सप्ताह में एक दिन थाने जाना, वहाँ अफसरों के द्वार पर झाड़ू लगाना, अस्तबल साफ करना, लकड़ी चीरना। पयाग रक्त के घूँट पी-पी कर ये काम करता, क्योंकि अवज्ञा शारीरिक और आर्थिक दोनों ही दृष्टि से महँगी पड़ती थीं। आँसू यों पुछते थे कि चौकीदारी में यदि कोई काम था, तो इतना ही, और महीने में चार दिन के लिए दो रुपये और कुछ आने कम न थे। फिर गाँव में भी अगर बड़े आदमियों पर नहीं, तो नीचों पर रोब था। वेतन पेंशन थी और जब से महात्माओं का सम्पर्क हुआ, वह पयाग के जेब-खर्च की मद में आ गयी। अतएव जीविका का प्रश्न दिनोंदिन चिन्तोत्पादक रूप धारण करने लगा। इन सत्संगों के पहले यह दम्पति गाँव में मजदूरी करता था। रुक्मिन लकड़ियाँ तोड़ कर बाजार ले जाती, पयाग कभी आरा चलाता, कभी हल जोतता, कभी पुर हाँकता। जो काम सामने आ जाय, उसमें जुट जाता था। हँसमुख, श्रमशील, विनोदी, निर्द्वन्द्व आदमी था और ऐसा आदमी कभी भूखों नहीं मरता। उस पर नम्र इतना कि किसी काम के लिए 'नहीं' न करता। किसी ने कुछ कहा और वह 'अच्छा भैया' कह कर दौड़ा। इसलिए उसका गाँव में मान था। इसी की बदौलत निरुद्यम होने पर भी दो-तीन साल उसे अधिक कष्ट न हुआ। दोनों जून की तो बात ही क्या, जब महतो को यह ऋद्धि न प्राप्त थी, जिनके द्वार पर बैलों की तीन-तीन जोड़ियाँ बँधती थीं, तो पयाग किस गिनती में था। हाँ, एक जून की दाल-रोटी में संदेह न था। परन्तु अब यह समस्या दिन पर दिन विषमतर होती जाती थी। उस पर विपत्ति यह थी कि रुक्मिन भी अब किसी कारण से उसकी पतिपरायण, उतनी सेवाशील, उतनी तत्पर न थी। नहीं, उसकी प्रगल्भता और वाचालता में आश्चर्यजनक विकास होता जाता था। अतएव पयाग को किसी ऐसी सिद्धि की आवश्यकता थी, जो उसे जीविका की चिंता से मुक्त कर दे और वह निश्चिंत हो कर भगवद्भजन और साधु-सेवा में प्रवृत्त हो जाय।

एक दिन रुक्मिन बाजार में लकड़ियाँ बेच कर लौटी, तो पयाग ने कहा–ला, कुछ पैसे मुझे दे दे, दम लगा आऊँ।

रुक्मिन ने मुँह फेर कर कहा–दम लगाने की ऐसी चाट है, तो काम क्यों नहीं करते ? क्या आजकल कोई बाबा नहीं हैं, जा कर चिलम भरो ?

पयाग ने त्योरी चढ़ा कर कहा–भला चाहती है तो पैसे दे दे; नहीं तो इस तरह तंग करेगी, तो एक दिन कहीं चला जाऊँगा, तब रोयेगी।

रुक्मिन अँगूठा दिखा कर बोली–रोये मेरी बला। तुम रहते ही हो, तो कौन सोने का कौर खिला देते हो ? अब भी छाती फाड़ती हूँ, तब भी छाती फाड़ूँगी।

'तो अब यही फैसला है ?'

'हाँ-हाँ, कह तो दिया, मेरे पास पैसे नहीं हैं।'

'गहने बनवाने के लिए पैसे हैं और मैं चार पैसे माँगता हूँ, तो यों जवाब देती है !'

रुक्मिन तिनक कर बोली—गहने बनवाती हूँ, तो तुम्हारी छाती क्यों फटती है ? तुमने तो पीतल का छल्ला भी नहीं बनवाया, या इतना भी नहीं देखा जाता ?

पयाग उस दिन घर न आया। रात के नौ बज गये, तब रुक्मिन ने किवाड़ बंद कर लिये। समझी, गाँव में कहीं छिपा बैठा होगा। समझता होगा, मुझे मनाने आयेगी, मेरी बला जाती है।

जब दूसरे दिन भी पयाग न आया, तो रुक्मिन को चिंता हुई। गाँव भर छान आयी। चिड़िया किसी अड्डे पर न मिली। उस दिन उसने रसोई नहीं बनायी। रात को लेटी भी तो बहुत देर तक आँखें न लगीं। शंका हो रही थी, पयाग सचमुच तो विरक्त नहीं हो गया। उसने सोचा, प्रातःकाल पत्ता-पत्ता छान डालूँगी, किसी साधु-संत के साथ होगा। जा कर थाने में रपट कर दूँगी।

अभी तड़का ही था कि रुक्मिन थाने में चलने को तैयार हो गयी। किवाड़ बंद करके निकली ही थी कि पयाग आता हुआ दिखाई दिया। पर वह अकेला न था। उसके पीछे-पीछे एक स्त्री भी थी। उसकी छींट की साड़ी, रँगी हुई चादर, लम्बा घूँघट और शर्मीली चाल देख कर रुक्मिन का कलेजा धक्-से हो गया। वह एक क्षण हत्-बुद्धि-सी खड़ी रही, तब बढ़ कर नयी सौत को दोनों हाथों के बीच में ले लिया और उसे इस भाँति धीरे-धीरे घर के अंदर ले चली, जैसे कोई रोगी जीवन से निराश हो कर विष-पान कर रहा हो !

जब पड़ोसियों की भीड़ छंट गयी तो रुक्मिन ने पयाग से पूछा—इसे कहाँ से लाये ?

पयाग ने हँस कर कहा—घर से भागी जाती थी, मुझे रास्ते में मिल गयी। घर का काम-धंधा करेगी, पड़ी रहेगी।

'मालूम होता है, मुझसे तुम्हारा जी भर गया।'

पयाग ने तिरछी चितवनों से देख कर कहा—दुत् पगली ! इसे तेरी सेवा-टहल करने को लाया हूँ।

'नयी के आगे पुरानी को कौन पूछता है ?'

'चल, मन जिससे मिले वही नयी है, मन जिससे न मिले वही पुरानी है। ला, कुछ पैसा हो तो दे दे, तीन दिन से दम नहीं लगाया, पैर सीधे नहीं पड़ते। हाँ, देख दो-चार दिन इस बेचारी को खिला-पिला दे, फिर तो आप ही काम करने लगेगी।'

रुक्मिन ने पूरा रुपया ला कर पयाग के हाथ पर रख दिया। दूसरी बार कहने की जरूरत ही न पड़ी।

2

पयाग में चाहे और कोई गुण हो या न हो, यह मानना पड़ेगा कि वह शासन के मूल सिद्धांतों से परिचित था। उसने भेद-नीति को अपना लक्ष्य बना लिया था।

एक मास तक किसी प्रकार की विघ्न-बाधा न पड़ी। रुक्मिन अपनी सारी

चौकड़ियाँ भूल गयी थी। बड़े तड़के उठती, कभी लकड़ियाँ तोड़ कर, कभी चारा काट कर, कभी उपले पाथ कर बाजार ले जाती। वहाँ जो कुछ मिलता, उसका आधा तो पयाग के हत्थे चढ़ा देती। आधे में घर का काम चलता। वह सौत को कोई काम न करने देती। पड़ोसियों से कहती—बहन, सौत है तो क्या, है तो अभी कल की बहुरिया। दो-चार महीने भी आराम से न रहेगी, तो क्या याद करेगी। मैं तो काम करने को हूँ ही।

गाँव भर में रुक्मिन के शील-स्वभाव का बखान होता था, पर सत्संगी घाघ पयाग सब कुछ समझता था और अपनी नीति की सफलता पर प्रसन्न होता था।

एक दिन बहू ने कहा—दीदी, अब तो घर में बैठे-बैठे जी ऊबता है। मुझे भी कोई काम दिला दो।

रुक्मिन ने स्नेह सिंचित स्वर में कहा—क्या मेरे मुख में कालिख पुतवाने पर लगी हुई है ? भीतर का काम किये जा, बाहर के लिए मैं हूँ ही।

बहू का नाम कौशल्या था, जो बिगड़ कर सिलिया हो गया था। इस वक्त सिलिया ने कुछ जवाब न दिया। लेकिन वह लौंडियों की दशा अब उसके लिए असह्य हो गयी थी। वह दिन भर घर का काम करते-करते मरे, कोई नहीं पूछता। रुक्मिन बाहर से चार पैसे लाती है, तो घर की मालकिन बनी हुई है। अब सिलिया भी मजूरी करेगी और मालकिन का घमंड तोड़ देती। पयाग पैसों का यार है, यह बात उससे अब छिपी न थी। जब रुक्मिन चारा ले कर बाजार चली गयी, तो उसने घर की टट्टी लगायी और गाँव का रंग-ढंग देखने के लिए निकल पड़ी। गाँव में ब्राह्मण, ठाकुर, कायस्थ, बनिये सभी थे। सिलिया ने शील और संकोच का कुछ ऐसा स्वांग रचा की सभी स्त्रियाँ उस पर मुग्ध हो गयीं। किसी ने चावल दिया, किसी ने दाल, किसी ने कुछ। नयी बहू की आवभगत कौन न करता ? पहले ही दौरे में सिलिया को मालूम हो गया कि गाँव में पिसनहारी का स्थान खाली है और वह इस कमी को पूरा कर सकती है। वह यहाँ से घर लौटी, तो उसके सिर पर गेहूँ से भरी हुई एक टोकरी थी।

पयाग ने पहर रात ही से चक्की की आवाज सुनी, तो रुक्मिन से बोला—आज तो सिलिया अभी से पीसने लगी।

रुक्मिन बाजार से आटा लायी थी। अनाज और आटे के भाव में विशेष अंतर न था। उसे आश्चर्य हुआ कि सिलिया इतने सबेरे क्या पीस रही है। उठ कर कोठरी में आयी, तो देखा कि सिलिया अँधेरे में बैठी कुछ पीस रही है। उसने जा कर उसका हाथ पकड़ लिया और टोकरी को उठा कर बोली—तुझसे किसने पीसने को कहा है ? किसका अनाज पीस रही है ?

सिलिया ने निश्शंक हो कर कहा—तुम जा कर आराम से सोती क्यों नहीं। मैं पीसती हूँ, तो तुम्हारा क्या बिगड़ता है ! चक्की की घुमुर-घुमुर भी नहीं सही जाती ? लाओ, टोकरी दे दो, बैठे-बैठे कब तक खाऊँगी, दो महीने तो हो गये।

'मैंने तो तुझसे कुछ नहीं कहा !'

'तुम कहो, चाहे न कहो; अपना धरम भी तो कुछ है।'

'तू अभी यहाँ के आदमियों को नहीं जानती। आटा तो पिसाते सबको अच्छा लगता है। पैसे देते रोते हैं। किसका गेहूँ है ? मैं सबेरे उसके सिर पर पटक आऊँगी।'

सिलिया ने रुक्मिन के हाथ से टोकरी छीन ली और बोली—पैसे क्यों न देंगे ? कुछ बेगार करती हूँ ?

'तू न मानेगी ?'

'तुम्हारी लौंडी बन कर न रहूँगी।'

यह तकरार सुन कर पयाग भी आ पहुँचा और रुक्मिन से बोला—काम करती है तो करने क्यों नहीं देती ? अब क्या जनम भर बहुरिया ही बनी रहेगी ? हो गये दो महीने।

'तुम क्या जानो नाक तो मेरी कटेगी।'

सिलिया बोल उठी—तो क्या कोई बैठे खिलाता है ? चौका-बरतन, झाड़ू-बहारू, रोटी-पानी, पीसना-कूटना, यह कौन करता है ? पानी खींचते-खींचते मेरे हाथों में घट्ठे पड़ गये। मुझसे अब सारा काम न होगा।

पयाग ने कहा—तो तू ही बाजार जाया कर। घर का काम रहने दे ! रुक्मिन कर लेगी। रुक्मिन ने आपत्ति की—ऐसी बात मुँह से निकालते लाज नहीं आती ? तीन दिन की बहुरिया बाजार में घूमेगी, तो संसार क्या कहेगा !

सिलिया ने आग्रह करके कहा—संसार क्या कहेगा, क्या कोई ऐब करने जाती हूँ ?

सिलिया की डिग्री हो गयी। आधिपत्य रुक्मिन के हाथ से निकल गया।

सिलिया की अमलदारी हो गयी। जवान औरत थी। गेहूँ पीस कर उठी तो औरों के साथ घास छीलने चली गयी, और इतनी घास छीली कि सब दंग रह गयीं ! गट्ठा उठाये न उठता था। जिन पुरुषों को घास छीलने का बड़ा अभ्यास था, उनसे भी उसने बाजी मार ली ! यह गट्ठा बारह आने का बिका। सिलिया ने आटा, चावल, दाल, तेल, नमक, तरकारी, मसाला सब कुछ लिया, और चार आने बचा भी लिये। रुक्मिन ने समझ रखा था कि सिलिया बाजार से दो-चार आने पैसे ले कर लौटेगी तो उसे डाटूँगी और दूसरे दिन से फिर बाजार जाने लगूँगी। फिर मेरा राज्य हो जायगा। पर यह सामान देखे, तो आँखें खुल गयीं। पयाग खाने बैठा तो मसालेदार तरकारी का बखान करने लगा। महीनों से ऐसी स्वादिष्ट वस्तु मयस्सर न हुई थी। बहुत प्रसन्न हुआ। भोजन करके वह बाहर जाने लगा, तो सिलिया बरोठे में खड़ी मिल गयी बोला—आज कितने पैसे मिले ?

'बारह आने मिले थे !'

'सब खर्च कर डाले ? कुछ बचे हों तो मुझे दे दे।'

सिलिया ने बचे हुए चार आने पैसे दे दिये। पयाग पैसे खनखनाता हुआ बोला—तूने तो आज मालामाल कर दिया। रुक्मिन तो दो-चार पैसों ही में टाल देती थी।

'मुझे गाड़ कर रखना थोड़े ही है। पैसा खाने-पीने के लिए है कि गाड़ने के लिए ?'

'अब तू ही बाजार जाया कर, रुक्मिन घर का काम करेगी।'

3

रुक्मिन और सिलिया में संग्राम छिड़ गया। सिलिया पयाग पर अपना आधिपत्य जमाये रखने के लिए जान तोड़ कर परिश्रम करती। पहर रात ही से उसकी चक्की की आवाज कानों में आने लगती। दिन निकलते ही घास लाने चली जाती और जरा देर सुस्ता कर बाजार की राह लेती। वहाँ से लौट कर भी वह बेकार न बैठती, कभी सन कातती, कभी लकड़ियाँ तोड़ती। रुक्मिन उसके प्रबंध में बराबर ऐब निकालती और जब अवसर मिलता तो गोबर बटोर कर उपले पाथती और गाँव में बेचती। पयाग के दोनों हाथों में लड्डू थे। स्त्रियाँ उसे अधिक से अधिक पैसे देने और स्नेह का अधिकांश देकर अपने अधिकार में लाने का प्रयत्न करती रहतीं, पर सिलिया ने कुछ ऐसी दृढ़ता से आसन जमा लिया था कि किसी तरह हिलाये न हिलती थी। यहाँ तक कि एक दिन दोनों प्रतियोगियों में खुल्लमखुल्ला ठन गयी। एक दिन सिलिया घास ले कर लौटी तो पसीने में तर थी। फागुन का महीना था; धूप तेज थी। उसने सोचा, नहा कर तब बाजार जाऊँगी। घास द्वार पर ही रख कर वह तालाब में नहाने चली गयी। रुक्मिन ने थोड़ी-सी घास निकाल कर पड़ोसिन के घर में छिपा दी और गट्ठे को ढीला करके बराबर कर दिया। सिलिया नहा कर लौटी तो घास कम मालूम हुई। रुक्मिन से पूछा। उसने कहा—मैं नहीं जानती। सिलिया ने गालियाँ देनी शुरू कीं—जिसने मेरी घास छुई हो, उसकी देह में कीड़े पड़ें, उसके बाप और भाई मर जायँ, उसकी आँखें फूट जायँ। रुक्मिन कुछ देर तक तो जब्त किये बैठी रही, आखिर खून में उबाल आ ही गया। झल्ला कर उठी और सिलिया के दो-तीन तमाचे लगा दिये। सिलिया छाती पीट-पीट कर रोने लगी। सारा मुहल्ला जमा हो गया। सिलिया की सुबुद्धि और कार्यशीलता सभी की आँखों में खटकती थी—वह सबसे अधिक घास क्यों छीलती है, सबसे ज्यादा लकड़ियाँ क्यों लाती है, इतने सबेरे क्यों उठती है, इतने पैसे क्यों लाती है, इन कारणों ने उसे पड़ोसियों की सहानुभूति से वंचित कर दिया था। सब उसी को बुरा-भला कहने लगीं। मुट्ठी भर घास के लिए इतना ऊधम मचा डाला, इतनी घास तो आदमी झाड़ कर फेंक देता है। घास न हुई, सोना हुआ। तुझे तो सोचना चाहिए था कि अगर किसी ने ले ही लिया, तो है तो गाँव-भर ही का। बाहर का कोई चोर तो आया नहीं। तूने इतनी गालियाँ दीं, तो किसको दीं ? पड़ोसियों ही को तो ?

संयोग से उस दिन पयाग थाने गया हुआ था। शाम को थका-माँदा लौटा तो सिलिया से बोला—ला, कुछ पैसे दे दे, तो दम लगा आऊँ। थक कर चूर हो गया हूँ।

सिलिया उसे देखते ही हाय-हाय करके रोने लगी। पयाग ने घबरा कर पूछा—क्या हुआ ? क्यों रोती है ? कहीं गमी तो नहीं हो गयी ? नैहर से कोई आदमी तो नहीं आया ?

'अब इस घर में मेरा रहना न होगा। अपने घर जाऊँगी।'

'अरे, कुछ मुँह से तो बोल; हुआ क्या ? गाँव में किसी ने गाली दी है ? किसने गाली दी है ? घर फूँक दूँ, उसका चालान करवा दूँ।'

सिलिया ने रो-रो कर सारी कथा कह सुनायी। पयाग पर आज थाने में खूब मार पड़ी थी। झल्लाया हुआ था। वह कथा सुनी, तो देह में आग लग गयी। रुक्मिन पानी भरने गयी थी। वह अभी घड़ा भी न रखने पायी थी कि पयाग उस पर टूट पड़ा और

मारते-मारते बेदम कर दिया। वह मार का जवाब गालियों से देती थी और पयाग हर एक गाली पर और झल्ला-झल्ला कर मारता था। यहाँ तक कि रुक्मिन के घुटने फूट गये, चूड़ियाँ टूट गयीं। सिलिया बीच-बीच में कहती जाती थी–वाह रे तेरा दीदा ! वाह रे तेरी जबान ! ऐसी तो औरत ही नहीं देखी। औरत काहे को, डाइन है, जरा भी मुँह में लगाम नहीं ! किंतु रुक्मिन उसकी बातों को मानो सुनती ही न थी। उसकी सारी शक्ति पयाग को कोसने में लगी हुई थी। पयाग मारते-मारते थक गया, पर रुक्मिन की जबान न थकी। बस, यही रट लगी हुई थी–तू मर जा, तेरी मिट्टी निकले, तुझे भवानी खायँ, तुझे मिरगी आये। पयाग रह-रह कर क्रोध से तिलमिला उठता और आ कर दो-चार लातें जमा देता। पर रुक्मिन को अब शायद चोट ही न लगती थी। वह जगह से हिलती भी न थी। सिर के बाल खोले, जमीन पर बैठी इन्हीं मंत्रों का पाठ कर रही थी। उसके स्वर में अब क्रोध न था, केवल एक उन्मादमय प्रवाह था। उसकी समस्त आत्मा हिंसा-कामना की अग्नि से प्रज्ज्वलित हो रही थी।

अँधेरा हुआ तो रुक्मिन उठ कर एक ओर निकल गयी, जैसे आँखों से आँसू की धार निकल जाती है। सिलिया भोजन बना रही थी। उसने उसे जाते देखा भी, पर कुछ पूछा नहीं। द्वार पर पयाग बैठा चिलम पी रहा था। उसने भी कुछ न कहा।

4

जब फसल पकने लगती थी, तो डेढ़-दो महीने तक पयाग को हार की देखभाल करनी पड़ती थी। उसे किसानों से दोनों फसलों पर हल पीछे कुछ अनाज बँधा हुआ था। माघ ही में वह हार के बीच में थोड़ी-सी जमीन साफ करके एक मड़ैया डाल लेता था और रात को खा-पी कर आग, चिलम और तमाखू-चरस लिये हुए इसी मड़ैया में जा कर पड़ा रहता था। चैत के अंत तक उसका यही नियम रहता था। आजकल वही दिन थे। फसल पकी हुई तैयार खड़ी थी। दो-चार दिन में कटाई शुरू होनेवाली थी। पयाग ने दस बजे रात तक रुक्मिन की राह देखी। फिर यह समझ कर कि शायद किसी पड़ोसिन के घर सो रही होगी, उसने खा-पी कर अपनी लाठी उठायी और सिलिया से बोला–किवाड़ बंद कर ले, अगर रुक्मिन आये तो खोल देना, और, मना-जुना कर थोड़ा-बहुत खिला देना। तेरे पीछे आज इतना तूफान हो गया। मुझे न-जाने इतना गुस्सा कैसे आ गया। मैंने उसे कभी फूल की छड़ी से भी न छुआ था। कहीं बूड़-धँस न मरी हो, तो कल आफत आ जाय।

सिलिया बोली–न जाने वह आयेगी कि नहीं। मैं अकेली कैसे रहूँगी। मुझे डर लगता है।

'तो घर में कौन रहेगा ? सूना घर पा कर कोई लोटा-थाली उठा ले जाय तो ? डर किस बात का है ? फिर रुक्मिन तो आती ही होगी।'

सिलिया ने अंदर से टट्टी बंद कर ली। पयाग हार की ओर चला। चरस की तरंग में यह भजन गाता जाता था–

ठगिनी ! क्या नैना झमकावे

कद्दू काट मृदंग बनावे, नीबू काट मजीरा;
पाँच तरोई मंगल गाबें, नाचे बालम खीरा।
रूपा पहिर के रूप दिखावे, सोना पहिर रिझावे;
गले डाल तुलसी की माला, तीन लोक भरमावे।
ठगिनी. ।

सहसा सिवाने पर पहुँचते ही उसने देखा कि सामने हार में किसी ने आग जलायी। एक क्षण में एक ज्वाला-सी दहक उठी। उसने चिल्ला कर पुकारा–कौन है वहाँ ? अरे, यह कौन आग जलाता है ?

ऊपर उठती हुई ज्वालाओं ने अपनी आग्नेय जिह्वा से उत्तर दिया।

अब पयाग को मालूम हुआ कि उसकी मड़ैया में आग लगी हुई है। उसकी छाती धड़कने लगी। इस मड़ैया में आग लगाना रुई के ढेर में आग लगाना था । हवा चल रही थी। मड़ैया के चारों ओर एक हाथ हट कर पकी हुई फसल की चादर-सी बिछी हुई थी। रात में भी उनका सुनहरा रंग झलक रहा था। आग की एक लपट, केवल एक जरा-सी चिनगारी सारे हार को भस्म कर देगी। सारा गाँव तबाह हो जायगा। इसी हार से मिले हुए दूसरे गाँव के भी हार थे। वे भी जल उठेंगे। ओह ! लपटें बढ़ती जा रही हैं। अब विलम्ब करने का समय न था। पयाग ने अपना उपला और चिलम वहीं पटक दिया और कंधे पर लोहबंद लाठी रख कर बेतहाशा मड़ैया की तरफ दौड़ा। मेड़ों से जाने में चक्कर था, इसलिये वह खेतों में से हो कर भागा जा रहा था। प्रति क्षण ज्वाला प्रचंडतर होती जाती थी और पयाग के पाँव और तेजी से उठ रहे थे। कोई तेज घोड़ा भी इस वक्त उसे पा न सकता था। अपनी तेजी पर उसे स्वयं आश्चर्य हो रहा था। जान पड़ता था, पाँव भूमि पर पड़ते ही नहीं। उसकी आँखें मड़ैया पर लगी हुई थीं–दाहिने-बायें से और कुछ न सूझता था। इसी एकाग्रता ने उसके पैरों में पर लगा दिये थे। न दम फूलता था, न पाँव थकते थे। तीन-चार फरलाँग उसने दो मिनट में तय कर लिये और मंड़ैया के पास जा पहुँचा।

मड़ैया के आस-पास कोई न था। किसने यह कर्म किया है, यह सोचने का मौका न था। उसे खोजने की तो बात ही और थी। पयाग का संदेह रुक्मिन पर हुआ। पर यह क्रोध का समय न था। ज्वालाएँ कुचाली बालकों की भाँति ठट्ठा मारती, धक्कम-धक्का करतीं, कभी दाहिनी ओर लपकतीं और कभी बायीं तरफ। बस, ऐसा मालूम होता था कि लपट अब खेत तक पहुँची, अब पहुँची। मानो ज्वालाएँ आग्रहपूर्वक क्यारियों की ओर बढ़तीं और असफल हो कर दूसरी बार फिर दूने वेग से लपकती थीं। आग कैसे बुझे ! लाठी से पीट कर बुझाने का गौं न था। वह तो निरी मूर्खता थी। फिर क्या हो ! फसल जल गयी, तो फिर वह किसी को मुँह न दिखा सकेगा। आह ! गाँव में कोहराम मच जायगा। सर्वनाश हो जायगा। उसने ज्यादा नहीं सोचा। गँवारों को सोचना नहीं आता। पयाग ने लाठी सँभाली, जोर से एक छलाँग मार कर आग के अंदर मड़ैया के द्वार पर जा पहुँचा, जलती हुई मड़ैया को अपनी लाठी पर उठाया और उसे सिर पर लिये सबसे चौड़ी

मेड़ पर गाँव की तरफ भागा। ऐसा जान पड़ा, मानो कोई अग्नि-यान हवा में उड़ता चला जा रहा है। फूल की जलती हुई धज्जियाँ उसके ऊपर गिर रही थीं, पर उसे इसका ज्ञान तक न होता था। एक बार एक मूठा अलग हो कर उसके हाथ पर गिर पड़ा। सारा हाथ भुन गया। पर उसके पाँव पल भर भी नहीं रुके, हाथों में जरा भी हिचक न हुई। हाथों का हिलना खेती का तबाह होना था। पयाग की ओर से अब कोई शंका न थी। अगर भय था तो यही कि मड़ैया का वह केंद्र-भाग जहाँ लाठी का कुंदा डाल कर पयाग ने उसे उठाया था, न जल जाय; क्योंकि छेद के फैलते ही मड़ैया उसके ऊपर आ गिरेगी और अग्नि-समाधि में मग्न कर देगी। पयाग यह जानता था और हवा की चाल से उड़ा चला जाता था। चार फरलाँग की दौड़ है। मृत्यु अग्नि का रूप धारण किये हुए पयाग के सर पर खेल रही है और गाँव की फसल पर। उसकी दौड़ में इतना वेग है कि ज्वालाओं का मुँह पीछे को फिर गया है और उसकी दाहक शक्ति का अधिकांश वायु से लड़ने में लग रहा है। नहीं तो अब तक बीच में आग पहुँच गयी होती और हाहाकार मच गया होता। एक फरलाँग तो निकल गया, पयाग की हिम्मत ने हार नहीं मानी। वह दूसरा फरलाँग भी पूरा हो गया। देखना पयाग, दो फरलाँग की और कसर है। पाँव जरा भी सुस्त न हों। ज्वाला लाठी के कुंदे पर पहुँची और तुम्हारे जीवन का अंत है। मरने के बाद भी तुम्हें गालियाँ मिलेंगी, तुम अनंत काल तक आहों की आग में जलते रहोगे। बस, एक मिनट और ! अब केवल दो खेत और रह गये हैं। सर्वनाश ! लाठी का कुंदा निकल गया। मड़ैया नीचे खिसक रही है, अब कोई आशा नहीं। पयाग प्राण छोड़ कर दौड़ रहा है, वह किनारे का खेत आ पहुँचा। अब केवल दो सेकेंड का और मामला है। विजय का द्वार सामने बीस हाथ पर खड़ा स्वागत कर रहा है। उधर स्वर्ग है, इधर नरक। मगर वह मड़ैया खिसकती हुई पयाग के सिर पर आ पहुँची। वह अब भी उसे फेंक कर अपनी जान बचा सकता है। पर उसे प्राणों का मोह नहीं। वह उस जलती हुई आग को सिर पर लिये भागा जा रहा है ! वहाँ उसके पाँव लड़खड़ाये ! अब यह क्रूर अग्नि-लीला नहीं देखी जाती।

एकाएक एक स्त्री सामने के वृक्ष के नीचे से दौड़ती हुई पयाग के पास पहुँची। यह रुक्मिन थी। उसने तुरंत पयाग के सामने आ गर गरदन झुकायी और जलती हुई मड़ैया के नीचे पहुँच कर उसे दोनों हाथों पर ले लिया। उसी दम पयाग मूर्च्छित हो कर गिर पड़ा। उसका सारा मुँह झुलस गया था।

रुक्मिन उसके अलाव को लिये एक सेकेंड में खेत के डाँड़े पर आ पहुँची, मगर इतनी दूर में उसके हाथ जल गये, मुँह जल गया और कपड़ों में आग लग गयी। उसे अब इतनी सुधि भी न थी कि मड़ैया के बाहर निकल आये। वह मड़ैया को लिये हुए गिर पड़ी। इसके बाद कुछ देर तक मड़ैया हिलती रही। रुक्मिन हाथ-पाँव फेंकती रही, फिर अग्नि ने उसे निगल लिया। रुक्मिन ने अग्नि-समाधि ले ली।

कुछ देर के बाद पयाग को होश आया। सारी देह जल रही थी। उसने देखा, वृक्ष के नीचे फूस की लाल आग चमक रही है। उठ कर दौड़ा और पैर से आग को हटा दिया—नीचे रुक्मिन की अधजली लाश पड़ी हुई थी। उसने बैठ कर दोनों हाथों से मुँह

ढाँप लिया और रोने लगा।

प्रातःकाल गाँव के लोग पयाग को उठा कर उसके घर ले गये। एक सप्ताह तक उसका इलाज होता रहा, पर बचा नहीं। कुछ तो आग ने जलाया था, जो कुछ कसर थी, वह शोकाग्नि ने पूरी कर दी।

सुजान भगत

सीधे-सादे किसान धन हाथ आते ही धर्म और कीर्ति की ओर झुकते हैं। दिव्य समाज की भाँति वे पहले अपने भोग-विलास की ओर नहीं दौड़ते। सुजान की खेती में कई साल से कंचन बरस रहा था। मेहनत तो गाँव के सभी किसान करते थे, पर सुजान के चंद्रमा बली थे, ऊसर में भी दाना छींट आता तो कुछ न कुछ पैदा हो जाता था। तीन वर्ष लगातार ऊख लगती गयी। उधर गुड़ का भाव तेज था। कोई दो-ढाई हजार हाथ में आ गये। बस चित्त की वृत्ति धर्म की ओर झुक पड़ी। साधु-संतों का आदर-सत्कार होने लगा, द्वार पर धूनी जलने लगी, कानूनगो इलाके में आते, तो सुजान महतो के चौपाल में ठहरते। हल्के के हेड काँस्टेबल, थानेदार, शिक्षा-विभाग के अफसर, एक न एक उस चौपाल में पड़ा ही रहता। महतो मारे खुशी के फूले न समाते। धन्य भाग ! उसके द्वार पर अब इतने बड़े-बड़े हाकिम आ कर ठहरते हैं। जिन हाकिमों के सामने उसका मुँह न खुलता था, उन्हीं की अब 'महतो-महतो' करते जबान सूखती थी। कभी-कभी भजन-भाव हो जाता। एक महात्मा ने डौल अच्छा देखा तो गाँव में आसन जमा दिया। गाँजे और चरस की बहार उड़ने लगी। एक ढोलक आयी, मजीरे मँगाये गये, सत्संग होने लगा। यह सब सुजान के दम का जलूस था। घर में सेरों दूध होता, मगर सुजान के कंठ तले एक बूँद भी जाने की कसम थी। कभी हाकिम लोग चखते, कभी महात्मा लोग। किसान को दूध-घी से क्या मतलब, उसे रोटी और साग चाहिए। सुजान की नम्रता का अब पारावार न था। सबके सामने सिर झुकाये रहता, कहीं लोग यह न कहने लगें कि धन पा कर उसे घमंड हो गया है। गाँव में कुल तीन कुएँ थे, बहुत से खेतों में पानी न पहुँचता था, खेती मारी जाती थी। सुजान ने एक पक्का कुआँ बनवा दिया। कुएँ का विवाह हुआ, यज्ञ हुआ, ब्रह्मभोज हुआ। जिस दिन पहली बार पुर चला, सुजान को मानो चारों पदार्थ मिल गये। जो काम गाँव में किसी ने न किया था, वह बाप-दादा के पुण्य-प्रताप से सुजान ने कर दिखाया।

एक दिन गाँव में गया के यात्री आ कर ठहरे। सुजान ही के द्वार पर उनका भोजन बना। सुजान के मन में भी गया करने की बहुत दिनों से इच्छा थी। यह अच्छा अवसर देख कर वह भी चलने को तैयार हो गया।

उसकी स्त्री बुलाकी ने कहा—अभी रहने दो, अगले साल चलेंगे।

सुजान ने गंभीर भाव से कहा—अगले साल क्या होगा, कौन जानता है। धर्म के काम में मीन-मेष निकालना अच्छा नहीं। जिंदगानी का क्या भरोसा ?

बुलाकी—हाथ खाली हो जायगा।

सुजान—भगवान् की इच्छा होगी, तो फिर रुपये हो जायँगे। उनके यहाँ किस बात की कमी है।

बुलाकी इसका क्या जवाब देती ? सत्कार्य में बाधा डाल कर अपनी मुक्ति क्यों बिगाड़ती ? प्रातःकाल स्त्री और पुरुष गया करने चले। वहाँ से लौटे तो, यज्ञ और ब्रह्मभोज की ठहरी। सारी बिरादरी निमंत्रित हुई, ग्यारह गाँवों में सुपारी बँटी। इस धूम-धाम से कार्य हुआ कि चारों ओर वाह-वाह मच गयी। सब यही कहते थे कि भगवान् धन दे, तो दिल भी ऐसा दे। घमंड तो छू नहीं गया, अपने हाथ से पत्तल उठाता फिरता था, कुल का नाम जगा दिया। बेटा हो, तो ऐसा हो। बाप मरा, तो घर में भूनी-भाँग भी नहीं थी। अब लक्ष्मी घुटने तोड़ कर आ बैठी हैं।

एक द्वेषी ने कहा—कहीं गड़ा हुआ धन पा गया है। इस पर चारों ओर से उस पर बौछारें पड़ने लगीं—हाँ, तुम्हारे बाप-दादा जो खजाना छोड़ गये थे, यही उसके हाथ लग गया है। अरे भैया, यह धर्म की कमाई है। तुम भी तो छाती फाड़ कर काम करते हो, क्यों ऐसी ऊख नहीं लगती ? क्यों ऐसी फसल नहीं होती ? भगवान् आदमी का दिल देखते हैं। जो खर्च करता है, उसी को देते हैं।

2

सुजान महतो सुजान भगत हो गये। भगतों के आचार-विचार कुछ और होते हैं। वह बिना स्नान किये कुछ नहीं खाता। गंगा जी अगर घर से दूर हों और वह रोज स्नान करके दोपहर तक घर न लौट सकता हो, तो पर्वों के दिन तो उसे अवश्य ही नहाना चाहिए। भजन-भाव उसके घर अवश्य होना चाहिए। पूजा-अर्चना उसके लिए अनिवार्य है। खान-पान में भी उसे बहुत विचार रखना पड़ता है। सबसे बड़ी बात यह है कि झूठ का त्याग करना पड़ता है। भगत झूठ नहीं बोल सकता। साधारण मनुष्य को अगर झूठ का दंड एक मिले, तो भगत को एक लाख से कम नहीं मिल सकता। अज्ञान की अवस्था में कितने ही अपराध क्षम्य हो जाते हैं। ज्ञानी के लिए क्षमा नहीं है, प्रायश्चित्त नहीं है, यदि है तो बहुत ही कठिन। सुजान को भी अब भगतों की मर्यादा को निभाना पड़ा। अब तक उसका जीवन मजूर का जीवन था। उसका कोई आदर्श, कोई मर्यादा उसके सामने न थी। अब उसके जीवन में विचार का उदय हुआ, जहाँ का मार्ग काँटों से भरा हुआ है। स्वार्थ-सेवा ही पहले उसके जीवन का लक्ष्य था, इसी काँटे से वह परिस्थितियों को तौलता था। वह अब उन्हें औचित्य के काँटों पर तौलने लगा। यों कहो कि जड़-जगत् से निकल कर उसने चेतना-जगत् में प्रवेश किया। उसने कुछ लेन-देन करना शुरू किया था पर अब उसे ब्याज लेते हुए आत्मग्लानि-सी होती थी। यहाँ तक कि गउओं को दुहाते समय उसे बछड़ों का ध्यान बना रहता था—कहीं बछड़ा भूखा न रह जाय, नहीं तो उसका रोयाँ दुखी होगा। वह गाँव का मुखिया था, कितने ही मुकदमों में उसने झूठी शहादतें बनवायी थीं, कितनों से डाँड़ ले कर मामले का रफा-दफ़ा करा दिया था। अब इन व्यापारों से उसे घृणा होती थी। झूठ और प्रपंच से कोसों दूर भागता था। पहले उसकी यह चेष्टा होती थी कि मजूरों से

जितना काम लिया जा सके लो और मजूरी जितनी कम दी जा सके, दो; पर अब उसे मजूर के काम की कम, मजूरी की अधिक चिंता रहती थी—कहीं बेचारे मजूर का रोयाँ न दुखी हो जाय। वह उसका वाक्यांश-सा हो गया था—किसी का रोयाँ न दुखी हो जाय। उसके दोनों जवान बेटे बात-बात में उस पर फब्तियाँ कसते, यहाँ तक कि बुलाकी भी अब उसे कोरा भगत समझने लगी थी, जिसे घर के भले-बुरे से कोई प्रयोजन न था। चेतन-जगत् में आ कर सुजान भगत कोरे भगत रह गये।

सुजान के हाथों से धीरे-धीरे अधिकार छीने जाने लगे। किस खेत में क्या बोना है, किसको क्या देना है, किसको क्या लेना है, किस भाव क्या चीज बिकी, ऐसी-ऐसी महत्त्वपूर्ण बातों में भी भगत जी की सलाह न ली जाती थी। भगत के पास कोई जाने ही न पाता। दोनों लड़के या स्वयं बुलाकी दूर ही से मामला तय कर लिया करती। गाँव भर में सुजान का मान-सम्मान बढ़ता था, अपने घर में घटता था। लड़के उसका सत्कार अब बहुत करते। हाथ से चारपाई उठाते देख लपक कर खुद उठा लाते, चिलम न भरने देते, यहाँ तक कि उसकी धोती छाँटने के लिए भी आग्रह करते थे। मगर अधिकार उसके हाथ में न था। वह अब घर का स्वामी नहीं, मंदिर का देवता था।

3

एक दिन बुलाकी ओखली में दाल छाँट रही थी। एक भिखमंगा द्वार पर आ कर चिल्लाने लगा। बुलाकी ने सोचा, दाल छाँट लूँ, तो उसे कुछ दे दूँ। इतने में बड़ा लड़का भोला आकर बोला—अम्माँ, एक महात्मा द्वार पर खड़े गला फाड़ रहे हैं ? कुछ दे दो। नहीं तो उनका रोयाँ दुखी हो जायगा।

बुलाकी ने उपेक्षा के भाव से कहा—भगत के पाँव में क्या मेहंदी लगी है, क्यों कुछ ले जा कर नहीं देते ? क्या मेरे चार हाथ हैं ? किस किसका रोयाँ सुखी करूँ ? दिन भर तो ताँता लगा रहता है।

भोला—चौपट करने पर लगे हुए हैं, और क्या ? अभी मँहगू बेंग देने आया था। हिसाब से 7 मन हुए। तौला तो पौने सात मन ही निकले। मैंने कहा—दस सेर और ला, तो आप बैठे-बैठे कहते हैं, अब इतनी दूर कहाँ जायगा। भरपाई लिख दो, नहीं तो उसका रोयाँ दुखी होगा। मैंने भरपाई नहीं लिखी। दस सेर बाकी लिख दी।

बुलाकी—बहुत अच्छा किया तुमने, बकने दिया करो। दस-पाँच दफे मुँह की खा जायेंगे, तो आप ही बोलना छोड़ देंगे।

भोला—दिन भर एक न एक खुचड़ निकालते रहते हैं। सौ दफे कह दिया कि तुम घर-गृहस्थी के मामले में न बोला करो, पर इनसे बिना बोले रहा ही नहीं जाता।

बुलाकी—मैं जानती कि इनका यह हाल होगा, तो गुरुमंत्र न लेने देती।

भोला—भगत क्या हुए कि दीन-दुनिया दोनों से गये। सारा दिन पूजा-पाठ में ही उड़ जाता है। अभी ऐसे बूढ़े नहीं हो गये कि कोई काम ही न कर सकें।

बुलाकी ने आपत्ति की—भोला, यह तुम्हारा कुन्याय है। फावड़ा, कुदाल अब उनसे

नहीं हो सकता, लेकिन कुछ न कुछ तो करते ही रहते हैं। बैलों को सानी-पानी देते हैं, गाय दुहाते हैं और भी तो कुछ हो सकता है, करते हैं।

भिक्षुक अभी तक खड़ा चिल्ला रहा था। सुजान ने जब घर में से किसी को कुछ लाते न देखा, तो उठ कर अंदर गया और कठोर स्वर से बोला—तुम लोगों को कुछ सुनायी नहीं देता कि द्वार पर कौन घंटे भर से खड़ा भीख माँग रहा है। अपना काम तो दिन भर करना ही है, एक छन भगवान् का काम भी तो किया करो।

बुलाकी—तुम तो भगवान् का काम करने को बैठे ही हो, क्या घर भर भगवान् ही का काम करेगा ?

सुजान—कहाँ आटा रखा है, लाओ, मैं ही निकाल कर दे आऊँ। तुम रानी बन कर बैठो।

बुलाकी—आटा मैंने मर-मर कर पीसा है, अनाज दे दो। ऐसे मुड़चिरों के लिए पहर रात से उठ कर चक्की नहीं चलाती हूँ।

सुजान भंडार घर में गये और एक छोटी-सी छबड़ी को जौ से भरे हुए निकले। जौ सेर भर से कम न था। सुजान ने जान-बूझकर, केवल बुलाकी और भोला को चिढ़ाने के लिए, भिक्षा परम्परा का उल्लंघन किया था। तिस पर भी यह दिखाने के लिए कि छबड़ी में बहुत ज्यादा जौ नहीं है, वह उसे चुटकी से पकड़े हुए थे। चुटकी इतना बोझ न सँभाल सकती थी। हाथ काँप रहा था। एक क्षण विलम्ब होने से छबड़ी के हाथ से छूट कर गिर पड़ने की सम्भावना थी। इसलिए वह जल्दी से बाहर निकल जाना चाहते थे। सहसा भोला ने छबड़ी उनके हाथ से छीन ली और त्यौरियाँ बदल कर बोला—सेंत का माल नहीं है, जो लुटाने चले हो। छाती फाड़-फाड़ कर काम करते हैं, तब दाना घर में आता है।

सुजान ने खिसिया कर कहा—मैं भी तो बैठा नहीं रहता।

भोला—भीख, भीख की ही तरह दी जाती है, लुटायी नहीं जाती। हम तो एक वेला खा कर दिन काटते हैं कि पति-पानी बना रहे, और तुम्हें लुटाने की सूझी है। तुम्हें क्या मालूम कि घर में क्या हो रहा है।

सुजान ने इसका कोई जवाब न दिया। बाहर आ कर भिखारी से कह दिया—बाबा, इस समय जाओ, किसी का हाथ खाली नहीं है, और पेड़ के नीचे बैठ कर विचारों में मग्न हो गया। अपने ही घर में उसका यह अनादर ! अभी यह अपाहिज नहीं है; हाथ-पाँव थके नहीं हैं; घर का कुछ न कुछ काम करता ही रहता है। उस पर यह अनादर ! उसी ने घर बनाया, यह सारी विभूति उसी के श्रम का फल है, पर अब इस घर पर उसका कोई अधिकार नहीं रहा। अब वह द्वार का कुत्ता है, पड़ा रहे और घरवाले जो रूखा दे दें, वह खा कर पेट भर लिया करे। ऐसे जीवन को धिक्कार है। सुजान ऐसे घर में नहीं रह सकता।

संध्या हो गयी थी। भोला का छोटा भाई शंकर नारियल भर कर लाया। सुजान ने नारियल दीवार से टिका कर रख दिया ! धीरे-धीरे तम्बाकू जल गया। जरा देर में भोला ने द्वार पर चारपाई डाल दी। सुजान पेड़ के नीचे से न उठा।

कुछ देर और गुजारी। भोजन तैयार हुआ। भोला बुलाने आया। सुजान ने कहा–भूख नहीं है। बहुत मनावन करने पर भी न उठा। तब बुलाकी ने आ कर कहा–खाना खाने क्यों नहीं चलते ? जी तो अच्छा है ?

सुजान को सबसे अधिक क्रोध बुलाकी ही पर था। यह भी लड़कों के साथ है ! यह बैठी देखती रही और भोला ने मेरे हाथ से अनाज छीन लिया। इसके मुँह से इतना भी न निकला कि ले जाते हैं, तो ले जाने दो। लड़कों को न मालूम हो कि मैंने कितने श्रम से यह गृहस्थी जोड़ी है, पर यह तो जानती है। दिन को दिन और रात को रात नहीं समझा। भादों की अँधेरी रात में मड़ैया लगा के जुआर की रखवाली करता था। जेठ-बैसाख की दोपहरी में भी दम न लेता था, और अब मेरा घर पर इतना भी अधिकार नहीं है कि भीख तक दे सकूँ। माना कि भीख इतनी नहीं दी जाती लेकिन इनको तो चुप रहना चाहिए था, चाहे मैं घर में आग ही क्यों न लगा देता। कानून से भी तो मेरा कुछ होता है। मैं अपना हिस्सा नहीं खाता, दूसरों को खिला देता हूँ; इसमें किसी के बाप का क्या साझा ? अब इस वक्त मनाने आयी है ! इसे मैंने फूल की छड़ी से भी नहीं छुआ, नहीं तो गाँव में ऐसी कौन औरत है, जिसने खसम की लातें न खायी हों, कभी कड़ी निगाह से देखा तक नहीं। रुपये-पैसे, लेना-देना, सब इसी के हाथ में दे रखा था। अब रुपये जमा कर लिये हैं, तो मुझी से घमंड करती है। अब इसे बेटे प्यारे हैं, मैं तो निखट्टू; लुटाऊँ, घर-फूँकू, घोंघा हूँ। मेरी इसे क्या परवाह। तब लड़के न थे, जब बीमार पड़ी थी और मैं गोद में उठा कर बैद के घर ले गया था। आज उसके बेटे हैं और यह उनकी माँ है। मैं तो बाहर का आदमी।

मुझसे घर से मतलब ही क्या। बोला–अब खा-पीकर क्या करूँगा, हल जोतने से रहा, फावड़ा चलाने से रहा। मुझे खिला कर दाने को क्यों खराब करेगी ? रख दो, बेटे दूसरी बार खायँगे।

बुलाकी–तुम तो जरा-जरा-सी बात पर तिनक जाते हो। सच कहा है, बुढ़ापे में आदमी की बुद्धि मारी जाती है। भोला ने इतना तो कहा था कि इतनी भीख मत ले जाओ, या और कुछ ?

सुजान–हाँ, बेचारा इतना कह कर रह गया। तुम्हें तो मजा तब आता, जब वह ऊपर से दो-चार डंडे लगा देता। क्यों ? अगर यही अभिलाषा है, तो पूरी कर लो। भोला खा चुका होगा, बुला लाओ। नहीं, भोला को क्यों बुलाती हो, तुम्हीं न जमा दो, दो-चार हाथ। इतनी कसर है, वह भी पूरी हो जाय।

बुलाकी–हाँ, और क्या, यही तो नारी का धरम ही है। अपने भाग सराहो कि मुझ-जैसी सीधी औरत पा ली। जिस बल चाहते हो, बिठाते हो। ऐसी मुँहजोर होती, तो तुम्हारे घर में एक दिन भी निबाह न होता।

सुजान–हाँ, भाई, वह तो मैं ही कह रहा हूँ कि देवी थीं और हो। मैं तब भी राक्षस था और अब भी दैत्य हो गया हूँ ! बेटे कमाऊ हैं, उनकी-सी न कहोगी, तो क्या मेरी-सी कहोगी, मुझसे अब क्या लेना-देना है ?

बुलाकी–तुम झगड़ा करने पर तुले बैठे हो और मैं झगड़ा बचाती हूँ कि चार आदमी हँसेंगे। चल कर खाना खा लो सीधे से, नहीं तो मैं जा कर सो रहूँगी।

सुजान–तुम भूखी क्यों सो रहोगी ? तुम्हारे बेटों की तो कमाई है। हाँ, मैं बाहरी आदमी हूँ ?

बुलाकी–बेटे तुम्हारे भी तो हैं।

सुजान–नहीं, मैं ऐसे बेटों से बाज आया। किसी और के बेटे होंगे। मेरे बेटे होते, तो क्या मेरी दुर्गति होती ?

बुलाकी–गालियाँ दोगे तो मैं भी कुछ कह बैठूँगी। सुनती थी, मर्द बड़े समझदार होते हैं, पर तुम सबसे न्यारे हो। आदमी को चाहिए कि जैसा समय देखे वैसा काम करे। अब हमारा और तुम्हारा निबाह इसी में है कि नाम के मालिक बने रहें और वही करें जो लड़कों को अच्छा लगे। मैं यह बात समझ गयी, तुम क्यों नहीं समझ पाते ? जो कमाता है, उसी का घर में राज होता है, यही दुनिया का दस्तूर है। मैं बिना लड़कों से पूछे कोई काम नहीं करती, तुम क्यों अपने मन की करते हो ? इतने दिनों तक तो राज कर लिया, अब क्यों इस माया में पड़े हो ? आधी रोटी खाओ, भगवान् का भजन करो और पड़े रहो। चलो, खाना खा लो।

सुजान–तो अब मैं द्वार का कुत्ता हूँ ?

बुलाकी–बात जो थी, वह मैंने कह दी। अब अपने को जो चाहो समझो। सुजान न उठे। बुलाकी हार कर चली गयी।

4

सुजान के सामने अब एक नयी समस्या खड़ी हो गयी थी। वह बहुत दिनों से घर का स्वामी था और अब भी ऐसा ही समझता रहा। परिस्थिति में कितना उलटफेर हो गया था, इसकी उसे खबर न थी। लड़के उसका सेवा-सम्मान करते हैं, यह बात उसे भ्रम में डाले हुए थी। लड़के उसके सामने चिलम नहीं पीते, खाट पर नहीं बैठते, क्या यह सब उसके गृह-स्वामी होने का प्रमाण न था ? पर आज उसे यह ज्ञात हुआ कि यह केवल श्रद्धा थी, उसके स्वामित्व का प्रमाण नहीं। क्या इस श्रद्धा के बदले वह अपना अधिकार छोड़ सकता था ? कदापि नहीं। अब तक जिस घर में राज्य किया, उसी घर में पराधीन बन कर वह नहीं रह सकता। उसको श्रद्धा की चाह नहीं, सेवा की भूख नहीं। उसे अधिकार चाहिए। वह इस घर पर दूसरों का अधिकार नहीं देख सकता। मंदिर का पुजारी बन कर वह नहीं रह सकता।

न-जाने कितनी रात बाकी थी। सुजान ने उठ कर गँड़ासे से बैलों का चारा काटना शुरू किया। सारा गाँव सोता था, पर सुजान करवी काट रहे थे। इतना श्रम उन्होंने अपने जीवन में कभी न किया था। जब से उन्होंने काम करना छोड़ा था, बराबर चारे के लिए हाय-हाय पड़ी रहती थी। शंकर भी काटता था, भोला भी काटता था पर चारा पूरा न पड़ता था। आज वह इन लौंडों को दिखा देंगे, चारा कैसे काटना चाहिए। उनके सामने कटिया

का पहाड़ खड़ा हो गया। और टुकड़े कितने महीन और सुडौल थे, मानो साँचे में ढाले गये हों।

मुँह-अँधेरे बुलाकी उठी तो कटिया का ढेर देख कर दंग रह गयी। बोली–क्या भोला आज रात भर कटिया ही काटता रह गया ? कितना कहा कि बेटा, जी से जहान है, पर मानता ही नहीं। रात को सोया ही नहीं।

सुजान भगत ने ताने से कहा–वह सोता ही कब है ? जब देखता हूँ, काम ही करता रहता है। ऐसा कमाऊ संसार में और कौन होगा ?

इतने में भोला आँखे मलता हुआ बाहर निकला। उसे भी यह ढेर देख कर आश्चर्य हुआ। माँ से बोला–क्या शंकर आज बड़ी रात को उठा था, अम्माँ ?

बुलाकी–वह तो पड़ा सो रहा है। मैंने तो समझा, तुमने काटी होगी।

भोला–मैं तो सबेरे उठ ही नहीं पाता। दिन भर.चाहे जितना काम कर लूँ, पर रात को मुझसे नहीं उठा जाता।

बुलाकी–तो क्या तुम्हारे दादा ने काटी है ?

भोला–हाँ, मालूम तो होता है। रात भर सोये नहीं। मुझसे कल बड़ी भूल हुई। अरे, वह तो हल ले कर जा रहे हैं ! जान देने पर उतारू हो गये हैं क्या ?

बुलाकी–क्रोधी तो सदा के हैं। अब किसी की सुनेंगे थोड़े ही।

भोला–शंकर को जगा दो, मैं भी जल्दी से मुँह-हाथ धोकर हल ले जाऊँ। जब और किसानों के साथ भोला हल ले कर खेत में पहुँचा, तो सुजान आधा खेत जोत चुके थे। भोला ने चुपके से काम करना शुरू किया। सुजान से कुछ बोलने की उसकी हिम्मत न पड़ी।

दोपहर हुआ। सभी किसानों ने हल छोड़ दिये। पर सुजान भगत अपने काम में मग्न हैं। भोला थक गया है। उसकी बार-बार इच्छा होती है कि बैलों को खोल दे। मगर डर के मारे कुछ कह नहीं सकता। सबको आश्चर्य हो रहा है कि दादा कैसे इतनी मिहनत कर रहे हैं।

आखिर डरते-डरते बोला–दादा, अब तो दोपहर हो गया। हल खोल दें न ?

सुजान–हाँ, खोल दो। तुम बैलों को ले कर चलो, मैं डाँड़ फेंक कर आता हूँ।

भोला–मैं संझा को डाँड़ फेंक दूँगा।

सुजान–तुम क्या फेंक दोगे। देखते नहीं हो, खेत कटोरे की तरह गहरा हो गया है। तभी तो बीच में पानी जम जाता है। इस गोइँड़ के खेत में बीस मन का बीघा होता था। तुम लोगों ने इसका सत्यानाश कर दिया।

बैल खोल दिये गये। भोला बैलों को ले कर घर चला, पर सुजान डाँड़ फेंकते रहे। आध घंटे के बाद डाँड़ फेंक कर वह घर आये। मगर थकान का नाम न था। नहा-खा कर आराम करने के बदले उन्होंने बैलों को सहलाना शुरू किया। उनकी पीठ पर हाथ फेरा, उनके पैर मले, पूँछ सहलायी। बैलों की पूँछें खड़ी थीं। सुजान की गोद में सिर रखे उन्हें अकथनीय सुख मिल रहा था। बहत दिनों के बाद आज उन्हें यह आनंद प्राप्त हुआ

था। उनकी आँखों में कृतज्ञता भरी हुई थी। मानो वे कह रहे थे, हम तुम्हारे साथ रात-दिन काम करने को तैयार हैं।

अन्य कृषकों की भाँति भोला अभी कमर सीधी कर रहा था कि सुजान ने फिर हल उठाया और खेत की ओर चले। दोनों बैल उमंग से भरे दौड़े चले जाते थे, मानों उन्हें स्वयं खेत में पहुँचने की जल्दी थी।

भोला ने मड़ैया में लेटे-लेटे पिता को हल लिये जाते देखा, पर उठ न सका। उसकी हिम्मत छूट गयी। उसने कभी इतना परिश्रम न किया था। उसे बनी-बनायी गिरस्ती मिल गयी थी। उसे ज्यों-त्यों चला रहा था। इन दामों वह घर का स्वामी बनने का इच्छुक न था। जवान आदमी को बीस धंधे होते हैं। हँसने-बोलने के लिए, गाने-बजाने के लिए भी तो उसे कुछ समय चाहिए। पड़ोस के गाँव में दंगल हो रहा है। जवान आदमी कैसे अपने को वहाँ जाने से रोकेगा ? किसी गाँव में बारात आयी है, नाच-गाना हो रहा है। जवान आदमी क्यों उसके आनंद से वंचित रह सकता है ? वृद्धजनों के लिए ये बाधाएँ नहीं। उन्हें न नाच-गाने से मतलब, न खेल-तमाशे से गरज, केवल अपने काम से काम है।

बुलाकी ने कहा—भोला, तुम्हारे दादा हल ले कर गये।

भोला—जाने दो अम्माँ, मुझसे यह नहीं हो सकता।

5

सुजान भगत के इस नवीन उत्साह पर गाँव में टीकाएँ हुईं—निकल गयी सारी भगती। बना हुआ था। माया में फँसा हुआ है। आदमी काहे को, भूत है।

मगर भगत जी के द्वार पर अब फिर साधु-संत आसन जमाये देखे जाते हैं। उनका आदर-सम्मान होता है। अब की उसकी खेती ने सोना उगल दिया है। बखारी में अनाज रखने की जगह नहीं मिलती। जिस खेत में पाँच मन मुश्किल से होता था, उसी खेत में अबकी दस मन की उपज हुई है।

चैत का महीना था। खलिहानों में सतयुग का राज था। जगह-जगह अनाज के ढेर लगे हुए थे। यही समय है, जब कृषकों को भी थोड़ी देर के लिए अपना जीवन सफल मालूम होता है, जब गर्व से उनका हृदय उछलने लगता है। सुजान भगत टोकरे में अनाज भर-भर कर देते थे और दोनों लड़के टोकरे ले कर घर में अनाज रख आते थे। कितने ही भाट और भिक्षुक भगत जी को घेरे हुए थे। उनमें वह भिक्षुक भी था, जो आज से आठ महीने पहले भगत के द्वार से निराश हो कर लौट गया था।

सहसा भगत ने उस भिक्षुक से पूछा—क्यों बाबा, आज कहाँ-कहाँ चक्कर लगा आये ?

भिक्षुक—अभी तो कहीं नहीं गया भगत जी, पहले तुम्हारे ही पास आया हूँ।

भगत—अच्छा, तुम्हारे सामने यह ढेर है। इसमें से जितना अनाज उठा कर ले जा सको, ले जाओ।

भिक्षुक ने क्षुब्ध नेत्रों से ढेर को देख कर कहा—जितना अपने हाथ से उठा कर दे

दोगे, उतना ही लूँगा।

भगत—नहीं, तुमसे जितना उठ सके, उठा लो।

भिक्षुक के पास एक चादर थी ! उसने कोई दस सेर अनाज उसमें भरा और उठाने लगा। संकोच के मारे और अधिक भरने का उसे साहस न हुआ।

भगत उसके मन का भाव समझ कर आश्वासन देते हुए बोले—बस। इतना तो एक बच्चा भी उठा ले जायगा।

भिक्षुक ने भोला की ओर संदिग्ध नेत्रों से देख कर कहा—मेरे लिए इतना ही बहुत है।

भगत—नहीं तुम सकुचाते हो। अभी और भरो।

भिक्षुक ने एक पंसेरी अनाज और भरा, और फिर भोला की ओर सशंक दृष्टि से देखने लगा।

भगत—उसकी ओर क्या देखते हो, बाबा जी ? मैं जो कहता हूँ, वह करो। तुमसे जितना उठाया जा सके, उठा लो।

भिक्षुक डर रहा था कि कहीं उसने अनाज भर लिया और भोला ने गठरी न उठाने दी, तो कितनी भद्द होगी। और भिक्षुकों को हँसने का अवसर मिल जायगा। सब यही कहेंगे कि भिक्षुक कितना लोभी है। उसे और अनाज भरने की हिम्मत न पड़ी।

तब सुजान भगत ने चादर ले कर उसमें अनाज भरा और गठरी बाँध कर बोले—इसे उठा ले जाओ।

भिक्षुक—बाबा, इतना तो मुझसे उठ न सकेगा।

भगत—अरे ! इतना भी न उठ सकेगा ! बहुत होगा तो मन भर। भला जोर तो लगाओ, देखूँ, उठा सकते हो या नहीं।

भिक्षुक ने गठरी को आजमाया। भारी थी। जगह से हिली भी नहीं। बोला—भगत जी, यह मुझ से न उठ सकेगी !

भगत—अच्छा, बताओ किस गाँव में रहते हो ?

भिक्षुक—बड़ी दूर है भगत जी; अमोला का नाम तो सुना होगा !

भगत—अच्छा, आगे-आगे चलो, मैं पहुँचा दूँगा।

यह कहकर भगत ने जोर लगा कर गठरी उठायी और सिर पर रख कर भिक्षुक के पीछे हो लिये। देखने वाले भगत का यह पौरुष देख कर चकित हो गये। उन्हें क्या मालूम था कि भगत पर इस समय कौन-सा नशा था। आठ महीने के निरंतर अविरल परिश्रम का आज उन्हें फल मिला था। आज उन्होंने अपना खोया हुआ अधिकार फिर पाया था। वही तलवार, जो केले को भी नहीं काट सकती, सान पर चढ़ कर लोहे को काट देती है। मानव-जीवन में लाग बड़े महत्त्व की वस्तु है। जिसमें लाग है, वह बूढ़ा भी हो तो जवान है। जिसमें लाग नहीं, गैरत नहीं, वह जवान भी मृतक है। सुजान भगत में लाग थी और उसी ने उन्हें अमानुषीय बल प्रदान कर दिया था। चलते समय उन्होंने भोला की ओर सगर्व नेत्रों के देखा और बोले—ये भाट और भिक्षुक खड़े हैं, कोई खाली हाथ न लौटने

पाये।

भोला सिर झुकाये खड़ा था, उसे कुछ बोलने का हौसला न हुआ। वृद्ध पिता ने उसे परास्त कर दिया था।

पिसनहारी का कुआँ

गोमती ने मृत्यु-शय्या पर पड़े हुए चौधरी विनायकसिंह से कहा—चौधरी, मेरे जीवन की यही लालसा थी।

चौधरी ने गम्भीर हो कर कहा—इसकी कुछ चिंता न करो काकी; तुम्हारी लालसा भगवान् पूरी करेंगे। मैं आज ही से मजूरों को बुला कर काम पर लगाये देता हूँ। दैव ने चाहा, तो तुम अपने कुएँ का पानी पियोगी। तुमने तो गिना होगा, कितने रुपये हैं ?

गोमती ने एक क्षण आँखें बंद करके, बिखरी हुई स्मृति को एकत्र करके कहा—भैया, मैं क्या जानूँ, कितने रुपये हैं ? जो कुछ हैं, वह इसी हाँड़ी में हैं। इतना करना कि इतने ही में काम चल जाय। किसके सामने हाथ फैलाते फिरोगे ?

चौधरी ने बंद हाँड़ी को उठा कर हाथों से तौलते हुए कहा—ऐसा तो करेंगे ही काकी; कौन देनेवाला है। एक चुटकी भीख तो किसी के घर से निकलती नहीं, कुआँ बनवाने को कौन देता है। धन्य हो तुम कि अपनी उम्र भर की कमाई इस धर्म-काज के लिए दे दी।

गोमती ने गर्व से कहा—भैया, तुम तो तब बहुत छोटे थे। तुम्हारे काका मरे तो मेरे हाथ में एक कौड़ी भी न थी। दिन-दिन भर भूखी पड़ी रहती। जो कुछ उनके पास था, वह सब उनकी बीमारी में उठ गया। वह भगवान् के बड़े भक्त थे। इसीलिए भगवान् ने उन्हें जल्दी से बुला लिया। उस दिन से आज तक तुम देख रहे हो कि किस तरह दिन काट रही हूँ। मैंने एक-एक रात में मन-मन भर अनाज पीसा है; बेटा ! देखनेवाले अचरज मानते थे। न-जाने इतनी ताकत मुझमें कहाँ से आ जाती थी। बस, यही लालसा रही कि उनके नाम का एक छोटा-सा कुआँ गाँव में बन जाय। नाम तो चलना चाहिए। इसीलिए तो आदमी बेटे-बेटी को रोता है।

इस तरह चौधरी विनायकसिंह को वसीयत करके, उसी रात को बुढ़िया गोमती परलोक सिधारी। मरते समय अंतिम शब्द, जो उसके मुख से निकले, वे यही थे—कुआँ बनवाने में देर न करना। उसके पास धन है यह तो लोगों का अनुमान था; लेकिन दो हजार है, इसका किसी को अनुमान न था। बुढ़िया अपने धन को ऐब की तरह छिपाती थी। चौधरी गाँव का मुखिया और नीयत का साफ आदमी था। इसलिए बुढ़िया ने उससे यह अंतिम आदेश किया था।

2

चौधरी ने गोमती के क्रिया-कर्म में बहुत रुपये खर्च न किये। ज्योंही इन संस्कारों से छुट्टी मिली, वह अपने बेटे हरनाथसिंह को बुला कर ईंट, चूना, पत्थर का तखमीना करने लगे। हरनाथ अनाज का व्यापार करता था। कुछ देर तक तो वह बैठा सुनता रहा, फिर बोला–अभी दो-चार महीने कुआँ न बने तो कोई बड़ा हरज है ?

चौधरी ने 'हुँह !' करके कहा–हरज तो कुछ नहीं, लेकिन देर करने का काम ही क्या है। रुपये उसने दे ही दिये हैं, हमें तो सेंत में यश मिलेगा। गोमती ने मरते-मरते जल्द कुआँ बनवाने को कहा था।

हरनाथ–हाँ, कहा तो था, लेकिन आजकल बाजार अच्छा है। दो-तीन हजार का अनाज भर लिया जाय, तो अगहन-पूस तक सवाया हो जायगा। मैं आपको कुछ सूद दे दूँगा। चौधरी का मन शंका और भय के दुविधे में पड़ गया। दो हजार के कहीं ढाई हजार हो गये, तो क्या कहना। जगमोहन में कुछ बेल-बूटे बनवा दूँगा। लेकिन भय था कि कहीं घाटा हो गया तो ? इस शंका को वह छिपा न सके, बोले–जो कहीं घाटा हो गया तो ?

हरनाथ ने तड़प कर कहा–घाटा क्या हो जायगा, कोई बात है ?

'मान लो, घाटा हो गया तो ?'

हरनाथ ने उत्तेजित होकर कहा–यह कहो कि तुम रुपये नहीं देना चाहते, बड़े धर्मात्मा बने हो !

अन्य वृद्धजनों की भाँति चौधरी भी बेटे से दबते थे। कातर स्वर में बोले–मैं यह कब कहता हूँ कि रुपये न दूँगा। लेकिन पराया धन है, सोच-समझ कर ही तो उसमें हाथ लगाना चाहिए। बनिज-व्यापार का हाल कौन जानता है। कहीं भाव और गिर जाय तो ? अनाज में घुन ही लग जाय, कोई मुद्दई घर में आग ही लगा दे। सब बातें सोच लो अच्छी तरह।

हरनाथ ने व्यंग्य से कहा–इस तरह सोचना है, तो यह क्यों नहीं सोचते कि कोई चोर ही उठा ले जाय; या बनी-बनायी दीवार बैठ जाय ? ये बातें भी तो होती ही हैं।

चौधरी के पास अब और कोई दलील न थी, कमजोर सिपाही ने ताल तो ठोंकी, अखाड़े में उतर पड़ा; पर तलवार की चमक देखते ही हाथ-पाँव फूल गये। बगलें झाँक कर चौधरी ने कहा–तो कितना लोगे ?

हरनाथ कुशल योद्धा की भाँति, शत्रु को पीछे हटता देख कर, बफर कर बोला–सब का सब दीजिए, सौ-पचास रुपये ले कर क्या खिलवाड़ करना है ?

चौधरी राजी हो गये। गोमती को उन्हें रुपये देते किसी ने न देखा था। लोक-निंदा की संभावना भी न थी। हरनाथ ने अनाज भरा। अनाजों के बोरों का ढेर लग गया। आराम की मीठी नींद सोनेवाले चौधरी अब सारी रात बोरों की रखवाली करते थे, मजाल न थी कि कोई चुहिया बोरों में घुस जाय। चौधरी इस तरह झपटते थे कि बिल्ली भी हार मान लेती। इस तरह छः महीने बीत गये। पौष में अनाज बिका, पूरे 500 रु. का लाभ हुआ।

हरनाथ ने कहा–इसमें से 50 रु. आप ले लें।

चौधरी ने झल्ला कर कहा—50 रु. क्या खैरात ले लूँ ? किसी महाजन से इतने रुपये लिये होते तो कम से कम 200 रु. सूद के होते; मुझे तुम दो-चार रुपये कम दे दो, और क्यार करोगे ?

हरनाथ ने ज्यादा बतबढ़ाव न किया। 150 रु. चौधरी को दे दिया। चौधरी की आत्मा इतनी प्रसन्न कभी न हुई थी। रात को वह अपनी कोठरी में सोने गया, तो उसे ऐसा प्रतीत हुआ कि बुढ़िया गोमती खड़ी मुस्करा रही है। चौधरी का कलेजा धक्-धक् करने लगा। वह नींद में न था। कोई नशा न खाया था। गोमती सामने खड़ी मुस्करा रही थी। हाँ, उस मुरझाये हुए मुख पर एक विचित्र स्फूर्ति थी।

3

कई साल बीत गये ! चौधरी बराबर इसी फिक्र में रहते कि हरनाथ से रुपये निकाल लूँ; लेकिन हरनाथ हमेशा ही हीले-हवाले करता रहता था। वह साल में थोड़ा-सा ब्याज दे देता, पर मूल के लिए हजार बातें बनाता था। कभी लेने का रोना था, कभी चुकते का। हाँ, कारोबार बढ़ता जाता था। आखिर एक दिन चौधरी ने उससे साफ-साफ कह दिया कि तुम्हारा काम चले या डूबे। मुझे परवा नहीं, इस महीने में तुम्हें अवश्य रुपये चुकाने पड़ेंगे। हरनाथ ने बहुत उड़नघाइयाँ बतायीं, पर चौधरी अपने इरादे पर जमे रहे।

हरनाथ ने झुँझला कर कहा—कहता हूँ कि दो महीने और ठहरिए। माल बिकते ही मैं रुपये दे दूँगा।

चौधरी ने दृढ़ता से कहा—तुम्हारा माल कभी न बिकेगा, और न तुम्हारे दो महीने कभी पूरे होंगे। मैं आज रुपये लूँगा।

हरनाथ उसी वक्त क्रोध में भरा हुआ उठा, और दो हजार रुपये ला कर चौधरी के सामने जोर से पटक दिये।

चौधरी ने कुछ झेंप कर कहा—रुपये तो तुम्हारे पास थे।

'और क्या बातों से रोजगार होता है ?'

'तो मुझे इस समय 500 रुपये दे दो, बाकी दो महीने में देना। सब आज ही तो खर्च न हो जायेंगे।'

हरनाथ ने ताव दिखा कर कहा—आप चाहे खर्च कीजिए, चाहे जमा कीजिए, मुझे रुपयों का काम नहीं। दुनिया में क्या महाजन मर गये हैं, जो आपकी धौंस सहूँ ?

चौधरी ने रुपये उठा कर एक ताक पर रख दिये। कुएँ की दागबेल डालने का सारा उत्साह ठंडा पड़ गया।

हरनाथ ने रुपये लौटा तो दिये थे, पर मन में कुछ और मनसूबा बाँध रखा था। आधी रात को जब घर में सन्नाटा छा गया, तो हरनाथ चौधरी के कोठरी की चूल खिसका कर अंदर घुसा। चौधरी बेखबर सोये थे। हरनाथ ने चाहा कि दोनों थैलियाँ उठा कर बाहर निकल आऊँ, लेकिन ज्यों ही हाथ बढ़ाया उसे अपने सामने गोमती खड़ी दिखायी दी। वह दोनों थैलियों को दोनों हाथों से पकड़े हुए थी। हरनाथ भयभीत हो कर पीछे हट गया।

फिर यह सोच कर कि शायद मुझे धोखा हो रहा हो, उसने फिर हाथ बढ़ाया, पर अबकी वह मूर्ति इतनी भयंकर हो गयी कि हरनाथ एक क्षण भी वहाँ खड़ा न रह सका। भागा, पर बरामदे ही में अचेत होकर गिर पड़ा

4

हरनाथ ने चारों तरफ से अपने रुपये वसूल करके व्यापारियों को देने के लिए जमा कर रखे थे। चौधरी ने आँखें दिखायीं, तो वही रुपये ला कर पटक दिया। दिल में उसी वक्त सोच लिया था कि रात को रुपये उड़ा लाऊँगा। झूठमूठ चोर का गुल मचा दूँगा, तो मेरी ओर संदेह भी न होगा। पर जब यह पेशबंदी ठीक न उतरी, तो उस पर व्यापारियों के तगादे होने लगे। वादों पर लोगों को कहाँ तक टालता, जितने बहाने हो सकते थे, सब किये। आखिर वह नौबत आ गयी कि लोग नालिश करने की धमकियाँ देने लगे। एक ने तो 300 रु. की नालिश कर भी दी। बेचारे चौधरी बड़ी मुश्किल में फँसे। दूकान पर हरनाथ बैठता था, चौधरी को उससे कोई वास्ता न था, पर उसकी जो साख थी वह चौधरी के कारण। लोग चौधरी को खरा और लेन-देन का साफ आदमी समझते थे। अब भी यद्यपि कोई उनसे तकाजा न करता था, पर वह सबसे मुँह छिपाते फिरते थे। लेकिन उन्होंने यह निश्चय कर लिया था कि कुएँ के रुपये न छुऊँगा चाहे कुछ आ पड़े।

रात को एक व्यापारी के मुसलमान चपरासी ने चौधरी के द्वार पर आ कर हजारों गालियाँ सुनायीं। चौधरी को बार-बार क्रोध आता था कि चल कर मूँछें उखाड़ लूँ, पर मन को समझाया, 'हमसे मतलब ही क्या है, बेटे का कर्ज चुकाना बाप का धर्म नहीं है।'

जब भोजन करने गये, तो पत्नी ने कहा–यह सब क्या उपद्रव मचा रखा है ?

चौधरी ने कठोर स्वर में कहा–मैंने मचा रखा है ?

'और किसने मचा रखा है ? बच्चा कसम खाते हैं कि मेरे पास केवल थोड़ा-सा माल है, रुपये तो सब तुमने माँग लिये।'

चौधरी–माँग न लेता तो क्या करता, हलवाई की दूकान पर दादा का फातेहा पढ़ना मुझे पसंद नहीं।

स्त्री–यह नाक-कटाई अच्छी लगती है ?

चौधरी–तो मेरा क्या बस है भाई, कभी कुआँ बनेगा कि नहीं ? पाँच साल हो गये।

स्त्री–इस वक्त उसने कुछ नहीं खाया। पहली जून भी मुँह जूठा करके उठ गया था।

चौधरी–तुमने समझाकर खिलाया नहीं, दाना-पानी छोड़ देने से तो रुपये न मिलेंगे।

स्त्री–तुम क्यों नहीं जा कर समझा देते ?

चौधरी–मुझे तो इस वक्त बैरी समझ रहा होगा !

स्त्री–मैं रुपये ले जा कर बच्चा को दिये आती हूँ, हाथ में जब रुपये आ जायँ, तो कुआँ बनवा देना।

चौधरी–नहीं, नहीं, ऐसा गजब न करना, मैं इतना बड़ा विश्वासघात न करूँगा, चाहे

घर मिट्टी ही में मिल जाय।

लेकिन स्त्री ने इन बातों की ओर ध्यान न दिया। वह लपक कर भीतर गयी और थैलियों पर हाथ डालना चाहती थी कि एक चीख मार कर हट गयी। उसकी सारी देह सितार के तार की भाँति काँपने लगी।

चौधरी ने घबरा कर पूछा–क्या हुआ, क्या ? तुम्हें चक्कर तो नहीं आ गया ?

स्त्री ने ताक की ओर भयातुर नेत्रों से देख कर कहा–चुड़ैल वहाँ खड़ी है ?

चौधरी ने ताक की ओर देख कर कहा–कौन चुड़ैल ? मुझे तो कोई नहीं दीखता।

स्त्री–मेरा तो कलेजा धक्-धक् कर रहा है। ऐसा मालूम हुआ, जैसे उस बुढ़िया ने मेरा हाथ पकड़ लिया है।

चौधरी–यह सब भ्रम है। बुढ़िया को मरे पाँच साल हो गये, अब तक वह यहाँ बैठी है ?

स्त्री–मैंने साफ देखा, वही थी। बच्चा भी कहते थे कि उन्होंने रात को थैलियों पर हाथ रखे देखा था !

चौधरी–वह रात को मेरी कोठी में कब आया।

स्त्री–तुमसे कुछ रुपयों के विषय ही में कहने आया था। उसे देखते ही भागा।

चौधरी–अच्छा; फिर तो अंदर जाओ, मैं देख रहा हूँ।

स्त्री ने कान पर हाथ रख कर कहा–न बाबा, अब मैं उस कमरे में कदम न रखूँगी।

चौधरी–अच्छा, मैं जा कर देखता हूँ।

चौधरी ने कोठरी में जा कर दोनों थैलियाँ ताक पर से उठा लीं। किसी प्रकार की शंका न हुई। गोमती की छाया का कहीं नाम भी न था। स्त्री द्वार पर खड़ी झाँक रही थी। चौधरी ने आ कर गर्व से कहा–मुझे तो कहीं कुछ न दिखायी दिया। वहा होती, तो कहाँ चली जाती ?

स्त्री–क्या जाने, तुम्हें क्यों नहीं दिखायी दी ? तुमसे उसे स्नेह था, इसी से हट गयी होगी।

चौधरी–तुम्हें भ्रम था; और कुछ नहीं।

स्त्री–बच्चा को बुला कर पुछाये देती हूँ।

चौधरी–खड़ा तो हूँ, आ कर देख क्यों नहीं लेती ?

स्त्री को कुछ आश्वासन हुआ। उसने ताक के पास जा कर डरते-डरते हाथ बढ़ाया–जोर से चिल्ला कर भागी और आँगन में आ कर दम लिया।

चौधरी भी उसके साथ आँगन में आ गया और विस्मय से बोला–क्या था, क्या ? व्यर्थ में भागी चली आयी। मुझे तो कुछ न दिखायी दिया।

स्त्री ने हाँफते हुए तिरस्कारपूर्ण स्वर में कहा–चलो हटो, अब तक तो तुमने मेरी जान ही ले ली थी। न-जाने तुम्हारी आँखों को क्या हो गया है। खड़ी तो है वह डायन !

इतने में हरनाथ भी वहाँ आ गया। माता को आँगन में पड़े देख कर बोला–क्या है अम्माँ, कैसा जी है ?

स्त्री–वह चुड़ैल आज दो बार दिखायी दी, बेटा। मैंने कहा–लाओ, तुम्हें रुपये दे दूँ। फिर जब हाथ में जा जायँगे, तो कुआँ बनवा दिया जायगा। लेकिन ज्यों ही थैलियों पर हाथ रखा, उस चुड़ैल ने मेरा हाथ पकड़ लिया। प्राण-से निकल गये।

हरनाथ ने कहा–किसी अच्छे ओझा को बुलाना चाहिए, जो इसे मार भगाये।

चौधरी–क्या रात को तुम्हें भी दिखाई दी थी ?

हरनाथ–हाँ, मैं तुम्हारे पास एक मामले में सलाह करने आया था। ज्यों ही अंदर कदम रखा, वह चुड़ैल ताक के पास खड़ी दिखायी दी, मैं बदहवास हो कर भागा।

चौधरी–अच्छा, फिर तो जाओ।

स्त्री–कौन, अब तो मैं न जाने दूँ, चाहे कोई लाख रुपये ही क्यों न दे।

हरनाथ–मैं आप न जाऊँगा।

चौधरी–मगर मुझे कुछ दिखायी नहीं देता। यह बात क्या है ?

हरनाथ–क्या जाने, आपसे डरती होगी। आज किसी ओझा को बुलाना चाहिए।

चौधरी–कुछ समझ में नहीं आता, क्या माजरा है। क्या हुआ बैजू पांडे की डिग्री का?

हरनाथ इन दिनों चौधरी से इतना जलता था कि अपनी दूकान के विषय की कोई बात उनसे न कहता था। आँगन की तरफ ताकता हुआ मानो हवा से बोला–जो होना होगा, वह होगा, मेरी जान के सिवा और कोई क्या ले लेगा जो खा गया हूँ, वह तो उगल नहीं सकता।

चौधरी–कहीं उसने डिग्री जारी कर दी तो ?

हरनाथ–तो क्या ? दूकान में चार-पाँच सौ का माल है, वह नीलाम हो जायगा।

चौधरी–कारोबार तो सब चौपट हो जायगा ?

हरनाथ–अब कारोबार के नाम को कहाँ तक रोऊँ। अगर पहले से मालूम होता कि कुआँ बनवाने की इतनी जल्दी है, तो यह काम छेड़ता ही क्यों ? रोटी-दाल तो पहले भी मिल जाती थी। बहुत होगा, तो-चार महीने हवालात में रहना पड़ेगा। इसके सिवा और क्या हो सकता है ?

माता ने कहा–जो तुम्हें हवालात में ले जाय, उसका मुँह झुलस दूँ ! हमारे जीते-जी तुम हवालात में जाओगे !

हरनाथ ने दार्शनिक बन कर कहा–माँ-बाप जन्म के साथी होते हैं, किसी के कर्म के साथी नहीं होते।

चौधरी को पुत्र से प्रगाढ़ प्रेम था। उन्हें शंका हो गयी थी कि हरनाथ रुपये हजम करने के लिए टाल-मटोल कर रहा है। इसलिए उन्होंने आग्रह करके रुपये वसूल कर लिये थे। अब उन्हें अनुभव हुआ कि हरनाथ के प्राण सचमुच संकट में हैं। सोचा–अगर लड़के को हवालात हो गयी, या दूकान पर कुर्की आ गयी; तो कुल-मर्यादा धूल में मिल जायगी। क्या हरज है, अगर गोमती के रुपये दे दूँ। आखिर दूकान चलती ही है, कभी न कभी तो रुपये हाथ में आ ही जायँगे।

एकाएक किसी ने बाहर से पुकारा–'हरनाथसिंह !' हरनाथ के मुख पर हवाइयाँ उड़ने लगीं। चौधरी ने पूछा–कौन है ?

'कुर्क अमीन।'

'क्या दूकान कुर्क कराने आया है ?'

'हाँ, मालूम तो होता है।'

'कितने रुपयों की डिग्री है ?'

'1200 रु. की।'

'कुर्क-अमीन कुछ लेने-देने से न टलेगा ?'

'टल तो जाता पर महाजन भी तो उसके साथ होगा। उसे जो कुछ लेना है, उधर से ले चुका होगा।'

'न हो, 1200 रु. गोमती के रुपयों में से दे दो।'

'उसके रुपये कौन छुएगा। न-जाने घर पर क्या आफत आये।'

'उसके रुपये कोई हजम थोड़ी ही किये लेता है; चलो, मैं दे दूँ !'

चौधरी को इस समय भय हुआ, कहीं मुझे भी वह न दिखायी दे। लेकिन उनकी शंका निर्मूल थी। उन्होंने एक थैली से 220 रु. निकाले और दूसरी थैली में रख कर हरनाथ को दे दिये। संध्या तक इन 2000 रु. में एक रुपया भी न बचा।

5

बारह साल गुजर गये। न चौधरी अब इस संसार में हैं, न हरनाथ। चौधरी जब तक जिये, उन्हें कुएँ की चिंता बनी रही; यहाँ तक कि मरते दम भी उनकी जबान पर कुएँ की रट लगी हुई थी। लेकिन दूकान में सदैव रुपयों का तोड़ा रहा। चौधरी के मरते ही सारा कारोबार चौपट हो गया। हरनाथ ने आने रुपये लाभ से संतुष्ट न हो कर दूने-तिगुने लाभ पर हाथ मारा–जुआ खेलना शुरू किया। साल भी न गुजरने पाया था कि दूकान बंद हो गयी। गहने-पाते, बरतन भाड़े, सब मिट्टी में मिल गये। चौधरी की मृत्यु के ठीक साल भर बाद, हरनाथ ने भी इस हानि-लाभ के संसार से पयान किया। माता के जीवन का अब कोई सहारा न रहा। बीमार पड़ी, पर दवा-दर्पन न हो सकी। तीन-चार महीने तक नाना प्रकार के कष्ट झेल कर वह भी चल बसी। अब केवल बहू थी, और वह भी गर्भिणी। उस बेचारी के लिए अब कोई आधार न था। इस दशा में मजदूरी भी न कर सकती थी। पड़ोसियों के कपड़े सी-सी कर उसने किसी भाँति पाँच-छः महीने काटे। तेरे लड़का होगा। सारे लक्षण बालक के-से थे। यही एक जीवन का आधार था। जब कन्या हुई, तो यह आधार भी जाता रहा। माता ने अपना हृदय इतना कठोर कर लिया कि नवजात शिशु को छाती भी न लगाती थी। पड़ोसियों के बहुत समझाने-बुझाने पर छाती से लगाया, पर उसकी छाती में दूध की एक बूँद भी न थी। उस समय अभागिनी माता के हृदय में करुणा, वात्सल्य और मोह का एक भूकम्प-सा आ गया। अगर किसी उपाय से उसके स्तन की अंतिम बूँद दूध बन जाती, तो वह अपने को धन्य मानती।

बालिका की वह भोली, दीन, याचनामय, सतृष्ण छवि देख कर उसका मातृ-हृदय मानो सहस्र नेत्रों से रुदन करने लगा था। उसके हृदय की सारी शुभेच्छाएँ, सारा आशीर्वाद, सारी विभूति, सारा अनुराग मानो उसकी आँखों से निकाल कर उस बालिका को उसी भाँति रंजित कर देता था जैसे इंदु का शीतल प्रकाश पुष्प को रंजित कर देता है; पर उस बालिका के भाग्य में मातृप्रेम के सुख न बदे थे ! माता ने कुछ अपना रक्त, कुछ ऊपर का दूध पिला कर उसे जिलाया; पर उसकी दशा दिनोंदिन जीर्ण होती जाती थी।

एक दिन लोगों ने जा कर देखा, तो वह भूमि पर पड़ी हुई थी, और बालिका उसकी छाती से चिपटी उसके स्तनों को चूस रही थी। शोक और दरिद्रता से आहत शरीर में रक्त कहाँ जिससे दूध बनता।

वही बालिका पड़ोसियों की दया-भिक्षा से पल-पल कर एक दिन घास खोदती हुई उस स्थान पर जा पहुँची, जहाँ बुढ़िया गोमती का घर था। छप्पर कब के पंचभूतों में मिल चुके थे। केवल जहाँ-तहाँ दीवारों के चिह्न बाकी थे। कहीं-कहीं आधी-आधी दीवारें खड़ी थीं। बालिका ने न-जाने क्या सोच कर खुरपी से गड्ढा खोदना शुरू किया। दोपहर से साँझ तक वह गड्ढा खोदती रही। न खाने की सुध थी, न पीने की। न कोई शंका थी, न भय। अँधेरा हो गया; पर वह ज्यों की त्यों बैठी गड्ढा खोद रही थी। उस समय किसान लोग भूल कर भी उधर से न निकलते थे; पर बालिका निश्शंक बैठी भूमि से मिट्टी निकाल रही थी। जब अँधेरा हो गया तो वह चली गयी।

दूसरे दिन वह बड़े सबेरे उठी और इतनी घास खोदी, जितनी वह कभी दिन भर में न खोदती थी। दोपहर के बाद वह अपनी खाँची और खुरपी लिये फिर उसी स्थान पर पहुँची; पर वह आज अकेली न थी, उसके साथ दो बालक और भी थे। तीनों वहाँ साँझ तक 'कुआँ-कुआँ' खोदते रहे। बालिका गड्ढे के अंदर खोदती थी और दोनों बालक मिट्टी निकाल-निकाल कर फेंकते थे।

तीसरे दिन दो लड़के और भी उस खेल में मिल गये। शाम तक खेल होता रहा। आज गड्ढा दो हाथ गहरा हो गया था। गाँव के बालक-बालिकाओं में इस विलक्षण खेल ने अभूपूर्व उत्साह भर दिया था।

चौथे दिन और भी कई बालक आ मिले। सलाह हुई, कौन अंदर जाय, कौन मिट्टी उठाये, कौन झोआ खींचे। गड्ढा अब चार हाथ गहरा हो गया था, पर अभी तक बालकों के सिवा और किसी को उसकी खबर न थी।

एक दिन रात को एक किसान अपनी खोयी हुई भैंस ढूँढ़ता हुआ उस खंडहर में जा निकला। अंदर मिट्टी का ऊँचा ढेर, एक बड़ा-सा गड्ढा और एक टिमटिमाता हुआ दीपक देखा, तो डर कर भागा। औरों ने भी आ कर देखा, कई आदमी थे। कोई शंका न थी। समीप जा कर देखा, तो बालिका बैठी थी। एक आदमी ने पूछा—अरे, क्या तूने यह गड्ढा खोदा है ?

बालिका ने कहा—हाँ।

'गड्ढा खोद कर क्या करेगी ?'

'यहाँ कुआँ बनाऊँगी ?'

'कुआँ कैसे बनायेगी ?'

'जैसे इतना खोदा है वैसे ही इतना और खोद लूँगी। गाँव के सब लड़के खेलने आते हैं।'

'मालूम होता है, तू अपनी जान देगी और अपने साथ और लड़कों को भी मारेगी। खबरदार, जो कल से गड्ढा खोदा !'

दूसरे दिन और लड़के न आये, बालिका भी दिन भर मजूरी करती रही। लेकिन संध्या-समय वहाँ फिर दीपक जला और फिर वह खुरपी हाथ में लिये वहाँ बैठी दिखायी दी।

गाँव वालों ने उसे मारा-पीटा, कोठरी में बंद किया, पर वह अवकाश पाते ही वहाँ जा पहुँचती।

गाँव के लोग प्रायः श्रद्धालु होते ही हैं, बालिका के इस अलौकिक अनुराग ने आखिर उनमें भी अनुराग उत्पन्न किया। कुआँ खुदने लगा।

इधर कुआँ खुद रहा था। उधर बालिका मिट्टी से ईंटें बनाती थी। इस खेल में सारे गाँव के लड़के शरीक होते थे। उजाली रातों में जब सब लोग सो जाते, तब भी वह ईंटें थापती दिखायी देती। न-जाने इतनी लगन उसमें कहाँ से आ गयी थी। सात वर्ष की उम्र कोई उम्र होती है ? लेकिन सात वर्ष की वह लड़की बुद्धि और बातचीत में अपनी तिगुनी उम्र वालों के कान काटती थी।

आखिर एक दिन वह भी आया कि कुआँ बँध गया और उसकी पक्की जगत तैयार हो गयी। उस दिन बालिका उसी जगत पर सोयी । आज उसके हर्ष की सीमा न थी। गाती थी, चहकती थी।

प्रातःकाल उस जगत पर केवल उसकी लाश मिली। उस दिन से लोगों ने कहना शुरू किया, यह वही बुढ़िया गोमती थी ! इस कुएँ का नाम 'पिसनहारी का कुआँ' पड़ा।

सोहाग का शव

मध्यप्रदेश के एक पहाड़ी गाँव में एक छोटे-से घर की छत पर एक युवक मानो संध्या की निस्तब्धता में लीन बैठा था। सामने चन्द्रमा के मलिन प्रकाश में ऊदी पर्वतमालाएँ अनन्त के स्वप्न की भाँति गम्भीर, रहस्यमय, संगीतमय, मनोहर मालूम होती थीं, उन पहाड़ियों के नीचे जल-धारा की एक रौप्य रेखा ऐसी मालूम होती थी, मानो उन पर्वतों का समस्त संगीत, समस्य गाम्भीर्य, सम्पूर्ण रहस्य इसी उज्ज्वल प्रवाह में लीन हो गया हो। युवक की वेशभूषा से प्रकट होता था कि उसकी दशा बहुत सम्पन्न नहीं है। हाँ, उसके मुख से तेज और मनस्विता झलक रही थी। उसकी आँखों पर ऐनक न थी, न मूँछें मुड़ी हुई थीं, न बाल सँवारे हुए थे, कलाई पर घड़ी न थी; यहाँ तक कि कोट की जेब में फाउन्टेनपेन भी

न था। या तो वह सिद्धान्तों का प्रेमी था, या आडम्बरों का शत्रु।

युवक विचारों में मौन उसी पर्वतमाला की ओर देख रहा था कि सहसा बादल की गरज से भी भयंकर ध्वनि सुनायी दी। नदी का मधुर गान उस भीषण नाद में डूब गया। ऐसा मालूम हुआ, मानो उस भयंकर नाद ने पर्वतों को भी हिला दिया है, मानो पर्वतों में कोई घोर संग्राम छिड़ गया है। यह रेलगाड़ी थी, जो नदी पर बने हुए पुल से चली आ रही थी।

एक युवती कमरे से निकल कर छत पर आयी और बोली–आज अभी से गाड़ी आ गयी इसे भी आज ही वैर निभाना था।

युवक ने युवती का हाथ पकड़ कर कहा–प्रिये ! मेरा जी चाहता है; कहीं न जाऊँ; मैंने निश्चय कर लिया है। मैंने तुम्हारी खातिर से हामी भर ली थी, पर अब जाने की इच्छा नहीं होती। तीन साल कैसे कटेंगे ?

युवती ने कातर स्वर में कहा–तीन साल के वियोग के बाद फिर तो जीवनपर्यन्त कोई बाधा न खड़ी होगी। एक बार जो निश्चय कर लिया है, उसे पूरा ही कर डालो, अनंत सुख की आशा में मैं सारे कष्ट झेल लूँगी।

यह कहते हुए युवती जलपान लाने के बहाने से फिर भीतर चली गयी। आँसुओं का आवेग उसके काबू से बाहर हो गया। इन दोनों प्राणियों के वैवाहिक जीवन की यह पहली ही वर्षगाँठ थी। युवक बम्बई-विश्वविद्यालय से एम. ए. की उपाधि लेकर नागपुर के एक कालेज में अध्यापक था। नवीन युग की नयी-नयी वैवाहिक और सामाजिक क्रांतियों ने उसे लेशमात्र भी विचलित न किया था। पुरानी प्रथाओं से ऐसी प्रगाढ़ ममता कदाचित् वृद्धजनों को भी कम होगी। प्रोफेसर हो जाने के बाद उसके माता-पिता ने इस बालिका से उसका विवाह कर दिया था। प्रथानुसार ही उस आँखमिचौनी के खेल में उन्हें प्रेम का रत्न मिल गया। केवल छुट्टियों में यहाँ पहली गाड़ी से आता और आखिरी गाड़ी से जाता। ये दो-चार दिन मीठे स्वप्न के समान कट जाते थे। दोनों बालकों की भाँति रो-रो कर बिदा होते। इसी कोठे पर खड़ी होकर वह उसको देखा करती, जब तक निर्दयी पहाड़ियाँ उसे आड़ में न कर लेतीं। पर अभी साल भी न गुजरने पाया था कि वियोग ने अपना षड्यंत्र रचना शुरू कर दिया। केशव को विदेश जा कर शिक्षा पूरी करने के लिए एक वृत्ति मिल गयी। मित्रों ने बधाइयाँ दीं। किसके ऐसे भाग्य हैं, जिसे बिना माँगे स्वभाग्य-निर्माण का ऐसा अवसर प्राप्त हो। केशव बहुत प्रसन्न न था। वह इसी दुविधे में पड़ा हुआ घर आया। माता-पिता और अन्य सम्बन्धियों ने इस यात्रा का घोर विरोध किया। नगर में जितनी बधाइयाँ मिली थीं, यहाँ उससे कहीं अधिक बाधाएँ मिलीं। किंतु सुभद्रा की उच्चाकांक्षाओं की सीमा न थी। वह कदाचित् केशव को इंद्रासन पर बैठा हुआ देखना चाहती थी। उसके सामने तब भी वही पति सेवा का आदर्श होता था। वह तब भी उसके सिर में तेल डालेगी, उसकी धोती छाँटेगी, उसके पाँव दबायेगी और उसको पंखा झलेगी। उपासक की महत्त्वाकांक्षा उपास्य ही के प्रति होती है। वह उसको सोने का मंदिर बनवायेगा, उसके सिंहासन को रत्नों से सजायेगा, स्वर्ग से पुष्प लाकर भेंट करेगा; पर वह

स्वयं वही उपासक रहेगा। जटा के स्थान पर मुकुट या कौपीन की जगह पिताम्बर की लालसा उसे कभी नहीं सताती। सुभद्रा ने उस वक्त तक दम न लिया जब तक केशव ने विलायत जाने का वादा न कर लिया, माता-पिता ने उसे कलंकिनी और न जाने क्या-क्या कहा, पर अंत में सहमत हो गये। सब तैयारियाँ हो गयीं। स्टेशन समीप ही था। यहाँ गाड़ी देर तक खड़ी रहती थी। स्टेशनों के समीपस्थ गाँव के निवासियों के लिए गाड़ी का आना शत्रु का धावा नहीं, मित्र का पदार्पण है। गाड़ी आ गयी। सुभद्रा जलपान बना कर पति को हाथ धुलाने आयी थी। इस समय केशव की प्रेम-कातर आपत्ति ने उसे एक क्षण के लिए विचलित कर दिया। हा ! कौन जानता है, तीन साल में क्या हो जाय ! मन में एक आवेश उठा—कह दूँ, प्यारे मत जाओ। थोड़ा ही खायेंगे, मोटा ही पहनेंगे, रो-रो कर दिन तो न कटेंगे। कभी केशव के आने में एक-आधा महीना लग जाता था, तो वह विकल हो जाया करती थी। यही जी चाहता था, उड़ कर उनके पास पहुँच जाऊँ। फिर ये निर्दयी तीन वर्ष कैसे कटेंगे ! लेकिन उसने बड़ी कठोरता से इन निराशाजनक भावों को ठुकरा दिया और काँपते कंठ से बोली—जी तो मेरा भी यही चाहता है। जब तीन साल का अनुमान करती हूँ, तो एक कल्प-सा मालूम होता है। लेकिन जब विलायत में तुम्हारे सम्मान और आदर का ध्यान करती हूँ, तो ये तीन साल तीन दिन से मालूम होते हैं। तुम तो जहाज पर पहुँचते ही मुझे भूल जाओगे। नये-नये दृश्य तुम्हारे मनोरंजन के लिए आ खड़े होंगे। यूरोप पहुँच कर विद्वानों के सत्संग में तुम्हें घर की याद भी न आयेगी। मुझे तो रोने के सिवा और कोई धंधा नहीं है। यही स्मृतियाँ ही मेरे जीवन का आधार होंगी। लेकिन क्या करूँ, जीवन की भोग-लालसा तो नहीं मानती। फिर जिस वियोग का अंत जीवन की सारी विभूतियाँ अपने साथ लायेगा, वह वास्तव में तपस्या है। तपस्या के बिना तो वरदान नहीं मिलता।

केशव को भी अब ज्ञात हुआ कि क्षणिक मोह के आवेश में स्वभाग्य निर्माण का ऐसा अच्छा अवसर त्याग देना मूर्खता है। खड़े हो कर बोले—रोना-धोना मत, नहीं तो मेरा जी न लगेगा।

सुभद्रा ने उसका हाथ पकड़ कर हृदय से लगाते हुए उनके मुँह की ओर सजल नेत्रों से देखा और बोली—पत्र बराबर भेजते रहना।

सुभद्रा ने फिर आँखों में आँसू भरे हुए मुस्करा कर कहा—देखना, विलायती मिसों के जाल में न फँस जाना।

केशव फिर चारपाई पर बैठ गया और बोला—अगर तुम्हें यह संदेह है, तो लो, मैं जाऊँगा ही नहीं।

सुभद्रा ने उसके गले में बाँहें डाल कर विश्वास-पूर्ण दृष्टि से देखा और बोली—मैं दिल्लगी कर रही थी।

'अगर इंद्रलोक की अप्सरा भी आ जाय, तो आँख उठा कर न देखूँ। ब्रह्मा ने ऐसी दूसरी सृष्टि की ही नहीं।'

'बीच में कोई छुट्टी मिले, तो एक बार चले आना।'

'नहीं प्रिये, बीच में शायद छुट्टी न मिलेगी। मगर जो मैंने सुना कि तुम रो-रो कर घुली जाती हो, दाना-पानी छोड़ दिया है, तो मैं अवश्य चला आऊँगा। ये फूल जरा भी कुम्हलाने न पायें।'

दोनों गले मिल कर विदा हो गये। बाहर सम्बन्धियों और मित्रों का एक समूह खड़ा था। केशव ने बड़ों के चरण छुए, छोटों को गले लगाया और स्टेशन की ओर चले। मित्रगण स्टेशन तक पहुँचाने गये। एक क्षण में गाड़ी यात्री को ले कर चल दी।

उधर केशव गाड़ी में बैठा हुआ पहाड़ियों की बहार देख रहा था; इधर सुभद्रा भूमि पर पड़ी सिसकियाँ भर रही थी।

2

दिन गुजरने लगे। उसी तरह, जैसे बीमारी के दिन कटते हैं–दिन पहाड़, रात काली बला। रात भर मनाते गुजरती थी कि किसी तरह भोर हो। भोर होता, तो मनाने लगती कि जल्दी शाम हो। मैके गयी कि वहाँ जी बहलेगा। दस-पाँच दिन परिवर्तन का कुछ असर हुआ, फिर उससे भी बुरी दशा हुई, भाग कर ससुराल चली आयी। रोगी करवट बदल कर आराम का अनुभव करता है।

पहले पाँच-छह महीनों तक तो केशव के पत्र पंद्रहवें दिन बराबर मिलते रहे। उसमें वियोग के दुःख कम, नये-नये दृश्यों का वर्णन अधिक होता था। पर सुभद्रा संतुष्ट थी। पत्र आते हैं, वह प्रसन्न हैं, कुशल से हैं, उसके लिए यही काफी था। प्रतिकूल वह पत्र लिखती, तो विरह-व्यथा के सिवा उसे कुछ सूझता ही न था। कभी-कभी जब जी बेचैन हो जाता, तो पछताती कि व्यर्थ जाने दिया। कहीं एक दिन मर जाऊँ, तो उनके दर्शन भी न हों।

लेकिन छठे महीने से पत्रों में भी विलम्ब होने लगा। कई महीने तक तो महीने में एक पत्र आता रहा, फिर वह भी बंद हो गया। सुभद्रा के चार-छह पत्र पहुँच जाते, तो एक पत्र आ जाता; वह भी बेदिली से लिखा हुआ काम की अधिकता और समय के अभाव के रोने से भरा हुआ। एक वाक्य भी ऐसा नहीं, जिससे हृदय को शांति हो, जो टपकते हुए दिल पर मरहम रखे। हा ! आदि से अंत तक 'प्रिये' शब्द का नाम नहीं। सुभद्रा अधीर हो उठी। उसने योरप-यात्रा का निश्चय कर लिया। वह सारे कष्ट सह लेगी, सिर पर जो कुछ पड़ेगी, सह लेगी; केशव को आँखों से देखती तो रहेगी। वह इस बात को उनसे गुप्त रखेगी, उनकी कठिनाइयों को और न बढ़ायेगी, उनसे बोलेगी भी नहीं ! केवल उन्हें कभी-कभी आँख भर कर देख लेगी। यही उसकी शांति के लिए काफी होगा। उसे क्या मालूम था कि उसका केशव अब उसका नहीं रहा। वह अब एक दूसरी ही कामिनी के प्रेम का भिखारी है।

सुभद्रा कई दिनों तक इस प्रस्ताव को मन में रखे हुए सेती रही। उसे किसी प्रकार की शंका न होती थी। समाचार-पत्रों के पढ़ते रहने से उसे समुद्री यात्रा का हाल मालूम होता रहता था। एक दिन उसने अपने सास-ससुर के सामने अपना निश्चय प्रकट किया।

उन लोगों ने बहुत समझाया; रोकने की बहुत चेष्टा की; लेकिन सुभद्रा ने अपना हठ न छोड़ा। आखिर जब लोगों ने देखा कि यह किसी तरह नहीं मानती, तो राजी हो गये। मैकेवाले भी समझा कर हार गये। कुछ रुपये उसने स्वयं जमा कर रखे थे, कुछ ससुराल में मिले। माँ-बाप ने भी मदद की। रास्ते के खर्च की चिंता न रही। इंग्लैंड पहुँच कर वह क्या करेगी, इसका अभी उसने कुछ निश्चय न किया। इतना जानती थी कि परिश्रम करनेवालों को रोटियों की कहीं कमी नहीं रहती।

विदा होते समय सास और ससुर दोनों स्टेशन तक आये। जब गाड़ी ने सीटी दी, तो सुभद्रा ने हाथ जोड़ कर कहा—मेरे जाने का समाचार वहाँ न लिखिएगा। नहीं तो उन्हें चिंता होगी और पढ़ने में उनका जी न लगेगा।

ससुर ने आश्वासन दिया। गाड़ी चल दी।

3

लंदन के उस हिस्से में, जहाँ इस समृद्धि के समय में भी दरिद्रता का राज्य है, ऊपर के एक छोटे से कमरे में सुभद्रा एक कुर्सी पर बैठी है। उसे यहाँ आये आज एक महीना हो गया है। यात्रा के पहले उसके मन में जितनी शंकाएँ थीं, सभी शांत होती जा रही हैं। बम्बई-बंदर में जहाज पर जगह पाने का प्रश्न बड़ी आसानी से हल हो गया। वह अकेली औरत न थी जो योरोप जा रही हो। पाँच-छह स्त्रियाँ और भी उसी जहाज से जा रही थीं। सुभद्रा को न जगह मिलने में कोई कठिनाई हुई, न मार्ग में। यहाँ पहुँच कर और स्त्रियों से संग छूट गया। कोई किसी विद्यालय में चली गयी; दो-तीन अपने पतियों के पास चली गयीं, जो यहाँ पहले आ गये थे। सुभद्रा ने इस मुहल्ले में एक कमरा ले लिया। जीविका का प्रश्न भी उसके लिए बहुत कठिन न रहा। जिन महिलाओं के साथ वह आयी थी, उनमें कई उच्च-अधिकारियों की पत्नियाँ थीं। कई अच्छे-अच्छे अँगरेज घरानों से उनका परिचय था। सुभद्रा को दो महिलाओं को भारतीय संगीत और हिन्दी-भाषा सिखाने का काम मिल गया। शेष समय में वह भारतीय संगीत और हिन्दी-भाषा सिखाने का काम कर लेती है। केशव का निवास-स्थान यहाँ से निकट है, इसीलिए सुभद्रा ने इस मुहल्ले को पसंद किया है। कल केशव उसे दिखायी दिया था। ओह ! उन्हें 'बस' से उतरते देख कर उसका चित्त कितना आतुर हो उठा था। बस यही मन में आता था कि दौड़ कर उनके गले से लिपट जाय और पूछे—क्यों जी, तुम यहाँ आते ही बदल गये। याद है, तुमने चलते समय क्या-क्या वादे किये थे ? उसने बड़ी मुश्किल से अपने को रोका था। तब से उस वक्त तक उसे मानो नशा-सा छाया हुआ है, वह उनके इतने समीप है ! चाहे रोज उन्हें देख सकती है, उनकी बातें सुन सकती है; हाँ, उन्हें स्पर्श तक कर सकती है। अब यह उससे भाग कर कहाँ जायँगे ? उनके पत्रों की अब उसे क्या चिंता है ? कुछ दिनों के बाद सम्भव है वह उनके होटल के नौकरों से जो चाहे, पूछ सकती है।

संध्या हो गयी थी। धुएँ में बिजली की लालटेनें रोती आँखों की भाँति ज्योतिहीन-सी हो रही थीं। गली में स्त्री-पुरुष सैर करने जा रहे थे। सुभद्रा सोचने लगी—इन लोगों को

आमोद से कितना प्रेम है, मानो किसी को चिंता ही नहीं, मानो सभी सम्पन्न हैं, जभी ये लोग इतने एकाग्र हो कर सब काम कर सकते हैं। जिस समय जो काम करते हैं, जी-जान से करते हैं। खेलने की उमंग है, तो काम करने की भी उमंग है और एक हम हैं कि न हँसते हैं, न रोते हैं; मौन बने बैठे रहते हैं। स्फूर्ति का कहीं नाम नहीं, काम तो सारे दिन करते हैं, भोजन करने की फुरसत भी नहीं मिलती, पर वास्तव में चौथाई समय भी काम में नहीं लगाते। केवल काम करने का बहाना करते हैं। मालूम होता है, जाति प्राण-शून्य हो गयी है।

सहसा उसने केशव को जाते देखा। हाँ, केशव ही था। कुर्सी से उठ कर बरामदे में चली आयी। प्रबल इच्छा हुई कि जा कर उनके गले से लिपट जाय। उसने अगर अपराध किया है, तो उन्हीं के कारण तो। यदि वह बराबर पत्र लिखते जाते, तो वह क्यों आती ?

लेकिन केशव के साथ यह युवती कौन है ? अरे ! केशव उसका हाथ पकड़े हुए है। दोनों मुस्करा-मुस्करा कर बातें करते चले जाते हैं। यह युवती कौन है ?

सुभद्रा ने ध्यान से देखा। युवती का रंग साँवला था। वह भारतीय बालिका थी। उसका पहनावा भारतीय था। इससे ज्यादा सुभद्रा को और कुछ न दिखायी दिया। उसने तुरंत जूते पहने, द्वार बंद किया और एक क्षण में गली में आ पहुँची ! केशव अब दिखायी न देता था, पर वह जिधर गया था, उधर ही वह बड़ी तेजी से लपकी चली जाती थी। यह युवती कौन है ? वह उन दोनों की बातें सुनना चाहती थी, उस युवती को देखना चाहती थी, उसके पाँव इतनी तेजी से उठ रहे थे, मानो दौड़ रही हो। पर इतनी जल्द दोनों कहाँ अदृश्य हो गये ? अब तक उसे उन लोगों के समीप पहुँच जाना चाहिए था। शायद दोनों किसी 'बस' पर जा बैठे।

अब वह गली समाप्त करके एक चौड़ी सड़क पर आ पहुँची थी। दोनों तरफ बड़ी-बड़ी जगमगाती हुई दूकानें थीं, जिनमें संसार की विभूतियाँ गर्व से फूली बैठी थीं। कदम-कदम पर होटल और रेस्ट्राँ थे। सुभद्रा दोनों ओर नेत्रों से ताकती, पग-पग पर भ्रांति के कारण मचलती कितनी दूर निकल गयी, कुछ खबर नहीं।

फिर उसने सोचा—यों कहाँ तक चली जाऊँगी ? कौन जाने, किधर गये। चल कर फिर अपने बरामदे से देखूँ। आखिर इधर से गये हैं, तो इधर ही से लौटेंगे भी। यह खयाल आते ही वह घूम पड़ी, और उसी तरह दौड़ती हुई अपने स्थान की ओर चली। जब वहाँ पहुँची, तो बारह बज गये थे। और इतनी देर उसे चलते ही गुजरा ! एक क्षण भी उसने कहीं विश्राम नहीं किया !

वह ऊपर पहुँची, तो गृह-स्वामिनी ने कहा—तुम्हारे लिए बड़ी देर से भोजन रखा हुआ है।

सुभद्रा ने भोजन अपने कमरे में मँगा लिया पर खाने की सुधि किसे थी ! वह उसी बरामदे में, उसी तरफ टकटकी लगाये खड़ी थी, जिधर से केशव गया था।

एक बज गया, दो बजा, फिर भी केशव नहीं लौटा। उसने मन में कहा—वह किसी

दूसरे मार्ग से चले गये। मेरा यहाँ खड़ा रहना व्यर्थ है। चलूँ, सो रहूँ। लेकिन फिर खयाल आ गया, कहीं आ न रहे हों।

मालूम नहीं, उसे कब नींद आ गयी।

4

दूसरे दिन प्रातःकाल सुभद्रा अपने काम पर जाने को तैयार हो रही थी कि एक युवती रेशमी साड़ी पहने आ कर खड़ी हो गयी और मुस्करा कर बोली—क्षमा कीजिएगा, मैंने बहुत सबेरे आपको कष्ट दिया। आप तो कहीं जाने को तैयार मालूम होती हैं।

सुभद्रा ने एक कुर्सी बढ़ाते हुए कहा—हाँ, एक काम से बाहर जा रही थी। मैं आपकी क्या सेवा कर सकती हूँ ?

यह कहते हुए सुभद्रा ने युवती को सिर से पाँव तक उसी आलोचनात्मक दृष्टि से देखा, जिससे स्त्रियाँ ही देख सकती हैं। सौंदर्य की किसी परिभाषा से भी उसे सुन्दरी न कहा जा सकता था। उसका रंग साँवला, मुँह कुछ चौड़ा, नाक कुछ चिपटी, कद भी छोटा और शरीर भी कुछ स्थूल था। आँखों पर ऐनक लगी हुई थी। लेकिन इन सब कारणों के होते हुए भी उसमें कुछ ऐसी बात थी, जो आँखों को अपनी ओर खींच लेती थी। उसकी वाणी इतनी मधुर, इतनी संयमित, इतनी विनम्र थी कि जान पड़ता था किसी देवी के वरदान हों। एक-एक अंग से प्रतिभा विकीर्ण हो रही थी। सुभद्रा उसके सामने हलकी एवं तुच्छ मालूम होती थी। युवती ने कुर्सी पर बैठते हुए कहा—

'अगर मैं भूलती हूँ, तो मुझे क्षमा कीजिएगा। मैंने सुना है कि आप कुछ कपड़े भी सीती हैं, जिसका प्रमाण यह है कि यहाँ सीविंग मशीन मौजूद है।'

सुभद्रा—मैं दो लेडियों को भाषा पढ़ाने जाया करती हूँ, शेष समय में कुछ सिलाई भी कर लेती हूँ आप कपड़े लायी हैं।

युवती—नहीं, अभी कपड़े नहीं लायी। यह कहते हुए उसने लज्जा से सिर झुका कर मुस्कराते हुए कहा—बात यह है कि मेरी शादी होने जा रही है। मैं वस्त्राभूषण सब हिंदुस्तानी रखना चाहती हूँ। विवाह भी वैदिक रीति से ही होगा। ऐसे कपड़े यहाँ आप ही तैयार कर सकती हैं।

सुभद्रा ने हँस कर कहा—मैं ऐसे अवसर पर आपके जोड़े तैयार करके अपने को धन्य समझूँगी। वह शुभ तिथि कब है ?

युवती ने सकुचाते हुए कहा—वह तो कहते हैं, इसी सप्ताह में हो जाय; पर मैं उन्हें टालती आती हूँ। मैंने तो चाहा था कि भारत लौटने पर विवाह होता, पर वह इतने उतावले हो रहे हैं कि कुछ कहते नहीं बनता। अभी तो मैंने यही कह कर टाला है कि मेरे कपड़े सिल रहे हैं।

सुभद्रा—तो मैं आपके जोड़े बहुत जल्द दे दूँगी।

युवती ने हँस कर कहा—मैं तो चाहती थी कि आप महीनों लगा देतीं।

सुभद्रा—वाह, मैं इस शुभ कार्य में क्यों विघ्न डालने लगी ? मैं इसी सप्ताह में आपके

कपड़े दे दूँगी, और उनसे इसका पुरस्कार लूँगी।

युवती खिलखिला कर हँसी। कमरे में प्रकाश की लहरें-सी उठ गयीं। बोली—इसके लिए तो पुरस्कार वह देंगे, बड़ी खुशी से देंगे और तुम्हारे कृतज्ञ होंगे। मैंने प्रतिज्ञा की थी कि विवाह के बंधन में पड़ूँगी ही नहीं; पर उन्होंने मेरी प्रतिज्ञा तोड़ दी। अब मुझे मालूम हो रहा है कि प्रेम की बेड़ियाँ कितनी आनंदमय होती हैं। तुम तो अभी हाल ही में आयी हो। तुम्हारे पति भी साथ होंगे ?

सुभद्रा ने बहाना किया। बोली—वह इस समय जर्मनी में हैं। संगीत से उन्हें बहुत प्रेम है। संगीत ही का अध्ययन करने के लिए वहाँ गये हैं।

'तुम भी संगीत जानती हो ?'

'बहुत थोड़ा।'

'केशव को संगीत से बड़ा प्रेम है।'

केशव का नाम सुन कर सुभद्रा को ऐसा मालूम हुआ, जैसे बिच्छू ने काट लिया हो। वह चौंक पड़ी।

युवती ने पूछा—आप चौंक कैसे गयीं ? क्या केशव को जानती हो ?

सुभद्रा ने बात बना कर कहा—नहीं, मैंने यह नाम कभी नहीं सुना। वह यहाँ क्या करते हैं ?

सुभद्रा को खयाल आया, क्या केशव किसी दूसरे आदमी का नाम नहीं हो सकता ? इसलिए उसने यह प्रश्न किया था। उसी जवाब पर उसकी जिंदगी का फैसला था।

युवती ने कहा—यहाँ विद्यालय में पढ़ते हैं। भारत सरकार ने उन्हें भेजा है। अभी साल भर भी तो आये नहीं हुआ। तुम देख कर प्रसन्न होगी। तेज और बुद्धि की मूर्ति समझ लो। यहाँ के अच्छे-अच्छे प्रोफेसर उनका आदर करते हैं। ऐसा सुन्दर भाषण तो मैंने किसी के मुँह से सुना ही नहीं। जीवन आदर्श है। मुझसे उन्हें क्यों प्रेम हो गया है, मुझे इसका आश्चर्य है। मुझमें न रूप है, न लावण्य। यह मेरा सौभाग्य है। तो मैं शाम को कपड़े ले कर आऊँगी।

सुभद्रा ने मन में उठते हुए वेग को सँभाल कर कहा—अच्छी बात है।

जब युवती चली गयी, तो सुभद्रा फूट-फूट कर रोने लगी। ऐसा जान पड़ता था, मानो देह में रक्त ही नहीं, मानो प्राण निकल गये हैं। वह कितनी निस्सहाय, कितनी दुर्बल है, इसका आज अनुभव हुआ। ऐसा मालूम हुआ, मानो संसार में उसका कोई नहीं है। अब उसका जीवन व्यर्थ है। उसके लिए अब जीवन में रोने के सिवा और क्या है ? उसकी सारी ज्ञानेंद्रियाँ शिथिल-सी हो गयी थीं मानों वह किसी ऊँचे वृक्ष से गिर पड़ी हो। हा ! यह उसके प्रेम और भक्ति का पुरस्कार है। उसने कितना आग्रह करके केशव को यहाँ भेजा था ? इसलिए कि यहाँ आते ही उसका सर्वनाश कर दें ?

पुरानी बातें याद आने लगीं। केशव की वह प्रेमातुर आँखें सामने आ गयीं। वह सरल, सहज मूर्ति आँखों के सामने नाचने लगी। उसका जरा सिर धमकता था, तो केशव कितना व्याकुल हो जाता था। एक बार जब उसे फसली बुखार आ गया था, तो केशव

घबरा कर, पंद्रह दिन की छुट्टी ले कर घर आ गया था और उसके सिरहाने बैठा रात भर पंखा झलता रहा था। वही केशव अब इतनी जल्द उससे ऊब उठा ! उसके लिए सुभद्रा ने कौन-सी बात उठा रखी। वह तो उसी को अपना प्राणाधार, अपना जीवन धन, अपना सर्वस्व समझती थी। नहीं-नहीं, केशव का दोष नहीं, सारा दोष इसी का है। इसी ने अपनी मधुर बातों से उन्हें वशीभूत कर लिया है। इसकी विद्या, बुद्धि और वाक्पटुता ही ने उनके हृदय पर विजय पायी है। हाय ! उसने कितनी बार केशव से कहा था, मुझे भी पढ़ाया करो, लेकिन उन्होंने हमेशा यही जवाब दिया, तुम जैसी हो, मुझे वैसी ही पसन्द हो। मैं तुम्हारी स्वाभाविक सरलता को पढ़ा-पढ़ा कर मिटाना नहीं चाहता। केशव ने उसके साथ कितना बड़ा अन्याय किया है ! लेकिन यह उनका दोष नहीं, यह इसी यौवन मतवाली छोकरी की माया है।

सुभद्रा को इस ईर्ष्या और दुःख के आवेश में अपने काम पर जाने की सुध न रही। वह कमरे में इस तरह टहलने लगी, जैसे किसी ने जबरदस्ती उसे बंद कर दिया हो। कभी दोनों मुट्ठियाँ बँध जातीं, कभी दाँत पीसने लगती, कभी ओंठ काटती। उन्माद की-सी दशा हो गयी। आँखों में भी एक तीव्र ज्वाला चमक उठी। ज्यों-ज्यों केशव के इस निष्ठुर आघात को सोचती, उन कष्टों को याद करती, जो उसने उसके लिए झेले थे, उसका चित्त प्रतिकार के लिए विकल होता जाता था। अगर कोई बात हुई होती, आपस में कुछ मनोमालिन्य का लेश भी होता, तो उसे इतना दुःख न होता। यह तो उसे ऐसा मालूम होता था कि मानो कोई हँसते-हँसते अचानक गले पर चढ़ बैठे। अगर वह उनके योग्य नहीं थी, तो उन्होंने उससे विवाह ही क्यों किया था ? विवाह करने के बाद भी उसे क्यों न ठुकरा दिया था ? क्यों प्रेम का बीज बोया था ? और आज जब वह बीज पल्लवों से लहराने लगा, उसकी जड़ें उसके अंतस्तल के एक-एक अणु में प्रविष्ट हो गयीं, उसका रक्त, उसका सारा उत्सर्ग वृक्ष को सींचने और पालने में प्रवृत्त हो गया, तो वह आज उसे उखाड़ कर फेंक देना चाहते हैं। क्या हृदय के टुकड़े-टुकड़े हुए बिना वृक्ष उखड़ जायगा ?

सहसा उसे एक बात याद आ गयी। हिंसात्मक संतोष से उसका उत्तेजित मुख-मंडल और भी कठोर हो गया। केशव ने अपने पहले विवाह की बात इस युवती से गुप्त रखी होगी ! सुभद्रा उसका भंडाफोड़ करके केशव के सारे मंसूबों को धूल में मिला देगी। उसे अपने ऊपर क्रोध आया कि युवती का पता क्यों न पूछ लिया। उसे एक पत्र लिख कर केशव की नीचता, स्वार्थपरता और कायरता की कलई खोल देती–उसके पांडित्य, प्रतिभा और प्रतिष्ठा को धूल में मिला देती। खैर, संध्या-समय तो वह कपड़े ले कर आयेगी ही। उस समय उसे सारा कच्चा चिट्ठा बयान कर दूँगी।

5

सुभद्रा दिन-भर युवती का इंतजार करती रही। कभी बरामदे में आ कर इधर-उधर निगाह दौड़ाती, कभी सड़क पर देखती, पर उसका कहीं पता न था। मन में झुँझलाती थी कि उसने क्यों उसी वक्त सारा वृत्तांत न कह सुनाया।

केशव का पता उसे मालूम था। उस मकान और गली का नम्बर तक याद था, जहाँ से वह उसे पत्र लिखा करता था। ज्यों-ज्यों दिल ढलने लगा और युवती के आने में विलम्ब होने लगा, उसके मन में एक तरंग-सी उठने लगी कि जा कर केशव को फटकारे, उसका सारा नशा उतार दे, कहे–तुम इतने भयंकर हिंसक हो, इतने महान् धूर्त हो, यह मुझे मालूम न था। तुम यही विद्या सीखने आये थे। तुम्हारे पांडित्य का यही फल है ! तुम एक अबला को जिसने तुम्हारे ऊपर सर्वस्व अर्पण कर दिया, यों छल सकते हो। तुममें क्या मुनष्यता नाम को भी नहीं रह गयी ? आखिर तुमने मेरे लिए क्या सोचा है। मैं सारी जिंदगी तुम्हारे नाम को रोती रहूँ ! लेकिन अभिमान हर बार उसके पैरों को रोक लेता। नहीं, जिसने उसके साथ ऐसा कपट किया है, उसका इतना अपमान किया है, उसके पास वह न जायगी। वह उसे देख कर अपने आँसुओं को रोक सकेगी या नहीं, इसमें उसे संदेह था, और केशव के सामने वह रोना नहीं चाहती थी। अगर केशव उसे घृणा करता है, तो वह भी केशव से घृणा करेगी। संध्या भी हो गयी, पर युवती न आयी। बत्तियाँ भी जलीं, पर उसका पता नहीं।

एकाएक उसे अपने कमरे के द्वार पर किसी के आने की आहट मालूम हुई। वह कूद कर बाहर निकल आयी। युवती कपड़ों का एक पुलिंदा लिये सामने खड़ी थी। सुभद्रा को देखते ही बोली–क्षमा करना, मुझे आने में देर हो गयी। बात यह है कि केशव को किसी बड़े जरूरी काम से जर्मनी जाना है। वहाँ उन्हें एक महीने से ज्यादा लग जायगा। वह चाहते हैं कि मैं भी उनके साथ चलूँ। मुझसे उन्हें अपनी थीसिस लिखने में बड़ी सहायता मिलेगी। बर्लिन के पुस्तकालयों को छानना पड़ेगा। मैंने भी स्वीकार कर लिया है। केशव की इच्छा है कि जर्मनी जाने से पहले हमारा विवाह हो जाय। कल संध्या समय संस्कार हो जायगा। अब ये कपड़े मुझे आप जर्मनी से लौटने पर दीजिएगा। विवाह के अवसर पर हम मामूली कपड़े पहन लेंगे। और क्या करती ? इसके सिवा कोई उपाय न था, केशव का जर्मनी जाना अनिवार्य है।

सुभद्रा ने कपड़ों को मेज पर रख कर कहा–आपको धोखा दिया गया है।

युवती ने घबरा कर पूछा–धोखा ? कैसा धोखा ? मैं बिलकुल नहीं समझती। तुम्हारा मतलब क्या है ?

सुभद्रा ने संकोच के आवरण को हटाने की चेष्टा करते हुए कहा–केशव तुम्हें धोखा दे कर तुमसे विवाह करना चाहता है।

'केशव ऐसा आदमी नहीं है, जो किसी को धोखा दे। क्या तुम केशव को जानती हो ?'

'केशव ने तुमसे अपने विषय में सब-कुछ कह दिया है ?'

'सब-कुछ।'

'कोई भी बात नहीं छिपायी ?'

'मेरा तो यही विचार है कि उन्होंने एक बात भी नहीं छिपायी !'

'तुम्हें मालूम है कि उसका विवाह हो चुका है ?'

युवती की मुख-ज्योति कुछ मलिन पड़ गयी, उसकी गर्दन लज्जा से झुक गयी। अटक-अटक कर बोली–हाँ, उन्होंने मुझसे... यह बात कही थी।

सुभद्रा परास्त हो गयी। घृणा-सूचक नेत्रों से देखती हुई बोली–यह जानते हुए भी तुम केशव से विवाह करने पर तैयार हो ?

युवती ने अभिमान से देख कर कहा–तुमने केशव को देखा है ?

'नहीं, मैंने उन्हें कभी नहीं देखा है।'

'फिर, तुम उन्हें कैसे जानती हो ?'

'मेरे एक मित्र ने मुझसे यह बात कही है, वह केशव को जानता है।'

'अगर तुम एक बार केशव को देख लेतीं, एक बार उससे बातें कर लेतीं, तो मुझसे यह प्रश्न करतीं। एक नहीं, अगर उन्होंने एक सौ विवाह किये होते, तो मैं इनकार न करती। उन्हें देख कर मैं अपने को बिलकुल भूल जाती हूँ। अगर उनसे विवाह न करूँ, तो फिर मुझे जीवन भर अविवाहित ही रहना पड़ेगा। जिस समय वह मुझसे बातें करने लगते हैं, मुझे ऐसा अनुभव होता है कि मेरी आत्मा पुष्प की भाँति खिली जा रही है। मैं उसमें प्रकाश और विकास का प्रत्यक्ष अनुभव करती हूँ। दुनिया चाहे जितना हँसे, चाहे जितनी निंदा करे, मैं केशव को अब नहीं छोड़ सकती। उनका विवाह हो चुका है, यह सत्य है; पर उस स्त्री से उनका मन कभी न मिला। यथार्थ में उनका विवाह अभी नहीं हुआ है। वह कोई साधारण, अर्द्धशिक्षिता बालिका है। तुम्हीं सोचो, केशव जैसा विद्वान् उदारचेता, मनस्वी पुरुष ऐसी बालिका के साथ कैसे प्रसन्न रह सकता है ? तुम्हें कल मेरे विवाह में चलना पड़ेगा।'

सुभद्रा का चेहरा तमतमाया जा रहा था। केशव ने उसे इतने काले रंगों में रंगा है, यह सोच कर उसका रक्त खौल रहा था। जी में आता था, इसी क्षण इसको दुत्कार दूँ, लेकिन उसके मन में कुछ और ही मंसूबे पैदा होने लगे थे। उसने गंभीर, पर उदासीनता के भाव से पूछा–केशव ने कुछ उस स्त्री के विषय में नहीं कहा ?

युवती ने तत्परता से कहा–घर पहुँचने पर वह उससे केवल यही कह देंगे कि हम और तुम अब स्त्री और पुरुष नहीं रह सकते। उसके भरण-पोषण का वह उसके इच्छानुसार प्रबंध कर देंगे, इसके सिवा वह और क्या कर सकते हैं। हिन्दू-नीति में पति-पत्नी में विच्छेद नहीं हो सकता। पर केवल स्त्री को पूर्ण रीति से स्वाधीन कर देने के विचार से वह ईसाई या मुसलमान होने पर भी तैयार हैं। वह तो अभी उसे इसी आशय का एक पत्र लिखने जा रहे थे, पर मैंने ही रोक लिया। मुझे उस अभागिनी पर बड़ी दया आती है, मैं तो यहाँ तक तैयार हूँ कि अगर उसकी इच्छा हो तो वह भी हमारे साथ रहे। मैं उसे अपनी बहन समझूँगी। किंतु केशव इससे सहमत नहीं होते।

सुभद्रा ने व्यंग्य से कहा–रोटी-कपड़ा देने को तैयार ही हैं, स्त्री को इसके सिवा और क्या चाहिए ?

युवती ने व्यंग्य की कुछ परवा न करके कहा–तो मुझे लौटने पर कपड़े तैयार मिलेंगे न ?

सुभद्रा–हाँ, मिल जायँगे।

युवती–कल तुम संध्या समय आओगी ?

सुभद्रा–नहीं, खेद है, अवकाश नहीं है।

युवती ने कुछ न कहा। चली गयी।

6

सुभद्रा कितना ही चाहती थी कि इस समस्या पर शांतचित्त हो कर विचार करे, पर हृदय में मानो ज्वाला-सी दहक रही थी ! केशव के लिए वह अपने प्राणों का कोई मूल्य नहीं समझती थी। वही केशव उसे पैरों से ठुकरा रहा है। यह आघात इतना आकस्मिक, इतना कठोर था कि उसकी चेतना की सारी कोमलता मूर्च्छित हो गयी ! उसका एक-एक अणु प्रतिकार के लिए तड़पने लगा। अगर यही समस्या इसके विपरीत होती, तो क्या सुभद्रा की गरदन पर छुरी न फिर गयी होती ? केशव उसके खून का प्यासा न हो जाता ? क्या पुरुष हो जाने से ही सभी बातें क्षम्य और स्त्री हो जाने से सभी बातें अक्षम्य हो जाती हैं ? नहीं, इस निर्णय को सुभद्रा की विद्रोही आत्मा इस समय स्वीकार नहीं कर सकती। उसे नारियों के ऊँचे आदर्शों की परवा नहीं है। उन स्त्रियों में आत्माभिमान न होगा ? वे पुरुषों के पैरों की जूतियाँ बन कर रहने ही में अपना सौभाग्य समझती होंगी। सुभद्रा इतनी आत्माभिमान-शून्य नहीं है। वह अपने जीते-जी यह नहीं देख सकती थी कि उसका पति उसके जीवन का सर्वनाश करके चैन की बंशी बजाये। दुनिया उसे हत्यारिनी, पिशचिनी कहेगी, कहे–उसको परवाह नहीं। रह-रह कर उसके मन में भयंकर प्रेरणा होती थी कि इसी समय उसके पास चली जाय, और इसके पहले कि वह उस युवती के प्रेम का आनंद उठाये, उसके जीवन का अंत कर दे। वह केशव की निष्ठुरता को याद करके अपने मन को उत्तेजित करती थी। अपने को धिक्कार-धिक्कार कर नारी सुलभ शंकाओं को दूर करती थी। क्या वह इतनी दुर्बल है ? क्या उसमें इतना साहस भी नहीं है ? इस वक्त यदि कोई दुष्ट उसके कमरे में घुस आये और उसके सतीत्व का अपहरण करना चाहे, तो क्या वह उसका प्रतिकार न करेगी ? आखिर आत्म-रक्षा ही के लिए तो उसने यह पिस्तौल ले रखी है। केशव ने उसके सत्य का अपहरण ही तो किया है। उसका प्रेम-दर्शन केवल प्रवंचना थी। वह केवल अपनी वासनाओं की तृप्ति के लिए सुभद्रा के साथ प्रेम-स्वाँग भरता था। फिर उसका वध करना क्या सुभद्रा का कर्तव्य नहीं ?

उस अंतिम कल्पना से सुभद्रा को वह उत्तेजना मिल गयी, जो उसके भयंकर संकल्प को पूरा करने के लिए आवश्यक थी। यही वह अवस्था है, जब स्त्री पुरुष के खून की प्यासी हो जाती है।

उसने खूँटी पर लटकती हुई पिस्तौल उतार ली और ध्यान से देखने लगी, मानो उसे कभी देखा न हो। कल संध्या-समय जब आर्य-मंदिर में केशव और उसकी प्रेमिका एक दूसरे के सम्मुख बैठे हुए होंगे, उसी समय वह इस गोली से केशव की प्रेम-लीलाओं का अंत कर देगी। दूसरी गोली अपनी छाती में मार लेगी। क्या वह रो-रो कर अपना अधम

जीवन काटेगी ?

7

संध्या का समय था। आर्य-मंदिर के आँगन में वर और वधू इष्ट-मित्रों के साथ बैठे हुए थे। विवाह का संस्कार हो रहा था। उसी समय सुभद्रा पहुँची और बरामदे में एक खम्भे की आड़ में इस भाँति खड़ी हो गयी कि केशव का मुँह उसके सामने था। उसकी आँखों में वह दृश्य खिंच गया, जब आज से तीन साल पहले उसने इसी भाँति केशव को मंडप में बैठे हुए आड़ से देखा था। तब उसका हृदय कितना उछ्वसित हो रहा था। अंतस्तल में गुदगुदी-सी हो रही थी, कितना अपार अनुराग था, कितनी असीम अभिलाषाएँ थीं, मानों जीवन-प्रभात का उदय हो रहा हो। जीवन मधुर संगीत की भाँति सुखद था, भविष्य ऊषा-स्वप्न की भाँति सुन्दर। क्या यह वही केशव है ? सुभद्रा को ऐसा भ्रम हुआ, मानो यह केशव नहीं है। हाँ, यह वह केशव नहीं था। यह उसी रूप और उसी नाम का कोई दूसरा मनुष्य था। अब उसकी मुस्कराहट में, उसके नेत्रों में, उसके शब्दों में, उसके हृदय को आकर्षित करने वाली कोई वस्तु न थी। उसे देख कर वह उसी भाँति निस्पंद, निश्चल खड़ी है, मानो कोई अपरिचित व्यक्ति हो। अब तक केशव का-सा रूपवान, तेजस्वी, सौम्य, शीलवान् पुरुष संसार में न था; पर अब सुभद्रा को ऐसा जान पड़ा की वहाँ बैठे हुए युवकों में और उसमें कोई अंतर नहीं है। वह ईर्ष्याग्नि, जिसमें वह जली जा रही थी, वह हिंसा-कल्पना, जो उसे वहाँ तक लायी थी, मानों एकदम शांत हो गयी। विरक्ति हिंसा से भी अधिक हिंसात्मक होती है–सुभद्रा की हिंसा-कल्पना में एक प्रकार का ममत्व था–उसका केशव, उसका प्राणवल्लभ, उसका जीवन-सर्वस्व और किसी का नहीं हो सकता। पर अब वह ममत्व नहीं है। वह उसका नहीं है, उसे अब परवा नहीं, उस पर किसका अधिकार होता है।

विवाह-संस्कार समाप्त हो गया, मित्रों ने बधाइयाँ दीं, सहेलियों ने मंगलगान किया, फिर लोग मेजों पर जा बैठे, दावत होने लगी, रात के बारह बज गये; पर सुभद्रा वहीं पाषाण-मूर्ति की भाँति खड़ी रही, मानों कोई विचित्र स्वप्न देख रही हो। हाँ, जैसे कोई बस्ती उजड़ गयी हो, जैसे कोई संगीत बंद हो गया हो, जैसे कोई दीपक बुझ गया है।

जब लोग मंदिर से निकले, तो वह भी निकल आयी; पर उसे कोई मार्ग न सूझता था। परिचित सड़कें उसे भूली हुई-सी जान पड़ने लगीं। सारा संसार ही बदल गया था। वह सारी रात सड़कों पर भटकती फिरी। घर का कहीं पता नहीं। सारी दुकानें बंद हो गयीं, सड़कों पर सन्नाटा छा गया, फिर भी वह अपना घर ढूँढ़ती हुई चली जा रही थी। हाय ! क्या इसी भाँति उसे जीवन-पथ में भी भटकना पड़ेगा ?

सहसा एक पुलिसमैन ने पुकारा–मैडम, तुम कहाँ जा रही हो ?

सुभद्रा ने ठिठक कर कहा–कहीं नहीं।

'तुम्हारा स्थान कहाँ है ?'

'मेरा स्थान ?'

'हाँ, तुम्हारा स्थान कहाँ है ? मैं तुम्हें बड़ी देर से इधर-उधर भटकते देख रहा हूँ। किस स्ट्रीट में रहती हो ?'

सुभद्रा को उस स्ट्रीट का नाम तक न याद था।

'तुम्हें अपने स्ट्रीट का नाम तक याद नहीं ?'

'भूल गयी, याद नहीं आता।'

सहसा उसकी दृष्टि सामने के एक साइन बोर्ड की तरफ उठी, ओह ! यही तो उसकी स्ट्रीट है। उसने सिर उठा कर इधर-उधर देखा। सामने ही उसका डेरा था। और इसी गली में, अपने ही घर के सामने, न-जाने कितनी देर से वह चक्कर लगा रही थी।

8

अभी प्रातःकाल ही था कि युवती सुभद्रा के कमरे में पहुँची। वह उसके कपड़े सी रही थी। उसका सारा तन-मन कपड़ों में लगा हुआ था। कोई युवती इतनी एकाग्रचित्त हो कर अपना शृंगार भी न करती होगी। न-जाने उससे कौन-सा पुरस्कार लेना चाहती थी। उसे युवती के आने की खबर न हुई।

युवती ने पूछा–तुम कल मंदिर में नहीं आयीं ?

सुभद्रा ने सिर उठा कर देखा, तो ऐसा जान पड़ा मानो किसी कवि की कोमल कल्पना मूर्तिमयी हो गयी है। उसकी उप छवि अनिंद्य थी। प्रेम की विभूति रोम-रोम से प्रदर्शित हो रही थी। सुभद्रा दौड़ कर उसके गले से लिपट गयी, जैसे उसकी छोटी बहन आ गयी हो और बोली–हाँ, गयी तो थी।

'मैंने तुम्हें नहीं देखा।'

'हाँ, मैं अलग थी।'

'केशव को देखा ?'

'हाँ देखा।'

'धीर से क्यों बोलीं ? मैंन कुछ झूठ कहा था ?'

सुभद्रा ने सहृदयता से मुस्करा कर कहा–मैंने तुम्हारी आँखों से नहीं, अपनी आँखों से देखा। मुझे तो वह तुम्हारे योग्य नहीं जँचे। तुम्हें ठग लिया।

युवती खिलखिला कर हँसी और बोली–वह ! मैं समझती हूँ, मैंने उन्हें ठगा है।

सुभद्रा ने गम्भीर हो कर कहा–एक बार वस्त्राभूषणों से सज कर अपनी छवि आईने में देखो तो मालूम हो।

'तब क्या मैं कुछ और हो जाऊँगी।'

'अपने कमरे से फर्श, तसवीरें, हाँड़ियाँ, गमले आदि निकाल कर देख लो, कमरे की शोभा वही रहती है !'

युवती ने सिर हिला कर कहा–ठीक कहती हो। लेकिन आभूषण कहाँ से लाऊँ। न-जाने अभी कितने दिनों में बनने की नौबत आये।

'मैं तुम्हें अपने गहने पहना दूँगी।

'तुम्हारे पास गहने हैं ?'

'बहुत। देखो, मैं अभी ला कर तुम्हें पहनाती हूँ।'

युवती ने मुँह से बहुत 'नहीं-नहीं' किया, पर मन में प्रसन्न हो रही थी। सुभद्रा ने अपने सारे गहने पहना दिये। अपने पास एक छल्ला भी न रखा। युवती को यह नया अनुभव था। उसे इस रूप में निकलते शर्म तो आती थी; पर उसका रूप चमक उठा था। इसमें संदेह न था। उसने आईने में अपनी सूरत देखी तो उसकी सूरत जगमगा उठी, मानों किसी वियोगिनी को अपने प्रियतम का संवाद मिला हो। मन में गुदगुदी होने लगी। वह इतनी रूपवती है, उसे उसकी कल्पना भी न थी।

कहीं केशव इस रूप में उसे देख लेते; यह आकांक्षा उसके मन में उदय हुई, पर कहे कैसे। कुछ देर के बाद लज्जा से सिर झुका कर बोली—केशव मुझे इस रूप में देख कर बहुत हँसेंगे।

सुभद्रा—हँसेंगे नहीं, बलैया लेंगे, आँखें खुल जायँगी। तुम आज इसी रूप में उसके पास जाना।

युवती ने चकित हो कर कहा—सच ! आप इसकी अनुमति देती हैं ?

सुभद्रा ने कहा—बड़े हर्ष से।

'तुम्हें संदेह न होगा ?'

'बिल्कुल नहीं।'

'और जो मैं दो-चार दिन पहने रहूँ ?'

'तुम दो-चार महीने पहने रहो। आखिर, यहाँ पड़े ही तो हैं !'

'तुम भी मेरे साथ चलो।'

'नहीं, मुझे अवकाश नहीं है।'

'अच्छा, लो मेरे घर का पता नोट कर लो।'

'हाँ, लिख दो, शायद कभी आऊँ।'

एक क्षण में युवती यहाँ से चली गयी सुभद्रा अपनी खिड़की पर उसे इस भाँति प्रसन्न-मुख खड़ी देख रही थी, मानों उसकी छोटी बहन हो, ईर्ष्या या द्वेष का लेश भी उसके मन में न था।

मुश्किल से, एक घंटा गुजरा होगा कि युवती लौट कर बोली—सुभद्रा क्षमा करना, मैं तुम्हारा समय बहुत खराब कर रही हूँ। केशव बाहर खड़े हैं ! बुला लूँ ?

एक क्षण, केवल एक क्षण के लिए सुभद्रा कुछ घबड़ा गयी। उसने जल्दी से उठ कर मेज पर पड़ी हुई चीजें इधर-उधर हटा दीं, कपड़े करीने से रख दिये, अपने उलझे हुए बाल सँभाल लिये, फिर उदासीन भाव से मुस्करा कर बोली—उन्हें तुमने क्यों कष्ट दिया। जाओ बुला लो।

एक मिनट में केशव ने कमरे में कदम रखा और चौंक कर पीछे हट गये, मानो पाँव जल गया हो। मुँह से एक चीख निकल गयी। सुभद्रा गम्भीर, शांत, निश्चल अपनी जगह पर खड़ी रही। फिर हाथ बढ़ा कर बोली मानो किसी अपरिचित व्यक्ति से बोल

रही हो—आइए मिस्टर केशव, मैं आपको ऐसी सुशील, ऐसी सुन्दरी, ऐसी विदुषी रमणी पाने पर बधाई देती हूँ।

केशव के मुँह पर हवाइयाँ उड़ रही थीं। वह पथ-भ्रष्ट-सा बना खड़ा था। लज्जा और ग्लानि से उसके चेहरे पर एक रंग आता था, एक रंग जाता था। यह बात एक दिन होनेवाली थी अवश्य, पर इस तरह अचानक उसकी सुभद्रा से भेंट होगी, इसका उसे स्वप्न में भी गुमान न था। सुभद्रा से यह बात कैसे कहेगा, इसको उसने खूब सोच लिया था। उसके आक्षेपों का उत्तर सोच लिया था, पत्र के शब्द तक मन में अंकित कर लिये थे। ये सारी तैयारियाँ धरी रह गयीं और सुभद्रा से साक्षात् हो गया। सुभद्रा उसे देख कर जरा भी नहीं चौंकी, उसके मुख पर आश्चर्य, घबराहट या दुःख का एक चिह्न भी न दिखायी दिया। उसने उसी भाँति उससे बात की; मानों वह कोई अजनबी हो। यहाँ कब आयी, कैसे आयी, क्यों आयी, कैसे गुजर करती है; यह और इस तरह के असंख्य प्रश्न पूछने के लिए केशव का चित्त चंचल हो उठा। उसने सोचा था सुभद्रा उसे धिक्कारेगी; विष खाने की धमकी देगी—निष्ठुर; निर्दय और न-जाने क्या-क्या कहेगी। इन सब आपदाओं के लिए वह तैयार था; पर इस आकस्मिक मिलन, इस गर्वयुक्त उपेक्षा के लिए वह तैयार न था। वह प्रेम-व्रतधारिणी सुभद्रा इतनी कठोर, इतनी हृदय-शून्य हो गयी है ! अवश्य ही उसे सारी बातें पहले ही मालूम हो चुकी हैं। सब से तीव्र आघात यह था कि इसने अपने सारे आभूषण इतनी उदारता से दे डाले, और कौन जाने वापस भी न लेना चाहती हो। वह परास्त और अप्रतिभ हो कर एक कुर्सी पर बैठ गया। उत्तर में एक शब्द भी उसके मुख से न निकला।

युवती ने कृतज्ञता का भाव प्रकट करके कहा—इनके पति इस समय जर्मनी में हैं।

केशव ने आँखें फाड़कर देखा, पर कुछ बोल न सका।

युवती ने फिर कहा—बेचारी संगीत के पाठ पढ़ा कर और कुछ कपड़े सी कर अपना निर्वाह करती हैं। वह महाशय यहाँ आ जाते, तो उन्हें उनके सौभाग्य पर बधाई देती।

केशव इस पर भी कुछ न बोल सका, पर सुभद्रा ने मुस्करा कर कहा—वह मुझसे रूठे हुए हैं, बधाई पा कर और भी झल्लाते। युवती ने आश्चर्य से कहा—तुम उन्हीं के प्रेम से यहाँ आयीं, अपना घरबार छोड़ा, यहाँ मिहनत-मजूरी करके निर्वाह कर रही हो, फिर भी वह तुमसे रूठे हुए हैं ? आश्चर्य !

सुभद्रा ने उसी भाँति प्रसन्न-मुख से कहा—पुरुष-प्रकृति ही आश्चर्य का विषय है, चाहे मि. केशव इसे स्वीकार न करें।

युवती ने फिर केशव की ओर प्रेरणा-पूर्ण दृष्टि से देखा, लेकिन केशव उसी भाँति अप्रतिभ बैठा रहा। उसके हृदय पर यह नया आघात था। युवती ने उसे चुप देख कर उसकी तरफ से सफाई दी—केशव, स्त्री और पुरुष, दोनों ही को समान अधिकार देना चाहते हैं।

केशव डूब रहा था, तिनके का सहारा पा कर उसकी हिम्मत बँध गयी। बोला—विवाह एक प्रकार का समझौता है। दोनों पक्षों को अधिकार है, जब चाहे उसे तोड़

दें।

युवती ने हामी भरी–सभ्य-समाज में यह आंदोलन बड़े जोरों पर है।

सुभद्रा ने शंका की–किसी समझौते को तोड़ने के लिए कारण भी तो होना चाहिए ?

केशव ने भावों की लाठी का सहारा ले कर कहा–जब इसका अनुभव हो जाय कि हम इस बंधन से मुक्त हो कर अधिक सुखी हो सकते हैं, तो यही कारण काफी है। स्त्री को यदि मालूम हो जाय कि वह दूसरे पुरुष के साथ...

सुभद्रा ने बात काट कर कहा–क्षमा कीजिए मि. केशव, मुझमें इतनी बुद्धि नहीं कि इस विषय पर आप से बहस कर सकूँ। आदर्श समझौता वही है, जो जीवन-पर्यंत रहे। मैं भारत की नहीं कहती। वहाँ तो स्त्री पुरुष की लौंडी है, मैं इंग्लैंड की कहती हूँ। यहाँ भी कितनी ही औरतों से मेरी बातचीत हुई है। वे तलाकों की बढ़ती हुई संख्या को देख कर ख़ुश नहीं होतीं। विवाह का सब से ऊँचा आदर्श उसकी पवित्रता और स्थिरता है। पुरुषों ने सदैव इस आदर्श को तोड़ा है, स्त्रियों ने निबाहा है। अब पुरुषों का अन्याय स्त्रियों को किस ओर ले जायगा, नहीं कह सकती।

इस गम्भीर और संयत कथन ने विवाद का अंत कर दिया। सुभद्रा ने चाय मँगवायी। तीनों आदमियों ने पी। केवल पूछना चाहता था, अभी आप यहाँ कितने दिनों रहेंगी। लेकिन न पूछ सका। वह यहाँ पंद्रह मिनट और रहा, लेकिन विचारों में डूबा हुआ। चलते समय उससे न रहा गया। पूछ ही बैठा–अभी आप यहाँ कितने दिन और रहेंगी ?

सुभद्रा ने जमीन की ओर ताकते हुए कहा–कह नहीं सकती।

'कोई जरूरत हो, तो मुझे याद कीजिए।'

'इस आश्वासन के लिए आपको धन्यवाद।'

केशव सारे दिन बेचैन रहा। सुभद्रा उसकी आँखों में फिरती रही। सुभद्रा की बातें उसके कानों में गूँजती रहीं। अब उसे इसमें कोई संदेह न था कि उसी के प्रेम में सुभद्रा यहाँ आयी थी। सारी परिस्थिति उसकी समझ में आ गयी थी। उस भीषण त्याग का अनुमान करके उसके रोयें खड़े हो गये। यहाँ सुभद्रा ने क्या-क्या कष्ट झेले होंगे, कैसी-कैसी यातनाएँ सही होंगी, सब उसी के कारण ? वह उस पर भार न बनना चाहती थी, इसलिए तो उसने अपने आने की सूचना तक उसे न दी। अगर उसे पहले मालूम होता कि सुभद्रा यहाँ आ गयी है, तो कदाचित् उसे उस यवुती की ओर इतना आकर्षण ही न होता। चौकीदार के सामने चोर को घर में घुसने का साहस नहीं होता। सुभद्रा को देख कर उसकी कर्तव्य-चेतना जाग्रत हो गयी। उसके पैरों पर गिर कर उससे क्षमा माँगने के लिए उसका मन अधीर हो उठा। वह उसके मुँह से सारा वृत्तांत सुनेगा। यह मौन उपेक्षा उसके लिए असह्य थी। दिन तो केशव ने किसी तरह काटा, लेकिन ज्यों ही रात के दस बजे, वह सुभद्रा से मिलने चला। युवती ने पूछा–कहाँ जाते हो ?

केशव ने बूट का लेस बाँधते हुए कहा–जरा एक प्रोफेसर से मिलना है, इस वक्त आने का वादा कर चुका हूँ ?

'जल्द आना।'

'बहुत जल्द आऊँगा।'

केशव घर से निकला, तो उसके मन में कितनी ही विचार-तरंगें उठने लगीं। कहीं सुभद्रा मिलने से इन्कार कर दे, तो ? नहीं ऐसा नहीं हो सकता। वह इतनी अनुदार नहीं है। हाँ, यह हो सकता है कि वह अपने विषय में कुछ न कहे। उसे शांत करने के लिए उसने एक कृपा की कल्पना कर डाली। ऐसा बीमार था कि बचने की आशा न थी। उर्मिला ने ऐसा तन्मय होकर उसकी सेवा-शूश्रूषा की कि उसे उससे प्रेम हो गया। कथा का सुभद्रा पर जो असर पड़ेगा, इसके विषय में केशव को कोई संदेह न था। परिस्थिति का बोध होने पर वह उसे क्षमा कर देगी। लेकिन इसका फल क्या होगा ? क्या वह दोनों के साथ एक-सा प्रेम कर सकता है ? सुभद्रा को देख लेने के बाद उर्मिला को शायद उसके साथ-साथ रहने में आपत्ति हो। आपत्ति हो ही कैसे सकती है ! उससे यह बात छिपी नहीं है। हाँ, यह देखना है कि सुभद्रा भी इसे स्वीकार करती है कि नहीं। उसने जिस उपेक्षा का परिचय दिया है, उसे देखते हुए तो उसके मानने में संदेह ही जान पड़ता है। मगर वह उसे मनायेगा, उसकी विनती करेगा, उसके पैरों पड़ेगा और अंत में उसे मना कर ही छोड़ेगा। सुभद्रा से प्रेम और अनुराग का नया प्रमाण पा कर वह मानो एक कठोर निद्रा से जाग उठा था। उसे अब अनुभव हो रहा था कि सुभद्रा के लिये उसके हृदय में जो स्थान था, वह खाली पड़ा हुआ है। उर्मिला उस स्थान पर अपना आधिपत्य नहीं जमा सकती। अब उसे ज्ञात हुआ कि उर्मिला के प्रति उसका प्रेम केवल वह तृष्णा थी, जो स्वादयुक्त पदार्थों को देखकर ही उत्पन्न होती है। वह सच्ची क्षुधा न थी। अब फिर उसे सरल सामान्य भोजन की इच्छा हो रही थी। विलासिनी उर्मिला कभी इतना त्याग कर सकती है, इसमें उसे संदेह था।

सुभद्रा के घर के निकट पहुँच कर केशव का मन कुछ कातर होने लगा। लेकिन उसने जी कड़ा करके जीने पर कदम रक्खा और एक क्षण में सुभद्रा के द्वार पर पहुँचा, लेकिन कमरे का द्वार बंद था। अंदर भी प्रकाश न था। अवश्य ही वह कहीं गयी है, आती ही होगी। तब तक उसने बरामदे में टहलने का निश्चय किया।

सहसा मालकिन आती हुई दिखायी दी। केशव ने बढ़ कर पूछा—आप बता सकती हैं कि यह महिला कहाँ गयी हैं ?

मालकिन ने उसे सिर से पाँव तक देख कर कहा—वह तो आज यहाँ से चली गयीं।

केशव ने हकबका कर पूछा—चली गयीं ! कहाँ चली गयीं ?

'यह तो मुझसे कुछ नहीं बताया।'

'कब गयीं ?'

'वह तो दोपहर को ही चली गयीं !'

'अपना असबाब ले कर गयीं ?'

'असबाब किसके लिए छोड़ जाती ? हाँ, एक छोटा-सा पैकेट अपनी एक सहेली के लिए छोड़ गयी हैं। उस पर मिसेज केशव लिखा हुआ है। मुझसे कहा था कि यदि

वह आ जायँ, तो उन्हें दे देना, नहीं तो डाक से भेज देना।'

केशव को अपना हृदय इस तरह बैठता हुआ मालूम हुआ जैसे सूर्य का अस्त होना है। एक गहरी साँस ले कर बोला–

'आप मुझे वह पैकेट दिखा सकती हैं ? केशव मेरा ही नाम है।'

मालकिन ने मुस्करा कर कहा–मिसेज केशव को कोई आपत्ति तो न होगी ?

'तो फिर मैं उन्हें बुला लाऊँ ?'

'हाँ, उचित तो यही है !'

'बहुत दूर जाना पड़ेगा !'

केशव कुछ ठिठकता हुआ जीने की ओर चला, तो मालकिन ने फिर कहा–मैं समझती हूँ, आप इसे लिये ही जाइए, व्यर्थ आपको क्यों दौड़ाऊँ। मगर कल मेरे पास एक रसीद भेज दीजिएगा। शायद उसकी जरूरत पड़े !

यह कहते हुए उसने एक छोटा-सा पैकेट ला कर केशव को दे दिया। केशव पैकेट ले कर इस तरह भागा, मानो कोई चोर भागा जा रहा हो। इस पैकेट में क्या है, यह जानने के लिए उसका हृदय व्याकुल हो रहा था। उसे इतना विलम्ब असह्य था कि अपने स्थान पर जा कर उसे खोले। समीप ही एक पार्क था। वहाँ जा कर उसने बिजली के प्रकाश में इस पैकेट को खोल डाला। उस समय उसके हाथ काँप रहे थे और हृदय इतने वेग से धड़क रहा था, मानो किसी बंधु की बीमारी के समाचार के बाद तार मिला हो।

पैकेट का खुलना था कि केशव की आँखों से आँसुओं की झड़ी लग गयी। उसमें एक पीले रंग की साड़ी थी, एक छोटी-सी सेंदूर की डिबिया और एक केशव का फोटो-चित्र के साथ ही एक लिफाफा भी था। केशव ने उसे खोल कर पढ़ा। उसमें लिखा था–

'बहन, मैं जाती हूँ। यह मेरे सोहाग का शव है। उसे टेम्स नदी में विसर्जित कर देना। तुम्हीं लोगों के हाथों यह संस्कार भी हो जाय, तो अच्छा।

तुम्हारी,
सुभद्रा'

केशव मर्माहत-सा पत्र हाथ में लिये वहीं घास पर लेट गया और फूट-फूट कर रोने लगा।

आत्म-संगीत

आधी रात थी। नदी का किनारा था। आकाश के तारे स्थिर थे और नदी में उनका प्रतिबिम्ब लहरों के साथ चंचल। एक स्वर्गीय संगीत की मनोहर और जीवनदायिनी, प्राण-पोषिणी ध्वनियाँ इस निस्तब्ध और तमोमय दृश्य पर इस प्रकार छा रही थीं, जैसे हृदय पर आशाएँ छायी रहती हैं, या मुखमंडल पर शोक।

रानी मनोरमा ने आज गुरु-दीक्षा ली थी। दिन भर दान और व्रत में व्यस्त रहने के बाद मीठी नींद की गोद में सो रही थी। अकस्मात् उसकी आँखें खुलीं और ये मनोहर

ध्वनियाँ कानों में पहुँचीं। वह व्याकुल हो गयी–जैसे दीपक को देख कर पतंग; वह अधीर हो उठी, जैसे खाँड की गंध पा कर चींटी। वह उठी और द्वारपालों एवं चौकीदारों की दृष्टियाँ बचाती हुई राजमहल से बाहर निकल आयी–जैसे वेदनापूर्ण क्रन्दन सुन कर आँखों से आँसू निकल आते हैं।

सरिता-तट पर कँटीली झाड़ियाँ थीं। ऊँचे कगारे थे। भयानक जंतु थे। और उनकी डरावनी आवाजें ! शव थे और उनसे भी अधिक भयंकर उनकी कल्पना। मनोरमा कोमलता और सुकुमारता की मूर्ति थी। परंतु उस मधुर संगीत का आकर्षण उसे तन्मयता की अवस्था में खींचे लिये जाता था। उसे आपदाओं का ध्यान न था।

वह घंटों चलती रही, यहाँ तक कि मार्ग में नदी ने उसका गति-रोध किया।

2

मनोरमा ने विवश हो कर इधर-उधर दृष्टि दौड़ायी। किनारे पर एक नौका दिखाई दी। निकट जा कर बोली–माँझी, मैं उस पार जाऊँगी, इस मनोहर राग ने मुझे व्याकुल कर दिया है।

माँझी–रात को नाव नहीं खोल सकता। हवा तेज है और लहरें डरावनी। जान-जोखिम है।

मनोरमा–मैं रानी मनोरमा हूँ। नाव खोल दे, मुँह माँगी मजदूरी दूँगी।

माँझी–तब तो नाव किसी तरह नहीं खोल सकता। रानियों का इस नदी में निबाह नहीं।

मनोरमा–चौधरी, तेरे पाँव पड़ती हूँ। शीघ्र नाव खोल दे। मेरे प्राण उस ओर खिंचे चले जाते हैं।

माँझी–क्या इनाम मिलेगा ?

मनोरमा–जो तू माँगे।

माँझी–आप ही कह दें, मैं गँवार क्या जानूँ, कि रानियों से क्या चीज माँगनी चाहिए। कहीं कोई ऐसी चीज न माँग बैठूँ, जो आपकी प्रतिष्ठा के विरुद्ध हो ?

मनोरमा–मेरा यह हार अत्यन्त मूल्यवान् है। मैं इसे खेवे में देती हूँ। मनोरमा ने गले से हार निकाला, उसकी चमक से माँझी का मुख-मंडल प्रकाशित हो गया–वह कठोर, और काला मुख, जिस पर झुर्रियाँ पड़ी हुई थीं।

अचानक मनोरमा को ऐसा प्रतीत हुआ, मानो संगीत की ध्वनि और निकट हो गयी हो। कदाचित् कोई पूर्ण ज्ञानी पुरुष आत्मानंद के आवेश में उस सरिता-तट पर बैठा हुआ उस निस्तब्ध निशा को संगीत-पूर्ण कर रहा है। रानी का हृदय उछलने लगा। आह ! कितना मनोमुग्धकर राग था ! उसने अधीर हो कर कहा–माँझी, अब देर न कर, नाव खोल, मैं एक क्षण भी धीरज नहीं रख सकती।

माँझी–इस हार को ले कर मैं क्या करूँगा ?

मनोरमा–सच्चे मोती हैं।

माँझी—यह और भी विपत्ति है। माँझिन गले में पहन कर पड़ोसियों को दिखायेगी, वह सब डाह से जलेंगी, उसे गालियाँ देंगी। कोई चोर देखेगा, तो उसकी छाती पर साँप लोटने लगेगा। मेरी सुनसान झोंपड़ी पर दिनदहाड़े डाका पड़ जायगा। लोग चोरी का अपराध लगायेंगे। नहीं, मुझे यह हार न चाहिए।

मनोरमा—तो जो कुछ तू माँग, वहीं दूँगी। लेकिन देर न कर। मुझे अब धैर्य नहीं है। प्रतीक्षा करने की तनिक भी शक्ति नहीं है। इस राग की एक-एक तान मेरी आत्मा को तड़पा देती है।

माँझी—इससे भी अच्छी कोई चीज दीजिए।

मनोरमा—अरे निर्दयी ! तू मुझे बातों में लगाये रखना चाहता है। मैं जो देती हूँ, वह लेता नहीं, स्वयं कुछ माँगता नहीं। तुझे क्या मालूम मेरे हृदय की इस समय क्या दशा हो रही है। मैं इस आत्मिक पदार्थ पर अपना सर्वस्व न्योछावर कर सकती हूँ।

माँझी—और क्या दीजिएगा ?

मनोरमा—मेरे पास इससे बहुमूल्य और कोई वस्तु नहीं है, लेकिन तू अभी नाव खोल दे, तो प्रतिज्ञा करती हूँ कि तुझे अपना महल दे दूँगी, जिसे देखने के लिए कदाचित् तू भी कभी गया हो। विशुद्ध श्वेत पत्थर से बना है, भारत में इसकी तुलना नहीं।

माँझी—(हँस कर) उस महल में रह कर मुझे क्या आनंद मिलेगा ? उलटे मेरे भाई-बंधु शत्रु हो जायँगे। इस नौका पर अँधेरी रात में भी मुझे भय न लगता। आँधी चलती रहती है, और मैं इस पर पड़ा रहता हूँ। किंतु वह महल तो दिन ही में फाड़ खायगा। मेरे घर के आदमी तो उसके एक कोने में समा जायँगे। और आदमी कहाँ से लाऊँगा; मेरे नौकर-चाकर कहाँ ? इतना माल-असबाब कहाँ ? उसकी सफाई और मरम्मत कहाँ से कराऊँगा ? उसकी फुलवारियाँ सूख जायँगी, उसकी क्यारियों में गीदड़ बोलेंगे और अटारियों पर कबूतर और अबाबीलें घोंसले बनायेंगी।

मनोरमा अचानक एक तन्मय अवस्था में उछल पड़ी। उसे प्रतीत हुआ कि संगीत निकटतर आ गया है। उसकी सुन्दरता और आनंद अधिक प्रखर हो गया था—जैसे बत्ती उकसा देने से दीपक अधिक प्रकाशमान हो जाता है। पहले चित्ताकर्षक था, तो अब आवेशजनक हो गया था। मनोरमा ने व्याकुल होकर कहा—आह ! तू फिर अपने मुँह से क्यों कुछ नहीं माँगता ? आह ! कितना विरागजनक राग है, कितना विह्वल करने वाला ! मैं अब तनिक धीरज नहीं धर सकती। पानी उतार में जाने के लिए जितना व्याकुल होता है, श्वास हवा के लिए जितनी विकल होती है, गंध उड़ जाने के लिए जितनी उतावली होती है, मैं उस स्वर्गीय संगीत के लिए उतनी व्याकुल हूँ। उस संगीत में कोयल की-सी मस्ती है, पपीहे की-सी वेदना है, श्यामा की-सी विह्वलता है, इसमें झरनों का-सा जोर है, आँधी का-सा बल ! इसमें वह सब कुछ है, जिससे विवेकाग्नि प्रज्ज्वलित होती, जिससे आत्मा समाहित होती है, और अंतःकरण पवित्र होता है। माँझी, अब एक क्षण का भी विलम्ब मेरे लिए मृत्यु की यंत्रणा है। शीघ्र नौका खोल। जिस सुमन की यह सुगंध है, जिस दीपक की यह दीप्ति है, उस तक मुझे पहुँचा दे। मैं देख नहीं सकती इस संगीत

का रचयिता कहीं निकट ही बैठा हुआ है, बहुत निकट।

माँझी—आपका महल मेरे काम का नहीं है, मेरी झोंपड़ी उससे कहीं सुहावनी है।

मनोरमा—हाय ! तो अब तुझे क्या दूँ ? यह संगीत नहीं है, यह इस सुविशाल क्षेत्र की पवित्रता है, यह समस्त सुमन-समूह का सौरभ है, समस्त मधुरताओं की माधुरी है, समस्त अवस्थाओं का सार है। नौका खोल। मैं जब तक जीऊँगी, तेरी सेवा करूँगी, तेरे लिए पानी भरूँगी, तेरी झोंपड़ी बहारूँगी। हाँ, मैं तेरे मार्ग के कंकड़ चुनूँगी, तेरे झोंपड़े को फूलों से सजाऊँगी, तेरी माँझिन के पैर मलूँगी। प्यारे माँझी, यदि मेरे पास सौ जानें होतीं, तो मैं इस संगीत के लिए अर्पण करती। ईश्वर के लिए मुझे निराश न कर। मेरे धैर्य का अंतिम बिंदु शुष्क हो गया। अब इस चाह में दाह है, अब यह सिर तेरे चरणों में है।

यह कहते-कहते मनोरमा एक विक्षिप्त की अवस्था में माँझी के निकट जा कर उसके पैरों पर गिर पड़ी। उसे ऐसा प्रतीत हुआ, मानो वह संगीत आत्मा पर किसी प्रज्वलित प्रदीप की तरह ज्योति बरसाता हुआ मेरी ओर आ रहा है। उसे रोमांच हो आया। वह मस्त हो कर झूमने लगी। ऐसा ज्ञात हुआ कि मैं हवा में उड़ी जाती हूँ। उसे अपने पार्श्व-देश में तारे झिलमिलाते हुए दिखायी देते थे। उस पर एक आत्मविस्मृत का भावावेश छा गया और अब वही मस्ताना संगीत, वही मनोहर राग उसके मुँह से निकलने लगा। वही अमृत की बूँदें, उसके अधरों से टपकने लगीं। वह स्वयं इस संगीत की स्रोत थी। नदी के पार से आने वाली ध्वनियाँ, प्राणपोषिणी ध्वनियाँ उसी के मुँह से निकल रही थीं।

मनोरमा का मुख-मंडल चंद्रमा की तरह प्रकाशमान हो गया था, और आँखों से प्रेम की किरणें निकल रही थीं।

ऐक्ट्रेस

रंगमंच का परदा गिर गया। तारा देवी ने शकुंतला का पार्ट खेल कर दर्शकों को मुग्ध कर दिया था। जिस वक्त वह शकुंतला के रूप में राजा दुष्यंत के सम्मुख खड़ी ग्लानि, वेदना, और तिरस्कार से उत्तेजित भावों को आग्नेय शब्दों में प्रकट कर रही थी, दर्शक-वृंद शिष्टता के नियमों की उपेक्षा करके मंच की ओर उन्मत्तों की भाँति दौड़ पड़े थे और तारादेवी का यशोगान करने लगे थे। कितने ही तो स्टेज पर चढ़ गये और तारादेवी के चरणों पर गिर पड़े। सारा स्टेज फूलों से पट गया, आभूषणों की वर्षा होने लगी। यदि उसी क्षण मेनका का विमान नीचे आ कर उसे उड़ा न ले जाता, तो कदाचित् उस धक्कम-धक्के में दस-पाँच आदमियों की जान पर बन जाती। मैनेजर ने तुरंत आ कर दर्शकों को गुण-ग्राहकता का धन्यवाद दिया और वादा भी किया कि दूसरे दिन फिर वही तमाशा होगा। तब लोगों का मोहान्माद शांत हुआ। मगर एक युवक उस वक्त भी मंच पर खड़ा रहा। लम्बे कद का था, तेजस्वी मुद्रा, कुंदन का-सा रंग, देवताओं का-सा स्वरूप, गठी हुई देह, मुख से एक ज्योति-सी प्रस्फुटित हो रही थी। कोई राजकुमार मालूम होता था।

जब सारे दर्शकगण बाहर निकल गये, उसने मैनेजर से पूछा—क्या मैं तारादेवी से

एक क्षण के लिए मिल सकता हूँ ?

मैनेजर ने उपेक्षा के भाव से कहा–हमारे यहाँ ऐसा नियम नहीं है।

युवक ने फिर पूछा–क्या आप मेरा कोई पत्र उसके पास भेज सकते हैं ?

मैनेजर ने उसी उपेक्षा के भाव से कहा–जी नहीं। क्षमा कीजिएगा। यह हमारे नियमों के विरुद्ध है।

युवक ने और कुछ न कहा, निराश हो कर स्टेज के नीचे उतर पड़ा और बाहर जाना ही चाहता था कि मैनेजर ने पूछा–जरा ठहर जाइए, आपका कार्ड ?

युवक ने जेब से कागज का एक टुकड़ा निकाल कर कुछ लिखा और दे दिया। मैनेजर ने पुर्जे को उड़ती हुई निगाह से देखा–कुँवर निर्मलकांत चौधरी ओ. बी. ई.। मैनेजर की कठोर मुद्रा कोमल हो गयी। कुँवर निर्मलकांत–शहर के सबसे बड़े रईस और ताल्लुकेदार, साहित्य के उज्ज्वल रत्न, संगीत के सिद्धहस्त आचार्य, उच्च-कोटि के विद्वान्, आठ-दस लाख सालाना के नफेदार, जिनके दान से देश की कितनी ही संस्थाएँ चलती थीं–इस समय एक क्षुद्र प्रार्थी के रूप में खड़े थे। मैनेजर अपने उपेक्षा-भाव पर लज्जित हो गया। विनम्र शब्दों में बोला–क्षमा कीजिएगा, मुझसे बड़ा अपराध हुआ। मैं अभी तारादेवी के पास हुजूर का कार्ड लिये जाता हूँ।

कुँवर साहब ने उससे रुकने का इशारा करके कहा–नहीं, अब रहने ही दीजिए, मैं कल पाँच बजे आऊँगा। इस वक्त तारादेवी को कष्ट होगा। यह उनके विश्राम का समय है।

मैनेजर–मुझे विश्वास है कि वह आपकी खातिर इतना कष्ट सहर्ष सह लेंगी, मैं एक मिनट में आता हूँ।

किंतु कुँवर साहब अपना परिचय देने के बाद अब अपनी आतुरता पर संयम का परदा डालने के लिए विवश थे। मैनेजर को सज्जनता का धन्यवाद दिया। और कल आने का वादा करके चले गये।

2

तारा एक साफ-सुथरे और सजे हुए कमरे में मेज के सामने किसी विचार में मग्न बैठी थी। रात का वह दृश्य उसकी आँखों के सामने नाच रहा था। ऐसे दिन जीवन में क्या बार-बार आते हैं ? कितने मनुष्य उसके दर्शनों के लिए विकल हो रहे थे ! बस, एक दूसरे पर फट पड़ते थे। कितनों को उसने पैरों से ठुकरा दिया था–हाँ, ठुकरा दिया था। मगर उस समूह में केवल एक दिव्य-मूर्ति अविचलित रूप से खड़ी थी। उसकी आँखों में कितना गंभीर अनुराग था, कितना दृढ़ संकल्प ! ऐसा जान पड़ता था मानो दोनों नेत्र उसके हृदय में चुभे जा रहे हों। आज फिर उस पुरुष के दर्शन होंगे या नहीं, कौन जानता है। लेकिन यदि आज उनके दर्शन हुए, तो तारा उनसे एक बार बातचीत किये बिना न जाने देगी।

यह सोचते हुए उसने आईने की ओर देखा, कमल का फूल-सा खिला था। कौन

कह सकता था कि यह नव-विकसित पुष्प पैंतीस बसंतों की बहार देख चुका है। वह कांति, वह कोमलता, वह चपलता, वह माधुर्य कियी नवयौवना को लज्जित कर सकता था। तारा एक बार फिर हृदय में प्रेम का दीपक जला बैठी। आज से बीस साल पहले एक बार उसको प्रेम का कटु अनुभव हुआ था। तब से वह एक प्रकार का वैधव्य-जीवन व्यतीत करती रही। कितने प्रेमियों ने अपना हृदय उसको भेंट करना चाहा था; पर उसने किसी की ओर आँख उठा कर भी न देखा था। उसे उनके प्रेम में कपट की गंध आती थी। मगर आह ! आज उसका संयम उसके हाथ से निकल गया। एक बार फिर आज उसे हृदय में उसी मधुर वेदना का अनुभव हुआ, जो बीस साल पहले हुआ था। एक पुरुष का सौम्य स्वरूप उसकी आँखों में बस गया, हृदय पट पर खिंच गया। उसे वह किसी तरह भूल न सकती थी। उसी पुरुष को उसने मोटर पर जाते देखा होता, तो कदाचित् उधर ध्यान भी न करती। पर उसे अपने सम्मुख प्रेम का उपहार हाथ में लिए देख कर वह स्थिर न रह सकी।

सहसा दाई ने आ कर कहा—बाई जी, रात की सब चीजें रखी हुई हैं, कहिए तो लाऊँ ?

तारा ने कहा—नहीं, मेरे पास चीज लाने की जरूरत नहीं; मगर ठहरो, क्या-क्या चीजें हैं।

'एक ढेर का ढेर तो लगा है बाई जी, कहाँ तक गिनाऊँ—अशर्फियाँ हैं, ब्रूचेज, बाल के पिन, बटन, लाकेट, अँगूठियाँ सभी तो हैं। एक छोटे-से डिब्बे में एक सुन्दर हार है। मैंने आज तक वैसा हार नहीं देखा। सब संदूक में रख दिया है।'

'अच्छा, वह संदूक मेरे पास ला।' दाई ने संदूक ला कर मेज पर रख दिया। उधर एक लड़के ने एक पत्र ला कर तारा को दिया। तारा ने पत्र को उत्सुक नेत्रों से देखा—कुँवर निर्मलकांत ओ. बी. ई.। लड़के से पूछा—यह पत्र किसने दिया। वह तो नहीं, जो रेशमी साफा बाँधे हुए थे ?

लड़के ने केवल इतना कहा—मैनेजर साहब ने दिया है। और लपका हुआ बाहर चला गया।

संदूक में सबसे पहले डिब्बा नजर आया। तारा ने उसे खोला तो सच्चे मोतियों का सुन्दर हार था। डिब्बे में एक तरफ एक कार्ड भी था। तारा ने लपक कर उसे निकाल लिया और पढ़ा—कुँवर निर्मलकांत...। कार्ड उसके हाथ से छूट कर गिर पड़ा। वह झपट कर कुरसी से उठी और बड़े वेग से कई कमरों और बरामदों को पार करती मैनेजर के सामने आ कर खड़ी हो गयी। मैनेजर ने खड़े हो कर उसका स्वागत किया और बोला—मैं रात की सफलता पर आपको बधाई देता हूँ।

तारा ने खड़े-खड़े पूछा—कुँवर निर्मलकांत क्या बाहर हैं ? लड़का पत्र दे कर भाग गया। मैं उससे कुछ पूछ न सकी।

'कुँवर साहब का रुक्का तो रात ही तुम्हारे चले आने के बाद मिला था।'

'तो आपने उसी वक्त मेरे पास क्यों न भेज दिया ?'

मैनेजर ने दबी जबान से कहा—मैंने समझा, तुम आराम कर रही होगी, कष्ट देना उचित न समझा। और भाई, साफ बात यह है कि मैं डर रहा था, कहीं कुँवर साहब को तुमसे मिला कर तुम्हें खो न बैठूँ। अगर मैं औरत होता, तो उसी वक्त उनके पीछे हो लेता। ऐसा देवरूप पुरुष मैंने आज तक नहीं देखा। वही जो रेशमी साफा बाँधे खड़े थे तुम्हारे सामने। तुमने भी तो देखा था।

तारा ने मानो अर्धनिद्रा की दशा में कहा—हाँ, देखा तो था—क्या यह फिर आयेंगे ?

'हाँ, आज पाँच बजे शाम को। बड़े विद्वान् आदमी हैं, और इस शहर के सबसे बड़े रईस।'

'आज मैं रिहर्सल में न आऊँगी।'

3

कुँवर साहब आ रहे होंगे। तारा आईने के सामने बैठी है और दाई उसका शृंगार कर रही है। शृंगार भी इस जमाने में एक विद्या है। पहले परिपाटी के अनुसार ही शृंगार किया जाता था। कवियों, चित्रकारों और रसिकों ने शृंगार की मर्यादा-सी बाँध दी थी। आँखों के लिए काजल लाजमी था, हाथों के लिए मेहंदी, पाँव के लिए महावर। एक-एक अंग एक-एक आभूषण के लिए निर्दिष्ट था। आज वह परिपाटी नहीं रही। आज प्रत्येक रमणी अपनी सुरुचि सुबुद्धि और तुलनात्मक भाव से शृंगार करती है। उसका सौंदर्य किस उपाय से आकर्षकता की सीमा पर पहुँच सकता है, यही उसका आदर्श होता है। तारा इस कला में निपुण थी। वह पंद्रह साल से इस कम्पनी में थी और यह समस्त जीवन उसने पुरुषों के हृदय से खेलने ही में व्यतीत किया था। किस चितवन से, किस मुस्कान से, किस अँगड़ाई से, किस तरह केशों के बिखेर देने से दिलों का कत्लेआम हो जाता है; इस कला में कौन उससे बढ़ कर हो सकता था ! आज उसने चुन-चुन कर आजमाये हुए तीर तरकस से निकाले, और जब अपने अस्त्रों से सज कर वह दीवानखाने में आयी, तो जान पड़ा मानो संसार का सारा माधुर्य उसकी बलाएँ ले रहा है। वह मेज के पास खड़ी हो कर कुँवर साहब का कार्ड देख रही थी, उसके कान मोटर की आवाज की ओर लगे हुए थे। वह चाहती थी कि कुँवर साहब इसी वक्त आ जायँ और उसे उसी अंदाज से खड़े देखें। इसी अंदाज से वह इसके अंग-प्रत्यंगों की पूर्ण छवि देख सकते थे। उसने अपनी शृंगार कला से काल पर विजय पा ली थी। कौन कह सकता था कि यह चंचल नवयौवन उस अवस्था को पहुँच चुकी है, जब हृदय को शांति की इच्छा होती है, वह किसी आश्रम के लिए आतुर हो उठता है, और उसका अभिमान नम्रता के आगे सिर झुका देता है ?

तारा देवी को बहुत इंतजार न करना पड़ा। कुँवर साहब शायद मिलने के लिए उससे भी उत्सुक थे। दस ही मिनट के बाद उनकी मोटर की आवाज आयी। तारा सँभल गयी। एक क्षण में कुँवर साहब ने कमरे में प्रवेश किया। तारा शिष्टाचार के लिए हाथ मिलाना भी भूल गयी, प्रौढ़ावस्था में भी प्रेम की उद्विग्नता और असावधानी कुछ कम नहीं होती। वह किसी सलज्जा युवती की भाँति सिर झुकाये खड़ी रही।

कुँवर साहब की निगाह आते ही उसकी गर्दन पर पड़ी। वह मोतियों का हार, जो उन्होंने रात को भेंट किया था, चमक रहा था। कुँवर साहब को इतना आनंद और कभी न हुआ। उन्हें एक क्षण के लिए ऐसा जान पड़ा मानो उनके जीवन की सारी अभिलाषा पूरी हो गयी। बोले—मैंने आपको आज इतने सबेरे कष्ट दिया, क्षमा कीजिएगा। यह तो आपके आराम का समय होगा ? तारा ने सिर से खिसकती हुई साड़ी को सँभाल कर कहा—इससे ज्यादा आराम और क्या हो सकता था कि आपके दर्शन हुए। मैं इस उपहार के लिए और क्या आपको मनों धन्यवाद देती हूँ। अब तो कभी-कभी मुलाकात होती रहेगी?

निर्मलकांत ने मुस्करा कर कहा—कभी-कभी नहीं, रोज। आप चाहे मुझसे मिलना पसंद न करें, पर एक बार इस ड्योढ़ी पर सिर को झुका ही जाऊँगा।

तारा ने भी मुस्करा कर उत्तर दिया—उसी वक्त तक जब तक कि मनोरंजन की कोई नयी वस्तु नजर न आ जाय ! क्यों ?

'मेरे लिए यह मनोरंजन का विषय नहीं, जिंदगी और मौत का सवाल है। हाँ, तुम इसे विनोद समझ सकती हो, मगर कोई परवा नहीं। तुम्हारे मनोरंजन के लिए यदि मेरे प्राण भी निकल जायें, तो मैं अपना जीवन सफल समझूँगा।'

दोनों तरफ से इस प्रीति को निभाने के वादे हुए, फिर दोनों ने नाश्ता किया और कल भोज का न्योता दे कर कुँवर साहब विदा हुए।

4

एक महीना गुजर गया, कुँवर साहब दिन में कई-कई बार आते। उन्हें एक क्षण का वियोग भी असह्य था। कभी दोनों बजरे पर दरिया की सैर करते, कभी हरी-हरी घास पर पार्कों में बैठे बातें करते, कभी गाना-बजाना होता, नित्य नये प्रोग्राम बनते थे। सारे शहर में मशहूर था कि ताराबाई ने कुँवर साहब को फाँस लिया और दोनों हाथों से सम्पत्ति लूट रही है। पर तारा के लिए कुँवर साहब का प्रेम ही एक ऐसी सम्पत्ति थी, जिसके सामने दुनिया भर की दौलत हेय थी। उन्हें अपने सामने देख कर उसे किसी वस्तु की इच्छा न होती थी।

मगर एक महीने तक इस प्रेम के बाजार में घूमने पर भी तारा को वह वस्तु न मिली, जिसके लिए उसकी आत्मा लोलुप हो रही थी। वह कुँवर साहब से प्रेम की, अपार और अतुल प्रेम की, सच्चे और निष्कपट प्रेम की बातें रोज सुनती थी पर उसमें 'विवाह' का शब्द न आने पाता था, मानो प्यासे को बाजार में पानी छोड़ कर और सब कुछ मिलता हो। ऐसे प्यासे को पानी के सिवा और किस चीज से तृप्ति हो सकती है ? प्यास बुझाने के बाद, सम्भव है, और चीजों की तरफ उसकी रुचि हो, पर प्यासे के लिए तो पानी सब से मूल्यवान् पदार्थ है। वह जानती थी कि कुँवर साहब उसके इशारे पर प्राण तक दे देंगे, लेकिन विवाह की बात क्यों उनकी जबान से नहीं निकलती ? क्या इस विषय का कोई पत्र लिख कर अपना आशय कह देना सम्भव था ? फिर क्या वह उसको केवल विनोद

की वस्तु बना कर रखना चाहते हैं ? यह अपमान उससे न सहा जायगा। कुँवर के एक इशारे पर वह आग में कूद सकती थी, पर यह अपमान उसके लिए असह्य था। किसी शौकीन रईस के साथ वह इससे कुछ दिन पहले शायद एक-दो महीने रह जाती और उसे नोच-खसोट कर अपनी राह लेती। किंतु प्रेम का बदला प्रेम है, कुँवर साहब के साथ वह यह निर्लज्ज जीवन न व्यतीत कर सकती थी।

उधर कुँवर साहब के भाई बंद भी गाफिल न थे, वे किसी भाँति उन्हें ताराबाई के पंजे से छुड़ाना चाहते थे। कहीं कुँवर साहब का विवाह ठीक कर देना ही एक ऐसा उपाय था, जिससे सफल होने की आशा थी और यही उन लोगों ने किया। उन्हें यह भय तो न था कि कुँवर साहब इस ऐक्ट्रेस से विवाह करेंगे। हाँ, यह भय अवश्य था कि कहीं रियासत का कोई हिस्सा उसके नाम कर दें, या उसके आने वाले बच्चों को रियासत का मालिक बना दें। कुँवर साहब पर चारों ओर से दबाव पड़ने लगे। यहाँ तक कि योरोपियन अधिकारियों ने भी उन्हें विवाह कर लेने की सलाह दी। उस दिन संध्या समय कुँवर साहब ने ताराबाई के पास जा कर कहा—तारा, देखो, तुमसे एक बात कहता हूँ, इनकार न करना। तारा का हृदय उछलने लगा। बोली—कहिए, क्या बात है ? ऐसी कौन वस्तु है, जिसे आपकी भेंट करके मैं अपने को धन्य समझूँ ?

बात मुँह से निकलने की देर थी। तारा ने स्वीकार कर लिया और हर्षोन्माद की दशा में रोती हुई कुँवर साहब के पैरों पर गिर पड़ी।

5

एक क्षण के बाद तारा ने कहा—मैं तो निराश हो चली थी। आपने बड़ी लम्बी परीक्षा ली।

कुँवर साहब ने जबान दाँतों-तले दबायी, मानों कोई अनुचित बात सुन ली हो !

'यह बात नहीं है तारा ! अगर मुझे विश्वास होता कि तुम मेरी याचना स्वीकार कर लोगी, तो कदाचित् पहले ही दिन मैंने भिक्षा के लिए हाथ फैलाया होता, पर मैं अपने को तुम्हारे योग्य नहीं पाता था। तुम सद्गुणों की खान हो, और मैं...मैं जो कुछ हूँ, वह तुम जानती ही हो। मैंने निश्चय कर लिया था कि उम्र भर तुम्हारी उपासना करता रहूँगा। शायद कभी प्रसन्न हो कर तुम मुझे बिना माँगे ही वरदान दे दो, बस, यही मेरी अभिलाषा थी। मुझमें अगर कोई गुण है, तो यही कि मैं तुमसे प्रेम करता हूँ। ज़ब तुम साहित्य या संगीत या धर्म पर अपने विचार प्रकट करने लगती हो, तो मैं दंग रह जाता हूँ और अपनी क्षुद्रता पर लज्जित हो जाता हूँ। तुम मेरे लिए सांसारिक नहीं, स्वर्गीय हो। मुझे आश्चर्य यही है कि इस समय मैं मारे खुशी के पागल क्यों नहीं हो जाता।'

कुँवर साहब देर तक अपने दिल की बातें कहते रहे। उनकी वाणी कभी इतनी प्रगल्भ न हुई थी !

तारा सिर झुकाये सुनती थी, पर आनंद की जगह उसके मुख पर एक प्रकार का क्षोभ—लज्जा से मिला हुआ—अंकित हो रहा था। यह पुरुष इतना सरल हृदय, इतना निष्कपट है ? इतना विनीत, इतना उदार !

सहसा कुँवर साहब ने पूछा—तो मेरे भाग्य किस दिन उदय होंगे, तारा ? दया करके बहुत दिनों के लिए न टालना।

तारा ने कुँवर साहब की सरलता से परास्त होकर चिंतित स्वर में कहा—कानून का क्या कीजिएगा ? कुँवर साहब ने तत्परता से उत्तर दिया—इस विषय में तुम निश्चिंत रहो तारा, मैंने वकीलों से पूछ लिया है। एक कानून ऐसा है जिसके अनुसार हम और तुम एक प्रेम-सूत्र में बँध सकते हैं। उसे सिविल-मैरिज कहते हैं। बस, आज ही के दिन वह शुभ मुहूर्त आयेगा, क्यों ?

तारा सिर झुकाये रही। बोल न सकी।

'मैं प्रातःकाल आ जाऊँगा। तैयार रहना।'

तारा सिर झुकाये रही। मुँह से एक शब्द न निकला।

कुँवर साहब चले गये, पर तारा वहीं मूर्ति की भाँति बैठी रही। पुरुषों के हृदय से क्रीड़ा करनेवाली चतुर नारी क्यों इतनी विमूढ़ हो गयी है !

6

विवाह का एक दिन और बाकी है। तारा को चारों ओर से बधाइयाँ मिल रही हैं। थिएटर के सभी स्त्री-पुरुषों ने अपनी सामर्थ्य के अनुसार उसे अच्छे-अच्छे उपहार दिये हैं, कुँवर साहब ने भी आभूषणों से सजा हुआ एक सिंगारदान भेंट किया है, उनके दो-चार अंतरंग मित्रों ने भाँति-भाँति के सौगात भेजे हैं; पर तारा के सुन्दर मुख पर हर्ष की रेखा भी नहीं नजर आती। वह क्षुब्ध और उदास है। उसके मन में चार दिनों से निरंतर यही प्रश्न उठ रहा है—क्या कुँवर के साथ विश्वासघात करे ? जिस प्रेम के देवता ने उसके लिए अपने कुल-मर्यादा को तिलांजलि दे दी, अपने बंधुजनों से नाता तोड़ा, जिसका हृदय हिमकण के समान निष्कलंक है, पर्वत के समान विशाल, उसी से कपट करे ! नहीं, वह इतनी नीचता नहीं कर सकती, अपने जीवन में उसने कितने ही युवकों से प्रेम का अभिनय किया था, कितने ही प्रेम के मतवालों को वह सब्ज बाग दिखा चुकी थी; पर कभी उसके मन में ऐसी दुविधा न हुई थी, कभी उसके हृदय ने उसका तिरस्कार न किया था। क्या इसका कारण इसके सिवा कुछ और था कि ऐसा अनुराग उसे और कहीं न मिला था।

क्या वह कुँवर साहब का जीवन सुखी बना सकती है ? हाँ, अवश्य। इस विषय में उसे लेशमात्र भी संदेह नहीं था। भक्ति के लिए ऐसी कौन-सी वस्तु है, जो असाध्य हो; पर क्या वह प्रकृति को धोखा दे सकती है। ढलते हुए सूर्य में मध्याह्न का-सा प्रकाश हो सकता है ? असम्भव। वह स्फूर्ति, वह चपलता, वह विनोद, वह सरल छवि, वह तल्लीनता, वह त्याग, वह आत्मविश्वास वह कहाँ से लायेगी, जिसके सम्मिश्रण को यौवन कहते हैं ? नहीं, वह कितना ही चाहे, पर कुँवर साहब के जीवन को सुखी नहीं बना सकती। बूढ़ा बैल कभी जवान बछड़ों के साथ नहीं चल सकता।

आह ! उसने यह नौबत ही क्यों आने दी ? उसने क्यों कृत्रिम साधनों से, बनावटी सिंगार से कुँवर को धोखे में डाला ? अब इतना सब कुछ हो जाने पर वह किस मुँह से

कहेगी कि मैं रंगी हुई गुड़िया हूँ, जवानी मुझसे कब की बिदा हो चुकी, अब केवल उसका पद-चिह्न रह गया है।

रात के बारह बज गये थे। तारा मेज के सामने इन्हीं चिंताओं में मग्न बैठी हुई थी। मेज पर उपहारों के ढेर लगे हुए थे; पर वह किसी चीज की ओर आँख उठा कर भी न देखती थी। अभी चार दिन पहले वह इन्हीं चीजों पर प्राण देती थी, उसे हमेशा ऐसी चीजों की तलाश रहती थी, जो काल के चिह्नों को मिटा सकें, पर अब उन्हीं चीजों से उसे घृणा हो रही है। प्रेम सत्य है—और सत्य और मिथ्या, दोनों एक साथ नहीं रह सकते।

तारा ने सोचा—क्यों न यहाँ से कहीं भाग जाय ? किसी ऐसी जगह चली जाय, जहाँ कोई उसे जानता भी न हो। कुछ दिनों के बाद जब कुँवर का विवाह हो जाय, तो वह फिर आ कर उनसे मिले और यह सारा वृत्तांत उनसे कह सुनाये। इस समय कुँवर पर वज्रपात-सा होगा—हाय न-जाने उनकी क्या दशा होगी; पर उसके लिए इसके सिवा और कोई मार्ग नहीं है। अब उनके दिन रो-रो कर कटेंगे, लेकिन उसे कितना ही दुःख क्यों न हो, वह अपने प्रियतम के साथ छल नहीं कर सकती। उसके लिए इस स्वर्गीय प्रेम की स्मृति, इसकी वेदना ही बहुत है। इससे अधिक उसका अधिकार नहीं।

दाई ने आकर कहा—बाई जी, चलिए कुछ थोड़ा-सा भोजन कर लीजिए, अब तो बारह बज गये।

तारा ने कहा—नहीं, जरा भी भूख नहीं है। तुम जाकर खा लो।

दाई—देखिए, मुझे भूल न जाइएगा। मैं भी आपके साथ चलूँगी।

तारा—अच्छे-अच्छे कपड़े बनवा रखे हैं न ?

दाई—अरे बाई जी, मुझे अच्छे कपड़े लेकर क्या करना है ? आप अपना कोई उतारा दे दीजिएगा।

दाई चली गयी। तारा ने घड़ी की ओर देखा। सचमुच बारह बज गये थे। केवल छह घंटे और हैं। प्रातःकाल कुँवर साहब उसे विवाह-मंदिर में ले जाने के लिए आ जायँगे। हाय ! भगवान् जिस पदार्थ से तुमने इतने दिनों तक उसे वंचित रखा, वह आज क्यों सामने लाये ? यह भी तुम्हारी क्रीड़ा है।

तारा ने एक सफेद साड़ी पहन ली। सारे आभूषण उतार कर रख दिये। गर्म पानी मौजूद था। साबुन और पानी से मुँह धोया और आईने के सम्मुख जा कर खड़ी हो गयी—कहाँ थी वह छवि, वह ज्योति, जो आँखों को लुभा लेती थी ! रूप वही था, पर कांति कहाँ ? अब भी वह यौवन का स्वाँग भर सकती है ?

तारा को अब वहाँ एक क्षण भी और रहना कठिन हो रहा। मेज पर फैले हुए आभूषण और विलास की सामग्रियाँ मानो उसे काटने लगीं। यह कृत्रिम जीवन असह्य हो उठा, खस की टट्टियों और बिजली के पंखों से सजा हुआ शीतल भवन उसे भट्टी के समान तपाने लगा।

उसने सोचा—कहाँ भाग कर जाऊँ। रेल से भागती हूँ, तो भागने न पाऊँगी। सबेरे ही कुँवर साहब के आदमी छूटेंगे और चारों तरफ मेरी तलाश होने लगेगी। वह ऐसे रास्ते

से जायगी, जिधर किसी का खयाल भी न जाय।

तारा का हृदय इस समय गर्व से छलका पड़ता था। वह दुःखी न थी, निराश न थी। वह फिर कुँवर साहब से मिलेगी, किंतु वह निःस्वार्थ संयोग होगा। प्रेम के बनाये हुए कर्तव्य-मार्ग पर चल रही है, फिर दुःख क्यों हो और निराशा क्यों हो ?

सहसा उसे खयाल आया—ऐसा न हो, कुँवर साहब उसे वहाँ न पा कर शोक-विह्वलता की दशा में अनर्थ कर बैठें। इस कल्पना से उसके रोंगटे खड़े हो गये। एक क्षण के लिए उसका मन कातर हो उठा। फिर वह मेज पर जा बैठी, और यह पत्र लिखने लगी—

प्रियतम, मुझे क्षमा करना। मैं अपने को तुम्हारी दासी बनने के योग्य नहीं पाती। तुमने मुझे प्रेम का वह स्वरूप दिखा दिया, जिसकी इस जीवन में मैं आशा न कर सकती थी। मेरे लिए इतना ही बहुत है। मैं जब तक जीऊँगी, तुम्हारे प्रेम में मग्न रहूँगी। मुझे ऐसा जान पड़ रहा है कि प्रेम की स्मृति में प्रेम के भोग से कहीं अधिक माधुर्य और आनंद है। मैं फिर आऊँगी, फिर तुम्हारे दर्शन करूँगी; लेकिन उसी दशा में जब तुम विवाह कर लोगे। यही मेरे लौटने की शर्त है। मेरे प्राणों के प्राण, मुझसे नाराज न होना। ये आभूषण जो तुमने मेरे लिए भेजे थे, अपनी ओर से नववधू के लिए छोड़े जाती हूँ। केवल वह मोतियों का हार, जो तुम्हारे प्रेम का पहला उपहार है, अपने साथ लिये जाती हूँ। तुमसे हाथ जोड़कर कहती हूँ, मेरी तलाश न करना। मैं तुम्हारी हूँ और सदा तुम्हारी रहूँगी...।

तुम्हारी,

तारा

यह पत्र लिख कर तारा ने मेज पर रख दिया, मोतियों का हार गले में डाला और बाहर निकल आयी। थिएटर हाल से संगीत की ध्वनि आ रही थी। एक क्षण के लिए उसके पैर बँध गये। पंद्रह वर्षों का पुराना सम्बन्ध आज टूटा जा रहा था। सहसा उसने मैनेजर को आते देखा उसका कलेजा धक् से हो गया। वह बड़ी तेजी से लपक कर दीवार की आड़ में खड़ी हो गयी। ज्यों ही मैनेजर निकल गया, वह हाते के बाहर आयी और कुछ दूर गलियों में चलने के बाद उसने गंगा का रास्ता पकड़ा।

गंगा-तट पर सन्नाटा छाया हुआ था। दस-पाँच साधु-बैरागी धूनियों के सामने लेटे थे। दस-पाँच यात्री कम्बल जमीन पर बिछाये सो रहे थे। गंगा किसी विशाल सर्प की भाँति रेंगती चली जाती थीं। एक छोटी-सी नौका किनारे पर लगी हुई थी। मल्लाह नौका में बैठा हुआ था।

तारा ने मल्लाह को पुकारा—ओ माँझी, उस पार नाव ले चलेगा ?

माँझी ने जवाब दिया—इतनी रात गये नाव न जाई।

मगर दूनी मजदूरी की बात सुन कर उसने डाँड़ उठाया और नाव को खोलता हुआ बोला—सरकार, उस पार कहाँ जैहैं ?

'उस पार एक गाँव में जाना है।'

'मुदा इतनी रात गये कौनों सवारी-सिकारी न मिली।'

'कोई हर्ज नहीं, तुम मुझे उस पार पहुँचा दो।'

माँझी ने नाव खोल दी। तारा उस पर जा बैठी और नौका मंद गति से चलने लगी, मानो जीव स्वप्न-साम्राज्य में विचर रहा हो।

इसी समय एकादशी का चाँद, पृथ्वी से उस पार, अपनी उज्ज्वल नौका खेता हुआ निकला और व्योम-सागर को पार करने लगा।

ईश्वरीय न्याय

कानपुर जिले में पंडित भृगुदत्त नामक एक बड़े जमींदार थे। मुंशी सत्यनारायण उनके कारिंदा थे। वह बड़े स्वामिभक्त और सच्चरित्र मनुष्य थे। लाखों रुपये की तहसील और हजारों मन अनाज का लेन-देन उनके हाथ में था; पर कभी उनकी नीयत डाँवाडोल न होती। उनके सुप्रबंध से रियासत दिनोंदिन उन्नति करती जाती थी। ऐसे कर्तव्यपरायण सेवक का जितना सम्मान होना चाहिए, उससे अधिक ही होता था। दुःख-सुख के प्रत्येक अवसर पर पंडित जी उनके साथ बड़ी उदारता से पेश आते। धीरे-धीरे मुंशी जी का विश्वास इतना बढ़ा कि पंडित जी ने हिसाब-किताब का समझना भी छोड़ दिया। सम्भव है, उनसे आजीवन इसी तरह निभ जाती, पर भावी प्रबल है। प्रयाग में कुम्भ लगा, तो पंडित जी भी स्नान करने गये। वहाँ से लौट कर फिर वे घर न आये। मालूम नहीं, किसी गढ़े में फिसल पड़े या कोई जल-जंतु उन्हें खींच ले गया, उनका फिर कुछ पता ही न चला। अब मुंशी सत्यनारायण के अधिकार और भी बढ़े। एक हतभागिनी विधवा और दो छोटे-छोटे बच्चों के सिवा पंडित जी के घर में और कोई न था। अंत्येष्टि-क्रिया से निवृत्त हो कर एक दिन शोकातुर पंडिताइन ने उन्हें बुलाया और रो कर कहा—लाला, पंडित जी हमें मँझधार में छोड़ कर सुरपुर को सिधार गये, अब यह नैया तुम्हीं पार लगाओगे तो लग सकती है। यह सब खेती तुम्हारी लगायी हुई है, इसे तुम्हारे ही ऊपर छोड़ती हूँ। ये तुम्हारे बच्चे हैं, इन्हें अपनाओ। जब तक मालिक जिये, तुम्हें अपना भाई समझते रहे। मुझे विश्वास है कि तुम इसी तरह इस भार को सँभाले रहोगे।

सत्यनारायण ने रोते हुए जवाब दिया—भाभी, भैया क्या उठ गये, मेरे तो भाग्य ही फूट गये, नहीं तो मुझे आदमी बना देते। मैं उन्हीं का नमक खा कर जिया हूँ और उन्हीं की चाकरी में मरूँगा भी। आप धीरज रखें। किसी प्रकार की चिंता न करें। मैं जीते-जी आपकी सेवा से मुँह न मोड़ूँगा। आप केवल इतना कीजिएगा कि मैं जिस किसी की शिकायत करूँ, उसे डाँट दीजिएगा; नहीं तो ये लोग सिर चढ़ जायँगे।

2

इस घटना के बाद कई वर्षों तक मुंशीजी ने रियासत को सँभाला। वह अपने काम में बड़े कुशल थे। कभी एक कौड़ी का भी बल नहीं पड़ा। सारे जिले में उनका सम्मान होने लगा। लोग पंडित जी को भूल-सा गये। दरबारों और कमेटियों में वे सम्मिलित होते, जिले के अधिकारी उन्हीं को जमींदार समझते। अन्य रईसों में भी उनका आदर था; पर मान-वृद्धि

महँगी वस्तु है। और भानुकुँवरि, अन्य स्त्रियों के सदृश पैसे को खूब पकड़ती। वह मनुष्य की मनोवृत्तियों से परिचित न थी। पंडित जी हमेशा लाला जी को इनाम-इकराम देते रहते थे। वे जानते थे कि ज्ञान के बाद ईमान का दूसरा स्तम्भ अपनी सुदशा है। इसके सिवा वे खुद भी कभी कागजों की जाँच कर लिया करते थे। नाममात्र ही को सही, पर इस निगरानी का डर जरूर बना रहता था; क्योंकि ईमान का सबसे बड़ा शत्रु अवसर है। भानुकुँवरि इन बातों को जानती न थी। अतएव अवसर तथा धनाभाव-जैसे प्रबल शत्रुओं के पंजे में पड़ कर मुंशी जी का ईमान कैसे बेदाग बचता ?

कानपुर शहर से मिला हुआ, ठीक गंगा के किनारे, एक बहुत आबाद और उपजाऊ गाँव था। पंडित जी इस गाँव को ले कर नदी-किनारे पक्का घाट, मंदिर, बाग, मकान आदि बनवाना चाहते थे; पर उनकी यह कामना सफल न हो सकी। संयोग से अब यह गाँव बिकने लगा। उनके जमींदार एक ठाकुर साहब थे। किसी फौजदारी के मामले में फँसे हुए थे। मुकदमा लड़ने के लिए रुपये की चाह थी। मुंशीजी ने कचहरी में यह समाचार सुना। चटपट मोल-तोल हुआ। दोनों तरफ गरज थी। सौदा पटने में देर न लगी, बैनामा लिखा गया। रजिस्ट्री हुई। रुपये मौजूद न थे, पर शहर में साख थी। एक महाजन के यहाँ से तीस हजार रुपये मँगवाये गये और ठाकुर साहब को नजर किये गये। हाँ, काम-काज की आसानी के खयाल से यह सब लिखा-पढ़ी मुंशी जी ने अपने ही नाम की; क्योंकि मालिक के लड़के अभी नाबालिग थे। उनके नाम से लेने में बहुत झंझट होती और विलम्ब होने से शिकार हाथ से निकल जाता। मुंशीजी बैनामा लिये असीम आनंद में मग्न भानुकुँवरि के पास आये। पर्दा कराया और यह शुभ-समाचार सुनाया। भानुकुँवरि ने सजल नेत्रों से उनको धन्यवाद दिया। पंडित जी के नाम पर मन्दिर और घाट बनवाने का इरादा पक्का हो गया।

मुंशी जी दूसरे ही दिन उस गाँव में आये। असामी नजराने ले कर नये स्वामी के स्वागत को हाजिर हुए। शहर के रईसों की दावत हुई। लोगों ने नावों पर बैठ कर गंगा की खूब सैर की। मन्दिर आदि बनवाने के लिए आबादी से हट कर रमणीक स्थान चुना गया।

3

यद्यपि इस गाँव को अपने नाम लेते समय मुंशी जी के मन में कपट का भाव न था, तथापि दो-चार दिन में ही उसका अंकुर जम गया और धीरे-धीरे बढ़ने लगा। मुंशी जी इस गाँव के आय-व्यय का हिसाब अलग रखते और अपने स्वामिनी को उसका ब्योरा समझाने की जरूरत न समझते। भानुकुँवरि इन बातों में दखल देना उचित न समझती थी; पर दूसरे कारिंदों से बातें सुन-सुन कर उसे शंका होती थी कि कहीं मुंशी जी दगा तो न देंगे। अपने मन का भाव मुंशी जी से छिपाती थी, इस खयाल से कि कहीं कारिंदों ने उन्हें हानि पहुँचाने के लिए यह षड्यंत्र न रखा हो।

इस तरह कई साल गुजर गये। अब उस कपट के अंकुर ने वृक्ष का रूप धारण

किया। भानुकुँवरि को मुंशी जी के उस मार्ग के लक्षण दिखायी देने लगे। उधर मुंशी जी के मन ने कानून से नीति पर विजय पायी, उन्होंने अपने मन में फैसला किया कि गाँव मेरा है, हाँ, मैं भानुकुँवरि का तीस हजार का ऋणी अवश्य हूँ। वे बहुत करेंगी तो अपने रुपये ले लेंगी और क्या कर सकती हैं ? मगर दोनों तरफ यह आग अन्दर ही अन्दर सुलगती रही। मुंशी जी अस्त्र-सज्जित हो कर आक्रमण के इंतजार में थे और भानुकुँवरि इसके लिए अवसर ढूँढ़ रही थी। एक दिन उसने साहस करके मुंशी जी को अन्दर बुलाया और कहा–लाला जी 'बरगदा' के मंदिर का काम कब से लगवाइएगा ? उसे लिये आठ साल हो गये, अब काम लग जाय तो अच्छा हो। जिंदगी का कौन ठिकाना है, जो काम करना है; उसे कर ही डालना चाहिए।

इस ढंग से इस विषय को उठा कर भानुकुँवरि ने अपनी चतुराई का अच्छा परिचय दिया। मुंशी जी भी दिल में इसके कायल हो गये। जरा सोच कर बोले–इरादा तो मेरा कई बार हुआ, पर मौके की जमीन नहीं मिलती। गंगातट की जमीन असामियों के जोत में है और वे किसी तरह छोड़ने पर राजी नहीं।

भानुकुँवरि–यह बात तो आज मुझे मालूम हुई। आठ साल हुए, इस गाँव के विषय में आपने कभी भूल कर भी तो चर्चा नहीं की। मालूम नहीं, कितनी तहसील है, क्या मुनाफा है, कैसा गाँव है, कुछ सीर होती है या नहीं। जो कुछ करते हैं, आप ही करते हैं और करेंगे। पर मुझे भी तो मालूम होना चाहिए ?

मुंशी जी सँभल उठे। उन्हें मालूम हो गया कि इस चतुर स्त्री से बाजी ले जाना मुश्किल है। गाँव लेना ही है तो अब क्या डर। खुल कर बोले–आपको इससे कोई सरोकार न था, इसलिए मैंने व्यर्थ कष्ट देना मुनासिब न समझा।

भानुकुँवरि के हृदय में कुठार-सा लगा। पर्दे से निकल आयी और मुंशी जी की तरफ तेज आँखों से देख कर बोली–आप क्या कहते हैं ! आपने गाँव मेरे लिए लिया था या अपने लिए ? रुपये मैंने दिये या आपने ? उस पर जो खर्च पड़ा, वह मेरा था या आपका ? मेरी समझ में नहीं आता कि आप कैसी बातें करते हैं।

मुंशी जी ने सावधानी से जवाब दिया–यह तो आप जानती हैं कि गाँव हमारे नाम से बय हुआ है। रुपया जरूर आपका लगा, पर मैं उसका देनदार हूँ। रहा तहसील-वसूल का खर्च, यह सब मैंने आपने पास से दिया है। उसका हिसाब-किताब, आय-व्यय सब रखता गया हूँ।

भुानकुँवरि ने क्रोध से काँपते हुए कहा–इस कपट का फल आपको अवश्य मिलेगा। आप इस निर्दयता से मेरे बच्चों का गला नहीं काट सकते। मुझे नहीं मालूम था कि आपने हृदय में छुरी छिपा रखी है, नहीं तो यह नौबत ही क्यों आती। खैर, अब से मेरी रोकड़ और बही खाता आप कुछ न छुएँ। मेरा जो कुछ होगा, ले लूँगी। जाइए, एकांत में बैठ कर सोचिए। पाप से किसी का भला नहीं होता। तुम समझते होंगे कि बालक अनाथ हैं, इनकी सम्पत्ति हजम कर लूँगा। इस भूल में न रहना, मैं तुम्हारे घर की ईंट तक बिकवा लूँगी !

यह कह कर भानुकुँवरि फिर पर्दे की आड़ में आ बैठी और रोने लगी। स्त्रियाँ क्रोध के बाद किसी न किसी बहाने रोया करती हैं। लाला साहब को कोई जवाब न सूझा। यहाँ से उठ आये और दफ्तर जा कर कागज उलट-पलट करने लगे, पर भानुकुँवरि भी उनके पीछे-पीछे दफ्तर में पहुँची और डाँट कर बोली–मेरा कोई कागज मत छूना। नहीं तो बुरा होगा। तुम विषैले साँप हो, मैं तुम्हारा मुँह नहीं देखना चाहती।

मुंशी जी कागजों में कुछ काट-छाँट करना चाहते थे, पर विवश हो गये। खजाने की कुंजी निकाल कर फेंक दी, बही-खाते पटक दिये, किवाड़ धड़ाके-से बंद किये और हवा की तरह सन्न-से निकल गये। कपट में हाथ तो डाला, पर कपट मन्त्र न जाना।

दूसरे कारिंदों ने यह कैफियत सुनी, तो फूले न समाये। मुंशी जी के सामने उनकी दाल न गलने पाती थी। भानुकुँवरि के पास आ कर वे आग पर तेल छिड़कने लगे। सब लोग इस विषय में सहमत थे कि मुंशी सत्यनारायण ने विश्वासघात किया है। मालिक का नमक उनकी हड्डियों से फूट-फूटकर निकलेगा।

दोनों ओर से मुकदमेबाजी की तैयारियाँ होने लगीं ! एक तरफ न्याय का शरीर था, दूसरी ओर न्याय की आत्मा। प्रकृति का पुरुष से लड़ने का साहस हुआ।

भानुकुँवरि ने लाला छक्कन लाल से पूछा–हमारा वकील कौन है ? छक्कन लाल ने इधर-उधर झाँक कर कहा–वकील तो सेठ जी हैं, पर सत्यनारायण ने उन्हें पहले गाँठ रखा होगा। इस मुकदमे के लिए बड़े होशियार वकील की जरूरत है। मेहरा बाबू की आजकल खूब चल रही है। हाकिम की कलम पकड़ लेते हैं। बोलते हैं तो जैसे मोटरकार छूट जाती है। सरकार ! और क्या कहें, कई आदमियों को फाँसी से उतार लिया है, उनके सामने कोई वकील जबान तो खोल नहीं सकता। सरकार कहें तो वही कर लिये जायँ।

छक्कनलाल की अत्युक्ति ने संदेह पैदा कर दिया। भानुकुँवरि ने कहा–नहीं, पहले सेठ जी से पूछ लिया जाय। उसके बाद देखा जायगा। आप जाइए, उन्हें बुला लाइए।

छक्कनलाल अपने तकदीर को ठोंकते हुए सेठ जी के पास आये। सेठ जी पंडित भृगुदत्त के जीवन-काल से ही उनका कानून-सम्बन्धी सब काम किया करते थे। मुकदमे का हाल सुना तो सन्नाटे में आ गये। सत्यनारायण को यह बड़ा नेकनीयत आदमी समझते थे। उनके पतन से बड़ा खेद हुआ। उसी वक्त आये। भानुकुँवरि ने रो-रो कर उनसे अपनी विपत्ति की कथा कही और अपने दोनों लड़कों को उनके सामने खड़ा करके बोली–आप इन अनाथों की रक्षा कीजिए ! इन्हें मैं आपको सौंपती हूँ।

सेठ जी ने समझौते की बात छेड़ी। बोले–आपस की लड़ाई अच्छी नहीं।

भानुकुँवरि–अन्यायी के साथ लड़ना ही अच्छा है।

सेठ जी–पर हमारा पक्ष निर्बल है।

भानुकुँवरि फिर पर्दे से निकल आयी और विस्मित हो कर बोली–क्या हमारा पक्ष निर्बल है ? दुनिया जानती है कि गाँव हमारा है। उसे हमसे कौन ले सकता है ? नहीं, मैं सुलह कभी न करूँगी, आप कागजों को देखें। मेरे बच्चों की खातिर यह कष्ट उठायें। आपका परिश्रम निष्फल न जायगा। सत्यनारायण की नीयत पहले खराब न थी। देखिए

जिस मिती में गाँव लिया गया है, उस मिती में 30 हजार का क्या खर्च दिखाया गया है। अगर उसने अपने नाम उधार लिखा हो, तो देखिए, वार्षिक सूद चुकाया गया या नहीं। ऐसे नरपिशाच से मैं कभी सुलह न करूँगी।

सेठ जी ने समझ लिया कि इस समय समझाने-बुझाने से कुछ काम न चलेगा। कागजात देखे, अभियोग चलाने की तैयारियाँ होने लगीं।

4

मुंशी सत्यनारायणलाल खिसियाये हुए मकान पहुँचे। लड़के ने मिठाई माँगी। उसे पीटा। स्त्री पर इसलिए बरस पड़े कि उसने क्यों लड़के को उनके पास जाने दिया। अपनी वृद्धा माता को डाँट कर कहा–तुमसे इतना भी नहीं हो सकता कि जरा लड़के को बहलाओ ? एक तो मैं दिन भर का थका-माँदा घर आऊँ और फिर लड़के को खेलाऊँ ? मुझे दुनिया में न और कोई काम है, न धंधा। इस तरह घर में बावेला मचा कर बाहर आये, सोचने लगे–मुझसे बड़ी भूल हुई। मैं कैसा मूर्ख हूँ। और इतने दिन तक सारे कागज-पत्र अपने हाथ में थे। चाहता, कर सकता था, पर हाथ पर हाथ धरे बैठा रहा। आज सिर पर आ पड़ी, तो सूझी। मैं चाहता तो बही-खाते सब नये बना सकता था, जिसमें इस गाँव का और रुपये का जिक्र ही न होता, पर मेरी मूर्खता के कारण घर में आयी हुई लक्ष्मी रूठी जाती हैं। मुझे क्या मालूम था कि वह चुड़ैल मुझसे इस तरह पेश आयेगी, कागजों में हाथ तक न लगाने देगी।

इसी उधेड़बुन में मुंशी जी एकाएक उछल पड़े। एक उपाय सूझ गया–क्यों न कार्यकर्ताओं को मिला लूँ ? यद्यपि मेरी सख्ती के कारण वे सब मुझसे नाराज थे और इस समय सीधे बात भी न करेंगे, तथापि उनमें ऐसा कोई भी नहीं, जो प्रलोभन से मुट्ठी में न आ जाय। हाँ, इसमें रुपये पानी की तरह बहाना पड़ेगा, पर इतना रुपया आयेगा कहाँ से ? हाय दुर्भाग्य ! दो-चार दिन पहले चेत गया होता, तो कोई कठिनाई न पड़ती। क्या जानता था कि वह डाइन इस तरह वज्र-प्रहार करेगी। बस, अब एक ही उपाय है। किसी तरह कागजात गुम कर दूँ। बड़ी जोखिम का काम है, पर करना ही पड़ेगा।

दुष्कामनाओं के सामने एक बार सिर झुकाने पर फिर सँभलना कठिन हो जाता है। पाप के अथाह दलदल में जहाँ एक बार पड़े कि फिर प्रतिक्षण नीचे ही चले जाते हैं। मुंशी सत्यनारायण-सा विचारशील मनुष्य इस समय इस फिक्र में था कि कैसे सेंध लगा पाऊँ !

मुंशी जी ने सोचा–क्या सेंध लगाना आसान है ? इसके वास्ते कितनी चतुरता, कितना साहस, कितनी बुद्धि, कितनी वीरता चाहिए ! कौन कहता है कि चोरी करना आसान काम है ? मैं जो कहीं पकड़ा गया, तो मरने के सिवा और कोई मार्ग न रहेगा।

बहुत सोचने-विचारने पर भी मुंशी जी को अपने ऊपर ऐसा दुस्साहस कर सकने का विश्वास न हो सका। हाँ, इससे सुगम एक दूसरी तदबीर नजर आयी–क्यों न दफ्तर में आग लगा दूँ ? एक बोतल मिट्टी का तेल और दियासलाई की जरूरत है। किसी

बदमाश को मिला लूँ, मगर यह क्या मालूम कि बही उसी कमरे में रखी है या नहीं। चुड़ैल ने उसे जरूर अपने पास रख लिया होगा। नहीं; आग लगाना गुनाह बेलज्जत होगा।

बहुत देर मुंशी जी करवटें बदलते रहे। नये-नये मनसूबे सोचते; पर फिर अपने ही तर्कों से काट देते। वर्षाकाल में बादलों की नयी-नयी सूरतें बनतीं और फिर हवा के वेग से बिगड़ जाती हैं; वही दशा इस समय उनके मनसूबों की हो रही थी।

पर इस मानसिक अशांति में भी एक विचार पूर्णरूप से स्थिर था–किसी तरह इन कागजात को अपने हाथ में लाना चाहिए। काम कठिन है–माना ! पर हिम्मत न थी, तो रार क्यों मोल ली ? क्या 30 हजार की जायदाद दाल-भात का कौर है !–चाहे जिस तरह हो, चोर बने बिना काम नहीं चल सकता। आखिर जो लोग चोरियाँ करते हैं, वे भी तो मनुष्य ही होते हैं। बस, एक छलाँग का काम है। अगर पार हो गये, तो राज करेंगे, गिर पड़े, तो जान से हाथ धोयेंगे।

5

रात के दस बज गये। मुंशी सत्यनारायण कुंजियों का एक गुच्छा कमर में दबाये घर से बाहर निकले। द्वार पर थोड़ा-सा पुआल रखा हुआ था। उसे देखते ही वे चौंक पड़े। मारे डर के छाती धड़कने लगी। जान पड़ा कि कोई छिपा बैठा है। कदम रुक गये। पुआल की तरह ध्यान से देखा। उसमें बिल्कुल हरकत न हुई ! तब हिम्मत बाँधी, आगे बढ़े और मन को समझाने लगे–मैं कैसा बौखल हूँ।

अपने द्वार पर किसका डर और सड़क पर भी मुझे किसका डर है ? मैं अपनी राह जाता हूँ। कोई मेरी तरफ तिरछी आँख से नहीं देख सकता। हाँ, जब मुझे सेंध लगाते देख ले–नहीं, पकड़ ले तब अलबत्ते डरने की बात है। तिस पर भी बचाव की युक्ति निकल सकती है।

अकस्मात् उन्होंने भानुकुँवरि के एक चपरासी को आते हुए देखा। कलेजा धड़क उठा। लपक कर एक अंधेरी गली में घुस गये। बड़ी देर तक वहाँ खड़े रहे। जब वह सिपाही आँखों से ओझल हो गया, तब फिर सड़क पर आये। वह सिपाही आज सुबह तक इनका गुलाम था, उसे उन्होंने कितनी ही बार गालियाँ दी थीं, लातें मारी थीं, पर आज उसे देख कर उनके प्राण सूख गये।

उन्होंने फिर तर्क की शरण ली। मैं मानो भंग खाकर आया हूँ। इस चपरासी से इतना डरा मानो कि वह मुझे देख लेता, पर मेरा कर क्या सकता था ? हजारों आदमी रास्ता चल रहे हैं। उन्हीं में मैं भी एक हूँ। क्या वह अंतर्यामी है ? सबके हृदय का हाल जानता है ? मुझे देख कर वह अदब से सलाम करता और वहाँ का कुछ हाल भी कहता; पर मैं उससे ऐसा डरा कि सूरत तक न दिखायी। इस तरह मन को समझा कर वे आगे बढ़े। सच है, पाप के पंजों में फँसा हुआ मन पतझड़ का पत्ता है, जो हवा के जरा-से झोंके से गिर पड़ता है।

मुंशी जी बाजार पहुँचे। अधिकतर दूकानें बंद हो चुकी थीं। उनमें साँड़ और गायें

बैठी हुई जुगाली कर रही थीं। केवल हलवाइयों की दूकानें खुली थीं। और कहीं-कहीं गजरेवाले हार की हाँक लगाते फिरते थे। सब हलवाई मुंशी जी को पहचानते थे, अतएव मुंशी जी ने सिर झुका लिया। कुछ चाल बदली और लपकते हुए चले। एकाएक उन्हें एक बग्घी आती दिखायी दी। यह सेठ बल्लभदास वकील की बग्घी थी। उसमें बैठ कर हजारों बार सेठ जी के साथ कचहरी गये थे, पर आज वह बग्घी कालदेव के समान भयंकर मालूम हुई। फौरन एक खाली दूकान पर चढ़ गये। वहाँ विश्राम करने वाले साँड़ ने समझा, वे मुझे पदच्युत करने आये हैं ! माथा झुकाये फुंकारता हुआ उठ बैठा; पर इसी बीच में बग्घी निकल गयी और मुंशी जी की जान में जान आयी। अबकी उन्होंने तर्क का आश्रय न लिया। समझ गये कि इस समय इससे कोई लाभ नहीं, खैरियत यह हुई कि वकील ने देखा नहीं। यह एक घाघ है। मेरे चेहरे से ताड़ जाता।

कुछ विद्वानों का कथन है कि मनुष्य की स्वाभाविक प्रवृत्ति पाप की ओर होती है, पर यह कोरा अनुमान ही अनुमान है, अनुभव-सिद्ध बात नहीं। सच बात तो यह है कि मनुष्य स्वभावतः पाप-भीरु होता है और हम प्रत्यक्ष देख रहे हैं कि पाप से उसे कैसी घृणा होती है।

एक फर्लांग आगे चल कर मुंशी जी को एक गली मिली। यह भानुकुँवरि के घर का एक रास्ता था। धुँधली-सी लालटेन जल रही थी। जैसा मुंशी जी ने अनुमान किया था, पहरेदार का पता न था। अस्तबल में चमारों के यहाँ नाच हो रहा था। कई चमारिनें बनाव-सिंगार करके नाच रही थीं। चमार मृदंग बजा-बजा कर गाते थे–

'नाहीं घरे श्याम, घेरि आये बदरा।
सोवत रहेऊँ, सपन एक देखेउँ, रामा।
खुलि गयी नींद, ढरक गये कजरा।
नहीं घरे श्याम, घेरि आये बदरा।'

दोनों पहरेदार वहीं तमाशा देख रहे थे। मुंशी जी दबे-पाँव लालटेन के पास गये और जिस तरह बिल्ली चूहे पर झपटती है, उसी तरह उन्होंने झपट कर लालटेन को बुझा दिया। एक पड़ाव पूरा हो गया, पर वे उस कार्य को जितना दुष्कर समझते थे, उतना न जान पड़ा। हृदय कुछ मजबूत हुआ। दफ्तर के बरामदे में पहुँचे और खूब कान लगा कर आहट ली। चारों ओर सन्नाटा छाया हुआ था। केवल चमारों का कोलाहल सुनायी देता था। इस समय मुंशी जी के दिल में धड़कन थी, पर सिर धमधम कर रहा था; हाथ-पाँव काँप रहे थे, साँस बड़े वेग से चल रही थी। शरीर का एक-एक रोम आँख और कान बना हुआ था। वे सजीवता की मूर्ति हो रहे थे। उनमें जितना पौरुष, जितनी चपलता, जितना साहस, जितनी चेतना, जितनी बुद्धि जितना औसान था, वे सब इस वक्त सजग और सचेत हो कर इच्छा-शक्ति की सहायता कर रहे थे।

दफ्तर के दरवाजे पर वही पुराना ताला लगा हुआ था। उसकी कुंजी आज बहुत तलाश करके वे बाजार से लाये थे। ताला खुल गया, किवाड़ों ने बहुत दबी जबान से प्रतिरोध किया। इस पर किसी ने ध्यान न दिया। मुंशी जी दफ्तर में दाखिल हुए। भीतर

चिराग जल रहा था। मुंशी जी को देख कर उसने एक दफे सिर हिलाया, मानों उन्हें भीतर आने से रोका।

मुंशी जी के पैर थर-थर काँप रहे थे। एड़ियाँ जमीन से उछली पड़ती थीं। पाप का बोझ उन्हें असह्य था।

पल भर में मुंशी जी ने बहियों को उलटा-पलटा। लिखावट उनकी आँखों में तैर रही थी। इतना अवकाश कहाँ था कि जरूरी कागजात छाँट लेते। उन्होंने सारी बहियों को समेट कर एक गट्ठर बनाया और सिर पर रख कर तीर के समान कमरे के बाहर निकल आये। उस पाप की गठरी को लादे हुए वह अँधेरी गली से गायब हो गये।

तंग, अँधेरी, दुर्गंधपूर्ण कीचड़ से भरी हुई गलियों में वे नंगे पाँव, स्वार्थ, लोभ और कपट का बोझ लिये चले जाते थे। मानो पापमय आत्मा नरक की नालियों में बही चली जाती थी।

बहुत दूर तक भटकने के बाद वे गंगा के किनारे पहुँचे। जिस तरह कलुषित हृदयों में कहीं-कहीं धर्म का धुँधला प्रकाश रहता है, उसी तरह नदी की काली सतह पर तारे झिलमिला रहे थे। तट पर कई साधु धूनी जमाये पड़े थे। ज्ञान की ज्वाला मन की जगह बाहर दहक रही थी। मुंशी जी ने अपना गट्ठर उतारा और चादर से खूब मजबूत बाँध कर बलपूर्वक नदी में फेंक दिया। सोती हुई लहरों में कुछ हलचल हुई और फिर सन्नाटा हो गया।

6

मुंशी सत्यनारायणलाल के घर में दो स्त्रियाँ थीं—माता और पत्नी। वे दोनों अशिक्षिता थीं। तिस पर भी मुंशी जी को गंगा में डूब मरने या कहीं भाग जाने की जरूरत न होती थी ! न वे बॉडी पहनती थीं, न मोजे-जूते, न हारमोनियम पर गा सकती थीं। यहाँ तक कि उन्हें साबुन लगाना भी न आता था। हेयरपिन, ब्रूचेज, जाकेट आदि परमावश्यक चीजों का तो नाम ही नहीं सुना था। बहू में आत्म-सम्मान जरा भी नहीं था; न सास में आत्म-गौरव का जोश। बहू अब तक सास की घुड़कियाँ भीगी बिल्ली की तरह सह लेती थी—हा मूर्खे ! सास को बच्चे के नहलाने-धुलाने, यहाँ तक कि घर में झाड़ू देने से भी घृणा न थी, हा ज्ञानांधे ! बहू स्त्री क्या थी, मिट्टी का लोंदा थी। एक पैसे की जरूरत होती तो सास से माँगती। सारांश यह कि दोनों स्त्रियाँ अपने अधिकारों से बेखबर, अंधकार में पड़ी हुई पशुवत् जीवन व्यतीत करती थीं। ऐसी फूहड़ थीं कि रोटियाँ भी अपने हाथों से बना लेती थीं। कंजूसी के मारे दालमोट, समोसे कभी बाजार से न मँगातीं। आगरे वाले की दूकान की चीजें खायी होतीं तो उनका मजा जानतीं। बुढ़िया खूसट दवा-दरपन भी जानती थी। बैठी-बैठी घास-पात कूटा करती।

मुंशी जी ने माँ के पास जा कर कहा—अम्मा ! अब क्या होगा ? भानुकुँवरि ने मुझे जवाब दे दिया।

माता ने घबरा कर पूछा—जवाब दे दिया ?

मुंशी—हाँ, बिलकुल बेकसूर !

माता—क्या बात हुई ? भानुकुँवरि का मिजाज तो ऐसा न था।

मुंशी—बात कुछ न थी। मैंने अपने नाम से जो गाँव लिया था, उसे मैंने अपने अधिकार में कर लिया। कल मुझसे और उनसे साफ-साफ बातें हुईं। मैंने कह दिया कि गाँव मेरा है। मैंने अपने नाम से लिया है, उसमें तुम्हरा कोई इजारा नहीं। बस, बिगड़ गयीं, जो मुँह में आया, बकती रहीं। उसी वक्त मुझे निकाल दिया और धमका कर कहा—मैं तुमसे लड़ कर अपना गाँव ले लूँगी। अब आज ही उनकी तरफ से मेरे ऊपर मुकदमा दायर होगा; मगर इससे होता क्या है ? गाँव मेरा है। उस पर मेरा कब्जा है। एक नहीं, हजार मुकदमे चलायें, डिगरी मेरी होगी ?

माता ने बहू की तरफ मर्मांतक दृष्टि से देखा और बोली—क्यों भैया ? वह गाँव लिया तो था तुमने उन्हीं के रुपये से और उन्हीं के वास्ते ?

मुंशी—लिया था, तब लिया था। अब मुझसे ऐसा आबाद और मालदार गाँव नहीं छोड़ा जाता। वह मेरा कुछ नहीं कर सकती। मुझसे अपना रुपया भी नहीं ले सकती। डेढ़ सौ गाँव तो हैं। तब भी हवस नहीं मानती।

माता—बेटा, किसी के धन ज्यादा होता है, तो वह उसे फेंक थोड़े ही देता है ? तुमने अपनी नीयत बिगाड़ी, यह अच्छा काम नहीं किया। दुनिया तुम्हें क्या कहेगी ? और दुनिया चाहे कहे या न कहे, तुमको भला ऐसा चाहिए कि जिसकी गोद में इतने दिन पले, जिसका इतने दिनों तक नमक खाया, अब उसी से दगा करो ? नारायण ने तुम्हें क्या नहीं दिया ? मजे से खाते हो, पहनते हो, घर में नारायण का दिया चार पैसा है, बाल-बच्चे हैं, और क्या चाहिए ? मेरा कहना मानो, इस कलंक का टीका अपने माथे न लगाओ। यह अपजस मत लो। बरक्कत अपनी कमाई में होती है; हराम की कौड़ी कभी नहीं फलती।

मुंशी—ऊँह ! ऐसी बातें बहुत सुन चुका हूँ। दुनिया उन पर चलने लगे, तो सारे काम बंद हो जायँ। मैंने इतने दिनों इनकी सेवा की, मेरी ही बदौलत ऐसे-ऐसे चार-पाँच गाँव बढ़ गये। जब तक पंडित जी थे, मेरी नीयत का मान था। मुझे आँख में धूल डालने की जरूरत न थी, वे आप ही मेरी खातिर कर दिया करते थे। उन्हें मरे आठ साल हो गये; मगर मुसम्मात के एक बीड़े पान की कसम खाता हूँ; मेरी जात से उनको हजारों रुपये-मासिक की बचत होती थी। क्या उनको इतनी भी समझ न थी कि यह बेचारा, जो इतनी ईमानदारी से मेरा काम करता है, इस नफे में कुछ उसे भी मिलना चाहिए ? यह कह कर न दो, इनाम कह कर दो, किसी तरह दो तो, मगर वे तो समझती थी कि मैंने इसे बीस रुपये महीने पर मोल ले लिया है। मैंने आठ साल तक सब किया, अब क्या इसी बीस रुपये में गुलामी करता रहूँ और अपने बच्चों को दूसरों का मुँह ताकने के लिए छोड़ जाऊँ ? अब मुझे यह अवसर मिला है। इसे क्यों छोड़ू ? जमींदारी की लालसा लिये हुए क्यों मरूँ ? जब तक जीऊँगा, खुद खाऊँगा। मेरे पीछे मेरे बच्चे चैन उड़ायेंगे।

माता की आँखों में आँसू भर आये। बोली—बेटा, मैंने तुम्हारे मुँह से ऐसी बातें कभी

नहीं सुनी थीं, तुम्हें क्या हो गया है ? तुम्हारे आगे बाल-बच्चे हैं। आग में हाथ न डालो।

बहू ने सास की ओर देख कर कहा—हमको ऐसा धन न चाहिए, हम अपनी दाल-रोटी में मगन हैं।

मुंशी—अच्छी बात है, तुम लोग रोटी-दाल खाना, गाढ़ा पहनना, मुझे अब हल्वे-पूरी की इच्छा है।

माता—यह अधर्म मुझसे न देखा जायगा। मैं गंगा में डूब मरूँगी।

पत्नी—तुम्हें यह सब काँटा बोना है, तो मुझे मायके पहुँचा दो, मैं अपने बच्चों को ले कर इस घर में न रहूँगी !

मुंशी ने झुँझला कर कहा—तुम लोगों की बुद्धि तो भाँग खा गयी है। लाखों सरकारी नौकर रात-दिन दूसरों का गला दबा-दबा कर रिश्वतें लेते हैं। और चैन करते हैं। न उसके बाल-बच्चों ही को कुछ होता है, न उन्हीं को हैजा पकड़ता है। अधर्म उनको क्यों नहीं खा जाता, जो मुझी को खा जायगा। मैंने तो सत्यवादियों को सदा दुःख झेलते ही देखा है। मैंने जो कुछ किया है, सुख लूटूँगा। तुम्हारे मन में जो आये, करो।

प्रातःकाल दफ्तर खुला तो कागजात सब गायब थे। मुंशी छक्कनलाल बौखलाये से घर में गये और मालकिन से पूछा—कागजात आपने उठवा लिये हैं।

भानुकुँवरि ने कहा—मुझे क्या खबर, जहाँ आपने रखे होंगे, वहीं होंगे।

फिर सारे घर में खलबली पड़ गयी। पहरेदारों पर मार पड़ने लगी। भानुकुँवरि को तुरंत मुंशी सत्यनारायण पर संदेह हुआ, मगर उनकी समझ में छक्कनलाल की सहायता के बिना यह काम होना असम्भव था। पुलिस में रपट हुई। एक ओझा नाम निकालने के लिए बुलाया गया। मौलवी साहब ने कुर्रा फेंका। ओझा ने बताया, यह किसी पुराने बैरी का काम है। मौलवी साहब ने फर्माया, किसी घर के भेदिये ने यह हरकत की है। शाम तक यह दौड़-धूप रही। फिर यह सलाह होने लगी कि इन कागजातों के बगैर मुकदमा कैसे चले। पक्ष तो पहले ही से निर्बल था। जो कुछ बल था, वह इसी बही-खाते का था। अब तो सबूत भी हाथ से गये। दावे में कुछ जान ही न रही, मगर भानुकुँवरि ने कहा—बला से हार जायँगे। हमारी चीज कोई छीन ले, तो हमारा धर्म है कि उससे यथाशक्ति लड़ें, हार कर बैठना कायरों का काम है। सेठ जी (वकील) को इस दुर्घटना का समाचार मिला तो उन्होंने भी यही कहा कि अब दावे में जरा भी जान नहीं है। केवल अनुमान और तर्क का भरोसा है। अदालत ने माना तो माना, नहीं तो हार माननी पड़ेगी। पर भानुकुँवरि ने एक न मानी। लखनऊ और इलाहाबाद से दो होशियार बैरिस्टर बुलाये। मुकदमा शुरू हो गया।

सारे शहर में इस मुकदमे की धूम थी। कितने ही रईसों को भानुकुँवरि ने साथी बनाया था। मुकदमा शुरू होने के समय हजारों आदमियों की भीड़ हो जाती थी। लोगों के इस खिंचाव का मुख्य कारण यह था कि भानुकुँवरि एक पर्दे की आड़ में बैठी हुई अदालत की कारवाई देखा करती थी, क्योंकि उसे अब अपने नौकरों पर जरा भी विश्वास न था।

वादी बैरिस्टर ने एक बड़ी मार्मिक वक्तृता दी। उसने सत्यनारायण की पूर्वास्था का खूब अच्छा चित्र खींचा। उसने दिखलाया कि वे कैसे स्वामिभक्त, कैसे कार्य-कुशल, कैसे कर्म-शील थे; और स्वर्गवासी पंडित भृगुदत्त का उस पर पूर्ण विश्वास हो जाना किस तरह स्वाभाविक था। इसके बाद उसने सिद्ध किया कि मुंशी सत्यनारायण की आर्थिक व्यवस्था कभी ऐसी न थी कि वे इतना धन-संचय करते। अंत में उसने मुंशी जी की स्वार्थपरता, कूटनीति, निर्दयता और विश्वास-घातकता का ऐसा घृणोत्पादक चित्र खींचा कि लोग मुंशी जी को गालियाँ देने लगे। इसके साथ ही उसने पंडित जी के अनाथ बालकों की दशा का बड़ा ही करुणोत्पादक वर्णन किया–कैसे शोक और लज्जा की बात है कि ऐसा चरित्रवान्, ऐसा नीति-कुशल मनुष्य इतना गिर जाय कि अपने स्वामी के अनाथ बालकों की गर्दन पर छुरी चलाने में संकोच न करे। मानव-पतन का ऐसा करुण, ऐसा हृदय-विदारक उदाहरण मिलना कठिन है। इस कुटिल कार्य के परिणाम की दृष्टि से इस मनुष्य के पूर्व परिचित सद्गुणों का गौरव लुप्त हो जाता है। क्योंकि वे असली मोती नहीं, नकली काँच के दाने थे, जो केवल विश्वास जमाने के निमित्त दर्शाये गये थे। वह केवल सुंदर जाल था, जो एक सरल हृदय और छल-छंद से दूर रहने वाले रईस को फँसाने के लिए फैलाया गया था। इस नर-पशु का अंतःकरण कितना अंधकारमय, कितना कपट-पूर्ण, कितना कठोर है; और इसकी दुष्टता कितनी घोर, कितनी अपावन है। अपने शत्रु के साथ दया करना एक बार तो क्षम्य है, मगर इस मलिन हृदय मनुष्य ने उन बेकसों के साथ दगा दिया है, जिन पर मानव-स्वभाव के अनुसार दया करना उचित है ! यदि आज हमारे पास बही-खाते मौजूद होते, अदालत पर सत्यनारायण की सत्यता स्पष्ट रूप से प्रकट हो जाती, पर मुंशी जी के बरखास्त होते ही दफ्तर से उनका लुप्त हो जाना भी अदालत के लिए एक बड़ा सबूत है।

शहर के कई रईसों ने गवाही दी, पर सुनी-सुनायी बातें जिरह में उखड़ गयीं। दूसरे दिन फिर मुकदमा पेश हुआ।

प्रतिवादी के वकील ने अपनी वक्तृता शुरू की। उसमें गंभीर विचारों की अपेक्षा हास्य का आधिक्य था–यह एक विलक्षण न्याय-सिद्धांत है कि किसी धनाढ्य मनुष्य का नौकर जो कुछ खरीदे, वह उसके स्वामी की चीज समझी जाय। इस सिद्धांत के अनुसार हमारी गवर्नमेंट को अपने कर्मचारियों की सारी सम्पत्ति पर कब्जा कर लेना चाहिए। यह स्वीकार करने में हमको कोई आपत्ति नहीं कि हम इतने रुपयों का प्रबंध न कर सकते थे और यह धन हमने स्वामी से ऋण लिया; पर हमसे ऋण चुकाने का कोई तकाजा न करके वह जायदाद ही माँगी जाती है। यदि हिसाब के कागजात दिखलाये जायँ, तो वे साफ बता देंगे कि मैं सारा ऋण दे चुका। हमारे मित्र ने कहा है कि ऐसी अवस्था में बहियों का गुम हो जाना भी अदालत के लिए एक सबूत होना चाहिए। मैं भी उनकी युक्ति का समर्थन करता हूँ। यदि मैं आपसे ऋण ले कर अपना विवाह करूँ, तो क्या आप मुझसे मेरी नव-विवाहित वधू को छीन लेंगे ?

'हमारे सुयोग्य मित्र ने हमारे ऊपर अनाथों के साथ दगा करने का दोष लगाया है।

अगर मुंशी सत्यनारायण की नीयत खराब होती, तो उनके लिए सबसे अच्छा अवसर वह था, जब पंडित भृगुदत्त का स्वर्गवास हुआ था। इतने विलंब की क्या जरूरत थी ? यदि आप शेर को फँसा कर उसके बच्चे को उसी वक्त नहीं पकड़ लेते, उसे बढ़ने और सबल होने का अवसर देते हैं, तो मैं आपको बुद्धिमान न कहूँगा। यथार्थ बात यह है कि मुंशी सत्यनारायण ने नमक का जो कुछ हक था, वह पूरा कर दिया। आठ वर्ष तक तन-मन से स्वामी के संतान की सेवा की। आज उन्हें अपनी साधुता का जो फल मिल रहा है, वह बहुत ही दुःखजनक और हृदय-विदारक है। इसमें भानुकुँवरि का दोष नहीं। वे एक गुण-सम्पन्न महिला हैं; मगर अपनी जाति के अवगुण उनमें भी विद्यमान हैं ! ईमानदार मनुष्य स्वभावतः स्पष्टभाषी होता है; उसे अपनी बातों में नमक-मिर्च लगाने की जरूरत नहीं होती। यही कारण है कि मुंशी जी के मृदुभाषी मातहतों को उन पर आक्षेप करने का मौका मिल गया। इस दावे की जड़ केवल इतनी ही है, और कुछ नहीं। भानुकुँवरि यहाँ उपस्थित हैं। क्या वे कह सकती हैं कि इस आठ वर्ष की मुद्दत में कभी इस गाँव का जिक्र उनके सामने आया ? कभी उसके हानि-लाभ, आय-व्यय, लेन-देन की चर्चा उनसे की गयी ? मान लीजिए कि मैं गवर्नमेंट का मुलाजिम हूँ। यदि मैं आज दफ्तर में आ कर अपनी पत्नी के आय-व्यय और अपने टहलुओं के टैक्सों का पचड़ा गाने लगूँ, तो शायद मुझे शीघ्र ही अपने पद से पृथक् होना पड़े, और सम्भव है, कुछ दिनों तक बरेली की विशाल अतिथिशाला में भी रखा जाऊँ। जिस गाँव से भानुकुँवरि का सरोकार न था, उसकी चर्चा उनसे क्यों की जाती ?'

इसके बाद बहुत से गवाह पेश हुए; जिनमें अधिकांश आस-पास के देहातों के जमींदार थे। उन्होंने बयान किया कि हमने मुंशी सत्यनारायण को असामियों को अपनी दस्तखती रसीदें देते और अपने नाम से खाने में रुपया दाखिल करते देखा है।

इतने में संध्या हो गयी। अदालत ने एक सप्ताह में फैसला सुनाने का हुक्म दिया।

7

सत्यनारायण को अब अपनी जीत में कोई संदेह न था। वादी पक्ष के गवाह भी उखड़ गये थे और बहस भी सबूत से खाली थी। अब इनकी गिनती भी जमींदारों में होगी और सम्भव है, यह कुछ दिनों में रईस कहलाने लगेंगे। पर किसी ने किसी कारण से अब शहर के गणमान्य पुरुषों से आँखें मिलाते शर्माते थे। उन्हें देखते ही उनका सिर नीचा हो जाता था। वह मन में डरते थे कि वे लोग कहीं इस विषय पर कुछ पूछ-ताछ न कर बैठें। वह वह बाजार में निकलते तो दूकानदारों में कुछ कानाफूसी होने लगती और लोग उन्हें तिरछी दृष्टि से देखने लगते। अब तक लोग उन्हें विवेकशील और सच्चरित्र मनुष्य समझते थे, शहर के धनी-मानी उन्हें इज्जत की निगाह से देखते और उनका बड़ा आदर करते थे। यद्यपि मुंशी जी को अब तक इनसे टेढ़ी-तिरछी सुनने का संयोग न पड़ा था, तथापि उनका मन कहता था कि सच्ची बात किसी से छिपी नहीं है। चाहे अदालत से उनकी जीत हो जाय, पर उनकी साख अब जाती रही। अब उन्हें लोग स्वार्थी, कपटी और दगाबाज

समझेंगे। दूसरों की बात तो अलग रही, स्वयं उनके घरवाले उनकी उपेक्षा करते थे। बूढ़ी माता ने तीन दिन से मुँह में पानी नहीं डाला ! स्त्री बार-बार हाथ जोड़ कर कहती थी कि अपने प्यारे बालकों पर दया करो। बुरे काम का फल कभी अच्छा नहीं होता ! नहीं तो पहले मुझी को विष खिला दो।

जिस दिन फैसला सुनाया जानेवाला था, प्रातःकाल एक कुँजड़िन तरकारियाँ ले कर आयी और मुंशियाइन से बोली–

'बहू जी ! हमने बाजार में एक बात सुनी है। बुरा न मानो तो कहूँ ? जिसको देखो, उसके मुँह से यही बात निकलती है कि लाला बाबू ने जालसाजी से पंडिताइन का कोई हलका ले लिया। हमें तो इस पर यकीन नहीं आता। लाला बाबू ने न सँभाला होता, तो अब तक पंडिताइन का कहीं पता न लगता ! एक अंगुल जमीन न बचती। इन्हीं ऐसा सरदार था कि सबको सँभाल लिया। तो क्या अब उन्हीं के साथ बदी करेंगे ? अरे बहू ! कोई कुछ साथ लाया है कि ले जायगा ? यही नेकी-बदी रह जाती है। बुरे का फल बुरा होता है। आदमी न देखे, पर अल्लाह सब कुछ देखता है।'

बहू जी पर घड़ों पानी पड़ गया। जी चाहता था कि धरती फट जाती, तो उसमें समा जाती। स्त्रियाँ स्वभावतः लज्जावती होती हैं। उनमें आत्माभिमान की मात्रा अधिक होती है। निंदा-अपमान उनसे सहन नहीं हो सकता है। सिर झुकाये हुए बोली–बुआ ! मैं इन बातों को क्या जानूँ ? मैंने तो आज ही तुम्हारे मुँह से सुनी है। कौन-सी तरकारियाँ हैं ?

मुंशी सत्यनारायण अपने कमरे में लेटे हुए कुँजड़िन की बातें सुन रहे थे, उसके चले जाने के बाद आ कर स्त्री से पूछने लगे–यह शैतान की खाला क्या कह रही थी।

स्त्री ने पति की ओर से मुँह फेर लिया और जमीन की ओर ताकते हुए बोली–क्या तुमने नहीं सुना ? तुम्हारा गुन-गान कर रही थी। तुम्हारे पीछे देखो, किस-किसके मुँह से ये बातें सुननी पड़ती हैं और किस-किससे मुँह छिपाना पड़ता है।

मुंशी जी अपने कमरे में लौट आये। स्त्री को कुछ उत्तर नहीं दिया। उनकी आत्मा लज्जा से परास्त हो गयी। जो मनुष्य सदैव सर्व-सम्मानित रहा हो, जो सदा आत्माभिमान से सिर उठा कर चलता रहा हो, जिसकी सुकृति की सारी शहर में चर्चा होती रही हो, वह कभी सर्वथा लज्जाशून्य नहीं हो सकता; लज्जा कुपथ की सबसे बड़ी शत्रु है। कुवासनाओं के भ्रम में पड़ कर मुंशी जी ने समझा था, मैं इस काम को ऐसी गुप्त-रीति से पूरा कर ले जाऊँगा कि किसी को कानोंकान खबर न होगी, पर उनका यह मनोरथ सिद्ध सन हुआ। बाधाएँ आ खड़ी हुईं। उनके हटाने में उन्हें बड़े दुस्साहस से काम लेना पड़ा; पर यह भी उन्होंने लज्जा से बचने के निमित्त किया। जिसमें यह कोई न कहे कि अपनी स्वामिनी को धोखा दिया। इतना यत्न करने पर भी वह निंदा से न बच सके। बाजार का सौदा बेचनेवालियाँ भी अब उनका अपमान करती हैं। कुवासनाओं से दबी हुई लज्जा-शक्ति इस कड़ी चोट को सहन न कर सकी। मुंशी जी सोचने लगे, अब मुझे धन-सम्पत्ति मिल जायगी, ऐश्वर्यवान् हो जाऊँगा, परंतु निंदा से मेरा पीछा न छूटेगा।

अदालत का फैसला मुझे लोक-निंदा से न बचा सकेगा। ऐश्वर्य का फल क्या है ?—मान और मर्यादा। उससे हाथ धो बैठा, तो ऐश्वर्य को ले कर क्या करूँगा ? चित्त की शक्ति खो कर, लोक-लज्जा सह कर, जनसमुदाय में नीच बन कर और अपने घर में कलह का बीज बो कर यह सम्पत्ति मेरे किस काम आयेगी ? और यदि वास्तव में कोई न्याय-शक्ति हो और वह मुझे इस कुकृत्य का दंड दे, तो मेरे लिए सिवा मुख में कालिख लगा कर निकल जाने के और कोई मार्ग न रहेगा। सत्यवादी मनुष्य पर कोई विपत्ति पड़ती है, तो लोग उनके साथ सहानुभूति करते हैं। दुष्टों की विपत्ति लोगों के लिए व्यंग्य की सामग्री बन जाती है। उस अवस्था में ईश्वर अन्यायी ठहराया जाता है; मगर दुष्टों की विपत्ति ईश्वर के न्याय को सिद्ध करती है। परमात्मन् ! इस दुर्दशा से किसी तरह मेरा उद्धार करो ! क्यों न जा कर मैं भानुकुँवरि के पैरों पर गिर पड़ूँ और विनय करूँ कि यह मुकदमा उठा लो ? शोक ! पहले यह बात मुझे क्यों न सूझी ? अगर कल तक मैं उनके पास चला गया होता, तो बात बन जाती; पर अब क्या हो सकता है। आज तो फैसला सुनाया जायगा।

मुंशी जी देर तक इसी विचार में पड़े रहे, पर कुछ निश्चय न कर सके कि क्या करें।

भानुकुँवरि को भी विश्वास हो गया कि अब गाँव हाथ से गया। बेचारी हाथ मल कर रह गयी। रात भर उसे नींद न आयी, रह-रह कर मुंशी सत्यनारायण पर क्रोध आता था। हाय पापी ! ढोल बजा कर मेरा पचास हजार का माल लिये जाता है और मैं कुछ नहीं कर सकती। आजकल के न्याय करने वाले बिलकुल आँख के अंधे हैं। जिस बात को सारी दुनिया जानती है, उसमें भी उनकी दृष्टि नहीं पहुँचती। बस, दूसरों की आँखों से देखते हैं। कोरे कागजों के गुलाम हैं। न्याय वह है जो दूध का दूध, पानी का पानी कर दे; यह नहीं कि खुद ही कागजों के धोखे में आ जाय, खुद ही पाखंडियों के जाल में फँस जाय। इसी से तो ऐसे छली, कपटी, दगाबाज और दुरात्माओं का साहस बढ़ गया है। खैर, गाँव जाता है तो जाय; लेकिन सत्यनारायण, तुम शहर में कहीं मुँह दिखाने के लायक भी न रहे।

इस खयाल से भानुकुँवरि को कुछ शांति हुई। शत्रु की हानि मनुष्य को अपने लाभ से भी अधिक प्रिय होती है, मानव-स्वभाव ही कुछ ऐसा है। तुम हमारा एक गाँव ले गये, नारायण चाहेंगे तो तुम भी इससे सुख न पाओगे। तुम आप नरक की आग में जलोगे, तुम्हारे घर में कोई दिया जलाने वाला न रह जायगा।

फैसले का दिन आ गया। आज इजलास में बड़ी भीड़ थी। ऐसे-ऐसे महानुभाव उपस्थित थे, जो बगुलों की तरह अफसरों की बधाई और विदाई के अवसरों ही में नजर आया करते हैं। वकीलों और मुखतारों की पलटन भी जमा थी। नियत समय पर जज साहब ने इजलास सुशोभित किया। विस्तृत न्याय भवन में सन्नाटा छा गया। अहलमद ने संदूक से तजबीज निकाली। लोग उत्सुक हो कर एक-एक कदम और आगे खिसक गये।

जज ने फैसला सुनाया—मुद्दई का दावा खारिज। दोनों पक्ष अपना-अपना खर्च सह लें।

यद्यपि फैसला लोगों के अनुमान के अनुसार ही था, तथापि जज के मुँह से उसे सुन कर लोगों में हलचल-सी मच गयी। उदासीन भाव से फैसले पर आलोचनाएँ करते हुए लोग धीरे-धीरे कमरे से निकलने लगे।

एकाएक भानुकुँवरि घूँघट निकाले इजलास पर आ कर खड़ी हो गयी। जानेवाले लौट पड़े। जो बाहर निकल गये थे, दौड़ कर आ गये। और कौतूहल-पूर्वक भानुकुँवरि की तरफ ताकने लगे।

भानुकुँवरि ने कंपित स्वर में जज से कहा—सरकार, यदि हुक्म दें, तो मैं मुंशी जी से कुछ पूछूँ !

यद्यपि यह बात नियम के विरुद्ध थी, तथापि जज ने दयापूर्वक आज्ञा दे दी।

तब भानुकुँवरि ने सत्यनारायण की तरफ देख कर कहा—लाला जी, सरकार ने तुम्हारी डिग्री तो कर ही दी। गाँव तुम्हें मुबारक रहे; मगर ईमान आदमी का सब कुछ है। ईमान से कह दो, गाँव किसका है ?

हजारों आदमी यह प्रश्न सुन कर कौतूहल से सत्यनारायण की तरफ देखने लगे। मुंशी जी विचार-सागर में डूब गये। हृदय में संकल्प और विकल्प में घोर संग्राम होने लगा। हजारों मनुष्यों की आँखें उनकी तरफ जमी हुई थीं। यथार्थ बात अब किसी से छिपी न थी। इतने आदमियों के समाने असत्य बात मुँह से निकल न सकी। लज्जा से जबान बंद कर ली—'मेरा' कहने में काम बनता था। कोई बात न थी; किन्तु घोरतम पाप का दंड समाज दे सकता है। उसके मिलने का पूरा भय था। 'आपका' कहने से काम बिगड़ता था। जीती-जितायी बाजी हाथ से निकल जाती थी, सर्वोत्कृष्ट काम के लिए समाज से जो इनाम मिल सकता है, उसके मिलने की पूरी आशा थी। आशा ने भय को जीत लिया। उन्हें ऐसा प्रतीत हुआ, जैसे ईश्वर ने मुझे अपना मुख उज्ज्वल करने का यह अंतिम अवसर दिया है। मैं अब भी मानव-सम्मान का पात्र बन सकता हूँ। अब अपनी आत्मा की रक्षा कर सकता हूँ। उन्होंने आगे बढ़ कर भानुकुँवरि को प्रणाम किया और काँपते हुए स्वर में बोले—आपका!

हजारों मनुष्यों के मुँह से एक गगनस्पर्शी ध्वनि निकली—सत्य की जय !

जज ने खड़े हो कर कहा—यह कानून का न्याय नहीं,

ईश्वरीय न्याय

है ! इसे कथा न समझिएगा; यह सच्ची घटना है। भानुकुँवरि और सत्यनारायण अब भी जीवित हैं। मुंशी जी के इस नैतिक साहस पर लोग मुग्ध हो गये। मानवी न्याय पर ईश्वरीय न्याय ने जो विलक्षण विजय पायी, उसकी चर्चा शहर भर में महीनों रही। भानुकुँवरि मुंशी जी के घर गयीं, उन्हें मना कर लायीं। फिर अपना सारा कारोबार उन्हें

सौंपा और कुछ दिनों उपरांत यह गाँव उन्हीं के नाम हिब्बा कर दिया। मुंशी जी ने भी उसे अपने अधिकार में रखना उचित न समझा, कृष्णार्पण कर दिया। अब इसकी आमदनी दीन-दुखियों और विद्यार्थियों की सहायता में खर्च होती है।

ममता

बाबू रामरक्षादास दिल्ली के एक ऐश्वर्यशाली खत्री थे, बहुत ही ठाट-बाट से रहनेवाले। बड़े-बड़े अमीर उनके यहाँ नित्य आते-जाते थे। वे आये हुओं का आदर-सत्कार ऐसे अच्छे ढंग से करते थे कि इस बात की धूम सारे मुहल्ले में थी। नित्य उनके दरवाजे पर किसी न किसी बहाने से इष्ट-मित्र एकत्र हो जाते, टेनिस खेलते, ताश उड़ता, हारमोनियम के मधुर स्वरों से जी बहलाते, चाय-पानी से हृदय प्रफुल्लित करते, अधिक और क्या चाहिए ? जाति की ऐसी अमूल्य सेवा कोई छोटी बात नहीं है। नीची जातियों के सुधार के लिए दिल्ली में एक सोसायटी थी। बाबू साहब उसके सेक्रेटरी थे, और इस कार्य को असाधारण उत्साह से पूर्ण करते थे। जब उनका बूढ़ा कहार बीमार हुआ और क्रिश्चियन मिशन के डाक्टरों ने उसकी शुश्रूषा की, जब उसकी विधवा स्त्री ने निर्वाह की कोई आशा न देख कर क्रिश्चियन-समाज का आश्रय लिया, तब इन दोनों अवसरों पर बाबू साहब ने शोक के रेजल्यूशन्स पास किये। संसार जानता है कि सेक्रेटरी का काम सभाएँ करना और रेजल्यूशन बनाना है। इससे अधिक वह कुछ नहीं कर सकता।

मिस्टर रामरक्षा का जातीय उत्साह यहीं तक सीमाबद्ध न था। वे सामाजिक कुप्रथाओं तथा अंध-विश्वास के प्रबल शत्रु थे। होली के दिनों में, जब कि मुहल्ले में चमार और कहार शराब से मतवाले होकर फाग गाते और डफ बजाते हुए निकलते, तो उन्हें बड़ा शोक होता। जाति की इस मूर्खता पर उनकी आँखों में आँसू भर आते और वे प्रायः इस कुरीति का निवारण अपने हंटर से किया करते। उनके हंटर में जाति-हितैषिता की उमंग उनकी वक्तृता से भी अधिक थी। यह उन्हीं के प्रशंसनीय प्रयत्न थे, जिन्होंने मुख्य होली के दिन दिल्ली में हलचल मचा दी, फाग गाने के अपराध में हजारों आदमी पुलिस के पंजे में आ गये। सैकड़ों घरों में मुख्य होली के दिन मुहर्रम का-सा शोक फैल गया। इधर उनके दरवाजे पर हजारों पुरुष-स्त्रियाँ अपना दुखड़ा रो रही थीं। उधर बाबू साहब के हितैषी मित्रगण अपने उदारशील मित्र के सद्व्यवहार की प्रशंसा करते। बाबू साहब दिन-भर में इतने रंग बदलते थे कि उस पर 'पेरिस' की परियों को भी ईर्ष्या हो सकती थी। कई बैंकों में उनके हिस्से थे। कई दूकानें थीं; किंतु बाबू साहब को इतना अवकाश न था कि उनकी कुछ देखभाल करते। अतिथि-सत्कार एक पवित्र धर्म है। वे सच्ची देशहितैषिता की उमंग से कहा करते थे–अतिथि-सत्कार आदिकाल से भारतवर्ष के निवासियों का एक प्रधान और सराहनीय गुण है। अभ्यागतों का आदर-सम्मान करने में हम अद्वितीय हैं। हम इससे संसार में मनुष्य कहलाने योग्य हैं। हम सब कुछ खो बैठे हैं, किंतु जिस दिन हममें यह गुण शेष न रहेगा; वह दिन हिंदू-जाति के लिए लज्जा,

अपमान और मृत्यु का दिन होगा।

मिस्टर रामरक्षा जातीय आवश्यकताओं से भी बेपरवाह न थे। वे सामाजिक और राजनीतिक कार्यों में पूर्णरूपेण से योग देते थे। यहाँ तक कि प्रतिवर्ष दो, बल्कि कभी-कभी तीन वक्तृताएँ अवश्य तैयार कर लेते। भाषणों की भाषा अत्यंत उपयुक्त, ओजस्वी और सर्वांग-सुंदर होती थी। उपस्थित जन और इष्टमित्र उनके एक-एक शब्द पर प्रशंसासूचक शब्दों की ध्वनि प्रकट करते, तालियाँ बजाते, यहाँ तक कि बाबू साहब को व्याख्यान का क्रम स्थिर रखना कठिन हो जाता। व्याख्यान समाप्त होने पर उनके मित्र उन्हें गोद में उठा लेते और आश्चर्यचकित होकर कहते—तेरी भाषा में जादू है ! सारांश यह कि बाबू साहब का यह जातीय प्रेम और उद्योग केवल बनावटी, सहायता-शून्य तथा फैशनेबिल था। यदि उन्होंने किसी सदुद्योग में भाग लिया था, तो वह सम्मिलित कुटुम्ब का विरोध था। अपने पिता के पश्चात् वे अपनी विधवा माँ से अलग हो गये थे। इस जातीय सेवा में उनकी स्त्री विशेष सहायक थी। विधवा माँ अपने बेटे और बहू के साथ नहीं रह सकती थी। इससे बहू की स्वाधीनता में विघ्न पड़ने से मन दुर्बल और मस्तिष्क शक्तिहीन हो जाता है। बहू को जलाना और कुढ़ाना सास की आदत है। इसलिए बाबू रामरक्षा अपनी माँ से अलग हो गये थे। इसमें संदेह नहीं कि उन्होंने मातृ-ऋण का विचार करके दस हजार रुपये अपनी माँ के नाम जमा कर दिये थे, कि उसके ब्याज से उनका निर्वाह होता रहे; किंतु बेटे के इस उत्तम आचरण पर माँ का दिल ऐसा टूटा कि वह दिल्ली छोड़कर अयोध्या जा रहीं। तब से वहीं रहती हैं। बाबू साहब कभी-कभी मिसेज रामरक्षा से छिप कर उससे मिलने अयोध्या जाया करते थे, किंतु वह दिल्ली आने का कभी नाम न लेतीं। हाँ, यदि कुशल-क्षेम की चिट्ठी पहुँचने में कुछ देर हो जाती, तो विवश हो कर समाचार पूछ लेती थीं।

2

उसी मुहल्ले में एक सेठ गिरधारी लाल रहते थे। उनका लाखों का लेन-देन था। वे हीरे और रत्नों का व्यापार करते थे। बाबू रामरक्षा के दूर के नाते में साढ़ू होते थे। पुराने ढंग के आदमी थे—प्रातःकाल यमुना-स्नान करनेवाले तथा गाय को अपने हाथों से झाड़ने-पोंछनेवाले ! उनसे मिस्टर रामरक्षा का स्वभाव न मिलता था; परंतु जब कभी रुपयों की आवश्यकता होती, तो वे सेठ गिरधारी लाल के यहाँ से बेखटके मँगा लिया करते थे। आपस का मामला था, केवल चार अंगुल के पत्र पर रुपया मिल जाता था, न कोई दस्तावेज, न स्टाम्प, न साक्षियों की आवश्यकता। मोटरकार के लिए दस हजार की आवश्यकता हुई, वह वहाँ से आया। घुड़दौड़ के लिए एक आस्ट्रेलियन घोड़ा डेढ़ हजार में लिया गया। उसके लिए भी रुपया सेठ जी के यहाँ से आया। धीरे-धीरे कोई बीस हजार का मामला हो गया। सेठ जी सरल हृदय के आदमी थे। समझते थे कि उसके पास दूकानें हैं, बैंकों में रुपया है। जब जी चाहेगा, रुपया वसूल कर लेंगे; किंतु जब दो-तीन वर्ष व्यतीत हो गये और सेठ जी के तकाजों की अपेक्षा मिस्टर रामरक्षा की माँग ही का आधिक्य रहा तो गिरधारी लाल

को संदेह हुआ। वह एक दिन रामरक्षा के मकान पर आये और सभ्य-भाव से बोले—भाई साहब, मुझे एक हुण्डी का रुपया देना है, यदि आप मेरा हिसाब कर दें तो बहुत अच्छा हो। यह कह कर हिसाब के कागजात और उनके पत्र दिखलाये। मिस्टर रामरक्षा किसी गार्डन-पार्टी में सम्मिलित होने के लिए तैयार थे। बोले—इस समय क्षमा कीजिए; फिर देख लूँगा, जल्दी क्या है ?

गिरधारी लाल को बाबू साहब की रुखाई पर क्रोध आ गया, वे रुष्ट होकर बोले—आपको जल्दी नहीं है, मुझे तो है ! दो सौ रुपये मासिक की मेरी हानि हो रही है ! मिस्टर रामरक्षा ने असंतोष प्रकट करते हुए घड़ी देखी। पार्टी का समय बहुत करीब था। वे बहुत विनीत भाव से बोले—भाई साहब, मैं बड़ी जल्दी में हूँ। इस समय मेरे ऊपर कृपा कीजिए। मैं कल स्वयं उपस्थित हूँगा।

सेठ जी एक माननीय और धन-सम्पन्न आदमी थे। वे रामरक्षा के इस कुरुचिपूर्ण व्यवहार पर जल गये। मैं इनका महाजन हूँ—इनसे धन में, मान में, ऐश्वर्य में, बढ़ा हुआ, चाहूँ तो ऐसों को नौकर रख लूँ, इनके दरवाजे पर आऊँ और आदर-सत्कार की जगह उलटे ऐसा रूखा बर्ताव ? वह हाथ बाँधे मेरे सामने न खड़ा रहे, किन्तु क्या मैं पान, इलायची, इत्र आदि से भी सम्मान करने के योग्य नहीं ? वे तिनक कर बोले—अच्छा, तो कल हिसाब साफ हो जाय।

रामरक्षा ने अकड़ कर उत्तर दिया—हो जायगा।

रामरक्षा के गौरवशील हृदय पर सेठ जी के इस बर्ताव के प्रभाव का कुछ खेद-जनक असर न हुआ। इस काठ के कुन्दे ने आज मेरी प्रतिष्ठा धूल में मिला दी। वह मेरा अपमान कर गया। अच्छा, तुम भी इसी दिल्ली में रहते हो और हम भी यहीं हैं। निदान दोनों में गाँठ पड़ गयी। बाबू साहब की तबीयत ऐसी गिरी और हृदय में ऐसी चिंता उत्पन्न हुई कि पार्टी में जाने का ध्यान जाता रहा, वे देर तक इसी उलझन में पड़े रहे। फिर सूट उतार दिया और सेवक से बोले—जा, मुनीम जी को बुला ला। मुनीम जी आये, उनका हिसाब देखा गया, फिर बैंकों का एकाउंट देखा; किंतु ज्यों-ज्यों इस घाटी में उतरते गये, त्यों-त्यों अँधेरा बढ़ता गया। बहुत कुछ टटोला, कुछ हाथ न आया। अंत में निराश होकर वे आराम-कुर्सी पर पड़ गये और उन्होंने एक ठंडी साँस ले ली। दूकानों का माल बिका; किंतु रुपया बकाया में पड़ा हुआ था। कई ग्राहकों की दूकानें टूट गयीं। और उन पर जो नकद रुपया बकाया था, वह डूब गया। कलकत्ते के आढ़तियों से जो माल मँगाया था, रुपये चुकाने की तिथि सिर पर आ पहुँची और यहाँ रुपया वसूल न हुआ। दूकानों का यह हाल, बैंकों का इससे भी बुरा। रात भर वे इन्हीं चिंताओं में करवटें बदलते रहे। अब क्या करना चाहिए ? गिरधारीलाल सज्जन पुरुष हैं। यदि सारा कच्चा हाल उसे सुना दूँ, तो अवश्य मान जायगा, किंतु यह कष्टप्रद कार्य होगा कैसे ? ज्यों-ज्यों प्रातःकाल समीप आता था, त्यों-यों उनका दिल बैठा जाता था। कच्चे विद्यार्थी की जो दशा परीक्षा के सन्निकट आने पर होती है वही हाल इस समय रामरक्षा का था। वे पलंग से न उठे। मुँह-हाथ भी न धोया, खाने को कौन कहे। इतना जानते थे कि दुःख पड़ने पर कोई किसी का साथी नहीं होता।

इसलिए एक आपत्ति से बचने के लिए कई आपत्तियों का बोझा न उठाना पड़े, इस खयाल से मित्रों को इन मामलों की खबर तक न दी। जब दोपहर हो गयी और उनकी दशा ज्यों की त्यों रही, तो उनका छोटा लड़का बुलाने आया। उसने बाप का हाथ पकड़ कर कहा—लाला जी, आज दाने क्यों नहीं तलते ?

रामरक्षा—भूख नहीं है।

'क्या काया है ?'

'मन की मिठाई।'

'और क्या काया है ?'

'मार।'

'किसने मारा है ?'

'गिरधारी लाल ने।'

लड़का रोता हुआ घर में गया और इस मार की चोट से देर तक रोता रहा। अंत में तश्तरी में रखी हुई दूध की मलाई ने उसकी चोट पर मरहम का काम दिया।

3

रोगी को जब जीने की आशा नहीं रहती, तो औषधि छोड़ देता है। मिस्टर रामरक्षा जब इस गुत्थी को न सुलझा सके, तो चादर तान ली और मुँह लपेट कर सो रहे। शाम को एकाएक उठ कर सेठ जी के यहाँ पहुँचे और कुछ असावधानी से बोले—महाशय, मैं आपका हिसाब नहीं कर सकता।

सेठ जी घबरा कर बोले—क्यों ?

रामरक्षा—इसलिए कि मैं इस समय दरिद्र-निहंग हूँ। मेरे पास एक कौड़ी भी नहीं है। आप अपना रुपया जैसे चाहें वसूल कर लें।

सेठ—यह आप कैसी बातें कहते हैं ?

रामरक्षा—बहुत सच्ची।

सेठ—दूकानें नहीं हैं ?

रामरक्षा—दूकानें आप मुफ्त ले जाइए।

सेठ—बैंक के हिस्से ?

रामरक्षा—वह कब के उड़ गये।

सेठ—जब यह हाल था, तो आपको उचित नहीं था कि मेरे गले पर छुरी फेरते ?

रामरक्षा—(अभिमान से) मैं आपके यहाँ उपदेश सुनने के लिए नहीं आया हूँ।

यह कह कर मिस्टर रामरक्षा वहाँ से चल दिये। सेठ जी ने तुरंत नालिश कर दी। बीस हजार मूल, पाँच हजार ब्याज। डिगरी हो गयी। मकान नीलाम पर चढ़ा। पंद्रह हजार की जायदाद पाँच हजार में निकल गयी। दस हजार की मोटर चार हजार में बिकी। सारी सम्पत्ति उड़ जाने पर कुल मिला कर सोलह हजार से अधिक रकम न खड़ी हो सकी। सारी गृहस्थी नष्ट हो गयी, तब भी दस हजार के ऋणी रह गये। मान-बड़ाई,

धन-दौलत सभी मिट्टी में मिल गये। बहुत तेज दौड़ने वाला मनुष्य प्रायः मुँह के बल गिर पड़ता है।

4

इस घटना के कुछ दिनों पश्चात् दिल्ली म्यूनिसिपैलिटी के मेम्बरों का चुनाव आरम्भ हुआ। इस पद के अभिलाषी वोटरों की पूजाएँ करने लगे। दलालों के भाग्य उदय हुए। सम्पत्तियाँ मोतियों की तोल बिकने लगीं। उम्मेदवार मेम्बरों के सहायक अपने-अपने मुवक्किल के गुणगान करने लगे। चारों ओर चहल-पहल मच गयी। एक वकील महाशय ने भरी सभा में मुवक्किल साहब के विषय में कहा–

'मैं जिस बुजरुग का पैरोकार हूँ, वह कोई मामूली आदमी नहीं है। यह वह शख्स है, जिसने फरजंद अकबर की शादी में पचीस हजार रुपया सिर्फ रक्स व सरूर में सर्फ कर दिया था।'

उपस्थित जनों में प्रशंसा की उच्च ध्वनि हुई।

एक दूसरे महाशय ने अपने मुहल्ले के वोटरों के सम्मुख मुवक्किल की प्रशंसा यों की–

''मैं यह नहीं कह सकता कि आप सेठ गिरधारीलाल को अपना मेम्बर बनाइए। आप अपना भला-बुरा स्वयं समझते हैं, और यह भी नहीं कि सेठ जी मेरे द्वारा अपनी प्रशंसा के भूखे हों। मेरा निवेदन केवल यही है कि आप जिसे मेम्बर बनायें, पहले उसके गुण-दोषों का भली-भाँति परिचय ले लें। दिल्ली में केवल एक मनुष्य है, जो गत 10 वर्षों से आपकी सेवा कर रहा है। केवल एक आदमी है, जिसने पानी पहुँचाने और स्वच्छता-प्रबंधों में हार्दिक धर्म-भाव से सहायता दी है। केवल एक पुरुष है, जिसको श्रीमान् वायसराय के दरबार में कुर्सी पर बैठने का अधिकार प्राप्त है, और आप सब महाशय उसे जानते भी हैं।''

उपस्थित जनों ने तालियाँ बजायीं।

सेठ गिरधारीलाल के मुहल्ले में उनके एक प्रतिवादी थे। नाम था मुंशी फैजुलरहमान खाँ। बड़े जमींदार और प्रसिद्ध वकील थे। बाबू रामरक्षा ने अपनी दृढ़ता, साहस, बुद्धिमत्ता और मृदु भाषण से मुंशी जी साहब की सेवा करनी आरम्भ की। सेठ जी को परास्त करने का यह अपूर्व अवसर हाथ आया। वे रात और दिन इसी धुन में लगे रहते। उनकी मीठी और रोचक बातों का प्रभाव उपस्थिति जनों पर बहुत अच्छा पड़ता। एक बार आपने असाधारण श्रद्धा-उमंग में आ कर कहा–मैं डंके की चोट पर कहता हूँ कि मुंशी फैजुल रहमान से अधिक योग्य आदमी आपको दिल्ली में न मिल सकेगा। यह वह आदमी है, जिसकी गजलों पर कविजनों में 'वाह-वाह' मच जाती है। ऐसे श्रेष्ठ आदमी की सहायता करना मैं अपना जातीय और सामाजिक धर्म समझता हूँ। अत्यंत शोक का विषय है कि बहुत-से लोग इस जातीय और पवित्र काम को व्यक्तिगत लाभ का साधन बनाते हैं। धन और वस्तु है, श्रीमान् वायसराय के दरबार में प्रतिष्ठित होना और वस्तु, किंतु सामाजिक

सेवा तथा जातीय चाकरी और ही चीज है। वह मनुष्य, जिसका जीवन ब्याज-प्राप्ति, बेईमानी, कठोरता तथा निर्दयता और सुख-विलास में व्यतीत होता हो, इस सेवा के योग्य कदापि नहीं है।

5

सेठ गिरधारीलाल इस अन्योक्तिपूर्ण भाषण का हाल सुन कर क्रोध से आग हो गये। मैं बेईमान हूँ ! ब्याज का धन खानेवाला हूँ ! विषयी हूँ! कुशल हुई, जो तुमने मेरा नाम नहीं लिया; किंतु अब भी तुम मेरे हाथ में हो। मैं अब भी तुम्हें जिस तरह चाहूँ, नचा सकता हूँ। खुशामदियों ने आग पर तेल डाला। इधर रामरक्षा अपने काम में तत्पर रहे। यहाँ तक कि 'वोटिंग-डे' आ पहुँचा। मिस्टर रामरक्षा को उद्योग में बहुत कुछ सफलता प्राप्त हुई थी। आज वे बहुत प्रसन्न थे। आज गिरधारीलाल को नीचा दिखाऊँगा, आज उसको पता पड़ेगा कि धन संसार के सभी पदार्थों को इकट्ठा नहीं कर सकता। जिस समय फैजुल रहमान के वोट अधिक निकलेंगे और मैं तालियाँ बजाऊँगा, उस समय गिरधारीलाल का चेहरा देखने योग्य होगा, मुँह का रंग बदल जायगा, हवाइयाँ उड़ने लगेंगी, आँखें न मिला सकेगा। शायद, फिर मुझे मुँह न दिखा सके। इन्हीं विचारों में मग्न रामरक्षा शाम को टाउनहाल में पहुँचे। उपस्थित जनों ने बड़ी उमंग के साथ उनका स्वागत किया। थोड़ी देर बाद 'वोटिंग' आरम्भ हुआ। मेम्बरी मिलने की आशा रखनेवाले महानुभाव अपने-अपने भाग्य का अंतिम फल सुनने के लिए आतुर हो रहे थे। छह बजे चेयरमैन ने फैसला सुनाया। सेठ जी की हार हो गयी। फैजुलरहमान ने मैदान मार लिया। रामरक्षा ने हर्ष के आवेग में टोपी हवा में उछाल दी और स्वयं भी कई बार उछल पड़े। मुहल्लेवालों को अचम्भा हुआ। चाँदनी चौक से सेठ जी को हटाना मेरु को स्थान से उखाड़ना था। सेठ जी के चेहरे से रामरक्षा को जितनी आशाएँ थीं, वे सब पूरी हो गयीं। उनका रंग फीका पड़ गया था। खेद और लज्जा की मूर्ति बने हुए थे। एक वकील साहब ने उनसे सहानुभूति प्रकट करते हुए कहा–सेठ जी, मुझे आपकी हार का बहुत बड़ा शोक है। मैं जानता कि खुशी के बदले रंज होगा, तो कभी यहाँ न आता। मैं तो केवल आपके खयाल से यहाँ आया था। सेठ जी ने बहुत रोकना चाहा, परंतु आँखों में आँसू डबडबा ही गये। वे निःस्पृह बनाने का व्यर्थ प्रयत्न करके बोले–वकील साहब, मुझे इसकी कुछ चिंता नहीं, कौन रियासत निकल गयी ? व्यर्थ उलझन, चिंता तथा झंझट रहती थी, चलो, अच्छा हुआ। गला छूटा। अपने काम में हरज होता था। सत्य कहता हूँ, मुझे तो हृदय से प्रसन्नता ही हुई। यह काम तो बेकाम वालों के लिए है, घर न बैठे रहे, यही बेगार की। मेरी मूर्खता थी कि मैं इतने दिनों तक आँखें बंद किये बैठा रहा। परंतु सेठ जी की मुखाकृति ने इन विचारों का प्रमाण न दिया। मुखमंडल हृदय का दर्पण है, इसका निश्चय अलबत्ता हो गया।

किंतु बाबू रामरक्षा बहुत देर तक इस आनन्द का मजा न लूटने पाये और न सेठ जी को बदला लेने के लिए बहुत देर तक प्रतीक्षा करनी पड़ी। सभा विसर्जित होते ही जब बाबू रामरक्षा सफलता की उमंग में ऐंठते, मोंछ पर ताव देते और चारों ओर गर्व की

दृष्टि डालते हुए बाहर आये, तो दीवानी के तीन सिपाहियों ने आगे बढ़कर उन्हें गिरफ्तारी का वारंट दिखा दिया। अबकी बाबू रामरक्षा के चेहरे का रंग उतर जाने की, और सेठ जी के इस मनोवांछित दृश्य से आनन्द उठाने की बारी थी। गिरधारीलाल ने आनन्द की उमंग में तालियाँ तो न बजायीं, परंतु मुस्करा कर मुँह फेर लिया। रंग में भंग पड़ गया।

आज इस विषय के उपलक्ष्य में मुंशी फैजुलरहमान ने पहले ही से एक बड़े समारोह के साथ गार्डन पार्टी की तैयारियाँ की थीं। मिस्टर रामरक्षा इसके प्रबंधकर्ता थे। आज की 'आफ्टर डिनर' स्पीच उन्होंने बड़े परिश्रम से तैयार की थी; किंतु इस वारंट ने सारी कामनाओं का सत्यानाश कर दिया। यों तो बाबू साहब के मित्रों में ऐसा कोई भी न था, जो दस हजार रुपये जमानत दे देता; अदा कर देने का तो जिक्र ही क्या; किंतु कदाचित् ऐसा होता भी तो सेठ जी अपने को भाग्यहीन समझते। दस हजार रुपये और म्युनिस्पैलिटी की प्रतिष्ठित मेम्बरी खो कर इन्हें इस समय यह हर्ष प्राप्त हुआ था।

मिस्टर रामरक्षा के घर पर ज्यों ही यह खबर पहुँची, कुहराम मच गया। उनकी स्त्री पछाड़ खा कर पृथ्वी पर गिर पड़ी। जब कुछ होश में आयी तो रोने लगी। और रोने से छुट्टी मिली तो उसने गिरधारीलाल को कोसना आरम्भ किया। देवी-देवता मनाने लगी। उन्हें रिश्वतें देने पर तैयार हुई कि ये गिरधारीलाल को किसी प्रकार निगल जायँ। इस बड़े भारी काम में वह गंगा और यमुना से सहायता माँग रही थी, प्लेग और विसूचिका की खुशामदें कर रही थी कि ये दोनों मिल कर उस गिरधारीलाल को हड़प ले जायँ ! किंतु गिरधारी का कोई दोष नहीं। दोष तुम्हारा है। बहुत अच्छा हुआ ! तुम इसी पूजा के देवता थे। क्या अब दावतें न खिलाओगे ? मैंने तुम्हें कितना समझाया, रोयी, रूठी, बिगड़ी; किन्तु तुमने एक न सुनी। गिरधारीलाल ने बहुत अच्छा किया। तुम्हें शिक्षा तो मिल गयी; किंतु तुम्हारा भी दोष नहीं। यह सब आग मैंने ही लगायी है। मखमली स्लीपरों के बिना मेरे पाँव ही नहीं उठते थे। बिना जड़ाऊ कड़ों के मुझे नींद न आती थी। सेजगाड़ी मेरे ही लिए मँगवायी थी। अंगरेजी पढ़ने के लिए मेम साहब को मैंने ही रखा। ये सब काँटे मैंने ही बोये हैं।

मिसेज रामरक्षा बहुत देर तक इन्हीं विचारों में डूबी रही। जब रात भर करवटें बदलने के बाद वह सबेरे उठी, तो उसके विचार चारों ओर से ठोकर खा कर केवल एक केंद्र पर जम गये। गिरधारीलाल बड़ा बदमाश और घमंडी है। मेरा सब कुछ ले कर भी उसे संतोष नहीं हुआ। इतना भी इस निर्दयी कसाई से न देखा गया। भिन्न-भिन्न प्रकार के विचारों ने मिल कर एक रूप धारण किया और क्रोधाग्नि को दहला कर प्रबल कर दिया। ज्वालामुखी शीशे में जब सूर्य की किरणें एक होती हैं, तब अग्नि प्रकट हो जाती है। इस स्त्री के हृदय में रह-रह कर क्रोध की एक असाधारण लहर उत्पन्न होती थी। बच्चे ने मिठाई के लिए हठ किया; उस पर बरस पड़ी; महरी ने चौका-बरतन करके चूल्हे में आग जला दी, उसके पीछे पड़ गयी—मैं तो अपने दुःखों को रो रही हूँ, इस चुड़ैल को रोटियों की धुन सवार है। निदान 9 बजे उससे न रहा गया। उसने यह पत्र लिख कर अपने हृदय की ज्वाला ठंडी की—

'सेठ जी, तुम्हें अब अपने धन के घमंड ने अंधा कर दिया है, किन्तु किसी का घमंड इसी तरह सदा नहीं रह सकता। कभी न कभी सिर अवश्य नीचा होता है। अफसोस कि कल शाम को, जब तुमने मेरे प्यारे पति को पकड़वाया है, मैं वहाँ मौजूद न थी; नहीं तो अपना और तुम्हारा रक्त एक कर देती। तुम धन के मद में भूले हुए हो। मैं उसी दम तुम्हारा नशा उतार देती। एक स्त्री के हाथों अपमानित हो कर तुम फिर किसी को मुँह दिखाने लायक न रहते। अच्छा, इसका बदला तुम्हें किसी न किसी तरह जरूर मिल जायगा। मेरा कलेजा उस दिन ठंडा होगा, जब तुम निर्वंश हो जाओगे और तुम्हारे कुल का नाम मिट जायगा।'

सेठ जी पर यह फटकार पड़ी तो वे क्रोध से आग हो गये। यद्यपि क्षुद्र हृदय के मनुष्य न थे, परंतु क्रोध के आवेग में सौजन्य का चिह्न भी शेष नहीं रहता। यह ध्यान न रहा कि यह एक दुखिन की क्रंदन-ध्वनि है, एक सतायी हुई स्त्री की मानसिक दुर्बलता का विचार है। उसकी धन-हीनता और विवशता पर उन्हें तनिक भी दया न आयी। मरे हुए को मारने का उपाय सोचने लगे।

6

इसके तीसरे दिन सेठ गिरधारीलाल पूजा के आसन पर बैठे हुए थे, महरा ने आ कर कहा–सरकार, कोई स्त्री आप से मिलने आयी है। सेठ जी ने पूछा–कौन स्त्री है ? महरा ने कहा–सरकार, मुझे क्या मालूम ? लेकिन है कोई भलेमानुष ! रेशमी साड़ी पहने हुए। हाथ में सोने के कड़े हैं। पैरों में टाट के स्लीपर हैं। बड़े घर की स्त्री जान पड़ती है।

यों साधारणतः सेठ जी पूजा के समय किसी से नहीं मिलते थे। चाहे कैसा ही आवश्यक काम क्यों न हो, ईश्वरोपासना में सामाजिक बाधाओं को घुसने नहीं देते थे। किन्तु ऐसी दशा में जब कि किसी बड़े घर की स्त्री मिलने के लिए आये, तो थोड़ी देर के लिए पूजा में विलम्ब करना निंदनीय नहीं कहा जा सकता, ऐसा विचार करके वे नौकर से बोले–उन्हें बुला लाओ।

जब वह स्त्री आयी तो सेठ जी स्वागत के लिए उठ कर खड़े हो गये। तत्पश्चात् अत्यंत कोमल वचनों से कारुणिक शब्दों में बोले–माता, कहाँ से आना हुआ और जब यह उत्तर मिला कि वह अयोध्या से आयी है, तो आपने उसे फिर से दंडवत किया और चीनी तथा मिश्री से भी अधिक मधुर और नवनीत से भी अधिक चिकने शब्दों में कहा–अच्छा, आप श्री अयोध्या जी से आ रही हैं ? उस नगरी का क्या कहना ! देवताओं की पुरी है। बड़े भाग्य थे कि आपके दर्शन हुए। यहाँ आपका आगमन कैसे हुआ ? स्त्री ने उत्तर दिया–घर तो मेरा यहीं है। सेठ जी का मुख पुनः मधुरता का चित्र बना। वे बोले–अच्छा, तो मकान आपका इसी शहर में है ? तो आपने माया-जंजाल को त्याग दिया ? यह तो मैं पहले ही समझ गया था। ऐसी पवित्र आत्माएँ संसार में बहुत थोड़ी हैं। ऐसी देवियों के दर्शन दुर्लभ होते हैं। आपने मुझे दर्शन दिया, बड़ी कृपा की। मैं इस योग्य नहीं, जो आप-जैसी विदुषियों की कुछ सेवा कर सकूँ ? किंतु जो काम मेरे योग्य

हो–जो कुछ मेरे किये हो सकता हो–उसे करने के लिए मैं सब भाँति से तैयार हूँ। यहाँ सेठ-साहूकारों ने मुझे बहुत बदनाम कर रखा है, मैं सबकी आँखों में खटकता हूँ। उसका कारण सिवा इसके और कुछ नहीं कि जहाँ वे लोग लाभ का ध्यान रखते हैं, वहाँ मैं भलाई पर रखता हूँ। यदि कोई बड़ी अवस्था का वृद्ध मनुष्य मुझसे कुछ कहने-सुनने के लिए आता है, तो विश्वास मानो, मुझसे उसका वचन टाला नहीं जाता। कुछ बुढ़ापे का विचार; कुछ उसके दिल टूट जाने का डर; कुछ यह खयाल कि कहीं यह विश्वासघातियों के फंदे में न फँस जाय, मुझे उसकी इच्छाओं की पूर्ति के लिए विवश कर देता है। मेरा यह सिद्धान्त है कि अच्छी जायदाद और कम ब्याज। किंतु इस प्रकार बातें आपके सामने करना व्यर्थ है। आप से तो घर का मामला है। मेरे योग्य जो कुछ काम हो, उसके लिए मैं सिर-आँखों से तैयार हूँ।

वृद्ध स्त्री–मेरा काम आप ही से हो सकता है।

सेठ जी–(प्रसन्न हो कर) बहुत अच्छा; आज्ञा दो।

स्त्री–मैं आपके सामने भिखारिन बन कर आयी हूँ। आपको छोड़ कर कोई मेरा सवाल पूरा नहीं कर सकता।

सेठ जी–कहिए, कहिए।

स्त्री–आप रामरक्षा को छोड़ दीजिए।

सेठ जी के मुख का रंग उतर गया। सारे हवाई किले जो अभी-अभी तैयार हुए थे, गिर पड़े। वे बोले–उसने मेरी बहुत हानि की है। उसका घमंड तोड़ डालूँगा, तब छोड़ूँगा।

स्त्री–तो क्या कुछ मेरे बुढ़ापे का, मेरे हाथ फैलाने का, कुछ अपनी बड़ाई का विचार न करोगे ? बेटा ममता बुरी होती है। संसार से नाता टूट जाय, धन जाय; धर्म जाय, किंतु लड़के का स्नेह हृदय से नहीं जाता। संतोष सब कुछ कर सकता है। किंतु बेटे का प्रेम माँ के हृदय से नहीं निकल सकता। इस पर हाकिम का, राजा का, यहाँ तक कि ईश्वर का भी बस नहीं है। तुम मुझ पर तरस खाओ। मेरे लड़के की जान छोड़ दो, तुम्हें बड़ा यश मिलेगा। मैं जब तक जीऊँगी, तुम्हें आशीर्वाद देती रहूँगी।

सेठ जी का हृदय कुछ पसीजा। पत्थर की तह में पानी रहता है; किंतु तत्काल ही इन्हें मिसेज रामरक्षा के पत्र का ध्यान आ गया। वे बोले–मुझे रामरक्षा से कोई उतनी शत्रुता नहीं थी, यदि उन्होंने मुझे न छेड़ा होता, तो मैं न बोलता। आपके कहने से मैं अब भी उनका अपराध क्षमा कर सकता हूँ ! परन्तु उसकी बीवी साहबा ने जो पत्र मेरे पास भेजा है, उसे देख कर शरीर में आग लग जाती है। दिखाऊँ आपको ! रामरक्षा की माँ ने पत्र ले कर पढ़ा तो उनकी आँखों में आँसू भर आये। वे बोलीं–बेटा, इस स्त्री ने मुझे बहुत दुःख दिया है। उसने मुझे देश से निकाल दिया। उसका मिजाज और जबान उसके वश में नहीं; किंतु इस समय उसने जो गर्व दिखाया है; उसका तुम्हें खयाल नहीं करना चाहिए। तुम इसे भुला दो। तुम्हारा देश-देश में नाम है। यह नेकी तुम्हारी नाम को और भी फैला देगी। मैं तुमसे प्रण करती हूँ कि सारा समाचार रामरक्षा से लिखवा कर किसी अच्छे समाचार-पत्र में छपवा दूँगी। रामरक्षा मेरे कहना नहीं टालेगा। तुम्हारे इस

उपकार को वह कभी न भूलेगा। जिस समय ये समाचार संवादपत्रों में छपेंगे, उस समय हजारों मनुष्यों को तुम्हारे दर्शन की अभिलाषा होगी। सरकार में तुम्हारी बड़ाई होगी और मैं सच्चे हृदय से कहती हूँ कि शीघ्र ही तुम्हें कोई न कोई पदवी मिल जायगी। रामरक्षा की अँगरेजों से बहुत मित्रता है, वे उसकी बात कभी न टालेंगे।

सेठ जी के हृदय में गुदगुदी पैदा हो गयी। यदि इस व्यवहार में वह पवित्र और माननीय स्थान प्राप्त हो जाय–जिसके लिए हजारों खर्च किये, हजारों डालियाँ दीं, हजारों अनुनय-विनय कीं, हजारों खुशामदें कीं, खानसामों की झिड़कियाँ सहीं, बंगलों के चक्कर लगाये–तो इस सफलता के लिए ऐसे कई हजार मैं खर्च कर सकता हूँ। निःसंदेह मुझे इस काम में रामरक्षा से बहुत कुछ सहायता मिल सकती है; किंतु इन विचारों को प्रकट करने से क्या लाभ ? उन्होंने कहा–माता, मुझे नाम-नमूद की बहुत चाह नहीं है। बड़ों ने कहा है–नेकी कर दरिया में डाल। मुझे तो आपकी बात का खयाल है। पदवी मिले तो लेने से इनकार नहीं; न मिले तो तृष्णा नहीं, परंतु यह तो बताइए कि मेरे रुपयों का क्या प्रबंध होगा ? आपको मालूम होगा कि मेरे दस हजार रुपये आते हैं।

रामरक्षा की माँ ने कहा–तुम्हारे रुपये की जमानत मैं करती हूँ। यह देखो, बंगाल-बैंक की पास-बुक है। इसमें मेरा दस हजार रुपया जमा है। उस रुपये से तुम रामरक्षा को कोई व्यवसाय करा दो। तुम उस दूकान के मालिक रहोगे, रामरक्षा को उसका मैनेजर बना देना। जब तक वह तुम्हारे कहे पर चले, निभाना; नहीं तो दूकान तुम्हारी है। मुझे उसमें से कुछ नहीं चाहिए। मेरी खोज-खबर लेनेवाला ईश्वर है। रामरक्षा अच्छी तरह रहे, इससे अधिक मुझे और न चाहिए। यह कह कर पास-बुक सेठ जी को दे दी। माँ के इस अथाह प्रेम ने सेठ जी को विह्वल कर दिया। पानी उबल पड़ा और पत्थर के नीचे ढँक गया। ऐसे पवित्र दृश्य देखने के लिए जीवन में कम अवसर मिलते हैं। सेठ जी के हृदय में परोपकार की एक लहर-सी उठी; उनकी आँखें डबडबा आयीं। जिस प्रकार पानी के बहाव से कभी-कभी बाँध टूट जाता है; उसी प्रकार परोपकार की इस उमंग ने स्वार्थ और माया के बाँध को तोड़ दिया। वे पास-बुक वृद्ध स्त्री को वापस दे कर बोले–माता, यह अपनी किताब लो। मुझे अब अधिक लज्जित न करो। यह देखो, रामरक्षा का नाम बही से उड़ा देता हूँ। मुझे कुछ नहीं चाहिए, मैंने अपना सब कुछ पा लिया। आज तुम्हारा रामरक्षा तुम को मिल जायगा।

इस घटना के दो वर्ष उपरांत टाउनहाल में फिर एक बड़ा जलसा हुआ। बैंड बज रहा था, झंडियाँ और ध्वजाएँ वायु-मंडल में लहरा रही थीं। नगर के सभी माननीय पुरुष उपस्थित थे। लैंडो, फिटन और मोटरों से सारा हाता भरा हुआ था। एकाएक मुश्की घोड़ों की एक फिटन ने हाते में प्रवेश किया। सेठ गिरधारीलाल बहुमूल्य वस्त्रों से सजे हुए उसमें से उतरे। उनके साथ एक फैशनेबुल नवयुवक अंग्रेजी सूट पहने मुस्कराता हुआ उतरा। ये मिस्टर रामरक्षा थे। वे अब सेठ जी की एक खास दूकान के मैनेजर हैं। केवल मैनेजर ही नहीं, किंतु उन्हें मैनेजिंग प्रोप्राइटर समझना चाहिए। दिल्ली-दरबार में सेठ जी को रायबहादुर का पद मिला है। आज डिस्ट्रिक्ट मैजिस्ट्रेट नियमानुसार इसकी घोषणा करेंगे

और सूचित करेंगे कि नगर के माननीय पुरुषों की ओर से सेठ जी को धन्यवाद देने के लिए यह बैठक हुई है। सेठ जी की ओर से धन्यवाद का वक्तव्य मिस्टर रामरक्षा करेंगे। जिन लोगों ने उनकी वक्तृताएँ सुनी हैं, वे बहुत उत्सुकता से उस अवसर की प्रतीक्षा कर रहे हैं।

बैठक समाप्त होने पर सेठ जी रामरक्षा के साथ अपने भवन पर पहुँचे, तो मालूम हुआ कि आज वही वृद्धा स्त्री उनसे फिर मिलने आयी है। सेठ जी दौड़ कर रामरक्षा की माँ के चरणों से लिपट गये। उनका हृदय इस समय नदी की भाँति उमड़ा हुआ था।

'रामरक्षा ऐंड फ्रेंड्स' नामक चीनी बनाने का कारखाना बहुत उन्नति पर है। रामरक्षा अब भी उसी ठाट-बाट से जीवन व्यतीत कर रहे हैं; किंतु पार्टियाँ कम देते हैं और दिन भर में तीन से अधिक सूट नहीं बदलते। वे अब उस पत्र को, जो उनकी स्त्री ने सेठ जी को लिखा था, संसार की एक बहुत अमूल्य वस्तु समझते हैं और मिसेज रामरक्षा को भी अब सेठ जी के नाम को मिटाने की अधिक चाह नहीं है। क्योंकि अभी हाल में जब लड़का पैदा हुआ था, मिसेज रामरक्षा ने अपना सुवर्ण-कंकण धाय को उपहार दिया था और मनों मिठाई बाँटी थी।

यह सब हो गया; किंतु वह बात, जो, अब होनी चाहिए थी, न हुई। रामरक्षा की माँ अब भी अयोध्या में रहती हैं और अपनी पुत्रवधू की सूरत नहीं देखना चाहतीं।

मंत्र

संध्या का समय था। डाक्टर चड्ढा गोल्फ खेलने के लिए तैयार हो रहे थे। मोटर द्वार के सामने खड़ी थी कि दो कहार एक डोली लिये आते दिखायी दिये। डोली के पीछे एक बूढ़ा लाठी टेकता चला आता था। डोली औषधालय के सामने आ कर रुक गयी। बूढ़े ने धीरे-धीरे आकर द्वार पर पड़ी हुई चिक से झाँका। ऐसी साफ-सुथरी जमीन पर पैर रखते हुए भय हो रहा था कि कोई घुड़क न बैठे। डाक्टर साहब को सामने देख कर भी उसे कुछ कहने का साहस न हुआ।

डाक्टर साहब ने चिक के अंदर से गरज कर कहा–कौन है ? क्या चाहता है ?

बूढ़े ने हाथ जोड़कर कहा–हुजूर, बड़ा गरीब आदमी हूँ। मेरा लड़का कई दिन से...

डाक्टर साहब ने सिगार जला कर कहा–कल सबेरे आओ, कल सबेरे, हम इस वक्त मरीजों को नहीं देखते।

बूढ़े ने घुटने टेक कर जमीन पर सिर रख दिया और बोला–दुहाई है सरकार की, लड़का मर जायगा ! हुजूर, चार दिन से आँखें नहीं...

डाक्टर चड्ढा ने कलाई पर नजर डाली। केवल दस मिनट समय और बाकी था। गोल्फ-स्टिक खूँटी से उतारते हुए बोले–कल सबेरे आओ, कल सबेरे; यह हमारे खेलने का समय है।

बूढ़े ने पगड़ी उतार कर चौखट पर रख दी और रो कर बोला–हुजूर, एक निगाह देख लें। बस, एक निगाह ! लड़का हाथ से चला जायगा हुजूर, सात लड़कों में यही एक बच रहा है, हुजूर। हम दोनों आदमी रो-रो कर मर जायेंगे, सरकार ! आपकी बढ़ती होय, दीनबंधु !

ऐसे उजड्ड देहाती यहाँ प्रायः रोज आया करते थे। डाक्टर साहब उनके स्वभाव से खूब परिचित थे। कोई कितना ही कुछ कहे; पर वे अपनी ही रट लगाते जायँगे। किसी की सुनेंगे नहीं। धीरे से चिक उठायी और बाहर निकल कर मोटर की तरफ चले। बूढ़ा यह कहता हुआ उनके पीछे दौड़ा–सरकार, बड़ा धरम होगा। हुजूर, दया कीजिए, बड़ा दीन-दुखी हूँ; संसार में कोई और नहीं है, बाबू जी !

मगर डाक्टर साहब ने उसकी ओर मुँह फेर कर देखा तक नहीं। मोटर पर बैठ कर बोले–कल सबेरे आना।

मोटर चली गयी। बूढ़ा कई मिनट तक मूर्ति की भाँति निश्चल खड़ा रहा। संसार में ऐसे मनुष्य भी होते हैं, जो अपने आमोद-प्रमोद के आगे किसी की जान की भी परवा नहीं करते, शायद इसका उसे अब भी विश्वास न आता था। सभ्य संसार इतना निर्मम, इतना कठोर है, इसका ऐसा मर्मभेदी अनुभव अब तक न हुआ था। वह उन पुराने जमाने के जीवों में था, जो लगी हुई आग को बुझाने, मुर्दे को कंधा देने, किसी के छप्पर को उठाने और किसी कलह को शांत करने के लिए सदैव तैयार रहते थे। जब तक बूढ़े को मोटर दिखायी दी, वह खड़ा टकटकी लगाये उस ओर ताकता रहा। शायद उसे अब भी डाक्टर साहब के लौट आने की आशा थी। फिर उसने कहारों से डोली उठाने को कहा। डोली जिधर से आयी थी, उधर ही चली गयी। चारों ओर से निराश होकर वह डाक्टर चड्ढा के पास आया था। इनकी बड़ी तारीफ सुनी थी। यहाँ से निराश हो कर फिर वह किसी दूसरे डाक्टर के पास न गया। किस्मत ठोक ली !

उसी रात को उसका हँसते-खेलता सात साल का बालक अपनी बाल-लीला समाप्त करके इस संसार से सिधार गया। बूढ़े माँ-बाप के जीवन का यही एक आधार था। इसी का मुँह देख कर जीते थे। इस दीपक के बुझते ही जीवन की अँधेरी रात भाँय-भाँय करने लगी। बुढ़ापे की विशाल ममता टूटे हुए हृदय से निकल कर अंधकार में आर्त-स्वर से रोने लगी।

2

कई साल गुजर गये। डॉक्टर चड्ढा ने खूब यश और धन कमाया; लेकिन इसके साथ ही अपने स्वास्थ्य की रक्षा भी की, जो एक असाधारण बात थी। यह उनके नियमित जीवन का आशीर्वाद था कि 50 वर्ष की अवस्था में उनकी चुस्ती और फुर्ती युवकों को भी लज्जित करती थी। उनके हर एक काम का समय नियत था, इस नियम से वह जौ-भर भी न टलते थे। बहुधा लोग स्वास्थ्य के नियमों का पालन उस समय करते हैं, जब रोगी हो जाते हैं। डाक्टर चड्ढा उपचार और संयम का रहस्य खूब समझते थे। उनकी संतान-संख्या

भी इसी नियम के अधीन थी। उनके केवल दो बच्चे हुए, एक लड़का और एक लड़की। तीसरी संतान न हुई, इसीलिए श्रीमती चड्ढा भी अभी जवान मालूम होती थीं। लड़की का तो विवाह हो चुका था। लड़का कालेज में पढ़ता था। वही माता-पिता के जीवन का आधार था। शील और विनय का पुतला, बड़ा ही रसिक, बड़ा ही उदार, विद्यालय का गौरव, युवक-समाज की शोभा। मुखमंडल से तेज की छटा-सी निकलती थी। आज उसकी बीसवीं सालगिरह थी।

संध्या का समय था। हरी-हरी घास पर कुर्सियाँ बिछी हुई थीं। शहर के रईस और हुक्काम एक तरफ, कालेज के छात्र दूसरी तरफ बैठे भोजन कर रहे थे। बिजली के प्रकाश से सारा मैदान जगमगा रहा था। आमोद-प्रमोद का सामान भी जमा था। छोटा-सा प्रहसन खेलने की तैयारी थी। प्रहसन स्वयं कैलाशनाथ ने लिखा था। वही मुख्य ऐक्टर भी था। इस समय वह एक रेशमी कमीज पहने, नंगे सिर, नंगे पाँव, इधर से उधर मित्रों की आव-भगत में लगा हुआ था। कोई पुकारता—कैलाश, जरा इधर आना; कोई उधर से बुलाता—कैलाश, क्या उधर ही रहोगे ? सभी उसे छेड़ते थे, चुहलें करते थे, बेचारे को जरा दम मारने का अवकाश न मिलता था। सहसा एक रमणी ने उसके पास आ कर कहा—क्यों कैलाश, तुम्हारे साँप कहाँ हैं ? जरा मुझे दिखा दो।

कैलाश ने उससे हाथ मिला कर कहा—मृणालिनी, इस वक्त क्षमा करो, कल दिखा दूँगा।

मृणालिनी ने आग्रह किया—जी नहीं, तुम्हें दिखाना पड़ेगा, मैं आज नहीं मानने की। तुम रोज 'कल-कल' करते हो।

मृणालिनी और कैलाश दोनों सहपाठी थे और एक दूसरे के प्रेम में पगे हुए। कैलाश को साँपों के पालने, खेलाने और नचाने का शौक था। तरह-तरह के साँप पाल रखे थे। उनके स्वभाव और चरित्र की परीक्षा करता रहता था। थोड़े दिन हुए, उसने विद्यालय में 'साँपों' पर एक मार्के का व्याख्यान दिया था। साँपों को नचा कर दिखाया भी था ! प्राणिशास्त्र के बड़े-बड़े पंडित भी यह व्याख्यान सुन कर दंग रह गये थे ! यह विद्या उसने एक बड़े सँपेरे से सीखी थी। साँपों की जड़ी-बूटियाँ जमा करने का उसे मरज था। इतना पता भर मिल जाय कि किसी व्यक्ति के पास कोई अच्छी जड़ी है, फिर उसे चैन न आता था। उसे ले कर ही छोड़ता था। यही व्यसन था। इस पर हजारों रुपये फूँक चुका था। मृणालिनी कई बार आ चुकी थी; पर कभी साँपों को देखने के लिए इतनी उत्सुक न हुई थी। कह नहीं सकते, आज उसकी उत्सुकता सचमुच जाग गयी थी, या वह कैलाश पर अपने अधिकार का प्रदर्शन करना चाहती थी; पर उसका आग्रह बेमौका था। उस कोठरी में कितनी भीड़ लग जायगी, भीड़ को देख कर साँप कितने चौंकेंगे और रात के समय उन्हें छेड़ा जाना कितना बुरा लगेगा, इन बातों का उसे जरा भी ध्यान न आया।

कैलाश ने कहा—नहीं, कल जरूर दिखा दूँगा। इस वक्त अच्छी तरह दिखा भी तो न सकूँगा, कमरे में तिल रखने को भी जगह न मिलेगी।

एक महाशय ने छेड़ कर कहा—दिखा क्यों नहीं देते, जरा-सी बात के लिए इतना

टाल-मटोल कर रहे हो ? मिस गोविंद, हर्गिज न मानना। देखें कैसे नहीं दिखाते !

दूसरे महाशय ने और रद्दा चढ़ाया–मिस गोविन्द इतनी सीधी और भोली हैं, तभी आप इतना मिजाज करते हैं; दूसरी सुंदरी होती, तो इसी बात पर बिगड़ खड़ी होती।

तीसरे साहब ने मजाक उड़ाया–अजी बोलना छोड़ देती। भला, कोई बात है ! इस पर आपका दावा है कि मृणालिनी के लिए जान हाजिर है।

मृणालिनी ने देखा कि ये शोहदे उसे रंग पर चढ़ा रहे हैं, तो बोली–आप लोग मेरी वकालत न करें, मैं खुद अपनी वकालत कर लूँगी। मैं इस वक्त साँपों का तमाशा नहीं देखना चाहती। चलो, छुट्टी हुई।

इस पर मित्रों ने ठट्टा लगाया। एक साहब बोले–देखना तो आप सब कुछ चाहें, पर कोई दिखाये भी तो ?

कैलाश को मृणालिनी की झेंपी हुई सूरत देखकर मालूम हुआ कि इस वक्त उसका इनकार वास्तव में उसे बुरा लगा है। ज्योंही प्रीति-भोज समाप्त हुआ और गाना शुरू हुआ, उसने मृणालिनी और अन्य मित्रों को साँपों के दरबे के सामने ले जाकर महुअर बजाना शुरू किया। फिर एक-एक खाना खोलकर एक-एक साँप को निकालने लगा। वाह ! क्या कमाल था ! ऐसा जान पड़ता था कि वे कीड़े उसकी एक-एक बात, उसके मन का एक-एक भाव समझते हैं। किसी को उठा लिया, किसी को गरदन में डाल लिया, किसी को हाथ में लपेट लिया। मृणालिनी बार-बार मना करती कि इन्हें गर्दन में न डालो, दूर ही से दिखा दो। बस, जरा नचा दो। कैलाश की गरदन में साँपों को लिपटते देख कर उसकी जान निकली जाती थी। पछता रही थी कि मैंने व्यर्थ ही इनसे साँप दिखाने को कहा; मगर कैलाश एक न सुनता था। प्रेमिका के सम्मुख अपने सर्प-कला-प्रदर्शन का ऐसा अवसर पाकर वह कब चूकता ! एक मित्र ने टीका की–दाँत तोड़ डाले होंगे।

कैलाश हँसकर बोला–दाँत तोड़ डालना मदारियों का काम है। किसी के दाँत नहीं तोड़े गये। कहिए तो दिखा दूँ ? कह कर उसने एक काले साँप को पकड़ लिया और बोला–'मेरे पास इससे बड़ा और जहरीला साँप दूसरा नहीं है, अगर किसी को काट ले, तो आदमी आनन-फानन में मर जाय। लहर भी न आये। इसके काटे पर मन्त्र नहीं। इसके दाँत दिखा दूँ ?'

मृणालिनी ने उसका हाथ पकड़ कर कहा–नहीं-नहीं, कैलाश, ईश्वर के लिए इसे छोड़ दो। तुम्हारे पैरों पड़ती हूँ।

इस पर एक दूसरे मित्र बोले–मुझे तो विश्वास नहीं आता, लेकिन तुम कहते हो, तो मान लूँगा।

कैलाश ने साँप की गरदन पकड़कर कहा–नहीं साहब, आप आँखों से देख कर मानिए। दाँत तोड़कर वश में किया तो क्या किया। साँप बड़ा समझदार होता है ! अगर उसे विश्वास हो जाय कि इस आदमी से मुझे कोई हानि न पहुँचेगी, तो वह उसे हर्गिज न काटेगा।

मृणालिनी ने जब देखा कि कैलाश पर इस वक्त भूत सवार है, तो उसने यह तमाशा

न करने के विचार से कहा–अच्छा भाई, अब यहाँ से चलो। देखो गाना शुरू हो गया है। आज मैं भी कोई चीज सुनाऊँगी। यह कहते हुए उसने कैलाश का कंधा पकड़ कर चलने का इशारा किया और कमरे से निकल गयी; मगर कैलाश विरोधियों का शंका-समाधान करके ही दम लेना चाहता था। उसने साँप की गरदन पकड़ कर जोर से दबायी, इतनी जोर से दबायी कि उसका मुँह लाल हो गया, देह की सारी नसें तन गयीं। साँप ने अब तक उसके हाथों ऐसा व्यवहार न देखा था। उसकी समझ में न आता था कि यह मुझसे क्या चाहते हैं। उसे शायद भ्रम हुआ कि मुझे मार डालना चाहते हैं, अतएव वह आत्मरक्षा के लिए तैयार हो गया।

कैलाश ने उसकी गर्दन खूब दबा कर मुँह खोल दिया और उसके जहरीले दाँत दिखाते हुए बोला–जिन सज्जनों को शक हो, आ कर देख लें। आया विश्वास या अब भी कुछ शक है ? मित्रों ने आ कर उसके दाँत देखे और चकित हो गये। प्रत्यक्ष प्रमाण के सामने संदेह को स्थान कहाँ। मित्रों का शंका-निवारण करके कैलाश ने साँप की गर्दन ढीली कर दी और उसे जमीन पर रखना चाहा, पर वह काला गेहुँवन क्रोध से पागल हो रहा था। गर्दन नरम पड़ते ही उसने सिर उठा कर कैलाश की उँगली में जोर से काटा और वहाँ से भागा। कैलाश की उँगली से टप-टप खून टपकने लगा। उसने जोर से उँगली दबा ली और अपने कमरे की तरफ दौड़ा। वहाँ मेज की दराज में एक जड़ी रखी हुई थी, जिसे पीस कर लगा देने से घातक विष भी रफू हो जाता था। मित्रों में हलचल पड़ गयी। बाहर महफिल में भी खबर हुई। डाक्टर साहब घबरा कर दौड़े। फौरन उँगली की जड़ कस कर बाँधी गयी और जड़ी पीसने के लिए दी गयी। डाक्टर साहब जड़ी के कायल न थे। वह उँगली का डसा भाग नश्तर से काट देना चाहते थे, मगर कैलाश को जड़ी पर पूर्ण विश्वास था। मृणालिनी प्यानो पर बैठी हुई थी। यह खबर सुनते ही दौड़ी, और कैलाश की उँगली से टपकते हुए खून को रूमाल से पोंछने लगी। जड़ी पीसी जाने लगी; पर उसी एक मिनट में कैलाश की आँखें झपकने लगीं, ओठों पर पीलापन दौड़ने लगा। यहाँ तक कि वह खड़ा न रह सका। फर्श पर बैठ गया। सारे मेहमान कमरे में जमा हो गये। कोई कुछ कहता था, कोई कुछ। इतने में जड़ी पीस कर आ गयी। मृणालिनी ने उँगली पर लेप किया। एक मिनट और बीता। कैलाश की आँखें बंद हो गयीं। वह लेट गया और हाथ से पंखा झलने का इशारा किया। माँ ने दौड़ कर उसका सिर गोद में रख लिया और बिजली का टेबुल-फैन लगा दिया।

डाक्टर साहब ने झुक कर पूछा–कैलाश, कैसी तबीयत है ? कैलाश ने धीरे से हाथ उठा दिया; पर कुछ बोल न सका। मृणालिनी ने करुण स्वर में कहा–क्या जड़ी कुछ असर न करेगी ? डाक्टर साहब ने सिर पकड़ कर कहा–क्या बतलाऊँ, मैं इसकी बातों में आ गया। अब तो नश्तर से भी कुछ फायदा न होगा।

आध घंटे तक यही हाल रहा। कैलाश की दशा प्रतिक्षण बिगड़ती जाती थी। यहाँ तक कि उसकी आँखें पथरा गयीं, हाथ-पाँव ठंडे हो गये, मुख की कांति मलिन पड़ गयी, नाड़ी का कहीं पता नहीं। मौत के सारे लक्षण दिखायी देने लगे। घर में कुहराम मच गया।

मृणालिनी एक ओर सिर पीटने लगी; माँ अलग पछाड़ें खाने लगी। डाक्टर चड्ढा को मित्रों ने पकड़ लिया, नहीं तो वह नश्तर अपनी गर्दन पर मार लेते।

एक महाशय बोले—कोई मंत्र झाड़ने वाला मिले, तो सम्भव है, अब भी जान बच जाय।

एक मुसलमान सज्जन ने इसका समर्थन किया—अरे साहब कब्र में पड़ी हुई लाशें जिंदा हो गयी हैं। ऐसे-ऐसे बाकमाल पड़े हुए हैं।

डाक्टर चड्ढा बोले—मेरी अक्ल पर पत्थर पड़ गया था कि इसकी बातों में आ गया। नश्तर लगा देता, तो यह नौबत ही क्यों आती। बार-बार समझाता रहा कि बेटा, साँप न पालो, मगर कौन सुनता था ! बुलाइए, किसी झाड़-फूँक करनेवाले ही को बुलाइए। मेरा सब कुछ ले ले, मैं अपनी सारी जायदाद उसके पैरों पर रख दूँगा। लँगोटी बाँध कर घर से निकल जाऊँगा; मगर मेरा कैलाश, मेरा प्यारा कैलाश उठ बैठे। ईश्वर के लिए किसी को बुलवाइए।

एक महाशय का किसी झाड़नेवाले से परिचय था। वह दौड़कर उसे बुला लाये; मगर कैलाश की सूरत देखकर उसे मंत्र चलाने की हिम्मत न पड़ी। बोला—अब क्या हो सकता है, सरकार ? जो कुछ होना था, हो चुका !

अरे मूर्ख, यह क्यों नहीं कहता कि जो कुछ न होना था, हो चुका। जो कुछ होना था, वह कहाँ हुआ ? माँ-बाप ने बेटे का सेहरा कहाँ देखा ? मृणालिनी का कामना-तरु क्या पल्लव और पुष्प से रंजित हो उठा ? मन के वह स्वर्ण-स्वप्न जिनसे जीवन आनंद का स्रोत बना हुआ था, क्या पूरे हो गये ? जीवन के नृत्यमय तारिका-मंड़ित सागर में आमोद की बहार लूटते हुए क्या उनकी नौका जलमग्न नहीं हो गयी ? जो न होना था, वह हो गया।

वही हरा-भरा मैदान था, वही सुनहरी चाँदनी एक निःशब्द संगीत की भाँति प्रकृति पर छायी हुई थी; वही मित्र-समाज था। वही मनोरंजन के सामान थे। मगर जहाँ हास्य की ध्वनि थी, वहाँ करुण क्रंदन और अश्रु-प्रवाह था।

3

शहर से कई मील दूर एक छोटे-से घर में एक बूढ़ा और बूढ़िया अँगीठी के सामने बैठे जाड़े की रात काट रहे थे। बूढ़ा नारियल पीता था और बीच-बीच में खाँसता था। बुढ़िया दोनों घुटनियों में सिर डाले आग की ओर ताक रही थी। एक मिट्टी के तेल की कुप्पी ताक पर जल रही थी। घर में न चारपाई थी, न बिछौना। एक किनारे थोड़ी-सी पुआल पड़ी हुई थी। इसी कोठरी में एक चूल्हा था। बुढ़िया दिन-भर उपले और सूखी लकड़ियाँ बटोरती थी। बूढ़ा रस्सी बट कर बाजार में बेच आता था। यही उनकी जीविका थी। उन्हें न किसी ने रोते देखा, न हँसते। उनका सारा समय जीवित रहने में कट जाता था। मौत द्वार पर खड़ी थी, रोने या हँसने की कहाँ फुरसत ! बुढ़िया ने पूछा—कल के लिए सन तो है नहीं, काम क्या करोगे ?

'जा कर झगडू साह से दस सेर सन उधार लाऊँगा।'

'उसके पहले के पैसे तो दिये ही नहीं, और उधार कैसे देगा ?'

'न देगा न सही। घास तो कहीं नहीं गयी है। दोपहर तक क्या दो आने की भी न काटूँगा ?'

इतने में एक आदमी ने द्वार पर आवाज दी—भगत, भगत, क्या सो गये ? जरा किवाड़ खोलो।

भगत ने उठकर किवाड़ खोल दिये। एक आदमी ने अंदर आ कर कहा—कुछ सुना, डाक्टर चड्ढा बाबू के लड़के को साँप काट लिया।

भगत ने चौंक कर कहा—चड्ढा बाबू के लड़के को ! वही चड्ढा बाबू हैं न, जो छावनी में बँगले में रहते हैं ?

'हाँ-हाँ वही। शहर में हल्ला मचा हुआ है। जाते हो तो जाओ, आदमी बन जाओगे।'

बूढ़े ने कठोर भाव से सिर हिला कर कहा—मैं नहीं जाता ! मेरी बला जाय ! वही चड्ढा है। खूब जानता हूँ। भैया को ले कर उन्हीं के पास गया था। खेलने जा रहे थे। पैरों पर गिर पड़ा कि एक नजर देख लीजिए; मगर सीधे मुँह से बात तक न की। भगवान् बैठे सुन रहे थे। अब जान पड़ेगा कि बेटे का गम कैसा होता है। कई लड़के हैं ?

'नहीं जी, यही तो एक लड़का था। सुना है, सबने जवाब दे दिया है।'

'भगवान् बड़ा कारसाज है। उस बखत मेरी आँखों से आँसू निकल पड़े थे, पर उन्हें तनिक भी दया न आयी थी। मैं तो उनके द्वार पर होता, तो भी बात न पूछता।'

'तो न जाओगे ? हमने जो सुना था, सो कह दिया।'

'अच्छा किया—अच्छा किया। कलेजा ठंडा हो गया, आँखें ठंडी हो गयीं। लड़का भी ठंडा हो गया होगा ! तुम जाओ। आज चैन की नींद सोऊँगा। (बुढ़िया से) जरा तम्वाखू ले ले ! एक चिलम और पीऊँगा। अब मालूम होगा लाला को ! सारी साहबी निकल जायगी, हमारा क्या बिगड़ा। लड़के के मर जाने से कुछ राज तो नहीं चला गया ? जहाँ छः बच्चे गये थे, वहाँ एक और चला गया, तुम्हारा तो राज सूना हो जायगा। उसी के वास्ते सबका गला दबा-दबा कर जोड़ा था न ! अब क्या करोगे ? एक बार देखने जाऊँगा; पर कुछ दिन बाद मिजाज का हाल पूछूँगा।'

आदमी चला गया। भगत ने किवाड़ बंद कर लिये, तब चिलम पर तम्बाखू रख कर पीने लगा।

बुढ़िया ने कहा—इतनी रात गये जाड़े-पाले में कौन जायगा ?

'अरे, दोपहर ही होता तो मैं न जाता। सवारी दरवाजे पर लेने आती, तो भी न जाता। भूल नहीं गया हूँ। पन्ना की सूरत आज भी आँखों में फिर रही है। इस निर्दयी ने उसे एक नजर देखा तक नहीं। क्या मैं न जानता था कि वह न बचेगा ? खूब जानता था। चड्ढा भगवान् नहीं थे, कि उनके एक निगाह देख लेने से अमृत बरस जाता। नहीं, खाली मन की दौड़ थी। जरा तसल्ली हो जाती। बस, इसीलिए उनके पास गया था। अब किसी दिन जाऊँगा और कहूँगा—क्यों साहब, कहिए, क्या रंग है ? दुनिया बुरा कहेगी,

कहे; कोई परवाह नहीं। छोटे आदमियों में तो सब ऐब होते हैं। बड़ों में कोई ऐब नहीं होता, देवता होते हैं।'

भगत के लिए यह जीवन में पहला अवसर था कि ऐसा समाचार पा कर वह बैठा रह गया हो। 80 वर्ष के जीवन में ऐसा कभी न हुआ था कि साँप की खबर पा कर वह दौड़ न गया हो। माघ-पूस की अँधेरी रात, चैत-बैसाख की धूप और लू, सावन-भादों की चढ़ी हुई नदी और नाले, किसी की उसने कभी परवाह न की। वह तुरंत घर से निकल पड़ता था—निःस्वार्थ, निष्काम ! लेन-देन का विचार कभी दिल में आया नहीं। यह ऐसा काम ही न था। जान का मूल्य कौन दे सकता है ? यह एक पुण्य-कार्य था। सैकड़ों निराशों को उसके मंत्रों ने जीवन-दान दे दिया था; पर आज वह घर से कदम नहीं निकाल सका। यह खबर सुन कर सोने जा रहा है।

बुढ़िया ने कहा—तमाखू अँगीठी के पास रखी हुई है। उसके भी आज ढाई पैसे हो गये। देती ही न थी।

बुढ़िया यह कह कर लेटी। बूढ़े ने कुप्पी बुझायी, कुछ देर खड़ा रहा, फिर बैठ गया। अंत को लेट गया; पर यह खबर उसके हृदय पर बोझे की भाँति रखी हुई थी। उसे मालूम हो रहा था, उसकी कोई चीज खो गयी है, जैसे सारे कपड़े गीले हो गये हैं या पैरों में कीचड़ लगा हुआ है, जैसे कोई उसके मन में बैठा हुआ उसे घर से निकालने के लिए कुरेद रहा है। बुढ़िया जरा देर में खर्राटे लेने लगी। बूढ़े बातें करते-करते सोते हैं और जरा-सा खटका होते ही जागते हैं। तब भगत उठा, अपनी लकड़ी उठा ली, और धीरे से किवाड़ खोले।

बुढ़िया ने पूछा—कहाँ जाते हो ?

'कहीं नहीं, देखता था कि कितनी रात है।'

'अभी बहुत रात है, सो जाओ।'

'नींद नहीं आती।'

'नींद काहे को आवेगी ? मन तो चड्ढा के घर पर लगा हुआ है।'

'चड्ढा ने मेरे साथ कौन-सी नेकी कर दी है, जो वहाँ जाऊँ ? वह आ कर पैरों पड़े, तो भी न जाऊँ।'

'उठे तो तुम इसी इरादे से ही ?'

'नहीं री, ऐसा पागल नहीं हूँ कि जो मुझे काँटे बोये, उसके लिए फूल बोता फिरूँ।'

बुढ़िया फिर सो गयी। भगत ने किवाड़ लगा दिये और फिर आ कर बैठा। पर उसके मन की कुछ ऐसी दशा थी, जो बाजे की आवाज कान में पड़ते ही उपदेश सुननेवालों की होती है। आँखे चाहे उपदेशक की ओर हों; पर कान बाजे ही की ओर होते हैं। दिल में भी बाजे की ध्वनि गूँजती रहती हैं। शर्म के मारे जगह से नहीं उठता। निर्दयी प्रतिघात का भाव भगत के लिए उपदेशक था, पर हृदय उस अभागे युवक की ओर था, जो इस समय मर रहा था, जिसके लिए एक-एक पल का विलम्ब घातक था।

उसने फिर किवाड़ खोले, इतने धीरे से कि बुढ़िया को खबर भी न हुई। बाहर निकल आया। उसी वक्त गाँव का चौकीदार गश्त लगा रहा था, बोला—कैसे उठे भगत ?

आज तो बड़ी सरदी है ! कहीं जा रहे हो क्या ?

भगत ने कहा–नहीं जी, जाऊँगा कहाँ ! देखता था, अभी कितनी रात है। भला, कै बजे होंगे ?

चौकीदार बोला–एक बजा होगा और क्या, अभी थाने से आ रहा था, तो डाक्टर चड्ढा बाबू के बँगले पर बड़ी भीड़ लगी हुई थी। उनके लड़के का हाल तो तुमने सुना होगा, कीड़े ने छू लिया है। चाहे मर भी गया हो तुम चले जाओ, तो साइत बच जाय। सुना है, दस हजार तक देने को तैयार हैं।

भगत–मैं तो न जाऊँ, चाहे वह दस लाख भी दें। मुझे दस हजार या दस लाख ले कर क्या करना है ? कल मर जाऊँगा, फिर कौन भोगनेवाला बैठा हुआ है।

चौकीदार चला गया। भगत ने पैर बढ़ाया। जैसे नशे में आदमी की देह अपने काबू में नहीं रहती, पैर कहीं रखता है, पड़ता कहीं है, कहता कुछ है, जबान से निकलता कुछ है, वही हाल इस समय भगत का था। मन में प्रतिकार था; पर कर्म मन के अधीन न था। जिसने कभी तलवार नहीं चलायी, वह इरादा करने पर भी तलवार नहीं चला सकता। उसके हाथ काँपते हैं, उठते ही नहीं।

भगत लाठी खट-खट करता लपका चला जाता था। चेतना रोकती थी पर उपचेतना ठेलती थी। सेवक स्वामी पर हावी था।

आधी राह निकल जाने के बाद सहसा भगत रुक गया। हिंसा ने क्रिया पर विजय पायी–मैं यों ही इतनी दूर चला आया। इस जाड़े-पाले में मरने की मुझे क्या पड़ी थी ? आराम से सोया क्यों नहीं ? नींद न आती, न सही; दो-चार भजन ही गाता। व्यर्थ इतनी दूर दौड़ा आया। चड्ढा का लड़का रहे या मरे, मेरी बला से। मेरे साथ उन्होंने ऐसा कौन-सा सलूक किया था कि मैं उनके लिए मरूँ ? दुनिया में हजारों मरते हैं, हजारों जीते हैं। मुझे किसी के मरने-जीने से मतलब !

मगर उपचेतना ने अब एक दूसरा रूप धारण किया, जो हिंसा से बहुत कुछ मिलता-जुलता था–वह झाड़-फूँक करने नहीं जा रहा है; वह देखेगा, कि लोग क्या कर रहे हैं। डाक्टर साहब का रोना-पीटना देखेगा, किस तरह सिर पीटते हैं, किस तरह पछाड़ें खाते हैं ! यह देखेगा कि बड़े लोग भी छोटों ही की भाँति रोते हैं, या सबर कर जाते हैं ! वे लोग तो विद्वान् होते हैं, सबर कर जाते होंगे ! हिंसा-भाव को यों धीरज देता हुआ वह फिर आगे बढ़ा।

इतने में दो आदमी आते दिखायी दिये। दोनों बातें करते चले आ रहे थे–चड्ढा बाबू का घर उजड़ गया, वही तो एक लड़का था। भगत के कान में यह आवाज पड़ी। उसकी चाल और भी तेज हो गयी। थकान के मारे पाँव न उठते थे। शिरोभाग इतना बढ़ा जाता था, मानों अब मुँह के बल गिर पड़ेगा। इस तरह वह कोई 10 मिनट चला होगा कि डाक्टर साहब का बँगला नजर आया। बिजली की बत्तियाँ जल रही थीं; मगर सन्नाटा छाया हुआ था। रोने-पीटने की आवाज भी न आती थी। भगत का कलेजा धक्-धक् करने लगा। कहीं मुझे बहुत देर तो नहीं हो गयी ? वह दौड़ने लगा। अपनी उम्र में वह इतना

तेज कभी न दौड़ा था। बस, यही मालूम होता था मानो उसके पीछे मौत दौड़ी आ रही है।

4

दो बज गये थे। मेहमान विदा हो गये। रोने वालों में केवल आकाश के तारे रह गये थे। और सभी रो-रो कर थक गये थे। बड़ी उत्सुकता के साथ लोग रह-रहकर आकाश की ओर देखते थे कि किसी तरह सुबह हो और लाश गंगा की गोद में दी जाय।

सहसा भगत ने द्वार पर पहुँच कर आवाज दी। डाक्टर साहब समझे, कोई मरीज आया होगा। किसी और दिन उन्होंने उस आदमी को दुत्कार दिया होता; मगर आज बाहर निकल आये। देखा एक बूढ़ा आदमी खड़ा है—कमर झुकी हुई, पोपला मुँह, भौंहें तक सफेद हो गयी थीं। लकड़ी के सहारे काँप रहा था। बड़ी नम्रता से बोले—क्या है भई, आज तो हमारे ऊपर ऐसी मुसीबत पड़ गयी है कि कुछ कहते नहीं बनता, फिर कभी आना। इधर एक महीना तक तो शायद मैं किसी भी मरीज को न देख सकूँगा।

भगत ने कहा—सुन चुका हूँ बाबू जी, इसीलिए आया हूँ। भैया कहाँ हैं ? जरा मुझे दिखा दीजिए। भगवान् बड़ा कारसाज है, मुरदे को भी जिला सकता है। कौन जाने, अब भी उसे दया आ जाय।

चड्ढा ने व्यथित स्वर से कहा—चलो, देख लो; मगर तीन-चार घंटे हो गये। जो कुछ होना था, हो चुका। बहुतेरे झाड़ने-फूँकने वाले देख-देख कर चले गये।

डाक्टर साहब को आशा तो क्या होती। हाँ, बूढ़े पर दया आ गयी। अंदर ले गये। भगत ने लाश को एक मिनट तक देखा। तब मुस्करा कर बोला—अभी कुछ नहीं बिगड़ा है, बाबू जी ! वह नारायण चाहेंगे, तो आध घंटे में भैया उठ बैठेंगे। आप नाहक दिल छोटा कर रहे हैं। जरा कहारों से कहिए, पानी तो भरें।

कहारों ने पानी भर-भर कर कैलाश को नहलाना शुरू किया। पाइप बंद हो गया था। कहारों की संख्या अधिक न थी, इसलिए मेहमानों ने अहाते के बाहर के कुएँ से पानी भर-भर कर कहारों को दिया, मृणालिनी कलसा लिये पानी ला रही थी। बूढ़ा भगत खड़ा मुस्करा-मुस्करा कर मंत्र पढ़ रहा था, मानो विजय उसके सामने खड़ी है। जब एकबार मंत्र समाप्त हो जाता, तब वह एक जड़ी कैलाश को सुँघा देता। इस तरह न-जाने कितने घड़े कैलाश के सिर पर डाले गये और न-जाने कितनी बार भगत ने मंत्र फूँका। आखिर जब उषा ने अपनी लाल-लाल आँखें खोलीं तो कैलाश की भी लाल-लाल आँखें खुल गयीं। एक क्षण में उसने अंगड़ाई ली और पानी पीने को माँगा। डाक्टर चड्ढा ने दौड़ कर नारायणी को गले लगा लिया। नारायणी दौड़कर भगत के पैरों पर गिर पड़ी और मृणालिनी कैलाश के सामने आँखों में आँसू-भरे पूछने लगी—अब कैसी तबीयत है ?

एक क्षण में चारों तरफ खबर फैल गयी। मित्रगण मुबारकबाद देने आने लगे। डाक्टर साहब बड़े श्रद्धा-भाव से हर एक के सामने भगत का यश गाते फिरते थे। सभी लोग भगत के दर्शनों के लिए उत्सुक हो उठे, मगर अंदर जा कर देखा, तो भगत का कहीं

पता न था। नौकरों ने कहा–अभी तो यहीं बैठे चिलम पी रहे थे। हम लोग तमाखू देने लगे, तो नहीं ली; अपने पास से तमाखू निकाल कर भरी।

यहाँ तो भगत की चारों ओर तलाश होने लगी, और भगत लपका हुआ घर चला जा रहा था कि बुढ़िया के उठने से पहले पहुँच जाऊँ !

जब मेहमान लोग चले गये, तो डाक्टर साहब ने नारायणी से कहा–बुड्ढा न-जाने कहाँ चला गया। एक चिलम तमाखू का भी रवादार न हुआ।

नारायणी–मैंने तो सोचा था, इसे कोई बड़ी रकम दूँगी।

चड्ढा–रात को तो मैंने नहीं पहचाना, पर जरा साफ हो जाने पर पहचान गया। एक बार यह एक मरीज को ले कर आया था। मुझे अब याद आता है कि मैं खेलने जा रहा था और मरीज को देखने से इनकार कर दिया था। आज उस दिन की बात याद करके मुझे जितनी ग्लानि हो रही है, उसे प्रकट नहीं कर सकता। मैं उसे अब खोज निकालूँगा और उसके पैरों पर गिर कर अपना अपराध क्षमा कराऊँगा। वह कुछ लेगा नहीं, यह जानता हूँ, उसका जन्म यश की वर्षा करने ही के लिए हुआ है। उसकी सज्जनता ने मुझे ऐसा आदर्श दिखा दिया है, जो अब से जीवन-पर्यन्त मेरे सामने रहेगा।

प्रायश्चित्त

दफ्तर में जरा देर से आना अफसरों की शान है। जितना ही बड़ा अधिकारी होता है, उतनी ही देर में आता है; और उतने ही सबेरे जाता भी है। चपरासी की हाजिरी चौबीसों घंटे की। वह छुट्टी पर भी नहीं जा सकता। अपना एवज देना पड़ता है। खैर, जब बरेली जिला-बोर्ड के हेड क्लर्क बाबू मदारीलाल ग्यारह बजे दफ्तर आये, तब मानो दफ्तर नींद से जाग उठा। चपरासी ने दौड़ कर पैरगाड़ी ली, अरदली ने दौड़ कर कमरे की चिक उठा दी और जमादार ने डाक की किश्त मेज पर ला कर रख दी। मदारीलाल ने पहला ही सरकारी लिफाफा खोला था कि उनका रंग फक हो गया। वे कई मिनट तक आश्चर्यान्वित हालत में खड़े रहे, मानो सारी ज्ञानेन्द्रियाँ शिथिल हो गयी हों। उन पर बड़े-बड़े आघात हो चुके थे; पर इतने बदहवास वे कभी न हुए थे। बात यह थी कि बोर्ड के सेक्रेटरी की जो जगह एक महीने से खाली थी, सरकार ने सुबोधचंद्र को वह जगह दी थी और सुबोधचंद्र, वह व्यक्ति था, जिसके नाम ही से मदारीलाल को घृणा थी। वह सुबोधचन्द्र, जो उनका सहपाठी था, जिसे जक देने को उन्होंने कितनी ही चेष्टा की; पर कभी सफल न हुए थे। वही सुबोध आज उनका अफसर हो कर आ रहा था। सुबोध की इधर कई सालों से कोई खबर न थी। इतना मालूम था कि वह फौज में भरती हो गया था। मदारीलाल ने समझा था–वहीं मर गया होगा; पर आज वह मानो जी उठा और सेक्रेटरी हो कर आ रहा था। मदारीलाल को उसकी मातहती में काम करना पड़ेगा। इस अपमान से तो मर जाना कहीं अच्छा था। सुबोध को स्कूल और कालेज की सारी बातें अवश्य ही याद होंगी। मदारीलाल ने उसे कालेज से निकलवा देने के लिए कई बार मंत्र चलाये, झूठे

आरोप किये, बदनाम किया। क्या सुबोध सब कुछ भूल गया होगा ? नहीं, कभी नहीं। वह आते ही पुरानी कसर निकालेगा। मदारी बाबू को अपनी प्राण-रक्षा का कोई उपाय न सूझता था।

मदारी और सुबोध के ग्रहों में ही विरोध था। दोनों एक ही दिन, एक ही शाला में भरती हुए थे, और पहले ही दिन से दिल में ईर्ष्या और द्वेष की वह चिनगारी पड़ गयी, जो आज बीस वर्ष बीतने पर भी न बुझी थी। सुबोध का अपराध यही था कि वह मदारीलाल से हर एक बात में बढ़ा हुआ था। डील-डौल, रंग-रूप, रीति-व्यवहार, विद्या-बुद्धि ये सारे मैदान उसके हाथ थे। मदारीलाल ने उसका यह अपराध कभी क्षमा नहीं किया। सुबोध बीस वर्ष तक निरंतर उनके हृदय का काँटा बना रहा। जब सुबोध डिग्री लेकर अपने घर चला गया और मदारी फेल हो कर इस दफ्तर में नौकर हो गये, तब उनका चित्त शांत हुआ। किंतु जब यह मालूम कि सुबोध बसरे जा रहा है, तब तो मदारीलाल का चेहरा खिल उठा। उनके दिल से यह पुरानी फाँस निकल गयी। पर हा हतभाग्य ! आज वह पुराना नासूर शतगुण टीस और जलन के साथ खुल गया। आज उनकी किस्मत सुबोध के हाथ में थी। ईश्वर इतना अन्यायी है ! विधि इतना कठोर !

जब जरा चित्त शांत हुआ, तब मदारी ने दफ्तर के क्लर्कों को सरकारी हुक्म सुनाते हुए कहा–अब आप लोग जरा हाथ-पाँव सँभाल कर रहिएगा। सुबोधचंद्र वे आदमी नहीं हैं, जो भूलों को क्षमा कर दें ?

एक क्लर्क ने पूछा–क्या बहुत सख्त हैं।

मदारीलाल ने मुस्करा कर कहा–वह तो आप लोगों को दो-चार दिन ही में मालूम हो जायगा। मैं अपने मुँह से किसी की क्यों शिकायत करूँ ? बस, चेतावनी दे दी कि जरा हाथ-पाँव सँभाल कर रहिएगा। आदमी योग्य है, पर बड़ा ही क्रोधी, बड़ा दम्भी। गुस्सा तो उसकी नाक पर रहता है। खुद हजारों हजम कर जाय और डकार तक न ले; पर क्या मजाल कि कोई मातहत एक कौड़ी भी हजम करने पाये। ऐसे आदमी से ईश्वर ही बचाये ! मैं तो सोच रहा हूँ कि छुट्टी ले कर घर चला जाऊँ। दोनों वक्त घर पर हाजिरी बजानी होगी। आप लोग आज से सरकार के नौकर नहीं, सेक्रेटरी साहब के नौकर हैं। कोई उनके लड़के को पढ़ायेगा, कोई बाजार से सौदा-सुलुफ लायेगा और कोई उन्हें अखबार सुनायेगा। और चपरासियों के तो शायद दफ्तर में दर्शन ही न हों।

इस प्रकार सारे दफ्तर को सुबोधचंद्र की तरफ से भड़का कर मदारीलाल ने अपना कलेजा ठंडा किया।

2

इसके एक सप्ताह बाद सुबोधचंद्र गाड़ी से उतरे, तब स्टेशन पर दफ्तर के सब कर्मचारियों को हाजिर पाया सब उनका स्वागत करने आये थे। मदारीलाल को देखते ही सुबोध लपक कर उनके गले से लिपट गये और बोले–तुम खूब मिले भाई। यहाँ कैसे आये ? ओह ! आज एक युग के बाद भेंट हुई !

मदारीलाल बोले—यहाँ जिला-बोर्ड के दफ्तर में हेड क्लर्क हूँ। आप तो कुशल से हैं?

सुबोध—अजी, मेरी न पूछो। बसरा, फ्रांस, मिस्र और न-जाने कहाँ-कहाँ मारा-मारा फिरा। तुम दफ्तर में हो, यह बहुत ही अच्छा हुआ। मेरी तो समझ ही में न आता था कि कैसे काम चलेगा। मैं तो बिलकुल कोरा हूँ; मगर जहाँ जाता हूँ, मेरा सौभाग्य ही मेरे साथ जाता है। बसरे में सभी अफसर खुश थे। फ्रांस में भी खूब चैन किये। दो साल में कोई पचीस हजार रुपये बना लाया और सब उड़ा दिया। वहाँ से आ कर कुछ दिनों कोआपरेशन दफ्तर में मटरगश्त करता रहा। यहाँ आया तब तुम मिल गये। (क्लर्कों को देख कर) ये लोग कौन हैं ?

मदारी के हृदय में बर्छियाँ-सी चल रही थीं। दुष्ट पचीस हजार रुपये बसरे से कमा लाया ! यहाँ कलम घिसते-घिसते मर गये और पाँच सौ भी न जमा कर सके। बोले—ये लोग बोर्ड के कर्मचारी हैं। सलाम करने आये हैं।

सुबोध ने उन सब लोगों से बारी-बारी से हाथ मिलाया और बोला—आप लोगों ने व्यर्थ यह कष्ट किया। बहुत आभारी हूँ। मुझे आशा है कि आप सब सज्जनों को मुझसे कोई शिकायत न होगी। मुझे अपना अफसर नहीं, अपना भाई समझिए। आप सब लोग मिल कर इस तरह काम कीजिए कि बोर्ड की नेकनामी हो और मैं भी सुर्खरू रहूँ। आपके हेड क्लर्क साहब तो मेरे पुराने मित्र और लँगोटिया यार हैं।

एक वाकूचतुर क्लर्क ने कहा—हम सब हुजूर के ताबेदार हैं। यथाशक्ति आपको असंतुष्ट न करेंगे, लेकिन आदमी ही हैं, अगर कोई भूल हो भी जाय, तो हुजूर उसे क्षमा करेंगे।

सुबोध ने नम्रता से कहा—यही मेरा सिद्धांत है और हमेशा से यही सिद्धांत रहा है। जहाँ रहा, मातहतों से मित्रों का-सा बर्ताव किया। हम और आप दोनों ही किसी तीसरे के गुलाम हैं। फिर रोब कैसा और अफसरी कैसी ? हाँ, हमें नेकनीयत के साथ अपना कर्तव्य पालन करना चाहिए।

जब सुबोध से विदा हो कर कर्मचारी लोग चले, तब आपस में बातें होने लगीं—

'आदमी तो अच्छा मालूम होता है।'

'हेड क्लर्क के कहने से तो ऐसा मालूम होता था कि सबको कच्चा ही खा जायगा।'

'पहले सभी ऐसे ही बातें करते हैं।'

'ये दिखाने के दाँत हैं।'

3

सुबोध को आये एक महीना गुजर गया। बोर्ड के क्लर्क, अरदली, चपरासी सभी उसके बर्ताव से खुश हैं। वह इतना प्रसन्नचित्त है, इतना नम्र है कि जो उससे एकबार मिलता है, सदैव के लिए उसका मित्र हो जाता है। कठोर शब्द तो उनकी जबान पर आता ही नहीं। इनकार को भी वह अप्रिय नहीं होने देता; लेकिन द्वेष की आँखों में गुण और भी

भयंकर हो जाता है। सुबोध के ये सारे सद्गुण मदारीलाल की आँखों में खटकते रहते हैं। उसके विरुद्ध कोई न कोई गुप्त षड्यंत्र रचते ही रहते हैं। पहले कर्मचारियों को भड़काना चाहा, सफल न हुए। बोर्ड के मेम्बरों को भड़काना चाहा, मुँह की खायी। ठीकेदारों को उभारने का बीड़ा उठाया, लज्जित होना पड़ा। वे चाहते थे कि भुस में आग लगा कर दूर से तमाशा देखें। सुबोध से यों हँस कर मिलते , यों चिकनी-चुपड़ी बातें करते, मानो उसके सच्चे मित्र हैं, पर घात में लगे रहते। सुबोध में सब गुण थे, पर आदमी पहचानना न जानते थे। वे मदारीलाल को अब भी अपना दोस्त समझते हैं।

एक दिन मदारीलाल सेक्रेटरी साहब के कमरे में गये तब कुरसी खाली देखी। वे किसी काम से बाहर चले गये थे। उनकी मेज पर पाँच हजार के नोट पुलिंदों में बँधे हुए रखे थे। बोर्ड के मदरसों के लिए कुछ लकड़ी के सामान बनवाये गये थे। उसी के दाम थे। ठीकेदार वसूली के लिए बुलाया गया था। आज ही सेक्रेटरी साहब ने चेक भेज कर खजाने से रुपये मँगवाये थे। मदारीलाल ने बरामदे में झाँक कर देखा, सुबोध का कहीं पता नहीं। उनकी नीयत बदल गयी। ईर्ष्या में लोभ का सम्मिश्रण हो गया। काँपते हुए हाथों से पुलिंदे उठाये; पतलून की दोनों जेबों में भर कर तुरंत कमरे से निकले और चपरासी को पुकार कर बोले—बाबू जी भीतर हैं ? चपरासी आज ठेकेदार से कुछ वसूल करने की खुशी में फूला हुआ था। सामने वाले तमोली के दूकान से आ कर बोला—जी नहीं, कचहरी में किसी से बातें कर रहे हैं। अभी-अभी तो गये हैं।

मदारीलाल ने दफ्तर में आ एक क्लर्क से कहा—यह मिसिल ले जा कर सेक्रेटरी साहब को दिखाओ।

क्लर्क मिसिल ले कर चला गया। जरा देर में लौट कर बोला—सेक्रेटरी साहब कमरे में न थे। फाइल मेज पर रख आया हूँ।

मदारीलाल ने मुँह सिकोड़ कर कहा—कमरा छोड़ कर कहाँ चले जाया करते हैं ? किसी दिन धोखा उठायेंगे।

क्लर्क ने कहा—उनके कमरे में दफ्तरवालों के सिवा और जाता ही कौन है ?

मदारीलाल ने तीव्र स्वर में कहा—तो क्या दफ्तरवाले सब के सब देवता हैं ? कब किसकी नीयत बदल जाय, कोई नहीं कह सकता। मैंने छोटी-छोटी रकमों पर अच्छों-अच्छों की नीयतें बदलते देखी हैं। इस वक्त हम सभी साह हैं; लेकिन अवसर पा कर शायद ही कोई चूके। मनुष्य की यही प्रकृति है। आप जा कर उनके कमरे के दोनों दरवाजे बंद कर दीजिए।

क्लर्क ने टाल कर कहा—चपरासी तो दरवाजे पर बैठा हुआ है।

मदारीलाल ने झुँझला कर कहा—आप से मैं जो कहता हूँ, वह कीजिए। कहने लगे, चपरासी बैठा हुआ है। चपरासी कोई ऋषि है, मुनि है ? चपरासी ही कुछ उड़ा दे, तो आप उसका क्या कर लेंगे ? जमानत भी है तो तीन सौ की। यहाँ एक-एक कागज लाखों का है।

यह कह कर मदारीलाल खुद उठे और दफ्तर के द्वार दोनों तरफ से बंद कर दिये।

जब चित्त शांत हुआ तब नोटों के पुलिंदे जेब से निकाल कर एक आलमारी में कागजों के नीचे छिपा कर रख दिये। फिर आ कर अपने काम में व्यस्त हो गये।

सुबोधचंद्र कोई घंटे भर में लौटे। तब उनके कमरे का द्वार बंद था। दफ्तर में आ कर मुस्कराते हुए बोले—मेरा कमरा किसने बंद कर दिया है, भाई, क्या मेरी बेदखली हो गयी ?

मदारीलाल से खड़े हो कर मृदु तिरस्कार दिखाते हुए कहा—साहब, गुस्ताखी माफ हो, आप जब कभी बाहर जायँ, चाहे एक ही मिनट के लिए क्यों न हो, तब दरवाजा बंद कर दिया करें। आपकी मेज पर रुपये-पैसे और सरकारी कागज-पत्र बिखरे पड़े रहते हैं, न-जाने किस वक्त किसकी नीयत बदल जाय। मैंने अभी सुना कि आप कहीं गये हुए हैं, तब दरवाजे बंद कर दिये।

सुबोधचंद्र द्वार खोल कर कमरे में गये और सिगार पीने लगे। मेज पर नोट रखे हुए हैं, इसकी खबर ही न थी।

सहसा ठीकेदार ने आ कर सलाम किया। सुबोध कुर्सी से उठ बैठे और बोले—तुमने बहुत देर कर दी, तुम्हारा ही इन्तजार कर रहा था। दस ही बजे रुपये मँगवा लिये थे। रसीद का टिकट लाये हो न ?

ठीकेदार—हुजूर रसीद लिखवा लाया हूँ।

सुबोध—तो अपने रुपये ले जाओ। तुम्हारे काम से मैं बहुत खुश नहीं हूँ। लकड़ी तुमने अच्छी नहीं लगायी और काम में सफाई भी नहीं है। अगर ऐसा काम फिर करोगे, तो ठीकेदारों के रजिस्टर से तुम्हारा नाम निकाल दिया जायगा।

यह कह कर सुबोध ने मेज पर निगाह डाली, तब नोटों के पुलिंदे न थे। सोचा, शायद किसी फाइल के नीचे दब गये हों। कुरसी के समीप के सब कागज उलट-पलट डाले; मगर नोटों का कहीं पता नहीं। ऐं नोट कहाँ गये ! अभी तो यहीं मैंने रख दिये थे। जा कहाँ सकते हैं। फिर फाइलों को उलटने-पलटने लगे। दिल में जरा-जरा धड़कन होने लगी। सारी मेज के कागज छान डाले, पुलिंदों का पता नहीं। तब वे कुरसी पर बैठ कर इस आध घंटे में होने वाली घटनाओं की मन में आलोचना करने लगे—चपरासी ने नोटों के पुलिंदे ला कर मुझे ही दिये, खूब याद है। भला, यह भी भूलने की बात है और इतनी जल्द ! मैंने नोटों को लेकर यहीं मेज पर रख दिया, गिना तक नहीं। फिर वकील साहब आ गये, पुराने मुलाकाती हैं। उनसे बातें करता जरा उस पेड़ तक चला गया। उन्होंने पान मँगवाये, बस इतनी ही देर हुई। जब गया हूँ तब पुलिंदे रखे हुए थे। खूब अच्छी तरह याद है। तब ये नोट कहाँ गायब हो गये ? मैंने किसी संदूक, दराज या आलमारी में नहीं रखे। फिर गये तो कहाँ ? शायद दफ्तर में किसी ने सावधानी के लिए उठा कर रख दिये हों यही बात है। मैं व्यर्थ ही इतना घबरा गया। छिः !

तुरंत दफ्तर में आ कर मदारीलाल से बोले—आपने मेरी मेज पर से नोट तो उठा कर नहीं रख दिये ?

मदारीलाल ने भौंचक्के हो कर कहा—क्या आपकी मेज पर नोट रखे हुए थे ? मुझे

तो खबर ही नहीं। अभी पंडित सोहनलाल एक फाइल ले कर गये थे तब आपको कमरे में न देखा। जब मुझे मालूम हुआ कि आप किसी से बातें करने चले गये हैं, तब दरवाजे बंद करा दिये। क्या कुछ नोट नहीं मिल रहे हैं ?

सुबोध आँखें फैला कर बोले–अरे साहब, पूरे पाँच हजार के हैं। अभी-अभी चेक भुनाया है।

मदारीलाल ने सिर पीट कर कहा–पूरे पाँच हजार ! या भगवान् ! आपने मेज पर खूब देख लिया है ?

'अजी पंद्रह मिनट से तलाश कर रहा हूँ।'

'चपरासी से पूछ लिया कि कौन-कौन आया था ?'

'आइए, जरा आप लोग भी तलाश कीजिए। मेरे तो होश उड़े हुए हैं।'

सारा दफ्तर सेक्रेटरी साहब के कमरे की तलाशी लेने लगा। मेज, आलमारियाँ, संदूक सब देखे गये। रजिस्टरों के वर्क उलट-पलट कर देखे गये; मगर नोटों का कहीं पता नहीं। कोई उड़ा ले गया, अब इसमें कोई शुबहा न था। सुबोध ने एक लम्बी साँस ली और कुर्सी पर बैठ गये। चेहरे का रंग फक हो गया। जरा-सा मुँह निकल आया। इस समय कोई उन्हें देखता तो समझता कि महीनों से बीमार हैं।

मदारीलाल ने सहानुभूति दिखाते हुए कहा–गजब हो गया और क्या ! आज तक कभी ऐसा अंधेर न हुआ था। मुझे यहाँ काम करते दस साल हो गये, कभी धेले की चीज भी गायब न हुई। मैं आपको पहले ही दिन सावधान कर देना चाहता था कि रुपये-पैसे के विषय में होशियार रहिएगा; मगर शुदनी थी, खयाल न रहा। जरूर बाहर से कोई आदमी आया और नोट उड़ा कर गायब हो गया। चपरासी का यही अपराध है कि उसने किसी को कमरे में जाने ही क्यों दिया। वह लाख कसम खाये कि बाहर से कोई नहीं आया; लेकिन मैं इसे मान नहीं सकता। यहाँ से तो केवल पंडित सोहनलाल एक फाइल ले कर गये थे; मगर दरवाजे ही से झाँक कर चले आये।

सोहनलाल ने सफाई दी–मैंने तो अंदर कदम ही नहीं रखा, साहब ! अपने जवान बेटे की कसम खाता हूँ, जो अंदर कदम भी रखा हो।

मदारीलाल ने माथा सिकोड़ कर कहा–आप व्यर्थ में कसमें क्यों खाते हैं ? कोई आपसे कुछ कहता है ? (सुबोध के कान में) बैंक में कुछ रुपये हों तो निकाल कर ठीकेदार को दे दिये जायँ, वरना बड़ी बदनामी होगी। नुकसान तो हो ही गया, अब उसके साथ अपमान क्यों हो।

सुबोध ने करुण-स्वर में कहा–बैंक में मुश्किल से दो-चार सौ रुपये होंगे, भाईजान ! रुपये होते तो क्या चिंता थी। समझ लेता, जैसे पचीस हजार उड़ गये, वैसे ही तीस हजार भी उड़ गये। यहाँ तो कफन को भी कौड़ी नहीं।

उसी रात को सुबोधचंद्र ने आत्महत्या कर ली। इतने रुपयों का प्रबंध करना उनके लिए कठिन था। मृत्यु के परदे के सिवा उन्हें अपनी वेदना, अपनी विवशता को छिपाने की और कोई आड़ न थी।

4

दूसरे दिन प्रातःकाल चपरासी ने मदारीलाल के घर पहुँच कर आवाज दी। मदारी को रात-भर नींद न आयी थी। घबरा कर बाहर आये। चपरासी उन्हें देखते ही बोला–हुजूर ! बड़ा गजब हो गया, सिकट्टरी साहब ने रात को गर्दन पर छुरी फेर ली।

मदारीलाल की आँखें ऊपर चढ़ गयीं, मुँह फैल गया और सारी देह सिहर उठी, मानो उनका हाथ बिजली के तार पर पड़ गया हो।

'छुरी फेर ली ?'

'जी हाँ, आज सबेरे मालूम हुआ। पुलिसवाले जमा हैं। आपको बुलाया है।'

'लाश अभी पड़ी हुई है ?'

'जी हाँ, अभी डाक्टरी होने वाली है।'

'बहुत से लोग जमा हैं ?'

'सब बड़े-बड़े अफसर जमा हैं। हुजूर, लहास की ओर ताकते नहीं बनता। कैसा भलामानुष हीरा आदमी था ! सब लोग रो रहे हैं। छोटे-छोटे दो बच्चे हैं, एक सयानी लड़की है ब्याहने लायक। बहू जी को लोग कितना रोक रहे हैं; पर बार-बार दौड़ कर लहास के पास आ जाती हैं। कोई ऐसा नहीं है, जो रूमाल से आँखें न पोंछ रहा हो। अभी इतने ही दिन आये हुए, पर सबसे कितना मेल-जोल हो गया था। रुपये की तो कभी परवा ही नहीं थी। दिल दरियाव था !'

मदारीलाल के सिर में चक्कर आने लगा। द्वार की चौखट पकड़ कर अपने को सँभाल न लेते, तो शायद गिर पड़ते। पूछा–बहू जी बहुत रो रही थीं ?

'कुछ न पूछिए, हुजूर। पेड़ की पत्तियाँ झड़ी जाती हैं। आँख फूल कर गूलर हो गयी हैं।

'कितने लड़के बतलाये तुमने ?'

'हुजूर, दो लड़के हैं और एक लड़की।'

'हाँ-हाँ, लड़कों को तो देख चुका हूँ, लड़की सयानी होगी ?'

'जी हाँ, ब्याहने लायक है। रोते-रोते बेचारी की आँखें सूज आयी हैं।'

'नोटों के बारे में भी बातचीत हो रही होगी ?'

'जी हाँ, सब लोग यही कहते हैं कि दफ्तर के किसी आदमी का काम है। दारोगा जी तो सोहनलाल को गिरफ्तार करना चाहते थे; पर साइत आपसे सलाह ले कर करेंगे। सिकट्टरी साहब तो लिख गये हैं कि मेरा किसी पर शक नहीं है।'

'क्या सेक्रेटरी साहब कोई खत लिख कर छोड़ गये हैं ?'

'हाँ, मालूम होता है, छुरी चलाते बखत याद आयी कि शुबहे में दफ्तर के सब लोग पकड़ लिए जायेंगे। बस, कलक्टर साहब के नाम चिट्ठी लिख दी।'

'चिट्ठी में मेरे बारे में भी कुछ लिखा है ? तुम्हें यह क्या मालूम होगा ?'

'हुजूर, अब मैं क्या जानूँ, मुदा इतना सब लोग कहते थे कि आपकी बड़ी तारीफ लिखी है।'

मदारीलाल की साँस और तेज हो गयी। आँखों से आँसू की दो बड़ी-बड़ी बूँदें गिर पड़ीं। आँखें पोंछते हुए बोले–वे और मैं एक साथ के पढ़े थे, नन्दू ! आठ-दस साल साथ रहा। साथ उठते-बैठते, साथ खाते, साथ खेलते। बस, इसी तरह रहते थे, जैसे दो सगे भाई रहते हों। खत में मेरी क्या तारीफ लिखी है ? मगर तुम्हें क्या मालूम होगा ?

'आप तो चल ही रहे हैं, देख लीजिएगा।'

'कफन का इन्तजाम हो गया है ?'

'नहीं हुजूर, कहा न कि अभी लहास की डाक्टरी होगी। मुदा अब जल्दी चलिए। ऐसा न हो, कोई दूसरा आदमी बुलाने आता हो।'

'हमारे दफ्तर के सब लोग आ गये होंगे ?'

'जी हाँ; इस मुहल्लेवाले तो सभी थे।'

'पुलिस ने मेरे बारे में तो उनसे कुछ पूछ-ताछ नहीं की ?'

'जी नहीं, किसी से भी नहीं।'

मदारीलाल जब सुबोधचंद्र के घर पहुँचे, तब उन्हें ऐसा मालूम हुआ कि सब लोग उनकी तरफ संदेह की आँखों से देख रहे हैं। पुलिस इंस्पेक्टर ने तुरंत उन्हें बुला कर कहा–आप भी अपना बयान लिखा दें और सबके बयान तो लिख चुका हूँ।

मदारीलाल ने ऐसी सावधानी से अपना बयान लिखाया कि पुलिस के अफसर भी दंग रह गये। उन्हें मदारीलाल पर शुबहा होता था, पर इस बयान ने उसका अंकुर भी निकाल डाला।

उसी वक्त सुबोध के दोनों बालक रोते हुए मदारीलाल के पास आये और कहा–चलिए, आप को अम्माँ बुलाती हैं। दोनों मदारीलाल से परिचित थे। मदारीलाल यहाँ तो रोज ही आते थे; पर घर में कभी नहीं गये थे। सुबोध की स्त्री उनसे पर्दा करती थी। यह बुलावा सुन कर उनका दिल धड़क उठा–कहीं इसका मुझ पर शुबहा न हो। कहीं सुबोध ने मेरे विषय में कोई संदेह न प्रकट किया हो। कुछ झिझकते और कुछ डरते हुए भीतर गये, तब विधवा का करुण-विलाप सुन कर कलेजा काँप उठा। इन्हें देखते ही उस अबला के आँसुओं का कोई दूसरा सोता खुल गया और लड़की तो दौड़ कर इनके पैरों से लिपट गयी। दोनों लड़कों ने भी घेर लिया। मदारीलाल को उन तीनों की आँखों में ऐसी अथाह वेदना, ऐसी विदारक याचना भरी हुई मालूम हुई कि वे उनकी ओर देख न सके। उनकी आत्मा उन्हें धिक्कारने लगी। जिन बेचारों को उन पर इतना विश्वास, इतना भरोसा, इतनी आत्मीयता, इतना स्नेह था, उन्हीं की गर्दन पर उन्होंने छुरी फेरी ! उन्हीं के हाथों यह भरा-पूरा परिवार धूल में मिल गया ! इन असहायों का अब क्या हाल होगा ? लड़की का विवाह करना है; कौन करेगा ? बच्चों के लालन-पालन का भार कौन उठायेगा ? मदारीलाल को इतनी आत्मग्लानि हुई कि उनके मुँह से तसल्ली का एक शब्द भी न निकला। उन्हें ऐसा जान पड़ा कि मेरे मुख में कालिख पुती है, मेरा कद कुछ छोटा हो गया है। उन्होंने जिस वक्त नोट उड़ाये थे, उनहें गुमान भी न था कि उसका यह फल होगा। वे केवल सुबोध को जिच करना चाहते थे। उनका सर्वनाश करने की इच्छा न थी।

शोकातुर विधवा ने सिसकते हुए कहा—भैया जी, हम लोगों को वे मझधार में छोड़ गये। अगर मुझे मालूम होता कि मन में यह बात ठान चुके हैं तो अपने पास जो कुछ था; वह सब उनके चरणों पर रख देती। मुझसे तो वे यही कहते रहे कि कोई न कोई उपाय हो जायगा। आप ही के मार्फत वे कोई महाजन ठीक करना चाहते थे। आपके ऊपर उन्हें कितना भरोसा था कि कह नहीं सकती।

मदारीलाल को ऐसा मालूम हुआ कि कोई उनके हृदय पर नश्तर चला रहा है। उन्हें अपने कंठ में कोई चीज फँसी हुई जान पड़ती थी।

रामेश्वरी ने फिर कहा—रात सोये, तब खूब हँस रहे थे। रोज की तरह दूध पिया, बच्चों को प्यार किया, थोड़ी देर हारमोनियम बजाया और तब कुल्ला करके लेटे। कोई ऐसी बात न थी जिससे लेशमात्र भी संदेह होता। मुझे चिंतित देखकर बोले—तुम व्यर्थ घबराती हो। बाबू मदारीलाल से मेरी पुरानी दोस्ती है। आखिर वह किस दिन काम आयेगी ? मेरे साथ के खेले हुए हैं। इस नगर में उनका सबसे परिचय है। रुपयों का प्रबंध आसानी से हो जायगा। फिर न-जाने कब मन में यह बात समायी। मैं नसीबों-जली ऐसी सोयी कि रात को मिनकी तक नहीं। क्या जानती थी कि वे अपनी जान पर खेल जायँगे ?

मदारीलाल को सारा विश्व आँखों में तैरता हुआ मालूम हुआ। उन्होंने बहुत जब्त किया; मगर आँसुओं के प्रवाह को न रोक सके।

रामेश्वरी ने आँखें पोंछ कर फिर कहा—भैया जी, जो कुछ होना था, वह तो हो चुका; लेकिन आप उस दुष्ट का पता जरूर लगाइए, जिसने हमारा सर्वनाश कर दिया है। यह दफ्तर ही के किसी आदमी का काम है। वे तो देवता थे। मुझसे यही कहते रहे कि मेरा किसी पर संदेह नहीं है, पर है यह किसी दफ्तरवाले ही का काम। आप से केवल इतनी विनती करती हूँ कि उस पापी को बच कर न जाने दीजिएगा। पुलिसवाले शायद कुछ रिश्वत ले कर उसे छोड़ दें। आपको देख कर उनका यह हौसला न होगा। अब हमारे सिर पर आपके सिवा और कौन है। किससे अपना दुःख कहें ? लाश की यह दुर्गति होनी भी लिखी थी।

मदारीलाल के मन में एक बार ऐसा उबाल उठा कि सब कुछ खोल दें। साफ कह दें, मैं ही वह दुष्ट, वह अधम, वह पामर हूँ। विधवा के पैरों पर गिर पड़ें और कहें, वही छुरी इस हत्यारे की गर्दन पर फेर दो। पर जबान न खुली; इसी दशा में बैठे-बैठे उनके सिर में ऐसा चक्कर आया कि वे जमीन पर गिर पड़े।

5

तीसरे पहर लाश की परीक्षा समाप्त हुई। अर्थी जलाशय की ओर चली। सारा दफ्तर, सारे हुक्काम और हजारों आदमी साथ थे। दाह-संस्कार लड़कों को करना चाहिए था, पर लड़के नाबालिग थे। इसलिए विधवा चलने को तैयार हो रही थी कि मदारीलाल ने जा कर कहा—बहू जी, यह संस्कार मुझे करने दो। तुम क्रिया पर बैठ जाओगी, तो बच्चों को कौन सँभालेगा। सुबोध मेरे भाई थे। जिंदगी में उनके साथ कुछ सलूक न कर सका, अब जिंदगी

के बाद मुझे दोस्ती का कुछ हक अदा कर लेने दो। आखिर मेरा भी तो उन पर कुछ हक था। रामेश्वरी ने रो कर कहा–आपको भगवान् ने बड़ा उदार हृदय दिया है भैया जी, नहीं तो मरने पर कौन किसको पूछता है। दफ्तर के और लोग जो आधी-आधी रात तक हाथ बाँधे खड़े रहते थे, झूठी बात पूछने न आये कि जरा ढाढस होता।

मदारीलाल ने दाह-संस्कार किया। तेरह दिन तक क्रिया पर बैठे रहे। तेरहवें दिन पिंडदान हुआ; ब्राह्मणों ने भोजन किया, भिखारियों को अन्नदान दिया गया, मित्रों की दावत हुई, और यह सब कुछ मदारीलाल ने अपने खर्च से किया। रामेश्वरी ने बहुत कहा कि आपने जितना किया उतना ही बहुत है। अब मैं आपको और जेरबार नहीं करना चाहती। दोस्ती का हक इससे ज्यादा और कोई क्या अदा करेगा, मगर मदारीलाल ने एक न सुनी। सारे शहर में उनके यश की धूम मच गयी, मित्र हो तो ऐसा हो।

सोलहवें दिन विधवा ने मदारीलाल से कहा–भैया जी, आपने हमारे साथ जो उपकार और अनुग्रह किये हैं उनसे हम मरते दम तक उऋण नहीं हो सकते। आपने हमारी पीठ पर हाथ न रखा होता, तो न-जाने हमारी क्या गति होती। कहीं रूख की भी छाँह तो नहीं थी। अब हमें घर जाने दीजिए। वहाँ देहात में खर्च भी कम होगा और कुछ खेती-बारी का सिलसिला भी कर लूँगी। किसी न किसी तरह विपत्ति के दिन कट ही जायँगे। इसी तरह हमारे ऊपर दया रखिएगा।

मदारीलाल ने पूछा–घर पर कितनी जायदाद है ?

रामेश्वरी–जायदाद क्या है, एक कच्चा मकान है और दस-बारह बीघे की काश्तकारी है। पक्का मकान बनवाना शुरू किया था; मगर रुपये पूरे न पड़े। अभी अधूरा पड़ा हुआ है। दस-बारह हजार खर्च हो गये और अभी छत पड़ने की नौबत नहीं आयी।

मदारीलाल–कुछ रुपये बैंक में जमा हैं, या बस खेती ही का सहारा है ?

विधवा–जमा तो एक पाई भी नहीं है, भैया जी ! उनके हाथ में रुपये रहने ही नहीं पाते थे। बस, वही खेती का सहारा है।

मदारी.–तो उन खेतों में इतनी पैदावार हो जायगी कि लगान भी अदा हो जाय और तुम लोगों की गुजर-बसर भी हो ?

रामेश्वरी–और कर ही क्या सकते हैं, भैया जी ! किसी न किसी तरह जिंदगी तो काटनी ही है। बच्चे न होते तो मैं जहर खा लेती।

मदारी.–और अभी बेटी का विवाह भी तो करना है।

विधवा–उसके विवाह की अब कोई चिंता नहीं। किसानों में ऐसे बहुत से मिल जायेंगे, जो बिना कुछ लिये-दिये विवाह कर लेंगे।

मदारीलाल ने एक क्षण सोच कर कहा–अगर मैं कुछ सलाह दूँ, तो उसे मानेंगी आप?

रामेश्वरी–भैया जी, आपकी सलाह न मानूँगी तो किसकी सलाह मानूँगी और दूसरा है ही कौन ?

मदारी.–तो आप अपने घर जाने के बदले मेरे घर चलिए। जैसे मेरे बाल-बच्चे

रहेंगे, वैसे ही आप के भी रहेंगे। आपको कष्ट न होगा। ईश्वर ने चाहा तो कन्या का विवाह भी किसी अच्छे कुल में हो जायगा।

विधवा की आँखें सजल हो गयीं। बोली–मगर भैया जी, सोचिए···

मदारीलाल ने बात काट कर कहा–मैं कुछ न सोचूँगा और न कोई उज्र सुनूँगा। क्या दो भाइयों के परिवार एक साथ नहीं रहते ? सुबोध को मैं अपना भाई समझता था और हमेशा समझूँगा।

विधवा का कोई उज्र न सुना गया। मदारीलाल सबको अपने साथ ले गये और आज दस साल से उनका पालन कर रहे हैं। दोनों बच्चे कालेज में पढ़ते हैं और कन्या का एक प्रतिष्ठित कुल में विवाह हो गया है। मदारीलाल और उनकी स्त्री तन-मन से रामेश्वरी की सेवा करते हैं और उनके इशारों पर चलते हैं। मदारीलाल सेवा से अपने पाप का प्रायश्चित्त कर रहे हैं।

कप्तान साहब

जगतसिंह को स्कूल जाना कुनैन खाने या मछली का तेल पीने से कम अप्रिय न था। वह सैलानी, आवारा, घुमक्कड़ युवक था। कभी अमरूद के बागों की ओर निकल जाता और अमरूदों के साथ माली की गालियाँ बड़े शौक से खाता। कभी दरिया की सैर करता और मल्लाहों की डोंगियों में बैठकर उस पार के देहातों में निकल जाता। गालियाँ खाने में उसे मजा आता था। गालियाँ खाने का कोई अवसर वह हाथ से न जाने देता। सवार के घोड़े के पीछे ताली बजाना एक्कों को पीछे से पकड़ कर अपनी ओर खींचना, बूढ़ों की चाल की नकल करना उसके मनोरंजन के विषय थे। आलसी काम तो नहीं करता; पर दुर्व्यसनों का दास होता है, और दुर्व्यसन धन के बिना पूरे नहीं होते। जगतसिंह को जब अवसर मिलता, घर से रुपये उड़ा ले जाता। नकद न मिले, तो बरतन और कपड़े उठा ले जाने में भी उसे संकोच न होता था। घर में शीशियाँ और बोतलें थीं, वह सब उसने एक-एक करके गुदड़ी-बाजार पहुँचा दीं। पुराने दिनों की कितनी चीजें घर में पड़ी थीं, उसके मारे एक भी न बची। इस कला में ऐसा दक्ष और निपुण था कि उसकी चतुराई और पटुता पर आश्चर्य होता था। एक बार बाहर ही बाहर, केवल कार्निसों के सहारे अपने दो-मंजिला मकान की छत पर चढ़ गया और ऊपर ही से पीतल की एक बड़ी थाली ले कर उतर आया। घर वालों को आहट तक न मिली।

उसके पिता ठाकुर भक्तसिंह अपने कस्बे के डाकखाने के मुंशी थे। अफसरों ने उन्हें शहर का डाकखाना बड़ी दौड़ धूप करने पर दिया था; किन्तु भक्तसिंह जिन इरादों से यहाँ आये थे, उनमें से एक भी पूरा न हुआ। उलटी हानि यह हुई कि देहातों में जो भाजी-साग, उपले-ईंधन मुफ्त मिल जाते थे, वे सब यहाँ बंद हो गये। यहाँ सबसे पुराना घराँव था। न किसी को दबा सकते थे, न सता सकते थे। इस दुरवस्था में जगतसिंह की हथ-लपकियाँ बहुत अखरतीं। उन्होंने कितनी ही बार उसे बड़ी निर्दयता से पीटा।

जगतसिंह भीमकाय होने पर भी चुपके से मार खा लिया करता था। अगर वह अपने पिता के हाथ पकड़ लेता, तो वह हिल भी न सकते; पर जगतसिंह इतना सीनाजोर न था। हाँ, मार-पीट, घुड़की-धमकी किसी का भी उस पर असर न होता था।

जगतसिंह ज्यों ही घर में कदम रखता; चारों ओर से काँव-काँव मच जाती, माँ दुर-दुर करके दौड़ती, बहनें गालियाँ देने लगतीं; मानो घर में कोई साँड घुस आया हो। बेचारा उलटे पाँव भागता। कभी-कभी दो-दो, तीन-तीन दिन भूखा रह जाता। घर वाले उसकी सूरत से जलते थे। इन तिरस्कारों ने उसे निर्लज्ज बना दिया था। कष्टों के ज्ञान से वह निर्द्वन्द्व-सा हो गया था। जहाँ नींद आ जाती, वहीं पड़ रहता; जो कुछ मिल जाता वही खा लेता।

ज्यों-ज्यों घर वालों को उसकी चोर-कला के गुप्त साधनों का ज्ञान होता जाता, वे उससे चौकन्ने होते जाते थे। यहाँ तक कि एकबार पूरे महीने-भर तक उसकी दाल न गली। चरसवाले के कई रुपये ऊपर चढ़ गये। गाँजेवाले ने धुआँधार तकाजे करने शुरू किये। हलवाई कड़वी बातें सुनाने लगा। बेचारे जगत को निकलना मुश्किल हो गया। रात-दिन ताक-झाँक में रहता; पर घात न मिलती थी। आखिर एक दिन बिल्ली के भागों छींका टूटा। भक्तसिंह दोहपर को डाकखाने से चले, तो एक बीमा-रजिस्ट्री जेब में डाल ली। कौन जाने हरकारा या डाकिया शरारत कर जाय; किंतु घर आये तो लिफाफे को अचकन की जेब से निकालने की सुधि न रही। जगतसिंह तो ताक लगाये हुए था ही। पैसे के लोभ से जेब टटोली, तो लिफाफा मिल गया। उस पर कई आने के टिकट लगे थे। वह कई बार टिकट चुरा कर आधे दामों पर बेच चुका था। चट लिफाफा उड़ा दिया। यदि उसे मालूम होता कि उसमें नोट हैं, तो कदाचित् वह न छूता; लेकिन जब उसने लिफाफा फाड़ डाला और उसमें से नोट निकल पड़े तो वह बड़े संकट में पड़ गया। वह फटा हुआ लिफाफा गला फाड़-फाड़ कर उसके दुष्कृत्य को धिक्कारने लगा। उसकी दशा उस शिकारी की सी हो गयी, जो चिड़ियों का शिकार करने जाय और अनजाने में किसी आदमी पर निशाना मार दे। उसके मन में पश्चात्ताप था, लज्जा थी, दुःख था, पर उसे भूल का दंड सहने की शक्ति न थी। उसने नोट लिफाफे में रख दिये और बाहर चला गया।

गरमी के दिन थे। दोपहर को सारा घर सो रहा था; पर जगत की आँखों में नींद न थी। आज उसकी बुरी तरह कुंदी होगी—इसमें संदेह न था। उसका घर पर रहना ठीक नहीं, दस-पाँच दिन के लिए उसे कहीं खिसक जाना चाहिए। तब तक लोगों का क्रोध शांत हो जाता। लेकिन कहीं दूर गये बिना काम न चलेगा। बस्ती में वह कई दिन तक अज्ञातवास नहीं कर सकता। कोई न कोई जरूर ही उसका पता देगा और वह पकड़ लिया जायगा। दूर जाने के लिए कुछ न कुछ खर्च तो पास होना ही चाहिए। क्यों न वह लिफाफे में से एक नोट निकाल ले ? यह तो मालूम ही हो जायगा कि उसी ने लिफाफा फाड़ा है, फिर एक नोट निकाल लेने में क्या हानि है ? दादा के पास रुपये तो हैं ही, झक मार कर दे देंगे। यह सोचकर उसने दस रुपये का एक नोट उड़ा लिया; मगर उसी वक्त उसके मन में एक नयी कल्पना का प्रादुर्भाव हुआ। अगर ये सब रुपये ले कर किसी दूसरे शहर

में कोई दूकान खोल ले, तो बड़ा मजा हो। फिर एक-एक पैसे के लिए उसे क्यों किसी की चोरी करनी पड़े ! कुछ दिनों में वह बहुत-सा रुपया जमा करके घर आयेगा; तो लोग कितने चकित हो जायेंगे !

उसने लिफाफे को फिर निकाला। उसमें कुल 200 रु. के नोट थे। दो सौ में दूध की दूकान खूब चल सकती है। आखिर मुरारी की दूकान में दो-चार कढ़ाव और दो-चार पीतल के थालों के सिवा और क्या है ? लेकिन कितने ठाट से रहता है ! रुपयों की चरस उड़ा देता है। एक-एक दाँव पर दस-दस रुपये रख देता है, नफा न होता, तो वह ठाट कहाँ से निभाता ? इस आनन्द-कल्पना में वह इतना मग्न हुआ कि उसका मन उसके काबू से बाहर हो गया, जैसे प्रवाह में किसी के पाँव उखड़ जायें और वह लहरों में बह जाय।

उसी दिन शाम को वह बम्बई चल दिया। दूसरे ही दिन मुंशी भक्तसिंह पर गबन का मुकदमा दायर हो गया।

2

बम्बई के किले के मैदान में बैंड बज रहा था और राजपूत रेजिमेंट के सजीले सुंदर जवान कवायद कर रहे थे, जिस प्रकार हवा बादलों को नये-नये रूप में बनाती और बिगाड़ती है, उसी भाँति सेना का नायक सैनिकों को नये-नये रूप में बना-बिगाड़ रहा था।

जब कवायद खतम हो गयी, तो एक छरहरे डील का युवक नायक के सामने आ कर खड़ा हो गया। नायक ने पूछा—क्या नाम है ? सैनिक ने फौजी सलाम करके कहा—जगतसिंह ?

'क्या चाहते हो।'

'फौज में भरती कर लीजिए।'

'मरने से तो नहीं डरते ?'

'बिलकुल नहीं—राजपूत हूँ।'

'बहुत कड़ी मेहनत करनी पड़ेगी।'

'इसका भी डर नहीं।'

'अदन जाना पड़ेगा।'

'खुशी से जाऊँगा।'

कप्तान ने देखा, बला का हाजिर-जवाब, मनचला, हिम्मत का धनी जवान है, तुरंत फौज में भरती कर लिया। तीसरे दिन रेजिमेंट अदन को रवाना हुआ। मगर ज्यों-ज्यों जहाज आगे चलता था, जगत का दिल पीछे रह जाता था। जब तक जमीन का किनारा नजर आता रहा, वह जहाज के डेक पर खड़ा अनुरक्त नेत्रों से उसे देखता रहा। जब वह भूमि-तट जल में विलीन हो गया तो उसने एक ठंडी साँस ली और मुँह ढाँप कर रोने लगा। आज जीवन में पहली बार उसे प्रियजनों की याद आयी। वह छोटा-सा अपना कस्बा, वह गाँजे की दूकान, वह सैर-सपाटे, वह सुहृदय-मित्रों का जमघट आँखों में फिरने लगे। कौन

जाने, फिर कभी उनसे भेंट होगी या नहीं। एक बार वह इतना बेचैन हुआ कि जी में आया, पानी में कूद पड़े।

3

जगतसिंह को अदन में रहते तीन महीने गुजर गये। भाँति-भाँति की नवीनताओं ने कई दिन तक उसे मुग्ध किये रखा; लेकिन पुराने संस्कार फिर जाग्रत होने लगे। अब कभी-कभी उसे स्नेहमयी माता की याद आने लगी, जो पिता के क्रोध, बहनों के धिक्कार और स्वजनों के तिरस्कार में भी उसकी रक्षा करती थी। उसे वह दिन याद आया, जब एक बार वह बीमार पड़ा था। उसके बचने की कोई आशा न थी; पर न तो पिता को उसकी कुछ चिन्ता थी, न बहनों को। केवल माता थी, जो रात की रात उसके सिरहाने बैठी अपनी मधुर, स्नेहमयी बातों से उसकी पीड़ा शांत करती रही थी। उन दिनों कितनी बार उसने उस देवी को नीरव रात्रि में रोते देखा था। वह स्वयं रोगों से जीर्ण हो रही थी; लेकिन उसकी सेवा-शुश्रूषा में वह अपनी व्यथा को ऐसी भूल गयी थी, मानो उसे कोई कष्ट ही नहीं। क्या उसे माता के दर्शन फिर होंगे ? वह इसी क्षोभ और नैराश्य में समुद्र-तट पर चला जाता और घण्टों अनंत जल-प्रवाह को देखा करता। कई दिनों से उसे घर पर एक पत्र भेजने की इच्छा हो रही थी, किंतु लज्जा और ग्लानि के कारण वह टालता जाता था। आखिर एक उिन उससे न रहा गया। उसने पत्र लिखा और अपने अपराधों के लिए क्षमा माँगी। पत्र आदि से अंत तक भक्ति से भरा हुआ था। अंत में उसने इन शब्दों में अपनी माता को आश्वासन दिया था—माता जी, मैंने बड़े-बड़े उत्पात किये हैं, आप लोग मुझसे तंग आ गयी थीं, मैं इन सारी भूलों के लिए सच्चे हृदय से लज्जित हूँ और आपको विश्वास दिलाता हूँ कि जीता रहा, तो कुछ न कुछ करके दिखाऊँगा। तब कदाचित् आपको मुझे अपना पुत्र कहने में संकोच न होगा। मुझे आशीर्वाद दीजिए कि अपनी प्रतिज्ञा का पालन कर सकूँ।

यह पत्र लिख कर उसने डाकखाने में छोड़ा और उसी दिन से उत्तर की प्रतीक्षा करने लगा; किंतु एक महीना गुजर गया और कोई जवाब न आया। उसका जी घबड़ाने लगा। जवाब क्यों नहीं आता—कहीं माता जी बीमार तो नहीं हैं ? शायद दादा ने क्रोध-वश जवाब न लिखा होगा ? कोई और विपत्ति तो नहीं आ पड़ी ? कैम्प में एक वृक्ष के नीचे कुछ सिपाहियों ने शालिग्राम की एक मूर्ति रख छोड़ी थी। कुछ श्रद्धालु सैनिक रोज उस प्रतिमा पर जल चढ़ाया करते थे। जगतसिंह उनकी हँसी उड़ाया करता; पर आज वह विक्षिप्तों की भाँति प्रतिमा के सम्मुख जा कर बड़ी देर तक मस्तक झुकाये बैठा रहा। वह इसी ध्यानावस्था में बैठा था कि किसी ने उसका नाम ले कर पुकारा, यह दफ्तर का चपरासी था और उसके नाम की चिट्ठी ले कर आया था। जगतसिंह ने पत्र हाथ में लिया, तो उसकी सारी देह काँप उठी। ईश्वर की स्तुति करके उसने लिफाफा खोला और पत्र पढ़ा। लिखा था—'तुम्हारे दादा को गबन के अभियोग में 5 वर्ष की सजा हो गई। तुम्हारी माता इस शोक में मरणासन्न है। छुटी मिले, तो घर चले आओ।'

जगतसिंह ने उसी वक्त कप्तान के पास जा कर कहा–हुजूर, मेरी माँ बीमार हैं, मुझे छुट्टी दे दीजिए।

कप्तान ने कठोर आँखों से देखकर कहा–अभी छुट्टी नहीं मिल सकती।

'तो मेरा इस्तीफा ले लीजिए।'

'अभी इस्तीफा नहीं लिया जा सकता।'

'मैं अब एक क्षण भी नहीं रह सकता।'

'रहना पड़ेगा। तुम लोगों को बहुत जल्द लाम पर जाना पड़ेगा।'

'लड़ाई छिड़ गयी ! आह, अब मैं घर नहीं जाऊँगा ? हम लोग कब तक यहाँ से जायँगे ?'

'बहुत जल्द, दो ही चार दिनों में।'

4

चार वर्ष बीत गये। कैप्टन जगतसिंह का-सा योद्धा उस रेजीमेंट में नहीं है। कठिन अवस्थाओं में उसका साहस और भी उत्तेजित हो जाता है। जिस मुहिम में सबकी हिम्मतें जवाब दे जाती हैं, उसे सर करना उसी का काम है। हल्ले और धावे में वह सदैव सबसे आगे रहता है, उसकी त्योरियों पर कभी मैल नहीं आता; इसके साथ ही वह इतना विनम्र, इतना गम्भीर, इतना प्रसन्नचित्त है कि सारे अफसर और मातहत उसकी बड़ाई करते हैं, उसका पुनर्जीवन-सा हो गया। उस पर अफसरों को इतना विश्वास है कि अब वे प्रत्येक विषय में उससे परामर्श करते हैं। जिससे पूछिए, वही वीर जगतसिंह की विरुदावली सुना देगा–कैसे उसने जर्मनों की मेगजीन में आग लगायी, कैसे अपने कप्तान को मशीनगनों की मार से निकाला, कैसे अपने एक मातहत सिपाही को कंधे पर ले कर निकल आया। ऐसा जान पड़ता है, उसे अपने प्राणों का मोह ही नहीं, मानो वह काल को खोजता फिरता हो!

लेकिन नित्य रात्रि के समय, जब जगतसिंह को अवकाश मिलता है, वह अपनी छोलदारी में अकेले बैठ कर घरवालों की याद कर लिया करता है–दो-चार आँसू की बूँदें अवश्य गिरा देता है। वह प्रति मास अपने वेतन का बड़ा भाग घर भेज देता है, और ऐसा कोई सप्ताह नहीं जाता जब कि वह माता को पत्र न लिखता हो। सबसे बड़ी चिंता उसे अपने पिता की है जो आज उसी के दुष्कर्मों के कारण कारावास की यातना झेल रहे हैं। हाय ! वह कौन दिन होगा, जब कि वह उनके चरणों पर सिर रख कर अपना अपराध क्षमा करायेगा, और वह उसके सिर पर हाथ रख कर आशीर्वाद देंगे ?

5

सवा चार वर्ष बीत गये। संध्या का समय है। नैनी जेल के द्वार पर भीड़ लगी हुई है। कितने ही कैदियों की मियाद पूरी हो गयी है। उन्हें लिवा जाने के लिए उनके घरवाले आये हुए हैं; किंतु बूढ़ा भक्तसिंह अपनी अँधेरी कोठरी में सिर झुकाये उदास बैठा हुआ

है। उसकी कमर झुक कर कमान हो गयी है ! देह अस्थि-पंजर-मात्र रह गयी है। ऐसा जान पड़ता है, किसी चतुर शिल्पी ने एक अकाल-पीड़ित मनुष्य की मूर्ति बना कर रख दी है। उसकी भी मियाद पूरी हो गयी है; लेकिन उसके घर से कोई नहीं आया। आये कौन ? आनेवाला था ही कौन ?

एक बूढ़े किंतु हृष्ट-पुष्ट कैदी ने आ कर उसका कंधा हिलाया और बोला—कहो भगत, कोई घर से आया ?

भक्तसिंह ने कंपित कंठ-स्वर से कहा—घर पर है ही कौन ?

'घर तो चलोगे ही ?'

'मेरे घर कहाँ है ?'

'तो क्या यहीं पड़े रहोगे ?'

'अगर ये लोग निकाल न देंगे, तो यहीं पड़ा रहूँगा।'

आज चार साल के बाद भक्तसिंह को अपने प्रताड़ित, निर्वासित पुत्र की याद आ रही थी। जिसके कारण जीवन का सर्वनाश हो गया; आबरू मिट गयी; घर बरबाद हो गया, उसकी स्मृति भी उन्हें असह्य थी; किंतु आज नैराश्य और दुःख के अथाह सागर में डूबते हुए उन्होंने उसी तिनके का सहारा लिया। न-जाने उस बेचारे की क्या दशा हुई। लाख बुरा है, तो भी अपना लड़का है। खानदान की निशानी तो है। मरूँगा तो चार आँसू तो बहायेगा, दो चिल्लू पानी तो देगा। हाय ! मैंने उसके साथ कभी प्रेम का व्यवहार नहीं किया। जरा भी शरारत करता, तो यमदूत की भाँति उसकी गर्दन पर सवार हो जाता। एक बार रसोई में बिना पैर धोये चले जाने के दंड में मैंने उसे उलटा लटका दिया था। कितनी बार केवल जोर से बोलने पर मैंने उसे तमाचे लगाये थे। पुत्र-सा रत्न पाकर मैंने उसका आदर न किया। उसी का दंड है। जहाँ प्रेम का बन्धन शिथिल हो, वहाँ परिवार की रक्षा कैसे हो सकती है ?

6

सबेरा हुआ। आशा का सूर्य निकला। आज उसकी रश्मियाँ कितनी कोमल और मधुर थीं, वायु कितनी सुखद, आकाश कितना मनोहर, वृक्ष कितने हरे-भरे, पक्षियों का कलरव कितना मीठा ! सारी प्रकृति आशा के रंग में रँगी हुई थी; पर भक्तसिंह के लिए चारों ओर घोर अंधकार था।

जेल का अफसर आया। कैदी एक पंक्ति में खड़े हुए। अफसर एक-एक का नाम ले कर रिहाई का परवाना देने लगा। कैदियों के चेहरे आशा से प्रफुल्लित थे। जिसका नाम आता, वह खुश-खुश अफसर के पास जाता, परवाना लेता, झुक कर सलाम करता और तब अपने विपत्तिकाल के संगियों से गले मिल कर बाहर निकल जाता। उसके घरवाले दौड़ कर उससे लिपट जाते। कोई पैसे लुटा रहा था, कहीं मिठाइयाँ बाँटी जा रही थीं, कहीं जेल के कर्मचारियों को इनाम दिया जा रहा था। आज नरक के पुतले विनम्रता के देवता बने हुए थे।

अन्त में भक्तसिंह का नाम आया। वह सिर झुकाये आहिस्ता-आहिस्ता जेलर के पास गये और उदासीन भाव से परवाना ले कर जेल के द्वार की ओर चले, मानो सामने कोई समुद्र लहरें मार रहा है। द्वार से बाहर निकल कर वह जमीन पर बैठ गये। कहाँ जायँ ?

सहसा उन्होंने एक सैनिक अफसर को घोड़े पर सवार, जेल की ओर आते देखा। उसकी देह पर खाकी वरदी थी, सिर पर कारचोबी साफा। अजीब शान से घोड़े पर बैठा हुआ था। उसके पीछे-पीछे एक फिटन आ रही थी। जेल के सिपाहियों ने अफसर को देखते ही बन्दूकें सँभालीं और लाइन में खड़े हो कर सलाम किया।

भक्तसिंह ने मन में कहा—एक भाग्यवान वह है, जिसके लिए फिटन आ रही है; और एक अभागा मैं हूँ, जिसका कहीं ठिकाना नहीं।

फौजी अफसर ने इधर-उधर देखा और घोड़े से उतर कर सीधे भक्तसिंह के सामने आकर खड़ा हो गया।

भक्तसिंह ने उसे ध्यान से देखा और तब चौंककर उठ खड़े हुए और बोले—अरे ! बेटा जगतसिंह !

जगतसिंह रोता हुआ उनके पैरों पर गिर पड़ा।

इस्तीफा

दफ्तर का बाबू एक बेजबान जीव है। मजदूरों को आँखें दिखाओ, तो वह त्योरियाँ बदल कर खड़ा हो जायगा। कुली को एक डाँट बताओ, तो सिर से बोझ फेंक कर अपनी राह लेगा। किसी भिखारी को दुत्कारो, तो वह तुम्हारी ओर गुस्से की निगाह से देख कर चला जायगा। यहाँ तक कि गधा भी कभी-कभी तकलीफ पा कर दो लत्तियाँ झाड़ने लगता है; मगर बेचारे दफ्तर के बाबू को आप चाहे आँखें दिखायें, डाँट बतायें, दुत्कारें या ठोकरें मारें, उसके माथे पर बल न आयेगा। उसे अपने विकारों पर जो आधिपत्य होता है, वह शायद किसी संयमी साधु में भी न हो। संतोष का पुतला, सब्र की मूर्ति, सच्चा आज्ञाकारी, गरज उसमें तमाम मानवी अच्छाइयाँ मौजूद होती हैं। खंडहर के भी एक दिन भाग्य जागते हैं। दीवाली के दिन उस पर भी रोशनी होती है, बरसात में उस पर हरियाली छाती है, प्रकृति की दिलचस्पियों में उसका भी हिस्सा है। मगर इस गरीब बाबू के नसीब कभी नहीं जागते। उसकी अँधेरी तकदीर में रोशनी का जलवा कभी नहीं दिखायी देता। इसके पीले चेहरे पर कभी मुस्कराहट की रोशनी नजर नहीं आती। इसके लिए सूखा सावन है, कभी हरा भादों नहीं। लाला फतहचंद ऐसे ही एक बेजबान जीव थे।

कहते हैं, मनुष्य पर उसके नाम का भी कुछ असर पड़ता है। फतहचंद की दशा में यह बात यथार्थ सिद्ध न हो सकी। यदि उन्हें 'हारचंद' कहा जाय तो कदाचित् यह अत्युक्ति न होगी। दफ्तर में हार, जिंदगी में हार, मित्रों में हार, जीवन में उनके लिए चारों ओर निराशाएँ ही थीं। लड़का एक भी नहीं, लड़कियाँ तीन; भाई एक भी नहीं, भौजाइयाँ

दो, गाँठ में कौड़ी नहीं, मगर दिल में दया और मुरव्वत; सच्चा मित्र एक भी नहीं–जिससे मित्रता हुई, उसने धोखा दिया, इस पर तंदुरुस्ती भी अच्छी नहीं–बत्तीस साल की अवस्था में बाल खिचड़ी हो गये थे। आँखों में ज्योति नहीं, हाजमा चौपट, चेहरा पीला, गाल पिचके, कमर झुकी हुई, न दिल में हिम्मत, न कलेजे में ताकत। नौ बजे दफ्तर जाते और छः बजे शाम को लौट कर घर आते। फिर घर से बाहर निकलने की हिम्मत न पड़ती। दुनिया में क्या होता है; इसकी उन्हें बिलकुल खबर न थी। उनकी दुनिया लोक-परलोक जो कुछ था, दफ्तर था। नौकरी की खैर मनाते और जिंदगी के दिन पूरे करते थे। न धर्म से वास्ता था, न दीन से नाता। न कोई मनोरंजन था, न खेल। ताश खेले हुए भी शायद एक मुद्दत गुजर गयी थी।

2

जाड़ों के दिन थे। आकाश पर कुछ-कुछ बादल थे। फतहचंद साढ़े पाँच बजे दफ्तर से लौटे तो चिराग जल गये थे। दफ्तर से आ कर वह किसी से कुछ न बोलते, चुपके से चारपाई पर लेट जाते और पंद्रह-बीस मिनट तक बिना हिले-डुले पड़े रहते तब कहीं जा कर उनके मुँह से आवाज निकलती। आज भी प्रतिदिन की तरह वे चुपचाप पड़े थे कि एक ही मिनट में बाहर से किसी ने पुकारा। छोटी लड़की ने जा कर पूछा तो मालूम हुआ कि दफ्तर का चपरासी है। शारदा पति के मुँह-हाथ धोने के लिए लोटा-गिलास माँज रही थी। बोली–उससे कह दे, क्या काम है। अभी तो दफ्तर से आये ही हैं, और अभी फिर बुलावा आ गया ?

चपरासी ने कहा–साहब ने कहा है, अभी बुला लाओ। कोई बड़ा जरूरी काम है।

फतहचंद की खामोशी टूट गयी। उन्होंने सिर उठा कर पूछा–क्या बात है ?

शारदा–कोई नहीं, दफ्तर का चपरासी है।

फतहचंद ने सहम कर कहा–दफ्तर का चपरासी ! क्या साहब ने बुलाया है ?

शारदा–हाँ, कहता है, साहब बुला रहे हैं। यह कैसा साहब है तुम्हारा, जब देखो, बुलाया करता है ? सबेरे के गये-गये अभी मकान लौटे हो, फिर भी बुलावा आ गया।

फतहचंद ने सँभल कर कहा–जरा सुन लूँ, किस लिए बुलाया है। मैंने सब काम खतम कर दिया था, अभी आता हूँ।

शारदा–जरा जलपान तो करते जाओ, चपरासी से बातें करने लगोगे, तो तुम्हें अंदर आने की याद भी न रहेगी।

यह कह कर वह एक प्याली में थोड़ी-सी दालमोठ और सेव लायी। फतहचंद उठ कर खड़े हो गये, किंतु खाने की चीजें देख कर चारपाई पर बैठ गये और प्याली की ओर चाव से देख कर डरते हुए बोले–लड़कियों को दे दिया है न ?

शारदा ने आँखें चढ़ाकर कहा–हाँ-हाँ; दे दिया है, तुम तो खाओ।

इतने में छोटी लड़की आ कर सामने खड़ी हो गयी। शारदा ने उसकी ओर क्रोध से देख कर कहा–तू क्यों आ कर सिर पर सवार हो गयी, जा बाहर खेल !

फतहचंद–रहने दो, क्यों डाँटती हो ? यहाँ आओ चुन्नी, यह लो, दालमोठ ले जाओ !

चुन्नी माँ की ओर देख कर डरती हुई बाहर भाग गयी !

फतहचंद ने कहा–क्यों बेचारी को भगा दिया ? दो-चार दाने दे देती, तो खुश हो जाती।

शारदा–इसमें है ही कितना कि सबको बाँटते फिरोगे ? इसे देते तो बाकी दोनों न आ जातीं ? किस-किसको देते ?

इतने में चपरासी ने फिर पुकारा–बाबू जी, हमें बड़ी देर हो रही है।

शारदा–कह क्यों नहीं देते कि इस वक्त न आयेंगे।

फतहचंद–ऐसा कैसे कह दूँ भाई; रोजी का मामला है !

शारदा–तो क्या प्राण दे कर काम करोगे ? सूरत नहीं देखते अपनी ? मालूम होता है, छः महीने के बीमार हो।

फतहचंद ने जल्दी-जल्दी दालमोठ की दो-तीन फंकियाँ लगायीं, एक गिलास पानी पिया और बाहर की तरफ दौड़े। शारदा पान बनाती ही रह गयी।

चपरासी ने कहा–बाबू जी ! आपने बड़ी देर कर दी। अब जरा लपके चलिए, नहीं तो जाते ही डाँट बतायेगा।

फतहचंद ने दो कदम दौड़ कर कहा–चलेंगे तो भाई आदमी ही की तरह, चाहे डाँट बतायें या दाँत दिखायें। हमसे दौड़ा नहीं जाता। बँगले ही पर हैं न ?

चपरासी–भला, वह दफ्तर क्यों आने लगा। बादशाह है कि दिल्लगी ?

चपरासी तेज चलने का आदी था। बेचारे बाबू फतहचंद धीरे-धीरे जाते थे। थोड़ी ही दूर चल कर हाँफ उठे। मगर मर्द तो थे ही, यह कैसे कहते कि भाई जरा और धीरे चलो। हिम्मत करके कदम उठाते जाते थे, यहाँ तक कि जाँघों में दर्द होने लगा और आधा रास्ता खतम होते-होते पैरों ने उठने से इनकार कर दिया। सारा शरीर पसीने से तर हो गया। सिर में चक्कर आ गया। आँखों के सामने तितलियाँ उड़ने लगीं।

चपरासी ने ललकारा–जरा कदम बढ़ाये चलो, बाबू !

फतहचंद बड़ी मुश्किल से बोले–तुम जाओ, मैं आता हूँ।

वे सड़क के किनारे पटरी पर बैठ गये और सिर को दोनों हाथों से थाम कर दम मारने लगे। चपरासी ने इनकी यह दशा देखी, तो आगे बढ़ा। फतहचंद डरे कि यह शैतान जा कर न-जाने साहब से क्या कह दे, तो गजब ही हो जायगा। जमीन पर हाथ टेक कर उठे और फिर चले। मगर कमजोरी से शरीर हाँफ रहा था। इस समय कोई बच्चा भी उन्हें जमीन पर गिरा सकता था। बेचारे किसी तरह गिरते-पड़ते साहब के बँगले पर पहुँचे। साहब बँगले पर टहल रहे थे। बार-बार फाटक की तरफ देखते थे और किसी को आते न देखकर मन में झल्लाते थे।

चपरासी को देखते ही आँखें निकाल कर बोले–इतनी देर कहाँ था ?

चपरासी ने बरामदे की सीढ़ी पर खड़े-खड़े कहा–हुजूर ! जब वह आयें तब तो;

में दौड़ा चला आ रहा हूँ।

साहब ने पैर पटक कर कहा—बाबू क्या बोला ?

चपरासी—आ रहे हैं हुजूर, घंटा-भर में तो घर से निकले।

इतने में फतहचंद अहाते के तार के अंदर से निकल कर वहाँ आ पहुँचे और साहब को सिर झुका कर सलाम किया।

साहब ने कड़क कर कहा—अब तक कहाँ था ?

फतहचंद ने साहब का तमतमाया चेहरा देखा, तो उनका खून सूख गया। बोले—हुजूर, अभी-अभी तो दफ्तर से गया हूँ, ज्यों ही चपरासी ने आवाज दी, हाजिर हुआ।

साहब—झूठ बोलता है, झूठ बोलता है, हम घंटे भर से खड़ा है।

फतहचंद—हुजूर, मैं झूठ नहीं बोलता। आने में जितनी देर हो गयी हो, मगर घर से चलने में मुझे बिल्कुल देर नहीं हुई।

साहब ने हाथ की छड़ी घुमाकर कहा—चुप रह सूअर, हम घण्टा-भर से खड़ा है, अपना कान पकड़ो !

फतहचंद ने खून की घूँट पी कर कहा—हुजूर, मुझे दस साल काम करते हो गये, कभी...।

साहब—चुप रह सूअर, हम कहता है कि अपना कान पकड़ो !

फतहचंद—जब मैंने कोई कसूर किया हो ?

साहब—चपरासी ! इस सूअर का कान पकड़ो।

चपरासी ने दबी जबान से कहा—हुजूर, यह भी मेरे अफसर हैं, मैं इनका कान कैसे पकड़ूँ ?

साहब—हम कहता है, इसका कान पकड़ो, नहीं हम तुमको हंटरों से मारेगा।

चपरासी—हुजूर, मैं यहाँ नौकरी करने आया हूँ, मार खाने नहीं। मैं भी इज्जतदार आदमी हूँ। हुजूर, अपनी नौकरी ले लें ! आप जो हुक्म दें, वह बजा लाने को हाजिर हूँ, लेकिन किसी की इज्जत नहीं बिगाड़ सकता। नौकरी तो चार दिन की है। चार दिन के लिए क्यों जमाने-भर से बिगाड़ करें।

साहब अब क्रोध को न बर्दाश्त कर सके। हंटर ले कर दौड़े। चपरासी ने देखा, यहाँ खड़े रहने में खैरियत नहीं है, तो भाग खड़ा हुआ। फतहचंद अभी तक चुपचाप खड़े थे। साहब चपरासी को न पा कर उनके पास आया और उनके दोनों कान पकड़ कर हिला दिया। बोला—तुम सूअर गुस्ताखी करता है ? जा कर आफिस से फाइल लाओ।

फतहचंद ने कान हिलाते हुए कहा—कौन-सा फाइल ? तुम बहरा है, सुनता नहीं ? हम फाइल माँगता है।

फतहचंद ने किसी तरह दिलेर होकर कहा—आप कौन-सा फाइल माँगते हैं ?

साहब—वही फाइल जो हम माँगता है। वही फाइल लाओ। अभी लाओ। बेचारे फतहचंद को अब और कुछ पूछने की हिम्मत न हुई। साहब बहादुर एक तो यों ही तेज-मिजाज थे, इस पर हुकूमत का घमंड और सबसे बढ़ कर शराब का नशा। हंटर ले

कर पिल पड़ते, तो बेचारे क्या कर लेते ? चुपके से दफ्तर की तरफ चल पड़े।

साहब ने कहा—दौड़ कर जाओ—दौड़ो।

फतहचंद ने कहा—हुजूर, मुझसे दौड़ा नहीं जाता।

साहब—ओ, तुम बहुत सुस्त हो गया है। हम तुमको दौड़ना सिखायेगा। दौड़ो (पीछे से धक्का दे कर) तुम अब भी नहीं दौड़ेगा ?

यह कह कर साहब हंटर लेने चले। फतहचंद दफ्तर के बाबू होने पर भी मनुष्य ही थे। यदि वह बलवान् होते, तो उस बदमाश का खून पी जाते। अगर उनके पास कोई हथियार होता, तो उस पर जरूर चला देते; लेकिन उस हालत में तो मार खाना ही उनकी तकदीर में लिखा था। वे बेतहाशा भागे और फाटक से बाहर निकल कर सड़क पर आ गये।

3

फतहचंद दफ्तर न गये। जा कर करते ही क्या ? साहब ने फाइल का नाम तक न बताया। शायद नशा में भूल गया। धीरे-धीरे घर की ओर चले, मगर इस बेइज्जती ने पैरों में बेड़ियाँ-सी डाल दी थीं। माना कि वह शारीरिक बल में साहब से कम न थे, उनके हाथ में कोई चीज भी न थी, लेकिन क्या वह उसकी बातों का जवाब न दे सकते थे ? उनके पैरों में जूते तो थे। क्या वह जूते से काम न ले सकते थे ? फिर क्यों उन्होंने इतनी जिल्लत बर्दाश्त की ?

मगर इलाज ही क्या था ? यदि वह क्रोध में उन्हें गोली मार देता, तो उसका क्या बिगड़ता। शायद एक-दो महीने की सादी कैद हो जाती। सम्भव है, दो-चार सौ रुपये जुर्माना हो जाता। मगर इनका परिवार तो मिट्टी में मिल जाता। संसार में कौन था, जो इनके स्त्री-बच्चों की खबर लेता। वह किसके दरवाजे हाथ फैलाते ? यदि उसके पास इतने रुपये होते, जिनसे उनके कुटुम्ब का पालन हो जाता, तो वह आज इतनी जिल्लत न सहते। या तो मर ही जाते, या उस शैतान को कुछ सबक ही दे देते। अपनी जान का उन्हें डर न था। जिंदगी में ऐसा कौन सुख था, जिसके लिए वह इस तरह डरते ? खयाल था सिर्फ परिवार के बरबाद हो जाने का।

आज फतहचंद को अपनी शारीरिक कमजोरी पर जितना दुख हुआ, उतना और कभी न हुआ था। अगर उन्होंने शुरू ही से तंदुरुस्ती का खयाल रखा होता, कुछ कसरत करते रहते, लकड़ी चलाना जानते होते, तो क्या इस शैतान की इतनी हिम्मत होती कि वह उनका कान पकड़ता। उसकी आँखें निकाल लेते। कम से कम उन्हें घर से एक छुरी ले कर चलना था ! और न होता, तो दो-चार हाथ जमाते ही—पीछे देखा जाता, जेल जाना ही तो होता या और कुछ ?

वे ज्यों-ज्यों आगे बढ़ते थे, त्यों-त्यों उनकी तबीयत अपनी कायरता और बोदेपन पर और भी झल्लाती थी। अगर वह उचककर उसके दो-चार थप्पड़ लगा देते, तो क्या होता—यही न कि साहब के खानसामे, बैरे सब उन पर पिल पड़ते और मारते-मारते बेदम

कर देते। बाल-बच्चों के सिर पर जो कुछ पड़ती—पड़ती। साहब को इतना तो मालूम हो जाता कि किसी गरीब को बेगुनाह जलील करना आसान नहीं। आखिर आज मैं मर जाऊँ, तो क्या हो ? तब कौन मेरे बच्चों का पालन करेगा ? तब उनके सिर जो कुछ पड़ेगी, वह आज ही पड़ जाती, तो क्या हर्ज था।

इस अंतिम विचार ने फतहचंद के हृदय में इतना जोश भर दिया कि वह लौट पड़े और साहब से जिल्लत का बदला लेने के लिए दो-चार कदम चले, मगर फिर खयाल आया, आखिर जो कुछ जिल्लत होनी थी; वह तो हो ही ली। कौन जाने, बँगले पर हो या क्लब चला गया हो। उसी समय उन्हें शारदा की बेकसी और बच्चों का बिना बाप के हो जाने का खयाल भी आ गया। फिर लौटे और घर चले।

4

घर में जाते ही शारदा ने पूछा—किस लिए बुलाया था, बड़ी देर हो गयी ?

फतहचंद ने चारपाई पर लेटते हुए कहा—नशे की सनक थी, और क्या ? शैतान ने मुझे गालियाँ दीं, जलील किया। बस, यही रट लगाये हुए था कि देर क्यों की ? निर्दयी ने चपरासी से मेरा कान पकड़ने को कहा।

शारदा ने गुस्से में आकर कहा—तुमने एक जूता उतार कर दिया नहीं सूअर को ?

फतहचंद—चपरासी बहुत शरीफ है। उसने साफ कह दिया—हुजूर, मुझसे यह काम न होगा। मैंने भले आदमियों की इज्जत उतारने के लिए नौकरी नहीं की थी। वह उसी वक्त सलाम करके चला गया।

शारदा—यही बहादुरी है। तुमने उस साहब को क्यों नहीं फटकारा ?

फतहचंद—फटकारा क्यों नहीं—मैंने भी खूब सुनायी। वह छड़ी ले कर दौड़ा—मैंने भी जूता सँभाला। उसने मुझे कई छड़ियाँ जमायीं—मैंने भी कई जूते लगाये !

शारदा ने खुश हो कर कहा—सच ? इतना-सा मुँह हो गया होगा उसका !

फतहचंद—चेहरे पर झाड़ू-सी फिरी हुई थी।

शारदा—बड़ा अच्छा किया तुमने, और मारना चाहिए था। मैं होती, तो बिना जान लिये न छोड़ती।

फतहचंद—मार तो आया हूँ; लेकिन अब खैरियत नहीं है। देखो, क्या नतीजा होता है ? नौकरी तो जायगी ही, शायद सजा भी काटनी पड़े।

शारदा—सजा क्यों काटनी पड़ेगी ? क्या कोई इंसाफ करनेवाला नहीं है ? उसने क्यों गालियाँ दीं, क्यों छड़ी जमायी ?

फतहचंद—उसके सामने मेरी कौन सुनेगा ? अदालत भी उसी की तरफ हो जायगी।

शारदा—हो जायगी, हो जाय; मगर देख लेना, अब किसी साहब की यह हिम्मत न होगी कि किसी बाबू को गालियाँ दे बैठे। तुम्हें चाहिए था कि ज्योंही उसके मुँह से गालियाँ निकलीं, लपक कर एक जूता रसीद कर देते।

फतहचंद—तो फिर इस वक्त जिंदा लौट भी न सकता। जरूर मुझे गोली मार देता।

शारदा–देखी जाती।

फतहचंद ने मुस्करा कर कहा–फिर तुम लोग कहाँ जातीं ?

शारदा–जहाँ ईश्वर की मरजी होती। आदमी के लिए सबसे बड़ी चीज इज्जत है। इज्जत गँवा कर बाल-बच्चों की परवरिश नहीं की जाती। तुम उस शैतान को मार कर आये होते तो मैं गरूर से फूली नहीं समाती। मार खा कर आते, तो शायद मैं तुम्हारी सूरत से भी घृणा करती। यों जबान से चाहे कुछ न कहती, मगर दिल से तुम्हारी इज्जत जाती रहती। अब जो कुछ सिर पर आयेगी, खुशी से झेल लूँगी...। कहाँ जाते हो, सुनो-सुनो, कहाँ जाते हो ?

फतहचंद दीवाने हो कर जोश में घर से निकल पड़े। शारदा पुकारती रह गयी। वह फिर साहब के बँगले की तरफ जा रहे थे। डर से सहमे हुए नहीं; बल्कि गरूर से गर्दन उठाये हुए। पक्का इरादा उनके चेहरे से झलक रहा था। उनके पैरों में वह कमजोरी, आँखों में वह बेकसी न थी। उनकी कायापलट-सी हो गयी थी। वह कमजोर बदन, पीला मुखड़ा, दुबले बदनवाला, दफ्तर के बाबू की जगह अब मर्दाना चेहरा, हिम्मत भरा हुआ, मजबूत गठा और जवान था। उन्होंने पहले एक दोस्त के घर जा कर उसका डंडा लिया और अकड़ते हुए साहब के बँगले पर जा पहुँचे।

इस वक्त नौ बजे थे। साहब खाने की मेज पर थे। मगर फतहचंद ने आज उनके मेज पर से उठ जाने का इंतजार न किया। खानसामा कमरे से बाहर निकला और वह चिक उठा कर अंदर गये। कमरा प्रकाश से जगमगा रहा था। जमीन पर ऐसी कालीन बिछी हुई थी, जैसी फतहचंद की शादी में भी नहीं बिछी होगी। साहब बहादुर ने उसकी तरफ क्रोधित दृष्टि से देखकर कहा–तुम क्यों आया ? बाहर जाओ, क्यों अंदर चला आया ?

फतहचंद ने खड़े-खड़े डंडा सँभाल कर कहा–तुमने मुझसे अभी फाइल माँगा था, वही फाइल ले कर आया हूँ। खाना खा लो, तो दिखाऊँ। तब तक मैं बैठा हूँ। इतमीनान से खाओ, शायद यह तुम्हारा आखिरी खाना होगा। इसी कारण खूब पेट भर कर खा लो।

साहब सन्नाटे में आ गये। फतहचंद की तरफ डर और क्रोध की दृष्टि से देख कर काँप उठे। फतहचंद के चेहरे पर पक्का इरादा झलक रहा था। साहब समझ गये, यह मनुष्य इस समय मरने-मारने के लिए तैयार हो कर आया है। ताकत में फतहचंद उनके पासंग भी नहीं था। लेकिन यह निश्चय था कि वह ईंट का जवाब पत्थर से नहीं, बल्कि लोहे से देने को तैयार है। यदि वह फतहचंद को बुरा-भला कहते हैं, तो क्या आश्चर्य है कि वह डंडा ले कर पिल पड़े। हाथापाई करने में यद्यपि उन्हें जीतने में जरा भी संदेह नहीं था, लेकिन बैठे-बिठाये डंडे खाना भी तो कोई बुद्धिमानी नहीं है। कुत्ते को आप डंडे से मारिये, ठुकराइये, जो चाहे कीजिए; मगर उसी समय तक, जब तक वह गुर्राता नहीं। एक बार गुर्रा कर दौड़ पड़े, तो फिर देखें, आपकी हिम्मत कहाँ जाती है ? यही हाल उस वक्त साहब बहादुर का था। जब तक यकीन था कि फतहचंद घुड़की, गाली, हंटर, ठोकर सब कुछ खामोशी से सह लेगा, तब तक आप शेर थे; अब वह त्योरियाँ बदले, डंडा सँभाले,

बिल्ली की तरह घात लगाये खड़ा है। जबान से कोई कड़ा शब्द निकला और उसने डंडा चलाया। वह अधिक से अधिक उसे बरखास्त कर सकते हैं। अगर मारते हैं, तो मार खाने का भी डर है। उस पर फौजदारी में मुकदमा दायर हो जाने का अंदेशा—माना कि वह अपने प्रभाव और ताकत से अंत में फतहचंद को जेल में डलवा देंगे; परन्तु परेशानी और बदनामी से किसी तरह न बच सकते थे। एक बुद्धिमान और दूरंदेश आदमी की तरह उन्होंने यह कहा—ओहो, हम समझ गया, आप हमसे नाराज हैं। हमने क्या आपको कुछ कहा है ? आप क्यों हमसे नाराज हैं ?

फतहचंद ने तन कर कहा—तुमने अभी आध घंटा पहले मेरे कान पकड़े थे, और मुझसे सैकड़ों ऊल-जलूल बातें कही थीं। क्या इतनी जल्दी भूल गये ?

साहब—मैंने आपका कान पकड़ा, आ-हा-हा-हाहा ! मैंने आपका कान पकड़ा, आ-हा-हा-हा ! क्या मजाक है ? क्या मैं पागल हूँ या दीवाना ?

फतहचंद—तो क्या मैं झूठ बोल रहा हूँ ? चपरासी गवाह है। आपके नौकर-चाकर भी देख रहे थे।

साहब—कब का बात है ?

फतहचंद—अभी-अभी, कोई आधा घण्टा हुआ, आपने मुझे बुलवाया था और बिना कारण मेरे कान पकड़े और धक्के दिये थे।

साहब—ओ बाबू जी, उस वक्त हम नशा में था। बेहरा ने हमको बहुत दे दिया था। हमको कुछ खबर नहीं, क्या हुआ माई गाड ! हमको कुछ खबर नहीं।

फतहचंद—नशा में अगर तुमने मुझे गोली मार दी होती, तो क्या मैं मर न जाता ? अगर तुम्हें नशा था और नशा में सब कुछ मुआफ है, तो मैं भी नशे में हूँ। सुनो मेरा फैसला, या तो अपने कान पकड़ो कि फिर कभी किसी भले आदमी के संग ऐसा बर्ताव न करोगे, या मैं आकर तुम्हारे कान पकड़ूँगा। समझ गये कि नहीं ! इधर-उधर हिलो नहीं, तुमने जगह छोड़ी और मैंने डंडा चलाया। फिर खोपड़ी टूट जाय, तो मेरी खता नहीं। मैं जो कुछ कहता हूँ, करते चलो; पकड़ो कान !

साहब ने बनावटी हँसी हँसकर कहा—वेल बाबू जी, आप बहुत दिल्लगी करता है। अगर हमने आपको बुरा बात कहा है, तो हम आपसे माफी माँगता है।

फतहचंद—(डंडा तौलकर) नहीं, कान पकड़ो !

साहब आसानी से इतनी जिल्लत न सह सके। लपककर उठे और चाहा कि फतहचंद के हाथ से लकड़ी छीन लें; लेकिन फतहचंद गाफिल न थे। साहब मेज पर से उठने न पाये थे कि उन्होंने डंडे का भरपूर और तुला हुआ हाथ चलाया। साहब तो नंगे सिर थे ही; चोट सिर पर पड़ गयी। खोपड़ी भन्ना गयी। एक मिनट तक सिर को पकड़े रहने के बाद बोले—हम तुमको बरखास्त कर देगा।

फतहचंद—इसकी मुझे परवाह नहीं, मगर आज मैं तुमसे बिना कान पकड़ाये नहीं जाऊँगा। कान पकड़कर वादा करो कि फिर किसी भले आदमी के साथ ऐसी बेअदबी न करोगे, नहीं तो मेरा दूसरा हाथ पड़ना ही चाहता है !

यह कहकर फतहचंद ने फिर डंडा उठाया। साहब को अभी तक पहली चोट न भूली थी। अगर कहीं यह दूसरा हाथ पड़ गया, तो शायद खोपड़ी खुल जाये। कान पर हाथ रखकर बोले—अब आप खुश हुआ ?

'फिर तो कभी किसी को गाली न दोगे ?'

'कभी नहीं।'

'अगर फिर कभी ऐसा किया, तो समझ लेना, मैं कहीं दूर नहीं हूँ।'

'अब किसी को गाली न देगा।'

'अच्छी बात है, अब मैं जाता हूँ, आज से मेरा इस्तीफा है। मैं कल इस्तीफा में यह लिखकर भेजूँगा कि तुमने मुझे गालियाँ दीं, इसलिए मैं नौकरी नहीं करना चाहता, समझ गये ?'

साहब—आप इस्तीफा क्यों देता है ? हम तो बरखास्त नहीं करता।

फतहचंद—अब तुम जैसे पाजी आदमी की मातहती नहीं करूँगा।

यह कहते हुए फतहचंद कमरे से बाहर निकले और बड़े इत्मीनान से घर चले। आज उन्हें सच्ची विजय की प्रसन्नता का अनुभव हुआ। उन्हें ऐसी खुशी कभी नहीं प्राप्त हुई थी। यही उनके जीवन की पहली जीत थी।

●●●